公证制度与实务

GONGZHENG ZHIDU YU SHIWU

王桂芳 编著

GUANGXI NORMAL UNIVERSITY PRESS
广西师范大学出版社
·桂林·

图书在版编目（CIP）数据

公证制度与实务／王桂芳编著．—桂林：广西师范大学出版社，2016.6
ISBN 978-7-5495-8285-3

Ⅰ．①公… Ⅱ．①王… Ⅲ．①公证制度—研究—中国 Ⅳ．①D926.6

中国版本图书馆 CIP 数据核字（2016）第 125738 号

广西师范大学出版社出版发行
（广西桂林市中华路 22 号 邮政编码：541001
网址：http://www.bbtpress.com）
出版人：张艺兵
全国新华书店经销
广西方大印业集团有限公司印刷
（广西桂林市崇信路 49 号 邮政编码：541002）
开本：720 mm × 970 mm 1/16
印张：26.5 字数：350 千字
2016 年 6 月第 1 版 2016 年 6 月第 1 次印刷
定价：52.00 元

目 录

CONTENTS

制度篇(上)

实务篇(下)

制度篇(上)

第一章 公证制度基本问题

新中国公证制度的建立和发展经历了一个漫长而又曲折的过程。1946年哈尔滨市人民法院率先开办了公证业务，开我国公证制度之先河。新中国建立初期，北京、天津、上海等大城市的人民法院相继设立了公证处，开办了公证业务。1951年9月3日，中央人民政府委员会颁布《中华人民共和国人民法院暂行组织条例》，规定公证工作由县级人民法院办理，这是新中国有关公证制度的第一个法律文件。1954年，公证工作转归司法行政机关直接领导和管理。1956年9月19日董必武同志在党的八大上指出："公证制度是认证机关、团体和公民法律行为的一种良好制度，……应该加速推行。"但由于受极左思潮的影响，1956年我国公证制度几乎被取消，只剩个别公证处转归法院，办理少量的涉外公证业务，根据国际惯例办理少量的发往域外使用的公证文书，这种状况一直持续到20世纪70年代末期。

党的十一届三中全会作出了加强社会主义民主与法制建设的决定，给我国的公证制度带来了新生。1979年我国公证制度得以重建。1980年3月，司法部发出《关于公证处设置和管理体制问题的通知》，该通知规定在直辖市、省辖市、县设立公证处，代表国家办理公证业务，许多县级以上司法行政部门都陆续设立了公证机构，公证业务逐年上升，从而揭开了我国公证制度发展的新篇章。1982年2月，全国人大常委会颁布的《民事诉讼法（试行）》规定了公证文书的证据效力和强制执行效力。1982年4月13日，国务院发布了新中国第一部公证法规——《中华人民共和国公证暂行条例》，该条例对公证的性质、业务范围、组织机构、公证管辖、公证程序等问题都作了明确规定，奠定了我国公证制度建设的法律基础。此后，司法部和国家有关部门又制定了《公证程序规则(试行)》等一系列公证法规、规章等规范性文件。

1990年3月司法部成立了中国公证协会，负责对全国范围内的公证机构和公证员的执业活动进行监督。1993年，党的十四届三中全会通过的《中共中央关于建立社会主义市场经济体制若干问题的决定》，第一次将公证机构定性为中介机构。1994年司法部开始公证制度改革，提出公证处由行政机关向事业单位过渡的试点意见。公证制度改革试点工作取得阶段性成果。2000年1月司法部下发《关于开展合作制公证处试点工作的通知》，合作制公证处试点工作全面展开。2000年7月31日，国务院批准了司法部《关于深化公证工作改革的方案》，标志着公证工作改革和发展跨入了一个新的阶段，公证人职业化制度以规章的形式得以确认，公证机构不再是行政机关，公证员也不再是公务员，公证队伍开始融入法律职业群体。公证处整体由行政机关转制为事业单位，变财政拨款为自收自支，公证收费不再上缴财政和上级司法行政机关，公证处成为纳税人。

2005年8月28日，十届全国人大常委会第十七次会议表决通过了《中华人民共和国公证法》(以下简称《公证法》)，为公证制度进一步发展提供了有力的法律保障。《公证法》第一条将规范公证活动，保障公证机构和公证员依法履行职责，预防纠纷，保障自然人、法人或者其他组织的合法权益作为立法目的。

《公证法》颁布实施后，司法部相继制定、修订了《公证机构执业管理办法》《公证员执业管理办法》《公证程序规则》等规章和规范性文件，中国公证协会也相继出台了《公证复查争议投诉处理办法(试行)》《办理夫妻财产约定协议公证的指导意见》《公证机构审查自然人身份的指导意见》等多个行业规范。同时，各地也组织力量对地方性公证法规、规章等规范性文件进行了清理和修订。应该说目前以公证法为核心的我国公证法律制度体系已经初步形成。

此外，我国公证行业多年来还一直致力于加强与世界其他国家公证行业的双边交流，不断扩大国际影响力，我国公证行业的国际地位日益提高。2002年3月，中国公证协会被国际拉丁公证联盟授予观察员地位。2007年10月，中国公证协会以国际公证联盟成员国身份参加了在西班牙马德里召开的联盟会议,会议选举产生了新一届联盟领导人,在此次选举产生的联盟总理事会149名总理事中,我国占有3个席位,其中1位被选为国际公证联盟副主席。这意味着中国公证事业的发展成就得到了国际社会的进一步重视和认可,标志着中国将会在更大范围内参与国际法律交流与合作。

目前我国的公证事业正朝着既定的目标扎实推进。公证队伍不断发展壮大,人员素质不断提高,组织体系逐步健全,公证工作的法制化、规范化和制度化建设正在有序开展,公证工作广泛介入社会生活,服务领域不断拓展。公证工作已成为推进依法治国、促进经济发展、维护社会和谐稳定的重要力量。

第一节　公证的概念、法律特征和效力

一、公证的概念

依据我国《公证法》之规定,公证是指由国家专门设立的公证机构,根据法律的规定和当事人的申请,按照法定程序证明法律行为、有法律意义的事件和文书的真实性、合法性,以及其他与公证有关的法律事务的非诉讼活动。我们可以从如下几个方面来理解公证的概念:

(一)公证的主体

公证主体是公证机构而不是公证员,亦即机构本位。我国的公证机构可以是国家依法设立的组织,也可以是依法设立的社会中介机构。公证行业的性质具有特殊性,社会对公证行业整体素质的要求远大于对执业公证员个体能力的要求。当执业个体发生问题时,公证行业的整体受损程度远比其他行业的整体受损程度大。社会对公证公信力的认同,是对整个公证行业公信力的认同,它是一个特殊的法律服务部门,每一个公证处都是一个基本的功能单位。

公证机构本位制度符合我国国情,不仅有利于保持和提高公证质量、提高公证行业的社会公信度,而且利用公证机构的组织监控和内部管理,还有利于增强公证行业抵御责任风险的能力、降低行政管理和行业管理的成本、增强公证行业自律性,从而促进公证业的健康发展。

(二)公证的客体

公证的客体即公证的对象或公证事项,包括没有争议的法律行为、法律事实和有法律意义的文书。[①]

法律行为是指公民、法人设立、变更、终止法律上的权利和义务关系的合法行为。法律行为以发生法律效力是否需要双(对)方同意表示为标准,可以分为单方法律行为(如遗嘱的设立、继承人放弃继承)和双(多)方法律行为(如合同的订立)。

有法律意义的事实,是指能够引起法律关系产生、变更、消灭的客观事实或者现象,如证明不可抗力的自然灾害、证明未受刑事处罚等等。

有法律意义的文书,是指有特定法律意义的各种文件、证书以及文字材料的总称。如证明文书的签字、印鉴和日期,证明文书的副本、节本、影印本等与原本相符,等等。

(三)公证的内容

公证是证明公证事项的真实性与合法性的活动。所以公证的内容包括证明公证事项的真实性和合法性两个方面。真实性是指所公证事项中主体意思表示真实、公证事项的内容客观存在或有充分的证据能为公证员所确认,合法性是指公证事项的内容和办理程序均合法,并且不违反国家政策、公共利益和公共道德。

二、公证的法律特征

(一)公证是依照法定程序进行的活动

我国《公证法》第28条规定了公证机构应当根据不同公证事项的办证规

---

① 2007年修订的《民事诉讼法》第67条规定:"经过法定程序公证证明的法律行为、法律事实和文书,人民法院应当作为认定事实的根据。但有相反证据足以推翻公证证明的除外。"2012年修改后的《民事诉讼法》将第67条改为第69条,修改为:"经过法定程序公证证明的法律事实和文书,人民法院应当作为认定事实的根据,但有相反证据足以推翻公证证明的除外。"从法理学角度分析,法律事实是引起法律关系产生、变更、消灭的现象。以是否与当事人意志有关将法律事实分为事件和行为。法律事实中包含行为,行为包括事实行为和法律行为,所以法律行为当然的包含于法律事实之中。这次修改本法条是规范了法条词句,使此法条在立法技术上更有科学性,并没有减少公证机构受案范围,本文仍沿用过去的习惯表达。

则办理公证的义务。司法部《公证程序规则》对办理公证的原则、公证当事人的条件和权利义务、公证管辖、回避、申请与受理、申请公证事项的审查、出证、公证期限、终止与拒绝公证、特别程序、申诉与复议等做出了明确的规定。根据公证工作实际需要,司法部还陆续制定了《遗嘱公证细则》《城市房屋拆迁补偿、安置协议公证细则》《房屋拆迁证据保全公证细则》《遗赠扶养协议公证细则》《招标投标公证程序细则》《继承公证规则》等规范性文件。公证机构及其公证员必须依据这些规范性文件规定的法定公证程序办证,这是公证效力得以发挥的保障。

(二)公证是一种特殊证明活动

公证证明的特殊之处在于,公证机构出具的公证文书具有其他认证、鉴证和证明所无法替代的法律效力。一旦发生纠纷,公证书有助于行政、司法机关迅速、准确查明案件事实,依法、及时解决争端,有效降低和节约行政、司法成本。不仅如此,公证书还具有广泛性、通用性等特点,不受行业、国籍、职业、地域、行政级别的限制,在国际国内都能通行使用,这是其他机构的证明所不具备的。

(三)公证是一种非诉法律活动

我国司法制度从各个不同的角度来保护公民、法人的合法权益,维护社会主义民主与法制。其主要方法有两种:一种是诉讼,一种是非诉讼。公证最早介入民事、经济活动,通过对当事人的民事、经济法律行为、文书和事实的审查,引导和规范当事人依法进行民事、经济活动,发现和纠正违法行为,消除争端于未然,化解矛盾于未萌。所以公证是预防性的非诉法律制度,通过公证活动可避免不法行为的发生,减少诉讼,消除纠纷隐患。

(四)公证是有较高社会公信力的证明活动

公证的公信力是指社会对公证制度的信任度,主要表现为对公证活动以及公证活动的成果——公证文书的评价、认可和接受程度,它是公证制度赖以生存发展的基础。我国公证机构是非盈利性的中立机构,从业人员有严格的准入条件。公证是通过公平、公开、公正的法律监督,调节公民、法人的民事、经济法律关系,保障其合法权益得以充分、及时、有效实现的一种活动,因而具有较高的社会公信力。

三、公证效力

关于公证效力问题理论界众说纷纭。① 总括而言，公证的效力分两个层次。第一个层次是所有公证均具有的拘束力（公证书自出具之日起，非依法不得撤销）和证据力。第二个层次是不同种类公证的效力，公证种类不同效力不同，随着公证业务的拓展，其效力的内容会越来越丰富。目前主要有成就力、强制执行力等类型。

（一）公证的证据力

公证的证据力包括三方面内容：一、从司法证明对象角度看，经公证证明的某些事项属于免证事实范畴；二、从证据证明力角度而言，经过公证的书证证明力大于一般的书证；三、从证据能力角度而言，某些材料成为证据的前提是必须经过公证。

1.经过公证证明的某些事项属于免证事实

2012 年《民事诉讼法》第 69 条："经过法定程序公证证明的法律事实和文书，人民法院应当作为认定事实的根据，但有相反证据足以推翻公证证明的除外。"2015 年《最高人民法院关于适用〈中华人民共和国民事诉讼法〉的司法解释》第 93 条规定："下列事实，当事人无须举证证明……（七）已为有效公证文书所证明的事实。"

一般而言，证据应当经过法庭质证才能作为定案根据，法官在对证据真实性、合法性及关联性的判定上，除了依据法律规定的规则及程序进行审查外，通常还会运用经验进行自由心证以判定对证据采纳与否。而当面对经过公证的法律事实、法律行为及文书时，基于对国家公证证明权的信任，法官应当直接予以确认，不需要经过质证等法庭调查环节。

2.公证文书具有较高证明力

2001 年《最高人民法院关于民事诉讼证据的若干规定》（以下简称《民事

① 有三效力说、五效力说和多效力说。三效力说指公证的证据效力、强制执行的效力、生效要件效力；五效力说即除三效力说的三种效力外，还有对抗第三人的效力、不可撤销的效力；多效力说则包括：成就力、强制执行力、提存力、监督力、特别法律保护效力、强势证据效力、当事人免除举证责任的法律效力、域外效力。详见李楠《公证作为生效要件的效力考察》，载《长治学院学报》2007 年第 4 期，第 6 页。

诉讼证据规定》)第77条规定，人民法院就数个证据对同一事实的证明力，可以依照下列原则认定："……(二)物证、档案、鉴定结论、勘验笔录或者经过公证、登记的书证，其证明力一般大于其他书证、视听资料和证人证言……"2002年《最高人民法院关于行政诉讼证据若干问题的规定》(以下简称《行政诉讼证据规定》)第63条也作了类似的规定。《继承法》第20条第3款规定："自书、代书、录音、口头遗嘱，不得撤销、变更公证遗嘱。"该条表明，在所有遗嘱中，公证遗嘱的效力是最高的。此外，我国《公证档案管理办法》对公证档案保管期限作出了明确的规定，对部分重要的档案将永久保存，当事人可以依照法定程序，对档案进行查阅，这一规定无疑体现了对公证文书效力的珍视，是其效力在时间上的延伸。

3.某些材料必须经过公证才具有证据资格

2001年《民事诉讼证据规定》第11条规定："当事人向人民法院提供的证据系在中华人民共和国领域外形成的，该证据应当经所在国公证机关予以证明，并经中华人民共和国驻该国使领馆予以认证，或者履行中华人民共和国与该所在国订立的有关条约中规定的证明手续。当事人向人民法院提供的证据是在香港、澳门、台湾地区形成的，应当履行相关的证明手续。"在随后出台的《行政诉讼证据规定》第16条中，也明确将公证和认证程序作为判断涉外、涉港澳台证据形式合法的标准，对违反该程序的将"不能作为定案的依据"。

在涉外商事案件诉讼中，由于当事人一方或双方是外国人、外国企业或组织，或当事人之间民事法律关系设立、变更、终止的法律事实发生在外国，或者诉讼标的物在外国，因此不可避免地会出现大量涉案证据是在中国领域外形成的这一事实。我国上述对证据资格的规定初衷在于消除法院司法权的地域限制给证据认定带来的阻碍，从而方便法院对证据本身的认定。该规定执行以来，对保障人民法院在涉外民商事审判中正确认定案件事实，客观公正地处理涉外民商事纠纷，起到了积极作用。

需要指出的是，经过所在国公证机关证明，并经我国驻外使(领)馆认证的境外形成的证据是否具证明力还应当仔细甄别。如果外国公证机关的证明只是涉及书证的形式真实，而非内容真实，那么经过公证的书证就不能具有我国民事诉讼上公证证据的证明力。有不少国家，特别是英美法国家的公证机构在对书证进行公证时，他们审查的是当事人的真实签署，至于书证的文字内容是否合法真实，则不予审查。因为这些国家的法律往往规定，书证文字内容如有虚假，由当事人自负法律责任，公证机构不承担任何责任。外国政府认证机构的认证，仅证明公证机构签署人的资格，并不对书证内容起任何证明作用。我国驻外使领馆的认证，仅证明外国政府公证认证机关及其工作人员签章的真实合法，也不对书证内容起任何证明作用。对于此类经过公证认证的境外证据，人民法院应当结合案件情况综合判断其证明力。总之，我们既要尊重外国公证证明的域外效力，又要考虑到各国公证制度的现实差异，实事求是地认定经过公证认证的境外证据在我国诉讼中的效力。

（二）公证债权文书的强制执行效力①

我国《公证法》第37条规定："对经公证的以给付为内容并载明债务人愿意接受强制执行承诺的债权文书，债务人不履行或者履行不适当的，债权人可以依法向有管辖权的人民法院申请执行。"我国《民事诉讼法》第238条第1款规定："对公证机关依法赋予强制执行效力的债权文书，一方当事人不履行的，对方当事人可以向有管辖权的人民法院申请执行，受申请的人民法院应当执行。"公证债权文书作为民事执行的依据，源于公证的效力，证明力是公证的根本，执行力是证明力的延伸。这种司法制度程序简便、快捷高效，非常有利于更迅速地定纷止争，稳定社会经济关系。对于规范民事经济活动，维护正常的法律秩序和保护当事人的合法权益具有不可替代的重要作用。

（三）公证的成就力

公证的成就力是一个比较复杂的问题，具有多元性，涉及作为法律行为

---

① 我国《民事诉讼法》第238条第2款规定，"公证债权文书确有错误的，人民法院裁定不予执行，并将裁定书送达双方当事人和公证机关"。2015年《最高人民法院关于适用〈中华人民共和国民事诉讼法〉的解释》第480条规定，"有下列情形之一的，可以认定为《民事诉讼法》第238条第2款规定的公证债权文书确有错误：（一）公证债权文书属于不得赋予强制执行效力的债权文书的；（二）被执行人一方未亲自或者未委托代理人到场公证等严重违反法律规定的公证程序的；（三）公证债权文书的内容与事实不符或者违反法律强制性规定的；（四）公证债权文书未载明被执行人不履行义务或者不完全履行义务时同意接受强制执行的。人民法院认定执行该公证债权文书违背社会公共利益的，裁定不予执行。公证债权文书被裁定不予执行后，当事人、公证事项的利害关系人可以就债权争议提起诉讼"。同时该解释第481条还规定，"当事人请求不予执行仲裁裁决或者公证债权文书的，应当在执行终结前向执行法院提出"。

的成立要件、作为法律行为的生效要件、作为法律行为的成立及生效要件、公示对抗第三人效力等诸多方面。在多数情况下,民事法律行为一经成立,即产生相应拘束力,法律行为的成立和生效具有同步性,在这个意义上,我国《民法通则》第57条规定:"民事法律行为从成立时起具有法律约束力。"《合同法》第8条第1款规定:"依法成立的合同,对当事人具有法律约束力。当事人应当按照约定履行自己的义务,不得擅自变更或者解除合同。"该条第2款规定:"依法成立的合同,受法律保护。"不过,有些情况下,民事法律行为的成立与生效还是有区别的,民事法律行为成立后并不立即生效,甚至最终不生效的情形也是常见的。如依我国《继承法》的规定,无论采取何种方式成立的遗嘱,须从继承开始之时亦即遗嘱人死亡起生效。所以民事法律行为的成立与生效确属两个性质不同的问题,在民事法律行为采取公证形式时同样存在着成立与生效的区别。比如,需报经国家有关机关审批的合同,虽经公证机关公证而成立,但如果不报经审批,则仍不发生效力。

我国《公证法》第11条第2款规定,"法律、行政法规规定应当公证的事项,有关自然人、法人或者其他组织应当向公证机构申请办理公证。"该法第38条规定:"法律、行政法规规定未经公证的事项不具有法律效力的,依照其规定。"可见,法定公证的效力不是指一种单一的法律效力,可能是法律行为成立或者生效效力,也可能是公示对抗第三人效力等等。法定公证效力到底是什么,取决于法律、行政法规的具体规定。如《中华人民共和国担保法》第43条规定:"当事人以其他财产抵押的,可以自愿办理抵押物登记,抵押合同自签订之日起生效。当事人未办理抵押物登记的,不得对抗第三人。当事人办理抵押物登记的,登记部门为抵押人所在地的公证部门。"至于在法律规定必须公证之外的民事法律行为是否将公证作为其成立要件或者生效要件(或兼而有之),当事人可进行约定。实践中最常见的就是当事人在合同中约定对合同必须公证,如规定"本合同经公证机关公证后生效",那么,在未办理合同公证之前,该合同不发生法律效力(当事人实际履行了合同义务的除外)。

第二节 公证机构与公证员

一、公证机构的特征

我国《公证法》第6条规定："公证机构是依法设立，不以营利为目的，依法独立行使公证职能、承担民事责任的证明机构。"据此我们可以归纳出我国公证机构有如下主要特征：

（一）公证机构的法定性

所谓公证机构的法定性，即公证机构必须依据公证法规定的条件和程序设立。未依该法设立的机构，不得行使公证证明权办理公证；同时公证机构依法行使公证职能，其职能是法律赋予的，其业务范围也是法律规定的。

（二）公证机构的非营利性

公证机构的非营利性是指其设立以非营利为目的。公证机构的设立旨在承担部分社会职能，预防纠纷，减少诉讼，因而具有公益性。非营利性要求公证机构不能唯利是图，单纯地追求经济效益，而要以社会正义为己任。公证的非营利性表明公证机构不是企业，也非一般的中介服务机构。

（三）公证机构的独立性

公证机构的独立性是指公证机构独立地行使公证证明权、独立承担责任。公证机构的独立性是由公证法律服务活动的本质所决定的，公证活动建立在公证机构与当事人之间双方信任的基础上，当事人请求公证最根本的目的在于通过公证人所掌握的法律知识、技能和能力，确认与自己利益相关的法律行为、事实或法律文书的真实行为、合法化，从而取得证明效力。因此，公证机构的特性就是其必须以不偏不倚的第三方身份进行工作，法律和法规是公证人的唯一行动法则。我国确立了公证权由非盈利性质的社会组织来行使，至少满足了公证中立性的要求。如由国家直接行使公证权，容易受到行政命令的直接影响，不利于保持其中立地位。

公证机构承担责任的独立性是指公证机构及其公证员因过错给当事人、公证事项的利害关系人造成损失的，公证机构应当以自己的财产对外承担相应的赔偿责任。

二、公证机构的设置原则和条件

(一)公证机构的设置原则

依据我国《公证法》第7条规定,公证机构按照统筹规划、合理布局的原则,可以在县、不设区的市、设区的市、直辖市或者市辖区设立;在设区的市、直辖市可以设立一个或者若干个公证机构。公证机构不按行政区划层层设立。

统筹规划、合理布局是指要从本地的实际情况出发,以可持续发展的眼光,本着方便当事人的原则,科学、合理地确定公证机构的设置。各地要根据地区经济发展程度、人口数量、交通状况和对公证业务的实际需要确定公证机构的设置,公证机构的设立要实行总量控制,不能随意设置。在经济相对发达的地区,要争取设立两个或两个以上的公证机构,形成一个规范、有序、适度竞争的公证执业环境;在经济相对不发达的地区,可以只设立一个公证机构;在不具备设立条件的地区,可不设立公证机构。该原则的意义主要在于:

1.有利于公证机构按照不同的法律事务分专业布局人才,做到人尽其才,充分保障公证质量。在办证过程中,针对不同的公证事项,调配相应专业人才进行操作,可有效地提高服务能力。

2.可有效地防止公证机构的同业不正当竞争。这种公证机构布局体系可缩小行业落差,促进公证机构的办公条件、人员配置、执业公证员数量,以及所属公证人员的业务素质、专业技能等方面趋于均衡。使公证机构实现法律上和事实上平等,而在这种平等主体间适当竞争有利于提高公证效率,进而提高公证公信力。

3.使得公证机构总体上设置在一个平台上,有利于公证管理机构进行归口统一管理,把握全局,提高管理的效率,并有效避免公证机构向行政机关“权力寻租”。

(二)公证机构的设置条件和程序

我国《公证法》第8条明确规定了设立公证机构应当具备的条件,具体包括:

1.有自己的名称

公证机构应当有自己的名称。名称是公证机构区别于其他单位或者公证机构的显著标志。公证机构的名称是出具公证书时必需的,同时也是承担责任的依据。公证机构成立后,对自己的名称享有权利,其他任何单位和个人不得侵犯。

2.拥有一定的资金和固定的场所

一定的资金和固定的场所是公证机构正常开展公证业务的前提,也是其独立享有民事权利和承担民事义务的物质基础。固定场所是指在一定时期内具有相对稳定性的办公场地,包括自有的场所和租用的场所。一定的资金即开展公证业务所必需的资金,公证机构的开办资金数额,由省、自治区、直辖市司法行政机关确定。可以参照2000年9月发布的《司法部关于贯彻〈关于深化公证工作改革的方案〉的若干意见》规定的标准,该意见规定:“各公证处应按《方案》要求尽快建立法人财产制度。公证处的法人资产应在三十万元以上。”

3.有两名以上公证员

公证是一种专业性很强的法律服务活动,必须由具备较深厚的法学基础、较丰富的法律实践经验和良好的道德水准的公证员担任。公证员是公证机构的主体,公证机构必须拥有一定数量的公证员,才能对外开展业务。拥有两名公证员是设立一个公证机构的最低标准,低于两名公证员,公证机构不得设立。

我国《公证法》第9条规定,设立公证机构,由所在地的司法行政部门报省、自治区、直辖市人民政府司法行政部门按照规定程序批准后,颁发公证机构执业证书。由此可见,我国公证机构的设置采取了许可设立主义,即设立公证机构除了前述应当具备的法定条件,还要求经过主管行政机关的批准。省级司法行政机关应当自收到申请材料之日起30日内完成审核,作出批准设立或者不予批准设立的决定。对不准予设立的,应当在决定中告知不予批准的理由。批准设立公证机构的决定,应当报司法部备案,司法部定期编制全国公证机构名录。

三、担任公证员应当具备的条件和程序

(一)担任公证员应当具备的条件

依据我国《公证法》第16条规定,公证员是符合公证法规定的条件,在公证机构从事公证业务的执业人员。

所谓执业人员,是指取得执业资格并在特定的行业、机构从事与该执业资格相符合的工作的专业人员。公证员是在公证机构从事公证业务的执业人员,从工作性质和要求看,公证员与法官、检察官及律师同属法律职业,所以同样必须具备相应的法律专业知识和从事法律职业的能力。公证员是具有双重身份的法律职业者,一方面接受国家法律的授权,依法行使公证权,保护国家利益不受侵害;另一方面,公证员应当是独立的自由职业者,站在中立的立场上通过自己的法律执业行为保证社会利益和自然人利益得到实现。

除了无民事行为能力或者限制民事行为能力的、因故意犯罪或者职务过失犯罪受过刑事处罚的、被开除公职和被吊销执业证书这四种禁止担任公证员的情形外,根据《公证法》第18条规定,担任公证员还必须同时具备下列条件:

1.具有中华人民共和国国籍。公证员必须是依据《中华人民共和国国籍法》,享有中国国籍的人,不能是外国人或无国籍人。由于我国不承认双重国籍,公证员也不得在拥有中国国籍的同时取得他国国籍。公证员在任职期间不得退出中国国籍。

2.年龄25周岁以上65周岁以下。公证员的职业特点要求公证员应当具有较为丰富的法律知识、社会阅历、人生经验,以及处理各种复杂问题的能力。如果公证员过于年轻,胜任公证工作可能有困难。

3.公道正派,遵纪守法,品行良好。公道就是公正、公平、公开从而得到公认,正派就是无私、无畏、无偏袒从而能够出以公心;遵纪守法就是遵守国家宪法、法律、法规和执业纪律;品行良好是指公证员应当具有良好的品德和言行,自觉维护社会公德、遵守职业道德、举止文明等。公证执业行为是经国家授权的行为,公证员是代表国家对法律事务进行证明的人员,只有具备良好的道德与品行才能承担如此重大的责任,才能依法履行职责,维护当事人各方的利益和公共利益。同时公证人作为法律服务的提供者,只有具备良好的

道德与品行才能取得当事人和全社会的认可。

4.通过国家司法考试或考核。通过国家司法考试,并取得由司法部颁发的《法律职业资格证书》,是有资格担任公证员的途径之一;从事法学教学、研究工作,具有高级职称的人员,或者具有本科以上学历,从事审判、检察、法制工作、法律服务满十年的公务员、律师,已经离开原工作岗位,经考核合格的,可以担任公证员。

5.在公证机构实习二年以上或者具有三年以上其他法律职业经历并在公证机构实习一年以上,经考核合格。我国《公证法》规定担任公证员必须有在公证机构的实习经历,其目的是为了保证公证员在任职前掌握从事公证职业所必备的法律技巧,也避免一些缺乏实际经验的公证员给当事人的合法权益造成损害。所谓其他法律职业,根据《国家司法考试实施办法(试行)》的精神,主要是指法官、检察官或律师。从业三年以上的法官、检察官或律师,已经积累了一定的法律执业经验,所以他们在公证机构实习的时间可以适当缩短。

(二)担任公证员程序

依据我国《公证法》第 21 条规定,担任公证员,应当由符合公证员条件的人员提出申请,经公证机构推荐,由所在地的司法行政部门报省、自治区、直辖市人民政府司法行政部门审核同意后,报请国务院司法行政部门任命,并由省、自治区、直辖市人民政府司法行政部门颁发公证员执业证书。由此可见,在我国担任公证员除审批任命制外又规定执业(证书)登记制度,这一方面是便于监管,另一方面是出于向社会公示的需要。

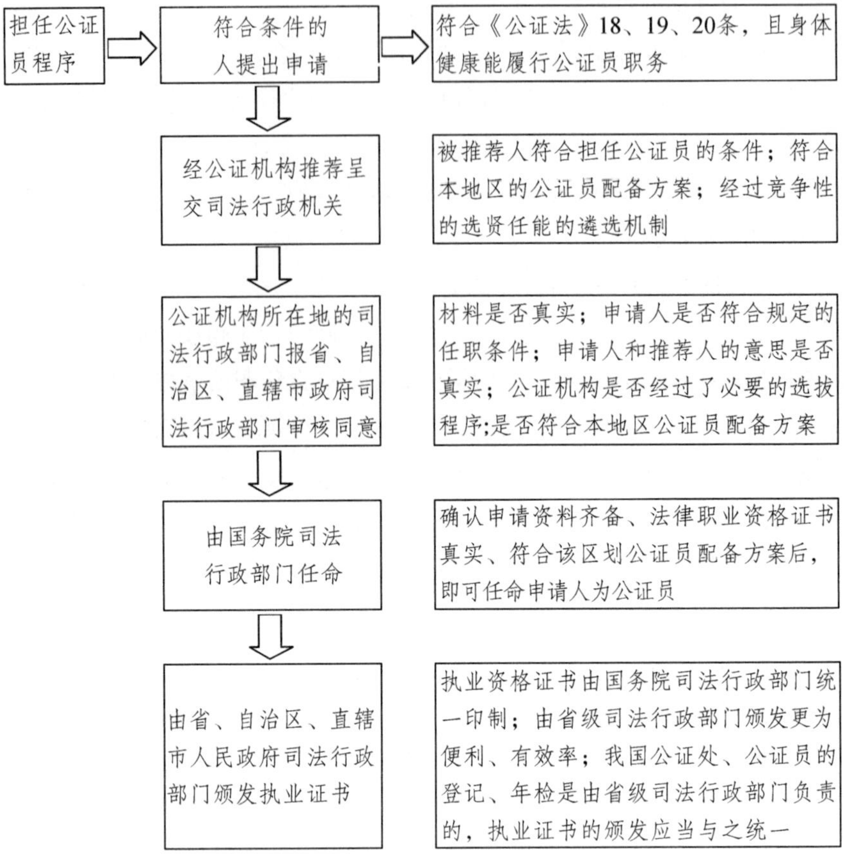

四、公证员的权利、义务

（一）公证员的权利

公证员的权利是指公证员在公证法律服务过程中的行为自由限度，是通过法律予以承认和保护的公证员的利益，以及公证员根据法律作出选择以实现自身利益的能动手段。依据我国公证法之规定，主要包括如下几个方面：

1.身份保障权

我国《公证法》第22条规定，公证员非因法定事由和非经法定程序，不被免职或者处罚。身份保障权的规定，能够保障公证员依法独立执业、排除其他组织和个人的非法干预。公证的性质决定了公证员只服从于法律，其只有违背了法律才应受到制裁，任何组织和个人不得在法律规定的事由和程序之外，凭自身意志对公证员进行处罚。

公证员法定被免职的情形主要是《公证法》第 24 条规定的法定情形，即丧失中华人民共和国国籍的；年满 65 周岁或者因健康原因不能继续履行职务的；自愿辞去公证员职务的；被吊销公证员执业证书的。

被处罚的情形主要是《公证法》第 41 条和第 42 条规定的情形。①

这里"法定事由"和"法定程序"的"法"并非仅限于法律和行政法规，国务院司法行政部门作为行政主管机关，中国公证协会作为行业自律组织，在不违背《公证法》规定的前提下制定的部门规章和行业规范，也属于公证员应当遵循之"法"，国务院司法行政部门和中国公证协会可据此给予违反者行政处罚或行业惩戒。

2.获得劳动报酬等权利

我国《公证法》第 22 条规定，公证员有权获得劳动报酬，享受保险和福利待遇。获得报酬权是宪法规定的公民的基本权利。公证员作为国家的劳动者，同样有权获得劳动报酬。这里的"报酬"既包括公证员的薪金收入，也包括合法的其他收入。公证员的劳动是公证机构运行、公证行为实施、公证目的实现的必要条件，因此公证员应当享有与其地位和作用相适应的经济权

① 《公证法》第 41 条规定："公证机构及其公证员有下列行为之一的，由省、自治区、直辖市或者设区的市人民政府司法行政部门给予警告；情节严重的，对公证机构处一万元以上五万元以下罚款，对公证员处一千元以上五千元以下罚款，并可以给予三个月以上六个月以下停止执业的处罚；有违法所得的，没收违法所得：（一）以诋毁其他公证机构、公证员或者支付回扣、佣金等不正当手段争揽公证业务的；（二）违反规定的收费标准收取公证费的；（三）同时在二个以上公证机构执业的；（四）从事有报酬的其他职业的；（五）为本人及近亲属办理公证或者办理与本人及近亲属有利害关系的公证的；（六）依照法律、行政法规的规定，应当给予处罚的其他行为。"《公证法》第 42 条规定："公证机构及其公证员有下列行为之一的，由省、自治区、直辖市或者设区的市人民政府司法行政部门对公证机构给予警告，并处二万元以上十万元以下罚款，并可以给予一个月以上三个月以下停业整顿的处罚；对公证员给予警告，并处二千元以上一万元以下罚款，并可以给予三个月以上十二个月以下停止执业的处罚；有违法所得的，没收违法所得；情节严重的，由省、自治区、直辖市人民政府司法行政部门吊销公证员执业证书；构成犯罪的，依法追究刑事责任：（一）私自出具公证书的；（二）为不真实、不合法的事项出具公证书的；（三）侵占、挪用公证费或者侵占、盗窃公证专用物品的；（四）毁损、篡改公证文书或者公证档案的；（五）泄露在执业活动中知悉的国家秘密、商业秘密或者个人隐私的；（六）依照法律、行政法规的规定，应当给予处罚的其他行为。因故意犯罪或者职务过失犯罪受刑事处罚的，应当吊销公证员执业证书。"

利,同时获得劳动报酬、享受保险和福利待遇也是调动公证员积极性的一种激励措施。

3.辞职、申诉权和控告权

除法律特别限制的人员和情况外,公民具有择业的自由。辞职,是公证员的自由,是其一项应有的基本权利。辞职应当是自愿的,应当由本人提出申请,任何人不得强迫或者以其他非法手段迫使公证员辞职。公证员辞职后,依照法律规定的程序免除其职务。

申诉权和控告权是公证员对于自身权利受到侵害或者对处理不服时的一种救济权利。公证员对于国家机关及其工作人员侵犯本人权利的,有权提出控告。对于本人的处分或者处理不服的,有权向原处分、处理机关申请复议,并有权向原处分、处理机关的上级机关申诉。公证员提出申诉和控告,应当实事求是,不得捏造事实、诬告陷害。

4.核实权

我国《公证法》第29条规定,公证机构对申请公证的事项以及当事人提供的证明材料,按照有关办证规则需要核实或者对其有疑义的,应当进行核实,或者委托异地公证机构代为核实,有关单位或者个人应当依法予以协助。这是公证员的核实权的法律依据,也是其完成公证任务必不可少的手段。

(二)公证员的义务

公证员的义务是指公证员在法律服务过程中对其他权利主体作出或抑制一定行为的负担或约束。根据《公证法》和《公证员职业道德基本准则》等规范之规定,公证员的义务主要有如下几个方面:

1.遵纪守法,依法履行公证职责

遵纪包括遵守党纪、政纪和公证执业纪律。共产党是我国的执政党,党的纪律对于作为共产党员的公证员具有当然的约束力;我国实行共产党领导下的多党合作,民主党派的公证员应当遵守其党派纪律;司法行政部门、其他国家机关、公证协会和公证机构为保障公证执业行为的正当性,也会制定各种纪律,作为公证行业的一员,公证员应当予以遵守。守法包括遵守宪法和法律、遵守党的政策。公证员在具体业务中,只能在法律规定的范围内行使职权,不得超越法律的规定活动,同时公证员应当依照法定的程序履行职责,并正确使用实体法。

2.遵守职业道德

职业道德是指某一特定领域的从业人员应当普遍遵守的行业道德准则。职业道德和社会公德之间、不同行业之间的职业道德并非泾渭分明,彼此多有交叉,但总有各自特别之处。公证员不仅应当模范地遵守社会公德,还要恪守作为法律工作者的最起码的职业道德。依据中国公证协会 2010 年修订的《公证员职业道德基本准则》,包括忠于事实忠于法律、爱岗敬业规范服务、加强修养提高素质、清正廉洁同业互助四个方面的内容,这是公证职业道德的核心内容,是所有公证员的道德指引。

3.禁止兼职

公证员担负着特有的国家证明职能,并因此与社会生活领域的诸多方面的人员产生各种关系。为了保证公证职能的发挥,避免上述关系的扭曲变形,我国《公证法》第 23 条规定,公证员不得同时在两个以上公证机构执业,不得从事有报酬的其他职业。《公证员职业道德基本准则》第 23 条规定,公证员不得经商和从事与公证员职务、身份不相符的活动。公证的价值和功效要求公证员持一种中立性的态度,对各方当事人所追求的利益进行衡平,如允许公证员从事有报酬的其他职业,公证员与某些当事人之间将不可避免地先行产生利益交错,在办理有利害关系的公证事项时容易徇私枉法,此时公证将失去其中立性和平衡作用。所以公证员从事有报酬的其他职业,违反公证职责,有损公证职业的纯洁和尊严,应予禁止。所谓有报酬的其他职业,根据《中华人民共和国公证法释义》的解释,是指与其他组织或个人形成可为公务员法、劳动法等调整的身份关系、占据一定工作岗位、承担相关岗位职责、领取货币等具有金钱价值的报酬的行为。包括:兼任党政机关、立法机关和政协组织中领取报酬的职务;兼任法官、检察官、律师;兼任企业、事业单位的职务;个人投资开办公司、个人独资企业、合伙企业、个体工商户;从事有偿的其他中介活动;等等。

4.回避义务

回避制度是现代诉讼和非诉讼法律活动中的一项重要程序制度,我国《公证法》第 23 条规定,公证员不得为本人及近亲属办理公证或者办理与本人及近亲属有利害关系的公证。《公证员执业管理办法》第 23 条也作了相应规定。依据这些规定,公证机构受理公证申请,指派承办公证员时,应通知当事人。当事人要求该公证员回避，经查证属于《公证法》第23条第3项规定应当回避情形的，公证机构应当改派其他公证员承办。

5.接受国家监督与惩戒的义务

为保证公证质量，防止因公证员的过错出证给当事人造成损害，我国公证员有接受国家监督与惩戒的义务。依据《公证法》第4条规定，公证协会是公证业的自律性组织，依据章程开展活动，对公证机构、公证员的执业活动进行监督。而依据《公证法》第5条规定，司法行政部门依照《公证法》规定对公证机构、公证员和公证协会进行监督、指导。

6.保守执业秘密等其他义务

依据我国《公证法》第23条规定，公证员不得泄露在执业活动中知悉的国家秘密、商业秘密或者个人隐私。公证员在工作中可能会遇到涉及国家秘密的案件，严格保守国家秘密是一名公证员必须具备的素质，对于涉及国家秘密的案件，应当严格按照法律规定的程序办理。其他公证事项，涉及当事人的商业秘密和个人隐私的，公证员也不得随意散播。如遗嘱公证，应作为密卷进行保存，再如招标投标公证，评标过程也应严格保密。另外，公证员还应当保守公证工作秘密，对于办证过程中形成的内部意见、内部材料和不应当透露的其他与公证工作有关的信息，一律不得泄露。

此外，《公证法》第23条还规定，公证员不得私自出具公证书；不得为不真实、不合法的事项出具公证书；不得侵占、挪用公证费、盗窃公证专用物品；毁损、篡改公证文书或者公证档案。这些都是公证员在职业活动中必须严格遵守的法定义务。

第三节　公证程序

一、公证程序的概念、种类

公证程序是指法律规定的公证机构在办理公证业务时必须遵循的操作规程。公证程序规范主要存在于《公证法》《公证程序规则》以及司法部制定的其他有关规范性文件中。公证程序规范包括三个层面的内容：基本规定、一般规定和特别规定。基本规定为《公证法》，它是公证制度的基本法，对公证制度的各个方面均作出了原则性规定；一般规定是基本规定的具体化，是公证制度各个方面的基本规则，包括《公证程序规则》《公证机构执业管理办法》《公证员执业管理办法》等；特别规定是针对具体公证事项提出的特别要求和细节性规定，如《遗嘱公证细则》《办理保全送达文书证据公证指导意见》等，它是基本规定和一般规定的具体化规范。

公证程序分为一般程序和特别程序。前者是指公证机构办理各类公证业务都必须遵守的程序，《公证程序规则》中的绝大部分规定都属于一般程序规范；后者是指公证机构办理特定公证业务时所适用的程序，比如证据保全公证、现场监督类公证等业务适用的程序。办理这些特殊公证事项不但要遵守一般公证程序规范，还要遵循特殊程序规范要求。

公证程序是公证法的核心内容，只有严格遵守公证程序，才可以保证公证机构和公证员正确执行国家法律，依法行使公证职权，保护当事人的合法权益。同时，作为公证灵魂和生命力的公信力，在很大程度上就来源并体现在公证程序中。公证活动通过法定的程序制度实现社会所期望的诚信，进而最大限度地降低交易风险，防止违法行为的发生，保障社会的公正、公平和效率。

二、公证一般程序

依据《公证法》和《公证程序规则》之规定，公证机构办理公证业务，一般应遵守如下程序：

（一）提交材料申请

1.自然人、法人或者其他组织申请办理公证，可以向住所地、经常居住地、行为地或者事实发生地的公证机构提出（含涉及不动产的委托、声明、赠与、遗嘱的申请办理涉及不动产的公证，应当向不动产所在地的公证机构提出）；自然人、法人或者其他组织可以委托他人办理公证，但遗嘱、遗赠扶养协议、赠与、认领亲子、收养关系、解除收养关系、生存状况、委托、声明、保证及其他与自然人人身有密切关系的公证事项除外。提出后填写公证申请表。

公证申请表应填写下列内容：(1)申请人及其代理人的基本情况；(2)申请公证的事项及公证书的用途、申请公证的文书的名称；(3)提交材料的名称、份数及有关证人的姓名、住址、联系方式；(4)申请的时间及其他需要说明的问题。

申请人应当在申请表上签名或者盖章，不能签名、盖章的由本人捺指印。申请人填写申请表确有困难的，可由公证人员代为填写。

2. 自然人、法人或者其他组织应当提交下列材料：(1)自然人的身份证明，法人的资格证明及其法定代表人的身份证明，其他组织的资格证明及其负责人的身份证明；(2)委托他人代为申请的，代理人须提交当事人的授权委托书，法定代理人或者其他代理人须提交有代理权的证明；(3)申请公证的文书，如合同、遗嘱、毕业证等；(4)申请公证的事项的证明材料，涉及财产关系的须提交有关财产权利证明；(5)与申请公证的事项有关的其他材料。

(二)受理

符合下列条件的申请，公证处可以受理：(1)申请人与申请公证的事项有利害关系；(2)申请人之间对申请公证的事项无争议；(3)申请公证的事项属于公证处的业务范围；(4)申请公证的事项符合该公证机构在其执业区域内可管辖的范围。

公证机构受理公证申请后，应当向申请人发送受理通知单。申请人或其代理人应当在回执上签收。同时，公证机构还应当告知当事人申请公证事项的法律意义和可能产生的法律后果，告知其在办理公证过程中享有的权利、承担的义务。告知内容、告知方式和时间，应当记录归档。对不符合条件的申请，公证处应作出不予受理决定，并通知申请人。

公证处受理公证申请后，应按规定标准向当事人收取公证费。当事人应当按照规定支付公证费。

(三)审查

公证机构重点审查事项包括：(1)当事人的人数、身份、申请办理该项公证的资格及相应的权利；(2)当事人的意思表示是否真实；(3)申请公证的文书的内容是否完备，含义是否清晰，签名、印鉴是否齐全；(4)提供的证明材料是否真实、合法、充分；(5)申请公证的事项是否真实、合法。

在审查中，对申请公证的事项的真实性、合法性有疑义的，认为当事人的情况说明或者提供的证明材料不充分、不完备或者有疑义的，公证机构进一步审查核实的手段包括：可以要求当事人作出说明或者补充证明材料；还可以通过询问当事人、公证事项的利害关系人、询问证人，向有关单位或者个人了解相关情况或者核实、收集相关书证、物证、视听资料等证明材料，通过现场勘验、委托专业机构或者专业人员鉴定、检验检测、翻译等方式对申请公证的事项以及当事人提供的证明材料进行核实。

（四）出具公证书

公证机构经审查，认为申请公证的事项符合办证规定的，应当自受理之日起15个工作日内向当事人出具公证书。因不可抗力、补充证明材料或者需要核实有关情况的，所需时间不计算在前述规定的期限内，并应当及时告知当事人。

1.出具公证书的一般条件

（1）对民事法律行为的公证，应当符合下列条件：①当事人具有从事该行为的资格和相应的民事行为能力；②当事人的意思表示真实；③该行为的内容和形式合法，不违背社会公德。

（2）对有法律意义的事实或者文书的公证，应当符合下列条件：①该事实或者文书与当事人有利害关系；②事实或者文书真实无误；③事实或者文书的内容和形式合法，不违背社会公德。

（3）对文书上的签名、印鉴、日期的公证，其签名、印鉴、日期应当准确、属实；对文书的副本、影印本等文本的公证，其文本内容应当与原本相符。

（4）对具有强制执行效力的债权文书的公证，应当符合下列条件：①债权文书以给付货币、物品或者有价证券为内容；②债权债务关系明确，债权人和债务人对债权文书有关给付内容无疑义；③债权文书中载明当债务人不履行或者不适当履行义务时，债务人愿意接受强制执行的承诺。

2.审批拟出具公证书

对符合《公证法》办证条件的公证事项，由承办公证员拟制公证书，连同被证明的文书、当事人提供的证明材料及核实情况的材料、公证审查意见，报公证机构的负责人或其指定的公证员审批。但按规定不需要审批的公证事项除外。公证机构的负责人或者被指定负责审批的公证员不得审批自己承办的公证事项。

审批公证事项及拟出具的公证书，应当审核以下内容：（1）申请公证的事项及其文书是否真实、合法；（2）公证事项的证明材料是否真实、合法、充分；（3）办证程序是否符合规定；（4）拟出具的公证书的内容、表述和格式是否符合相关规定。

审批重大、复杂的公证事项，应当在审批前提交公证机构集体讨论。讨论的情况和形成的意见，应当记录归档。

公证书应当按照国务院司法行政部门规定的格式制作，由公证员签名或者加盖签名章并加盖公证机构印章。

公证书自出具之日起生效。需要审批的公证事项，审批人的批准日期为公证书的出具日期；不需要审批的公证事项，承办公证员的签发日期为公证书的出具日期；现场监督类公证需要现场宣读公证证词的，宣读日期为公证书的出具日期。

（五）公证登记和立卷归档

公证机构办理公证，应当填写公证登记簿，建立分类登记制度。登记事项包括：公证事项类别、当事人姓名（名称）、代理人（代表人）姓名、受理日期、承办人、审批人（签发人）、结案方式、办结日期、公证书编号等。公证登记簿按年度建档，应当永久保存。公证机构在出具公证书后或者作出不予办理公证、终止公证的决定后，应当依照司法部、国家档案局制定的有关公证文书立卷归档和公证档案管理的规定，由承办公证员将公证文书和相关材料，在3个月内完成汇总整理、分类立卷、移交归档。公证案卷应当根据公证事项的类别、内容，划分为普通卷、密卷，分类归档保存。公证案卷应当根据公证事项的类别、用途及其证据价值确定保管期限。保管期限分短期、长期、永久三种。涉及国家秘密、遗嘱的公证事项，列为密卷。立遗嘱人死亡后，遗嘱公证案卷转为普通卷保存。

三、公证特别程序

公证特别程序是公证机关在办理特定公证事务时，依照法律规定所适用的程序。依据《公证法》和《公证程序规则》之规定，公证特别程序主要涉及如下几个类别：

1.公证机构办理招标投标、拍卖、开奖等现场监督类公证，应当由二人共同办理。承办公证员应当依照有关规定，通过事前审查、现场监督，对其真实性、合法性予以证明，现场宣读公证证词，并在宣读后7日内将公证书发送当事人。该公证书自宣读公证证词之日起生效。

2.公证机构办理遗嘱公证,应当由二人共同办理。承办公证员应当全程亲自办理。特殊情况下只能由一名公证员办理时,应当请一名见证人在场,见证人应当在询问笔录上签名或者盖章。

3.公证机构派员外出办理保全证据公证的,由二人共同办理,承办公证员应当亲自外出办理。办理保全证据公证,承办公证员发现当事人是采用法律、法规禁止的方式取得证据的,应当不予办理公证。

4.债务人不履行或者不适当履行经公证的具有强制执行效力的债权文书的,公证机构可以根据债权人的申请,依照有关规定出具执行证书。执行证书应当在法律规定的执行期限内出具。执行证书应当载明申请人、被申请执行人、申请执行标的和申请执行的期限。债务人已经履行的部分,应当在申请执行标的中予以扣除。因债务人不履行或者不适当履行而发生的违约金、滞纳金、利息等,可以应债权人的要求列入申请执行标的。

5.公证处办理提存业务,应以通知书或公告方式通知债权人在确定的期限内领取提存标的物。债权人领取提存标的物时,应提供身份证明和有关债权的证明,并承担因提存所支出的费用。不易保存的或债权人到期不领取的提存物品,公证处可以拍卖,保存其价款。从提存之日起,超过20年无人领取的提存标的物,视为无主财产,上交国库。

第四节　公证法律责任与公证争议的处理

本节案例导读:

1

全国首例公证处状告个人案[①]

2007年5月,公务人员A某为侵吞其父母遗留的房产,在父母离世数年后,找了一对男女老者假冒其父母,到北京市东方公证处办理了"父母"全权委托其妻B某出售房屋的公证,接着,房子被妻子卖给了丈夫并变更登记到

① 参见王斌等《全国首例公证处状告个人案》,载http://www.legaldaily.com.cn/Lawyer/content/2012-08/13/content_3765272.htm。2015年3月1日最后访问。

了A某名下。2009年A某的姐姐向公证处提起复查请求,公证处审查后发现该案确属当事人冒用他人名义骗取公证书,公证处亦存在一定过错。2010年6月,该公证书被撤销。随后,公证处协助A某姐妹进行了撤销房产变更登记的行政诉讼和遗产继承的民事诉讼,维护了A某姐妹的权益。2012年4月10日,北京市东方公证处向海淀区人民法院提起诉讼,认为A某、B某的欺骗行为给公证处名誉造成了损害,应当以书面形式向公证处道歉,并赔偿公证处因此受到的经济损失28000元。经当庭调解,双方达成和解协议,A某、其妻B某向东方公证处道歉,赔偿公证处损失23000元,并即时结清。

当事人用欺骗手段骗取公证书,致使公证公信力受到损害时向损害人请求赔偿,维护自己的名誉和权利。假冒他人名义骗取公证书的案例在业内屡见不鲜,但公证处起诉追究当事人损害名誉权责任并且胜诉的判例是第一次。

2

公证机关能否成为民事诉讼的被告[①]

滕某某于2005年表示放弃继承其父亲的遗产,并与其母亲、兄弟姐妹一起到广西玉林市公证处进行了公证,玉林市公证处出具了(2005)玉证内字第1016号公证书,确认滕某某已放弃继承。后滕某某的妻子韦某惠、儿子滕某帅认为滕某某放弃继承遗产的行为损害了其合法权益,玉林市公证处所作的上述公证书违法,根据《公证法》第40条的规定,向玉林市玉州区人民法院提起民事诉讼,要求法院判令玉林市公证处撤销上述公证书。

法院审理后认为,公证本身是一项证明活动,故公证行为本身并不设立、变更或终止公证当事人、公证事项利害关系人之间的民事权利义务关系,不论人民法院是否撤销公证书,均不必然影响公证当事人、公证事项利害关系人之间基于公证事项所产生的民事关系。《公证法》第40条[②]中所说的"争议"是指当事人或公证事项利害关系人之间的争议,只能以对方当事人为被

① 参见钟劲《公证机关能成为民事诉讼的被告吗?》,载 http://www.chinacourt.org/article/detail/2013/04/id/952517.shtml。2015年3月2日最后访问。

② 《公证法》第40条规定:"当事人、公证事项的利害关系人对公证书的内容有争议的,可以就该争议向人民法院提起民事诉讼。"

告对“争议”提起民事诉讼，而不是以公证机关作为被告请求撤销公证或确认公证无效。故玉林市公证处不是适格的被告，该案不属于人民法院民事诉讼的受案范围，依法对韦某惠、滕某帅的起诉裁定不予受理。韦某惠、滕某帅不服，向玉林市中级人民法院上诉，玉林市中级人民法院维持了玉州区人民法院的裁定。

本案的关键是对《公证法》第40条规定的理解，条文中的争议的主体是当事人、公证事项的利害关系人，而非公证机构；所争议的事项应当是实体权利义务，故韦某惠、滕某帅向法院提起诉，导致被告不适格，法院不予受理。

一、公证法律责任

（一）公证法律责任的含义、特征

公证法律责任是指公证机构（公证员）违反公证法律、法规、规章的规定或违反公证职业道德、执业纪律等情形时，根据其过错程度应当承担的责任。根据责任的不同性质可分为公证民事责任、公证刑事责任、公证行政责任和公证职业责任。公证法律责任确立的主要目的是保障公证职业秩序，保障公证事业的健康、有序发展。一般说来，公证法律责任主要有以下几方面的特征：

1.产生原因是公证机构（公证员）在公证活动中违反了公证法规范所规定的义务

这里所说的公证法包括与公证有关的法律、法规、规章以及具体的办证规则等规范的统称，比如《公证法》《公证程序规则》《公证机构执业管理办法》《公证员执业管理办法》等。上述规范规定了公证机构和公证员在公证活动中应当遵守的各项义务、各种执业道德和纪律，如果违反就应当依规定承担相应的民事赔偿、行政处罚、刑事责任或职业道德责任。

2.公证法律责任是公证机构和公证员承担的法律责任

在公证活动中违反了公证法律规范所规定的义务是公证法律责任区别于其他法律责任的本质特征。需要说明的是，《公证法》第44条规定的“提供虚假证明材料，骗取公证书的”“利用虚假公证书从事欺诈活动”以及“伪造、变造或者买卖伪造、变造的公证书、公证机构印章的”三种行为应当承担法律责任的情形，并不是公证机构和公证员所特有的义务，它是其他主体违反《民法通则》《治安管理处罚法》以及《刑法》等法律规定的禁止性义务应当承担的责任。

3.公证法律责任所保护的客体是公证活动秩序

表面上违法公证或者违章公证常常给公证当事人或者利害关系人造成了经济或其他利益损失，但其行为实质是扰乱了正常的公证秩序，违反了公证活动应当遵循的合法、客观、公正的原则，造成了国家公证证明权及公信力的损害。

（二）公证刑事责任

1.公证刑事责任的含义

公证刑事责任系公证机构及其公证员因其犯罪行为所必须承受的，由司法机关代表国家所确定的否定性法律后果。我国《公证法》第 42 条第 1 款规定了公证机构及其公证员构成犯罪的 6 种情形，分别是：(1)私自出具公证书的；(2)为不真实、不合法的事项出具公证书的；(3)侵占、挪用公证费或者侵占、盗窃公证专用物品的；(4)毁损、篡改公证文书或者公证档案的；(5)泄露在执业活动中知悉的国家秘密、商业秘密或者个人隐私的；(6)依照法律、行政法规的规定，应当给予处罚的其他行为。其中前五种情形具体描述了公证机构及其公证员应当负刑事责任的行为要件，只要其危害程度达到刑法规定的标准，就会构成犯罪，而第 6 种则是技术性的兜底条款。

2.公证刑事责任的构成要件

公证刑事责任的构成要件其实和其他普通犯罪的构成要件是一致的，是主观要件和客观要件的有机统一。

(1)公证刑事责任的主体方面，一类是公证机构因在公证过程中实施危害社会的行为而构成犯罪，即单位犯罪；一类是公证员在公证活动中实施危害社会的行为所构成的犯罪。

(2)公证刑事责任的主观方面，既有故意，也有过失。比如《公证法》第 42 条第 1 款规定私自出具公证书的，是故意犯罪。而 2009 年《最高人民检察院关于公证员出具公证书有重大失实行为如何适用法律问题的批复》规定的出具公证文书存在重大失实罪，主观上要求是过失。

(3)公证刑事责任构成的客观方面，要求责任主体的犯罪行为在履行公证执业活动中发生。

(4)公证刑事责任构成的客体方面,因公证犯罪行为触犯的罪名不同,其侵犯的客体不同,如出具公证文书存在重大失实罪侵犯的客体一般为扰乱破坏市场秩序,而职务侵占罪侵犯的客体则为公共财产权等。

3.公证刑事责任的相关罪名

我国《公证法》第 42 条规定的罪状在《刑法》中均有相对应的罪名。其中,《公证法》第 42 条第 1 款第 3 项中"侵占、挪用公证费或者侵占、盗窃公证专用物品的",可以分别按《刑法》第 271 条职务侵占罪、第 272 条挪用资金罪、第 264 条盗窃罪处罚;该款第 5 项中"泄露在执业活动中知悉的国家秘密、商业秘密或者个人隐私的",可以分别对应《刑法》第 398 条故意泄露国家秘密罪、过失泄露国家秘密罪和第 219 条侵犯商业秘密罪处罚。对于《公证法》第 42 条第 1 款第 2 项中"为不真实、不合法的事项出具公证书的"情形,2009 年《最高人民检察院关于公证员出具公证书有重大失实行为如何适用法律问题的批复》中明确规定,《公证法》施行以后,公证员在履行职责过程中,严重不负责任,出具的公证书有重大失实,造成严重后果的,依照《刑法》第 229 条第 3 款的规定,以中介组织人员出具证明文件重大失实罪追究刑事责任。因此依据该批复的精神,对于故意提供虚假公证书的,构成中介组织人员提供虚假证明文件罪。

(三)公证行政责任

1.公证行政责任的含义

公证行政责任是指公证机构和公证员在公证活动中,违反有关行政管理的法律、法规或者规章的规定,尚未构成犯罪的依法应当承担的行政法律后果。公证行政责任根据承担的方式不同,可以分为行政处罚和行政处分,行政处罚可以对公证员作出也可以对公证机构作出,而行政处分主要是对公证员作出。

2.承担公证行政责任的法律依据和情形

《公证法》是公证行政责任的主要法律依据,其中规定了公证机构和公证员应当承担行政责任的情形和方式。另外在《公证机构执业管理办法》和《公证员执业管理办法》中也明确规定了公证机构和公证员不得从事的禁止性行为,同时规定如果违反相关的禁止性规则,应当依据《公证法》的有关规定给予行政处罚、处分,并且规定了予以行政处罚的主管机关、处罚程序以及救济途径等。

依据《公证法》第41条规定，公证机构及其公证员有下列行为之一的，由省、自治区、直辖市或者设区的市人民政府司法行政部门给予警告；情节严重的，对公证机构处1万元以上5万元以下罚款，对公证员处1000元以上5000元以下罚款，并可以给予3个月以上6个月以下停止执业的处罚；有违法所得的，没收违法所得：(1)以诋毁其他公证机构、公证员或者支付回扣、佣金等不正当手段争揽公证业务的；(2)违反规定的收费标准收取公证费的；(3)同时在二个以上公证机构执业的；(4)从事有报酬的其他职业的；(5)为本人及近亲属办理公证或者办理与本人及近亲属有利害关系的公证的；(6)依照法律、行政法规的规定，应当给予处罚的其他行为。

依据《公证法》第42条规定，公证机构及其公证员有下列行为之一的，由省、自治区、直辖市或者设区的市人民政府司法行政部门对公证机构给予警告，并处2万元以上10万元以下罚款，并可以给予1个月以上3个月以下停业整顿的处罚；对公证员给予警告，并处2000元以上10000万元以下罚款，并可以给予3个月以上12个月以下停止执业的处罚；有违法所得的，没收违法所得；情节严重的，由省、自治区、直辖市人民政府司法行政部门吊销公证员执业证书；构成犯罪的，依法追究刑事责任：(1)私自出具公证书的；(2)为不真实、不合法的事项出具公证书的；(3)侵占、挪用公证费或者侵占、盗窃公证专用物品的；(4)毁损、篡改公证文书或者公证档案的；(5)泄露在执业活动中知悉的国家秘密、商业秘密或者个人隐私的；(6)依照法律、行政法规的规定，应当给予处罚的其他行为。因故意犯罪或者职务过失犯罪受刑事处罚的，应当吊销公证员执业证书。

在《公证员执业管理办法》和《公证机构执业管理办法》中，除了准用性规则外，也有单独的行政法律责任条款，如《公证员执业管理办法》第34条规定："以欺骗、贿赂等不正当手段取得公证员任命和公证员执业证书的，经查证属实，由省、自治区、直辖市司法行政机关提请司法部撤销原任命决定，并收缴、注销其公证员执业证书。"

以上法律、法规等规范对公证行政责任的规定，构成了比较完整的公证行政法律责任体系。公证行政责任制度，有助于加强国家对公证机构和公证员从事公证业务的监督和管理，有助于减少违法公证事件的发生，提高公证机构和公证员依法履行公证职责的自觉性，维护公证权的权威性和公信力。

（四）公证民事责任

1.公证民事责任的概念

公证民事法律责任是指因公证机构及其公证员在办理公证时存在过错，致使公证文书发生错误，给当事人、公证事项的利害关系人造成合法权益的损害，因而需要依法承担的民事法律上的不利后果。根据《侵权责任法》第15条、《民法通则》第134条和《公证法》第43条之规定，承担公证民事法律责任的基本形式有退赔公证费、撤销公证书、赔礼道歉、赔偿损失等，其中赔偿损失是最主要的方式。

2.公证民事赔偿责任的构成

现代法治精神的蕴含之一是要求每一个具备相应责任能力的公民和社会组织都要对其行为的后果负责，公证机构也不能例外。在市场经济条件下，公证机构要想成为一个合格的中介组织，就必须能承担起相应的民事责任，即公证机构和公证从业人员在执业过程中，如果造成当事人和其他利害关系人权利的损害，就必须向其进行公证赔偿。公证民事赔偿责任的构成主要有如下基本要件：

（1）公证员履行公证职务过程中主观上存在过错。过错包括故意和过失，公证人员履行公证职务当中对发生的错误如果没有故意或过失，则不应当承担赔偿责任。公证民事责任实行过错责任原则的法律依据来源于我国《公证法》以及相关规章等规范性文件的规定。司法部1995年6月2日发布的《提存公证规则》第27条规定，公证处或公证人员挪用提存标的的，应当承担相应的赔偿责任；因公证处的过错造成提存标的毁损、灭失的，公证处负有赔偿责任。2002年施行的《公证程序规则》，也规定“对错误或不当的公证文书，公证处及同级司法行政机关、上级司法行政机关应予以撤销，因公证处的过错撤销公证书的，所收的公证费应退还当事人”。2000年，司法部印发的《关于深化公证工作改革的方案》中的第13条规定：“建立完善公证赔偿制度。公证赔偿实行有限责任，以公证处的资产为限，赔偿范围为公证机构及其工作人员在履行公证职务中，因过错给当事人造成的直接经济损失。公证机构赔偿后，可责令有故意或重大过失的公证人员承担部分或全部赔偿费用。”2006年《公证法》第43条规定：“公证机构及其公证员因过错给当事人、公证事项的利害关系人造成损失的，由公证机构承担相应的赔偿责任；公证机构赔偿后，可向有故意或者重大过失的公证员追偿。”

（2）公证员有违反职务上的义务行为，并引发损害结果的发生。公证员应严格依照法律的规定，坚持客观、公正的原则，忠实、谨慎地执行职务。公证员承担法律责任的基础条件必须是其行为违反了公证法律的规定，违反了职业义务。同时公证员的违反职务上的义务行为必须是对公证当事人或公证利害关系人造成了损害后果，如果虽有违反义务行为，但因种种客观因素的存在和作用，并没有给当事人、利害关系人造成客观的损失，公证员可构成行政责任或者职业责任，但不构成公证赔偿责任。因为公证民事赔偿的目的就是弥补受害人受到的损害，没有损害的事实就谈不上赔偿责任的承担。

（3）公证员的过错与造成的损失之间存在直接的因果关系。公证机构或公证员的过错与当事人或利害关系人受到的损失存在因果关系是公证赔偿责任构成的前提，即公证当事人或利害关系人必须证明所需赔偿的损失是由公证机构及其公证员过错造成的。

3.公证民事赔偿责任的承担范围

《公证法》第43条规定：“公证机构及其公证员因过错给当事人、公证事项的利害关系人造成损失的，由公证机构承担相应的赔偿责任”。从本条内容来看，并未明确规定“损失”范围。而《关于深化公证工作改革的方案》第13条第1款对此作出了具有指导意义的规定，即：“公证赔偿实行有限责任，以公证处的资产为限，赔偿范围为公证机构及其工作人员在履行公证职务中，因过错给当事人造成的直接经济损失。”

4.公证民事赔偿责任的保障机制

2000年8月10日，司法部报经国务院批准的《关于深化公证工作改革的方案》中明确规定：“建立完善公证赔偿制度。公证赔偿实行有限责任，以公证处的资产为限，赔偿范围为公证机构及其工作人员在履行公证职务中，因过错给当事人造成的直接经济损失。公证机构赔偿后，可责令有故意或重大过失的公证人员承担部分或全部赔偿费用。”该方案中提出“公证机构应从每年业务收入中提取3%的份额作为赔偿基金，用于理赔”。

中国公证员协会于2000年12月18日在北京同中国人民保险公司就公证职业责任保险问题签署了协议，中国公证员协会作为总的投保人，代表全国范围内的公证机构统一向中国人民保险公司投保公证执业责任保险。公证执业责任保险是中国人民保险公司为司法公证系统开办的专业保险，主要是为了配合公证体制改革的需要，保证公证机构具有适当的民事赔偿能力，提高公证机构的信誉，促使公证事业得以顺利、持续地发展。根据保险合同的相关规定，对于各公证机构处在中华人民共和国境内（港、澳、台地区除外）从事公证业务时，由于疏忽或过失造成委托人或公证文书利害关系人的经济损失或损害，并在保险期间内由委托人或公证文书利害关系人首次向被保险人提出索赔申请，依法由被保险人承担经济赔偿责任的，中国人民保险公司将按保险合同的规定负责承担。公证执业责任保险总体包括：主险——公证执业责任保险；附加险——公证员健康保险、公证员补充健康保险、公证处财产综合险。保险公司对主险的赔偿范围通常包括因公证责任所引起的赔偿金额、法院收取的诉讼费用、律师费等其他诉讼费用及法律规定或依据保险合同约定应当由保险人负担的费用。依照《公证责任保险合同》，公证过错所导致的赔偿金额依人民法院的判决书或调解书确定，以调解书方式确定时需事先征得保险人同意；由受害人与公证机构通过非诉方式所确定的赔偿金额必须事先征得保险公司的书面同意，当保险公司与受害人对调解方案中的赔偿金额意见不一时，由保险公司决定。

2002 年 7 月，司法部制定的《公证赔偿基金管理试行办法》对赔偿基金的筹集、使用以及管理作出了具体规定。公证赔偿基金由公证责任保险和公证赔偿后备金两个层次构成。

公证责任保险主要用于赔付公证机构因公证执业行为，依法对公证当事人、利害关系人承担的民事赔偿责任，只要不属于保险合同列明的除外责任，保险人均承担保险赔偿责任。除外责任包括公证机构的故意行为；公证机构无有效公证执业证书，或未取得法律、法规规定的应持有的其他资格证书办理业务的；公证员从事公证职务以外的任何行为；公证机构的在册执业公证人员以个人名义私自接受委托或在其他公证机构执业；公证机构向保险人隐瞒或不如实告知，情节严重的；保险人、投保人和公证机构约定的其他免除责任行为。

公证赔偿后备金主要用于支付公证责任保险范围以外的公证责任赔偿的费用，如偿付公证责任保险中的绝对免赔额、超过个案保险赔偿限额的公证赔偿费用,具体包括法院诉讼费、律师费、公证机构与地方公证协会的办案费及其他合理费用。公证赔偿后备金与公证责任保险两种赔偿方式相比,公证责任保险是公证行业赔偿制度的主干,公证赔偿后备金是公证责任保险赔付的补充,公证责任保险赔付后不足部分,也就是差额部分由公证赔偿后备金来赔付。

2006 年《公证法》第 43 条对公证赔偿制度予以确认,同年施行的《公证程序规则》亦作出了相关规定。同时《公证法》第 15 条对执业责任保险作出了强制性规定,即公证机构应当参加公证执业责任保险。

(五)公证职业责任

每一个行业都必须有其遵守的职业道德和行业规则,公证业也不例外。中国公证员协会常务理事会制定的《公证员惩戒规则(试行)》对公证员执业过程中的纪律要求、行业规范、职业道德作了详细的规定,并对违反上述要求的行为规定了细致的惩戒措施。公证职业责任虽然不具备公证民事责任、刑事责任和行政责任所具有国家强制力,但行业惩戒对公证人的职业形象特别是业内评价将产生强烈的影响,同时也可能作为追究其他法律责任的基础。

公证员职业责任的特点是:追究公证员职业责任的主体不是国家机关,而是公证员协会。公证执业责任的依据并不是法律,而是行业规则。当公证员违反执业纪律和职业道德规范,公证员协会就可以依据《公证员惩戒规则(试行)》的规定追究公证员的职业责任。追究公证员职业责任的方式不是处罚或者处分,而是惩戒,惩戒包括警告、严重警告、罚款、记过、暂停会员资格、取消会员资格。虽然惩戒的种类与行政处罚和行政处分类似,但不具有行政处分的性质。

公证职业责任是公证法律责任体系中的一个重要组成部分,公证职业道德规范和行业规则是在公证行业发展过程中总结并逐渐形成的,对于督促公证员在执业过程中严格自律、奉公守法,自觉维护公证员良好的社会形象,保障公证行业的健康有序发展具有十分重要的意义。自本世纪初我国公证机构改革以来,公证行业逐渐进入自主经营时期,公信力作为公证行业的生命力,行业名声和信誉对于公证员和公证机构来说至关重要,而公证协会的惩戒具备浓厚的评价色彩,不好的评价会关系到公证人的生存,因此公证职业责任对公证人的影响并不比其他公证法律责任逊色。

二、公证争议的处理

根据《民法通则》《公证法》《侵权责任法》《民事诉讼法》《公证程序规则》《公证复查争议投诉处理办法(试行)》等法律规范和有关司法解释之规定，对错误公证书的法律救济主要有以下几种途径：

(一)复查

依据《公证法》第39条规定，当事人、公证事项的利害关系人认为公证书有错误的，可以向出具该公证书的公证机构提出复查。公证书的内容违法或者与事实不符的，公证机构应当撤销该公证书并予以公告，该公证书自始无效；公证书有其他错误的，公证机构应当予以更正。复查是《公证法》规定的公证争议救济手段之一。公证机构通过对公证书的内容、办证程序等进行再次审查，以确定公证书是否有错误，如发现有问题及时予以解决。它强调了无论在事实认定或法律适用、办证程序上，只要有错误即应首先通过向错误公证书的出证公证机构提出复查救济予以纠正，使依法、客观、公正的公证原则得以充分体现。

错误公证书复查申请人只能是公证当事人或者公证事项的利害关系人，复查申请应当以书面形式提出，载明申请人认为公证书存在的错误及其理由，提出撤销或者更正公证书的具体要求，并提供相关证明材料。错误公证书的复查主体是出具公证书的公证机构。复查申请应当在规定期限内提出。公证复查申请的具体期限有两种：一是公证当事人认为公证书有错误的，可以在收到公证书之日起1年内向出具公证书的公证机构提交复查申请书；二是公证事项的利害关系人认为公证书有错误的，可以自知道或者应当知道该项公证之日起1年内向出具公证书的公证机构提出复查，但能证明自己不知道的除外，提出复查的期限自公证书出具之日起最长不得超过20年。期限届满可视为当事人、公证事项的利害关系人对复查请求权的放弃，并将发生失权的法律后果，这时公证机构有权拒绝当事人或公证事项的利害关系人的复查申请，公证机构同时可以据此对抗当事人或公证事项的利害关系人对其不履行法定复查义务所做的投诉或相关赔偿诉讼。

公证机构收到复查申请后，应当指派原承办公证员之外的公证员进行复查。公证机构应当自收到复查申请之日起30日内完成复查，作出复查处理决定,发给申请人。公证机构应当本着实事求是、依法复查的原则,认真审查、核实当事人、公证事项的利害关系人提出的公证书的错误及理由。根据不同情况,按照以下规定予以处理:(1)公证书的内容合法、正确、办理程序无误的,作出维持公证书的处理决定。(2)公证书的内容合法、正确,仅证词表述或者格式不当的,应当收回公证书,更正后重新发给当事人;不能收回的,另行出具补正公证书。(3)公证书的基本内容违法或者与事实不符的,应当作出撤销公证书的处理决定。(4)公证书的部分内容违法或者与事实不符的,可以出具补正公证书,撤销对违法或者与事实不符部分的证明内容;也可以收回公证书,对违法或者与事实不符的部分进行删除、更正后,重新发给当事人。(5)公证书的内容合法、正确,但在办理过程中有违反程序规定、缺乏必要手续的情形,应当补办缺漏的程序和手续;无法补办或者严重违反公证程序的,应当撤销公证书。

需要对公证书作撤销或者更正、补正处理的,应当在作出复查处理决定后10日内完成。复查处理决定及处理后的公证书,应当存入原公证案卷。公证机构办理复查,因不可抗力、补充证明材料或者需要核实有关情况的,所需时间不计算在办案规定的期限内,但补充证明材料或者需要核实有关情况的,最长不得超过6个月。被撤销的公证书应当收回,并予以公告,该公证书自始无效。公证机构撤销公证书的,应当报地方公证协会备案。

(二)复查争议投诉

指当事人、公证事项的利害关系人,对公证机构作出的撤销或者不予撤销公证书的决定有异议的,在规定的期限内向地方公证协会投诉,由地方公证协会对公证书的内容以及公证机构的办证程序进行再次审查,以确认公证书是否错误,并提出处理决定或建议的法律救济方式。公证复查争议投诉救济既是公证法律服务接受社会和当事人监督的一项重要措施,又是法律对投诉人提供争议救济,保护其合法权益的重要手段。由于撤销公证书或者不予撤销公证书往往涉及相关权利人重大民事权益,因此《公证程序规则》第67条明确规定公证当事人和公证事项利害关系人对公证机构作出的撤销或者不予撤销公证书的决定有异议的,可以向地方公证协会投诉。

复查争议投诉的申请人是公证当事人或公证事项的利害关系人。复查争议投诉的受理主体是被投诉公证机构所在地的省级公证协会。公证复查争议投诉的受理标的是当事人、公证事项的利害关系人对公证机构作出的撤销公证书的决定或者不予撤销公证书的决定有异议。对公证机构作出的诸如超过公证复查期限不予受理复查、公证申请不予办理、公证收费不合理等错误决定就不属于公证复查争议投诉的范围。公证复查争议投诉申请应当在规定期限内提出。公证当事人或公证事项的利害关系人应当自收到或者知道公证机构作出的撤销或者不予撤销公证书的复查决定之日起60日内，向地方公证协会提出公证复查争议投诉。公证复查争议投诉应当以书面形式提出，载明投诉人的诉求及其理由，并提供相关证明材料。公证当事人、公证事项的利害关系人以口头形式提出公证复查争议投诉的不能视为提出投诉申请，不能对抗公证复查争议投诉申请60日期限的限制。

地方公证协会经过审理，根据不同情况在规定期限内作出处理决定或建议。作出处理决定的情况是指地方公证协会经审理认为公证机构作出的撤销或者不予撤销公证书的复查决定是正确的，作出的对投诉人的请求不予支持的书面决定，并告知被投诉人；作出处理建议的情况是指地方公证协会经过审理认为公证机构作出的撤销或者不予撤销公证书的复查决定错误的，作出要求被投诉人撤销原复查决定的书面建议，或者认为公证机构撤销或者不予撤销公证书的复查决定不适当或者有异议的，要求作出公证书的出证公证机构就原公证争议重新进行复查的书面建议。《公证复查争议投诉处理办法》第22条规定了“对于地方公证协会的处理建议，被投诉人应当采纳。被投诉人拒不采纳的，视情节轻重，由地方公证协会给予相应的行业处分”。

（三）提起民事诉讼

依据《公证法》第40条和第43条第2款之规定，当事人、公证事项的利害关系人对公证书的内容有争议或当事人、公证事项的利害关系人与公证机构因赔偿发生争议的，可以向人民法院提起民事诉讼。2014年《最高人民法院关于审理涉及公证活动相关民事案件的若干规定》对审理涉及公证活动相关民事案件做了更加明确具体的规定。

根据前述公证法律规范和司法解释之规定，公证当事人、公证事项的利害关系人对公证书的内容有争议是指公证当事人、公证事项的利害关系人对公证书涉及当事人之间或者当事人与公证事项的利害关系人之间实体权利义务的内容有争议，一般涉及公证当事人之间或者当事人与公证事项的利害关系人之间实体财产的分配发生了争议的情况。与公证机构因赔偿发生争议是指当事人、公证事项的利害关系人与公证机构因过错责任和赔偿数额发生争议，协商不成的，可以向人民法院提起民事诉讼。它必须具备三个条件：一是公证员存在过错；二是给公证当事人、公证事项的利害关系人造成了实际损失，无实际损失则不能要求赔偿；三是公证员的过错与造成的损失之间存在直接的因果关系。

当事人、公证事项的利害关系人依照《公证法》第43条规定向人民法院起诉请求民事赔偿的，应当以公证机构为被告，人民法院应作为侵权责任纠纷案件受理。当事人、公证事项的利害关系人对具有强制执行效力的公证债权文书的民事权利义务有争议直接向人民法院提起民事诉讼的，人民法院依法不予受理。但公证债权文书被人民法院裁定不予执行的除外。

当事人、公证事项的利害关系人提供证据证明公证机构及其公证员在公证活动中具有下列情形之一的，人民法院应当认定公证机构有过错：(1)为不真实、不合法的事项出具公证书的；(2)毁损、篡改公证书或者公证档案的；(3)泄露在执业活动中知悉的商业秘密或者个人隐私的；(4)违反公证程序、办证规则以及国务院司法行政部门制定的行业规范出具公证书的；(5)公证机构在公证过程中未尽到充分的审查、核实义务，致使公证书错误或者不真实的；(6)对存在错误的公证书，经当事人、公证事项的利害关系人申请仍不予纠正或者补正的；(7)其他违反法律、法规、国务院司法行政部门强制性规定的情形。

当事人提供虚假证明材料申请公证致使公证书错误造成他人损失的，当事人应当承担赔偿责任。公证机构依法尽到审查、核实义务的，不承担赔偿责任；未依法尽到审查、核实义务的，应当承担与其过错相应的补充赔偿责任；明知公证证明的材料虚假或者与当事人恶意串通的，承担连带赔偿责任。当事人、公证事项的利害关系人明知公证机构所出具的公证书不真实、不合法而仍然使用造成自己损失，请求公证机构承担赔偿责任的，人民法院不予支持。

民事诉讼救济应当在规定的时效期限内提起，一般是2年。公证当事人、公证事项利害关系人不知道的情况下，最长不超过20年。

实务篇（下）

公证机构的业务是指公证机构根据国家的授权,按照有关法律、法规的规定所办理的公证法律事务。《公证法》《公证程序规则》和我国民商事法律是确定公证业务范围的法律依据。目前我国《公证法》和《公证程序规则》规定了我国公证机构的16项基本业务,按照业务的性质不同可分为以下两个基本类别:

第一,公证事项。依据我国《公证法》第11条之规定,公证机构办理下列公证事项:(1)合同;(2)继承;(3)委托、声明、赠与、遗嘱;(4)财产分割;(5)招标投标、拍卖;(6)婚姻状况、亲属关系、收养关系;(7)出生、生存、死亡、身份、经历、学历、学位、职务、职称、有无违法犯罪记录;(8)公司章程;(9)保全证据;(10)文书上的签名、印鉴、日期,文书的副本、影印本与原本相符;(11)自然人、法人或者其他组织自愿申请办理的其他公证事项。法律、行政法规规定应当公证的事项,有关自然人、法人或者其他组织应当向公证机构申请办理公证。

第二,公证事务。依据我国《公证法》第12条之规定,公证机构可以办理下列事务:(1)法律、行政法规规定由公证机构登记的事务;(2)提存;(3)保管遗嘱、遗产或者其他与公证事项有关的财产、物品、文书;(4)代写与公证事项有关的法律事务文书;(5)提供公证法律咨询。

上述公证机构的业务按照当事人是否自愿划分,可分为法定公证业务和自愿公证业务。法定公证业务,即强制公证、必需公证业务,是指法律、行政法规规定某些法律行为、具有法律意义的事实和文书,自然人、法人或其他组织必须依法向公证机构申请办理公证,否则该法律行为、具有法律意义的事实和文书因形式不符合法律、法规规定而不能产生相应的法律效力。从我国目前的法律、法规规定情况来看,法定公证在公证机构的业务中所占比例较小,而自愿公证所占的比例较大。随着我国公民法律意识的提高,越来越多的人将会选择公证这种预防性的法律手段来保护自己。

第二章　赠与公证

本章案例导读：

3

经过公证的赠与合同不能任意撤销①

原告李山与被告李义是伯侄关系，曾分别住在某区二层房屋的一楼和二楼。2007年9月2日，被告将其所有的第二层房产赠与给原告，被告妻子黄某作为该房屋所有权的共有人表示同意赠与，原、被告到某市公证处办理房屋赠与手续。至2008年2月，被告仍未将第二层房屋交付原告使用，并拒绝为原告办理房屋过户手续，原告诉诸法院。被告辩称房产是有偿转让给原告，双方为逃避税费，才办理赠与手续，但未提交任何证据。同时，被告认为其因体弱多病导致经济困难，可以不再履行赠与义务，但被告没有提供证据证明其经济状况显著恶化，严重影响其生产经营或家庭生活。法院判决被告向原告交付房屋，并为原告办理房屋过户手续，理由如下：

法院经审理认为，原、被告在公证处经公证签订的《房产赠与合同》，是双方当事人真实意思表示，其内容没有违反法律或行政法规的强制性规定，合法有效，具有法律约束力。经公证的赠与合同不能任意撤销，被告应遵照赠与合同的内容履行相关义务。被告辩称讼争房产是有偿转让给原告，但没有足够的证据推翻经公证的《房产赠与合同》，法院不予采信。被告认为其体弱

---

① 参见童阳《公证过的赠与合同能否任意撤销?》，载 http://www.110.com/ziliao/article-225114.html。2014年12月1日最后访问。

多病导致经济困难，可以不再履行赠与义务的辩称，因被告没有提供证据证明其经济状况显著恶化，严重影响其经营或家庭生活，法院无法认定，故被告的情况不符合《中华人民共和国合同法》第195条规定的情形，被告不得拒绝履行赠与义务。

第一节　赠与公证概述

一、赠与公证的含义

赠与是财产所有人在法律允许的范围内自愿将其所有的财产无偿赠送他人的法律行为。赠与公证是公证处依法证明赠与人赠与财产、受赠人收受赠与财产或赠与人与受赠人签订赠与合同真实、合法的行为。

二、赠与公证的种类

依据司法部《赠与公证细则》第4条之规定，办理赠与公证，可采取证明赠与人的赠与书、受赠人的受赠书或赠与合同三种形式。其中赠与书是赠与人单方以书面形式将财产无偿赠与他人；受赠书是受赠人单方以书面形式表示接受赠与①;赠与合同是赠与人与受赠人双方以书面形式,就财产无偿赠与而达成的一种协议。

赠与合同和单方的赠与、受赠之间存在明显的区别:首先是在效力上,具有救灾、扶贫等社会公益、道德义务性质的赠与合同或者经过公证的赠与合同,赠与人不交付赠与财产的,受赠人可以要求交付,但赠与人的不得撤销义务与受赠人交付请求权仅仅适用于赠与合同。其次是在执业区域问题上,我国公证执业区域的划分标准分为住所地、经常居住地、行为地、事实发生地和不动产所在地。其中例外的情形是公证机构对涉及不动产的委托、声明、赠与、遗嘱的执业区域不受限制。就公证实务中占绝对多数的房地产赠与而言,赠与合同公证业务只能由不动产所在地的公证机构受理。对于我国那些外来人口众多的城市,赠与合同公证,应告知去不动产所在地办理。但是,为了解决赠与人行动不便等特殊情况,也可退而采取赠与书公证的形式办理。

---

① 1.

赠与公证书

( )××证字第××号

兹证明×××(男或女,××××年×月×日出生,现住××省×县×乡×村)于××××年×月×日来到我处,在我的面前,在前面的赠与书上签名(或盖章或按手印)。×××的赠与行为符合《中华人民共和国民法通则》第五十五条的规定。

中华人民共和国××省××市(县)公证处

公证员(签名或签名章)

××××年×月×日

2.

受赠公证书

( )××证字第××号

兹证明×××(男或女,××××年×月×日出生,现在××省×县×乡×村)于××××年×月×日来到我处(或在××地),并在我的面前,在前面的受赠书上签名(或盖章或按手印)。×××的受赠行为符合《中华人民共和国民法通则》第五十五条规定。

落款同1

3.

赠与合同公证书

( )××证字第××号

兹证明赠与人×××(男或女,××××年×月×日出生,现住××省×县×乡×村)与受赠人×××(男或女,××××年×月×日出生,现住××省×县×乡×村)于××××年×月×日来到我处(或在××地),自愿签订前面的《赠与合同》,并在我的面前,在该合同上签名(或盖章或按手印)。×××与×××签订上述《赠与合同》行为符合《中华人民共和国民法通则》第五十五条的规定。

落款同1

此种情形下公证机构应告知当事人单方赠与的法律后果，并告知当事人应及时通知受益人办理受赠公证或者办理转移登记手续。

赠与书、受赠书的优越性在于：第一，可解决行动不便的赠与人前往受赠人所在地办理赠与合同手续的难题，保护了赠与人处分自己财产的合法权利；第二，可解决受赠人为未成年人、残疾人、无行为能力人和不具备出国条件的人不便前往赠与人所在地的难题，维护了受赠人的合法利益；第三，可减少赠与人与受赠人或受赠人的受托人、代理人之间，因办理赠与合同手续往返的不必要的开支；第四，确保了赠与书、受赠书的真实性、合法性。如居住在国外或外地且行动不便的老人，将其在原籍的房屋赠给原籍的亲人，采用赠与书公证的形式则最为恰当。

第二节　赠与公证程序

根据司法部《赠与公证细则》，赠与人赠与的财产必须是赠与人所有的合法财产。赠与人是公民的，必须具有完全民事行为能力。赠与书公证应由赠与人的住所地或不动产所在地公证处受理。受赠书、赠与合同公证由不动产所在地公证处受理。办理不动产赠与公证的，经公证后，应及时到有关部门办理所有权转移登记手续，否则赠与行为无效。办理赠与书、受赠书、赠与合同公证，当事人应亲自到公证处提出申请，亲自到公证处确有困难的，公证人员可到其居住地办理。

一、办理赠与公证的条件和程序

（一）材料的提交与受理

申请人填写公证申请表并应向公证处提交以下材料：1.当事人的居民身份证或其他身份证明；受赠人为法人或其他组织的，应提交资格证明、法定代表人身份证明，如需经有关部门批准才能受赠的事项，还需提交有关部门批准接受赠与的文件，代理人应提交授权委托书；受赠人为无民事行为能力或限制民事行为能力的，其代理人应提交有监护权的证明；2.被赠与财产清单和财产所有权证明;3.赠与书、受赠书或赠与合同;[①]4.赠与标的为共有财产的,共有人一致同意赠与的书面证明;5.公证人员认为应当提交的其他材料。

当事人提交了前述规定的全部证件和材料的,应予受理。对不符合前述规定条件的申请,公证处应作出不予受理的决定,并通知当事人。

---

① 1.赠与书的主要内容:(1)赠与人与受赠人的姓名、性别、出生日期、家庭住址;(2)赠与人与受赠人的关系,赠与的意思表示及理由;(3)赠与财产状况:名称、数量、质量、价值,不动产坐落地点、结构。

2.受赠书的主要内容:(1)受赠人与赠与人的姓名、性别、出生日期、家庭住址;(2)受赠人与赠与人的关系,接受赠与的意思表示及理由;(3)受赠财产状况:名称、数量、质量、价值,不动产坐落地点、结构。

3.赠与合同的主要内容:(1)赠与人与受赠人的姓名、性别、出生日期、家庭住址;(2)赠与人与受赠人的关系,赠与、接受赠与的意思表示及理由;(3)赠与财产状况:名称、数量、质量、价值,不动产坐落地点、结构;(4)违约责任。

(二)询问告知[①]与制作笔录

公证员接待当事人,须根据民法通则和有关房地产政策、规定,向当事人讲明赠与的法律依据和不动产权属转移须办理的登记手续以及当事人应承担的责任。同时按《公证程序规则(试行)》第24条规定制作笔录,并着重记录下列内容:1.赠与人与受赠人的关系,赠与意思表示及理由;2.赠与财产状况:名称、数量、质量、价值,不动产坐落地点、结构;3.赠与财产产权来源,有无争议;4.赠与财产所有权状况,占有、使用情况及抵押、留置、担保情况;5.赠与形式;6.赠与书、受赠书或赠与合同的具体内容;7.赠与行为法律后果的表述;

---

① 依《中华人民共和国合同法》《中华人民共和国公证法》和《公证程序规则》等的规定,现将本公证事项的法律意义、法律后果及有关法律事宜告知如下:

1.赠与合同是赠与人将自己的财产无偿给予受赠人,受赠人表示接受赠与的法律行为;赠与合同公证是指公证机构根据当事人的申请,依照法定程序证明赠与合同的真实性、合法性的活动。2.经过公证的赠与合同依法享有高于一般书证的效力,是人民法院和有关机关认定事实的依据。3.赠与合同是转让财产所有权的重要法律行为,是财产权利发生转移的依据之一。经过公证的赠与合同并不代表标的物所有权发生转移的法律后果,依照法律的相关规定,不动产赠与财产所有权的转移以在相关部门办理变更登记为准,动产赠与财产所有权的转移以财产交付为准,法律另有规定的从其规定。4.经过公证的赠与合同,赠与人在赠与财产的所有权转移之前非经法定事由不得撤销,否则应承担相应的法律责任。5.赠与人不得有规避法律、恶意逃避债务和法律义务的行为。否则,应承担一切法律后果。

特别告知:

1.赠与人所处分的财产必须是其合法所有并有权处分的财产。2.赠与、受赠必须是自愿的,如有受胁迫或受欺骗等情况必须如实告知公证员。否则,日后将导致公证书被撤销,双方的行为不受法律保护。3.赠与人可以在赠与书中指定所赠与的财产归受赠人一方所有,不作为其与配偶的共同所有财产。4.因赠与人故意或者重大过失致使赠与的财产毁损、灭失的,赠与人应当承担损害赔偿责任,赠与的财产有瑕疵的,赠与人不承担责任。附义务的赠与,赠与的财产有瑕疵的,赠与人在附义务的限度内承担与出卖人相同的责任。5.赠与财产为房屋、土地使用权、车辆、股权(股份)等财产的,应及时到相关部门去办理变更登记手续。6.赠与可以附义务。赠与附义务的,受赠人应按约定履行义务。7.根据《中华人民共和国合同法》的有关规定,受赠人有下列情形之一的,赠与人可以撤销赠与:(1)严重侵害赠与人或赠与人近亲属的;(2)对赠与有扶养义务而不履行的;(3)不履行赠与合同所约定义务的。赠与人的撤销权,自知道或应当知道撤销原因之日起一年内行使。8.赠与人在赠与财产的权利转移之前可以撤销赠与。但具有救灾、扶贫等社会公益、道德义务性质的赠与合同或经过公证的赠与合同赠与不得撤销。9.受赠人是未成年人或其他无民事行为能力人,其监护人可以代为接受赠与。监护人在代为接受赠与后应认真履行监护职责,否则承担相应的法律责任。

8.公证人员认为应当记录的其他内容。

(三)审查、出证

赠与公证,除按《公证程序规则(试行)》第23条规定的内容审查外,对赠与人的意思表示是否真实,行为是否合法;赠与人是否有赠与能力,是否因赠与而影响其生活或居住;赠与财产的权属是否清晰;赠与书、受赠书、赠与合同内容是否真实、合法等情况应着重审查。经审查符合下列条件的赠与,公证处应出具公证书:

1.赠与人具有完全民事行为能力。

根据《合同法》第9条规定,订立合同的当事人应当具有相应的民事权利能力和民事行为能力。赠与人并不限于自然人,法人具有完全民事行为能力,依法可以处分自己的财产,因而也可以成为赠与人;其他经济组织,如依法登记领取营业执照的企业法人的分支机构等,在法人授权范围内也可以处分相应的财产,也可以成为赠与人。

2.赠与财产是赠与人所有的合法财产。

3.赠与书、受赠书、赠与合同的意思表示真实、合法,条款完备、内容明确、文字表述准确。

4.办证程序符合规定。

不符合前述规定条件的,应当拒绝公证,并在办证期限内将拒绝的理由通知当事人。

二、办理赠与公证中应注意的问题

(一)关于赠与合同的解除、撤销

我国对赠与合同采诺成合同而非实践合同的立法例,允许赠与人(特殊情形下包括其他撤销权人)在赠与合同有效成立后,在符合条件时享有撤销赠与合同的权利,赠与人在赠与财产的权利转移之前可以撤销赠与。财产所有权的转移时间点,因财产性质不同而有所差异,动产以交付为时间点,不动产、需要登记的车船等动产以依法办理变更登记时为时间点,交付、登记之后,赠与人不能再行撤销权。但在赠与财产的权利转移之前,具有救灾、扶贫等社会公益、道德义务性质的赠与合同或者经过公证的赠与合同,赠与人不能行使撤销权。经公证程序的赠与合同赠与人没有任意撤销权,原因在于公证证明的出具依照法定程序，手续颇为繁杂，且赠与人在公证人的提示、告知之下经过思考，受赠人对此有充分的信赖，故赠与合同一旦经公证程序，非法定事由不得撤销。

对于撤销赠与合同的法定事由，我国《合同法》第 192 条至 195 条作了具体规定。其中，《合同法》第 192 条规定，受赠人有严重侵害赠与人或者赠与人的近亲属、对赠与人有扶养义务而不履行或不履行赠与合同约定的义务等情形之一的，赠与人可撤销赠与。赠与人的撤销权，自知道或者应当知道撤销原因之日起一年内行使。《合同法》第 193 条规定，因受赠人的违法行为致使赠与人死亡或者丧失民事行为能力的，赠与人的继承人或者法定代理人可以撤销赠与。赠与人的继承人或者法定代理人的撤销权，自知道或者应当知道撤销原因之日起 6 个月内行使。《合同法》第 194 条规定，撤销权人撤销赠与的，可以向受赠人要求返还赠与的财产。《合同法》第 195 条规定，赠与人的经济状况显著恶化，严重影响其生产经营或者家庭生活的，可以不再履行赠与义务。

对于这种法定撤销权，经过公证后应如何处理呢？在公证程序上，公证申请存在着“撤销”与“撤回”。赠与公证书出具前赠与当事人可以撤回赠与公证申请，公证机构应当终止赠与公证程序。需要注意的是，“公证书出具前”并非“公证书领取前”，根据《公证程序规则》的规定，需要审批的公证事项，审批人的批准日期之前为“公证书出具前”；不需要审批的公证事项，承办公证员的签发日期之前为“公证书出具前”；现场监督类公证需要现场宣读公证证词的，宣读之前为“公证书出具前”。赠与公证是否为需要审批的公证事项因各公证机构的管理方式而不同。公证的撤销发生于公证书出具之后，赠与公证的撤销申请人包括赠与当事人、公证事项的利害关系人，此处的撤销申请人不限于赠与人，也可包括受赠人、赠与人的近亲属甚至税务部门等利害关系人。赠与公证的撤销需要提出撤销申请，且由出具该公证书的公证机构进行复查，否则，无法启动撤销程序。赠与公证的撤销意味着赠与公证书自始无效，也意味着赠与的内容违法、与事实不符或程序有重大问题。

公证书是不能随意撤销的，依据《公证法》第 39 条和《公证程序规则》第 63 条之规定，当事人、公证事项的利害关系人认为公证书有错误的，可以向出具该公证书的公证机构提出复查。公证书的内容违法或者与事实不符的，或公证书的内容合法、正确，但在办理过程中有违反程序规定、缺乏必要手续的情形，无法补办或者严重违反公证程序的，应当撤销公证书。公证书有其他错误的，公证机构应当予以更正。由此说明只有三种情况可以撤销公证书，一是公证书内容违法，二是公证书内容与事实不符，三是出现在办理过程中有违反程序规定、缺乏必要手续又无法补办或者严重违反公证程序的。

（二）特殊“赠与”

捐赠是赠与人为了特定公益事业、公共目的或其他特定目的，将其财产无偿转让给他人的行为。捐赠与一般赠与有所不同。一般赠与有明确的目的，也有明确的受赠人。捐赠指受赠人不明确且有特定目的的赠与，例如为汶川大地震举行的募捐，具体受赠人并不明确，但目的是为了抗震救灾。因此类赠与的人数众多、环节复杂，一般可采取保全证据公证或者现场监督公证的方式，即证明捐赠的过程属实或者捐赠活动符合预定的规则，而非赠与行为的真实性、合法性。

公证实务中也会遇到捐献，捐献包括人体器官、组织的捐献和遗体捐献。由于人体器官、组织是自然人的人格组成部分，原则上不能成为赠与的标的，故涉及该类的公证需要采用声明书形式办理，仅仅表明了捐献人的目的与行为的真实性、合法性。

第三章　遗赠扶养协议公证

本章案例导读：

4

何万里(立)诉张万遵(尊)遗赠扶养协议纠纷一案[①]

原告何万里(立),男,1945年4月13日生。被告张万遵(尊),男,1972年4月12日生。

原告诉称:1997年元月13日,原告经人介绍与被告签订遗赠扶养协议书一份,协议约定:"扶养人张万尊到被扶养人家以后,对被扶养人有衣、食、住、行、病、葬的责任及义务","扶养人对被扶养人的生活标准应高于当地群众的平均生活水平","被扶养人百年之后,一切财产归扶养人张万尊所有","如一方违约、一切经济损失由违约方负责"。协议签订后,被告没有按照约定履行相应义务。13年来,扶养人没有尽一点扶养义务,原告没有花被告一分钱,没穿被告一件衣,更没有吃被告一粒粮。特别是在2010年5月8日原告患高血压、冠心病入住伊川县城关镇卫生院治疗9天,花去医疗费一千余元。在原告生命危急需要照顾之时,被告却不管不问,致使原告对被告心灰意冷,不存在任何念想。为此,特诉请伊川县人民法院,望秉公而断,根据《民法通则》第106条和《最高人民法院关于贯彻执行〈中华人民共和国继承法〉若干问题的意见》第56条之规定,依法判令原、被告解除遗赠扶养协议,诉讼费由被告承担。

① 参见《何万里(立)诉张万遵(尊)遗赠扶养协议纠纷一案一审民事判决书》,载 http://www.doc88.com/p-3387923309919.html。2014年11月5日最后访问。

原告向伊川县法院提交如下证据:1.扶养协议书一份。用于证明原、被告双方签订协议及被告有扶养原告的义务。2.公证书一份。用于证明原、被告双方所签订的协议具有合法性、真实性。3.五保证。用于证明原告没人扶养,故享受五保待遇的事实。4.诊断证明。5.出院证。6.住院医疗费票据。7.病历。用于证明原告2010年5月8日在伊川县城关镇卫生院的费用、病情、住院时间及住院期间被告没去照看原告之事实。8.情况说明一份。用于证明2010年5月19日原、被告在城关法律服务所调解情况。9.调查询问笔录两份。用于证明原告街坊邻居没人知道原告与被告关系及原告生病是邻居送医院并照看之事实。10.照片7张。用于证明原告现居住环境及现状。

被告张万遵(尊)对原告提交的证据1、2、4、5、6、7、9、10均无异议,对其证明效力本院予以确认。被告张万遵(尊)对原告提交的证据3、8提出异议,认为证据3所证明的内容自己不知道;证据8内容属实,但名字不是本人所签。伊川县法院认为,原告提交的证据3、8均具备客观性、真实性、关联性、合法性,对其证明效力应予以确认。被告张万遵(尊)未向伊川县法院提交证据。

根据原告的陈述、被告的答辩及庭审举证、质证和认证,伊川县法院确认原告主张属实,认为原、被告虽然签订了遗赠扶养协议并进行了公证,但协议签订至今被告未按照协议约定妥善安排被扶养人的衣、食、住、行、病。现原告提出解除与被告之间的遗赠扶养协议理由正当,应予支持。为维护法律之尊严,保护当事人的合法权益,根据《中华人民共和国继承法》第31条第1款、《最高人民法院关于贯彻执行〈中华人民共和国继承法〉若干问题的意见》第56条之规定,判决解除原告何万里(立)与被告张万遵(尊)之间的遗赠扶养协议。案件受理费100元,由被告张万遵(尊)负担。

第一节　遗赠扶养协议公证概述

近年来,随着我国人口逐步老龄化及公民法律意识的不断增强,到公证机构办理遗赠扶养协议类公证事项的人逐年增多,公证机关通过对遗赠扶养协议的真实性、合法性进行审查,然后出具公证文书,可以更好地保护双方当事人的合法权益，避免不必要的纠纷。

一、遗赠扶养协议公证的概念

遗赠扶养协议是遗赠人和扶养人为明确相互间遗赠和扶养的权利义务关系所订立的协议。需要他人扶养，并愿将自己的合法财产全部或部分遗赠给扶养人的为遗赠人；对遗赠人尽扶养义务并接受遗赠的人为扶养人，这里的扶养人一般是指法定继承人以外的其他公民或集体组织。遗赠扶养协议公证是公证处依法证明当事人签订遗赠扶养协议真实、合法的行为。经公证机构证明的遗赠扶养协议是处理遗产的一种有效的法律途径，也是作为认定案件事实的根据，它起到了预防纠纷、减少诉讼的法律效果。

遗赠扶养协议主要具有如下特征：(1)遗赠扶养协议主体一般有限，遗赠人只能是公民，扶养人可以是公民(必须是法定继承人以外的人)，也可以是集体所有制组织，而且须具有扶养能力和扶养条件，同时扶养人没有法定的扶养义务。(2)遗赠扶养协议是一种合意行为，是遗赠人和扶养人双方的意思表示。(3)遗赠扶养协议中的扶养人负有对遗赠人生养死葬的义务，享有接受遗赠人遗赠财产的权利；遗赠人享有接受扶养的权利，负有将其遗产遗赠给扶养人的义务。(4)遗赠扶养协议必须是书面形式，不能为口头形式，这是便于明确双方的权利义务和有利于协议的履行。(5)遗赠扶养协议是生前法律行为与死后法律行为的结合。即扶养人履行其扶养遗赠人的义务，只有在遗赠人死亡后扶养人才可享有取得遗产的权利。

二、遗赠扶养协议的主要内容

依据《遗赠扶养协议公证细则》第 11 条之规定，遗赠扶养协议应包括下列主要内容：1.当事人的姓名、性别、出生日期、住址，扶养人为组织的应写明单位名称、住址、法定代表人及代理人的姓名。2.当事人自愿达成协议的意思表示。3.遗赠财产的保护措施或担保人同意担保的意思表示。4.协议变更、解除的条件、争议的解决方法和违约责任。5.遗赠人受扶养的权利和遗赠的义务，扶养人受遗赠的权利和扶养的义务。(1)被扶养人的主要权利义务是：①应遵守协议，不得违背协议将遗赠的财产作不利于扶养人的处分。如被扶养人在遗赠扶养协议中订明将其某项财产遗赠给扶养人，此后他就不能再将该项财产赠与或出卖给他人，也不能用立遗嘱的方法将该项财产作另外的处理。②被扶养人不能私自对遗赠抚养协议进行变更或撤销，如果被扶养人主动向扶养人提出解除此协议，则应当根据扶养人在以往所尽的义务的情况下，给予适当的经济补偿。(2)扶养人受遗赠的权利和扶养义务：包括照顾遗赠人的衣、食、住、行、病、葬的具体措施及责任田、口粮田、自留地的耕、种、管、收和遗赠财产的名称、种类、数量、质量、价值、坐落或存放地点、产权归属等。①必须根据自己的能力，妥善地照顾好被扶养人的生活，不得有虐待、歧视等不利于被扶养人的行为。②对被扶养人的精心照顾和扶养的行为，不能随意中断。③如果因为一些不能抗拒的原因，要解除达成的协议时，必须在事先得到被扶养人同意，并且在短期内要将被扶养人的生活安排妥当。④当被扶养人有病患时，应立即对被扶养人进行医疗救助。⑤如果被扶养人一旦死亡，则扶养人要对此负责，妥善地料理后事。⑥当确认被扶养人死亡后，要接受被扶养人的遗产，要依协议进行合法接受。

第二节　遗赠扶养协议公证程序

遗赠人必须是具有完全民事行为能力、有一定的可遗赠的财产并需要他人扶养的公民。扶养人必须是遗赠人法定继承人以外的公民或组织，同时具有完全民事行为能力、能履行扶养义务。遗赠扶养协议公证，由遗赠人或扶养人的住所地公证处受理。办理遗赠扶养协议公证，当事人双方应亲自到公证处提出申请，遗赠人确有困难，公证人员可到其居住地办理。

一、办理遗赠扶养协议公证的条件和程序

依据司法部《遗赠扶养协议公证细则》《公证程序规则》等规则之规定，办理遗赠扶养协议公证应遵守如下规定：

（一）材料的提交与受理

申请人填写公证申请表并应向公证处提交以下材料：1.当事人的居民身份证或其他身份证明；2.扶养人为组织的，应提交资格证明、法定代表人身份证明，代理人应提交授权委托书；3.村民委员会、居民委员会或所在单位出具

的遗赠人的家庭成员情况证明;4.遗赠财产清单和所有权证明;5.村民委员会、居民委员会或所在单位出具的扶养人的经济情况和家庭成员情况证明;6.养人有配偶的,应提交其配偶同意订立遗赠扶养协议的书面意见;7.遗赠扶养协议;8.公证人员认为应当提交的其他材料。

公证机关对符合管辖规定,当事人身份明确、具有完全民事行为能力,就遗赠扶养协议事宜已达成协议,申请材料齐全的,应当予以受理。不符合前述条件的,公证处应作出不予受理的决定,并通知当事人。

(二)询问告知[①]与制作笔录

公证人员接待当事人,须根据《民法通则》和《继承法》等有关法律,向当

---

① 根据《中华人民共和国继承法》和司法部《公证程序规则》等有关规定,现将与本公证有关的法律事宜告知如下:

一、遗赠扶养协议是指遗赠人与扶养人(包括集体组织)签订的,遗赠人将其全部或部分财产在其死后按协议转移给扶养人所有,扶养人承担对遗赠人生养死葬的义务。

二、遗赠扶养协议一经有效成立,对双方当事人产生约束力。双方都应承担相应的义务,享有相应的权利。受扶养人(遗赠人)享有依协议请求扶养人扶养和接受扶养人扶养的权利;承担在世时妥善管理遗赠财产、不处分遗产财产的义务。受扶养人无正当理由不履行协议,致协议解除的,则应偿还扶养人已支付的供养费用。

扶养人享有在遗赠人死后取得遗赠财产的权利;承担扶养照顾遗赠人,并在遗赠人死亡后将其安葬的义务。扶养人无正当理由不履行协议,致协议解除的,不能享有受遗赠的权利,其支付的供养费用一般不予补偿。

三、遗赠人所处分的财产必须是你合法所有并有权处分的财产。双方当事人应如实陈述事实,提供真实、合法的身份材料、财产凭证等证明材料。如虚构、隐瞒事实(如遗赠人虚构、隐瞒婚姻状况,隐瞒财产存在共有人的情况等),或提供的材料不真实、不合法,将影响遗赠扶养协议的效力,由此给对方当事人或其他人造成的损失由有过错的当事人承担。发现前述情况,公证处将不予办理公证,预收的公证费按规定不予全额退还。

四、签订遗赠扶养协议应出于遗赠人和扶养人的自愿,如有受胁迫或受欺骗等情况必须如实告知公证员。

五、如你得过精神病或其它有可能影响到你清醒地处理自己的事务、正确判断自己行为后果的疾病,请如实告知公证员。

六、遗赠人以前有否立过遗嘱、遗赠扶养协议,如果立过遗嘱、遗赠扶养协议,请如实告知。

七、遗赠扶养协议在履行过程中出现纠纷,双方无法履行协议中规定的各自义务,可以协议解除遗赠扶养协议;双方协商不成时,可以按照遗赠扶养协议确定的争议解决方法,向人民法院起诉。

八、扶养人在遗赠人生前履行了协议中约定的扶养义务的,有在遗赠人死后取得遗赠财产的权利。扶养人在遗赠人死亡后,应依法及时办理接受遗产的手续。受遗赠的财产依法需要办理登记等手续的(如房产、土地使用权、车辆、股权等),应当办理有关手续。不办理或不及时办理有关手续的,由此产生的后果由当事人自行承担。

事人说明签订遗赠扶养协议的法律依据，协议双方应承担的义务和享有的权利，以及不履行义务承担的法律责任。同时按《公证程序规则（试行）》第24条规定制作笔录，并着重记录下列内容：1.遗赠人和扶养人的近亲情况、经济状况；2.订立遗赠扶养协议的原因；3.遗赠人遗赠财产的名称、种类、数量、质量、价值、坐落或存放地点，产权有无争议，有无债权债务及处理意见；4.扶养人的扶养条件、扶养能力、扶养方式及应尽的义务；5.与当事人共同生活的家庭成员意见；6.遗赠财产的使用保管方法；7.争议的解决方法；8.违约责任；9.公证人员应当记录的其他内容。

（三）审查、出证

遗赠扶养协议公证，除按《公证程序规则（试行）》第23条规定的内容审查外，应着重审查下列内容：1.当事人之间有共同生活的感情基础，一般居住在同一地。2.当事人的意思表示真实、协商一致，协议条款完备，权利义务明确、具体、可行。3.遗赠的财产属遗赠人所有，产权明确无争议；财产为特定的、不易灭失。如果遗赠人对所要遗赠的财产没有所有权或所有权发生争议，公证机关不能对协议进行公证。4.遗赠人的债权债务有明确的处理意见。5.遗赠人有配偶并同居的，应以夫妻共同为一方签订协议。6.扶养人有配偶的，必须征得配偶的同意。7.担保人同意担保的意思表示及担保财产。8.公证人员认为应当查明的其他情况。

经审查，对遗赠人和扶养人具有完全民事行为能力；当事人意思表示真实、自愿；协议内容真实、合法，条款完备，协议内容明确、具体、可行，文字表述准确；办证程序符合规定的，应当出具公证书。不符合前述规定条件的，应当拒绝公证，并在办证期限内将拒绝的理由通知当事人。订立遗赠扶养协议公证后，未征得扶养人的同意，遗赠人不得另行处分遗赠的财产，扶养人也不得干涉遗赠人处分未遗赠的财产。

二、关于遗赠扶养协议公证和遗嘱公证冲突的处理

《中华人民共和国继承法》第31条规定："公民可以与扶养人签订遗赠扶养协议。按照协议，扶养人承担该公民生养死葬的义务，享有受遗赠的权利。公民可以与集体所有制组织签订遗赠扶养协议。按照协议，集体所有制组织承担该公民生养死葬的义务，享有受遗赠的权利。"遗赠协议扶养人按照协议

约定承担了对遗赠人的生养死葬义务。但若被继承人生前违背协议,之后又亲自书写遗嘱,进行公证,将自己的财产确定给另外的人继承,该公证遗嘱效力和公证遗赠扶养协议就有了冲突。

对此,《中华人民共和国继承法》第5条规定:“继承开始后,按照法定继承办理;有遗嘱的,按照遗嘱继承或者遗赠办理;有遗赠扶养协议的,按照协议办理。”同时《最高人民法院关于贯彻执行〈中华人民共和国继承法〉若干问题的意见》第5条规定:“被继承人生前与他人订有遗赠扶养协议,同时又立有遗嘱的,继承开始后,如果遗赠扶养协议与遗嘱没有抵触,遗产分别按协议和遗嘱处理;如果有抗触,按协议处理,与协议抵触的遗嘱全部或部分无效。”

由上述立法和司法解释的规定可知,继承开始后应先执行遗赠扶养协议,然后才按遗嘱继承和法定继承处理遗产。公证遗嘱内容和之前签订的遗赠扶养协议的内容完全相抵触,公证遗嘱全部无效,遗赠扶养协议有效,遗产应转移给遗赠协议的扶养人所有。公证遗赠扶养协议高于公证遗嘱,有最高的法律效力。

第四章　与婚姻关系相关事项公证

本章案例导读：

5

婚姻存续期间的债务各自偿还①

张女士和王先生系夫妻，2005年9月，双方因感情不和离婚。然而，离婚后不久，李某向法院起诉张女士和王先生，要求双方偿还20万元债务。原来，这笔钱是王先生为做生意，在2004年12月向李某借的。张女士认为，双方已经约定债务各自偿还，而且这笔借款自己也不知道，不应当由自己承担。然而，法院最终判决，夫妻双方共同偿还这笔借款。2007年张女士依据《婚前财产公证书》将王先生告上了法庭，要求王先生承担张女士向第三人李某支付的欠款。法院判决支持了张女士的诉讼请求。

依据我国《婚姻法》及相关司法解释的规定，债权人就婚姻关系存续期间夫妻一方以个人名义所负债务主张权利的，应当按夫妻共同债务处理。但夫妻一方能够证明债权人与债务人明确约定为个人债务，或者能够证明夫妻对婚姻关系存续期间所得的财产约定归各自所有，第三人知道该约定的除外。这一规定是法律从保护债权人的角度，规定了夫妻双方对婚姻关系存续期间的债务，无论是由哪一方的名义所负，都应按夫妻共同债务处理。防止夫妻通过离婚时由一方分得财产而另一方承担债务的方式损害债权人的合法权

① 参见余婧《婚前订协议　离婚免纠纷》，载 http://www.66law.cn/topic2010/hyfal/3622.shtml。2014年7月3日最后访问。

利。不过,本案中张女士却依据婚前财产协议的约定向王先生追偿,维护了自己的权利。在此,张女士和王先生如果没有进行婚前财产公证,她就不能因此而向王先生追偿,她的合法利益必将遭到侵犯。

6

婚前财产公证引发赠与纠纷案①

原告王女士在起诉书中说,自己和赵先生曾是"朋友关系",1998年,双方签订了一份赠与协议,赵先生将自己的一套两居室住房赠与她,并在公证处进行了公证,但是至今赵先生仍没有履行这份赠与协议。王女士请求法院判令赵先生履行赠与协议,并且办理该房的产权过户手续。而赵先生辩称,1996年,他和王女士通过一家婚介机构相识。一个月后,二人便开始商量结婚。但是不久后他发现王女士并不是真心要和他结婚。他说,曾在民政部门工作过的王女士称自己就能领结婚证,于是他就相信了。然而王女士前后办了两个假的结婚证骗他,一个没有钢印,一个证件序号是0001。都被他识破后,王女士和他摊牌说:"想办真的结婚证,你就先把房子公证,作为我的婚前财产。"于是,赵先生将一套两居室住房赠与未婚妻王女士,并进行了婚前财产公证。1998年,王女士又办回第三张结婚证,赵先生以为这张是真的。但是在一次吵架中,王女士却对他说:"以前的结婚证全都是假的,房子已经公证了,你爱怎么办就怎么办吧。"之后,由于两人矛盾不断加深而分手。赵先生认为,自己与王女士的赠与协议是有条件的,已说明是婚前财产协议,那么二人既然没有婚姻关系,协议就不能成立。

法院认为,该公证协议是以协议双方办理结婚登记手续作为公证实质要件存在的。该公证虽约定经公证后有效,但按照双方公证协议所使用的词句、有关条款及此次公证的目的、婚前财产约定的通常习惯做法,法院推定该公证的真实意思非单纯赠与行为,而是以双方婚姻作为实质附加条件的含有赠与行为的婚前财产约定。按照有关法律规定,附条件的民事法律行为在符合所附条件时生效。由于双方当事人至今尚未履行结婚登记手续,致使该协议无法生效并实际履行。故原告以涉诉公证系单纯赠与公证,并以此为由要

---

① 参见《婚前财产公证引发赠与纠纷案》,载http://www.66law.cn/laws/31622.aspx。2014年5月7日最后访问。

求被告履行赠与及过户义务，没有法律依据。据此，法院驳回原告要求被告给付赠与住房并办理产权过户手续的请求。

第一节　与婚姻关系相关事项公证概述

一、与婚姻关系相关的公证事项的种类

与婚姻关系相关的公证事项主要包括婚姻状况公证和夫妻财产约定公证。而婚姻状况公证包括已婚状况公证、离婚公证及未婚、未再婚公证，属于这一类的民事公证事项，主要用于当事人申请到国外探亲、定居、办理结婚手续或向国内金融机构申请贷款等。夫妻财产约定公证，是指公证处依法对夫妻双方或准备结婚的男女双方就各自婚前财产或婚姻关系存续期间的财产、债务的范围和权利归属问题所达成的协议的真实性、合法性给予证明的活动。它分两种形式：一种是准备结婚的男女双方在结婚登记前达成协议，对各自婚前财产进行约定并办理公证；二是夫妻双方在婚姻关系存续期间对各自婚前财产的产权变更及婚后财产的权属和债务的范围达成协议并办理公证。

现代社会多元化的婚姻关系中，夫妻财产来源越来越多样化，财产关系越来越动态化，婚姻财产约定公证有助于明确夫妻财产的数量、范围、价值和产权归属，是解决婚姻、财产纠纷可靠的法律依据。在现实生活中，越来越具法律意识的现代男女，开始用婚前财产公证和婚后财产协议来管理财产问题。这对稳定家庭关系和财产关系，预防婚姻纠纷，保护夫妻双方合法权益，促进社会的安定团结有重要作用。

二、《最高人民法院关于适用〈中华人民共和国婚姻法〉若干问题的解释(三)》与婚姻关系相关事项公证

(一)婚姻法司法解释(三)第1条与婚姻状况公证

婚姻法司法解释(三)第1条规定："当事人以《婚姻法》第10条规定以外的情形申请宣告婚姻无效的，人民法院应当判决驳回当事人的申请。当事人以结婚登记程序存在瑕疵为由提起民事诉讼，主张撤销结婚登记的，告知其

可以依法申请行政复议或者提起行政诉讼。”

当事人在申请已婚状况公证时，需要提交居民身份证、户口簿、结婚证、档案管理部门出具的婚姻状况证明等能够说明申请人自然情况及婚姻状况的材料。实践中公证员在审查材料时，申请人结婚证登载信息与其他身份证明材料相应信息不一致的情况时有发生。在这种情况下，公证机构应当秉持婚姻法司法解释(三)所体现出的立法精神，分情况处理，对于明显属于误登信息，且通过分析申请人提交的其他材料能够确定双方的夫妻关系，同时当事人对该婚姻关系均无异议的情况下，公证机构就不应当以此瑕疵为由认定申请人婚姻关系无效，从而拒绝受理当事人的公证申请。

(二)婚姻法司法解释(三)第5条规定与夫妻财产公证

《婚姻法》规定了婚姻关系存续期间所得的生产、经营收益及知识产权收益归夫妻共同所有。2004年施行的婚姻法司法解释(二)明确规定一方以个人财产投资所得的收益为夫妻共同财产，但对孳息和自然增值这两种情形如何认定未予明确。婚姻法司法解释(三)第5条规定："夫妻一方个人财产在婚后产生的收益，除孳息和自然增值外，应认定为夫妻共同财产。"可见解释明确规定了孳息和自然增值属于个人财产，而非夫妻共同财产。作为法律概念，孳息分为天然孳息和法定孳息，天然孳息指因婚前财产的自然属性而获得的收益，法定孳息指婚前财产因法律关系所获得的收益。自然增值指的是婚前财产在不改变法律状态的情况下所实现的增值，一旦改变法律状态投入生产经营，所获得的增值性质就可能转化为生产经营收益或者以孳息形式体现。由此看来，自然增值、孳息与生产经营收益的界限相对模糊，在公证实务中须视情况酌定。以房屋为例，在法律上租金属于房屋的孳息，自然增值包括房价上升带来的增值。公证工作中，在继承和夫妻财产约定涉及婚前一方财产时，租金和投资商品房的增值，非夫妻共同财产。

(三)婚姻法司法解释(三)第6条与夫妻间赠与合同公证

婚姻法司法解释(三)第6条规定："婚前或者婚姻关系存续期间，当事人约定将一方所有的房产赠与另一方，赠与方在赠与房产变更登记之前撤销赠与，另一方请求判令继续履行的，人民法院可以按照《合同法》第186条的规定处理。"由于夫妻之间的义务通常与社会层面的救灾、扶贫等社会公益、道德义务无关，因此如果赠与行为或赠与合同没有经过公证，通常情况下，反悔有效。而一旦经过公证,赠与合同的效力将大为不同,即夫妻之间的房产赠与行为一经公证则不可撤销,夫妻中赠与一方反悔无效。采用赠与公证形式的优势在于可通过法律强行性规定而非通过合同约定来限定相对方的配合登记义务。依《合同法》,在不动产领域,配偶在赠与财产的转移登记之前可以撤销赠与,但如经过公证,则赠与不能任意撤销。

(四)婚姻法司法解释(三)第7条与夫妻财产公证

婚姻法司法解释(三)第7条规定:“婚后由一方父母出资为子女购买的不动产,产权登记在出资人子女名下的,视为只对自己子女一方的赠与,该不动产应认定为夫妻一方的个人财产。由双方父母出资购买的不动产,产权登记在一方子女名下的,该不动产可认定为双方按照各自父母的出资份额按份共有,但当事人另有约定的除外。”此条司法解释对夫妻间不动产的归属参考了出资来源主义的原则而非绝对的登记主义原则。同时该规定并未否定当事人可以采取约定的方式来确认不动产归属。该条司法解释中的当事人并未仅仅局限于夫妻双方,实际上包括了夫妻和出资人。不同于一般意义上的限定于夫妻之间的财产类约定所称的夫妻财产约定,该条司法解释规定的约定属于多方财产约定。但是,由于采用参考出资来源主义来确定夫妻不动产的归属而非绝对采用公示公信的登记主义原则,在办理涉及不动产的公证中,公证机构不仅需要询问不动产所有权人及配偶是否订有夫妻财产约定,还需要核实不动产的出资来源、比例,以确定不动产的产权归属。

(五)婚姻法司法解释(三)第10条与婚前财产协议公证

婚姻法司法解释(三)第10条规定:“夫妻一方婚前签订不动产买卖合同,以个人财产支付首付款并在银行贷款,婚后用夫妻共同财产还贷,不动产登记于首付款支付方名下的,离婚时该不动产由双方协议处理。依前款规定不能达成协议的,人民法院可以判决该不动产归产权登记一方,尚未归还的贷款为产权登记一方的个人债务。双方婚后共同还贷支付的款项及其相对应财产增值部分,离婚时应根据《婚姻法》第39第1款规定的原则,由产权登记一方对另一方进行补偿。”婚姻法司法解释(三)第10条首次明确了离婚案件中一方婚前贷款购买的不动产应归产权登记方所有。首先,婚前贷款购买的不动产的归属,夫妻离婚时该不动产由双方先行协议处理。其次,在协议不成的情况下,婚前贷款购买的不动产应归产权登记方所有。第三,产权登记一方必须对另一方进行补偿。双方在结婚时或在婚后,根据《婚姻法》第19条的规定,签订婚前财产协议或夫妻财产协议,约定婚前贷款购买的不动产为双方共同财产较多。婚姻法司法解释(三)第10条倾向于从社会契约性的角度处理婚姻关系中所涉及的财产问题,公证程序因此将越来越多地被直接或间接地引入相关法律规范中,成为当事人避免财产纠纷的法定途径。

(六)婚姻法司法解释(三)第11条与夫妻财产公证

婚姻法司法解释(三)第11条规定:"一方未经另一方同意出售夫妻共同共有的房屋,第三人善意购买、支付合理对价并办理产权登记手续,另一方主张追回该房屋的,人民法院不予支持。夫妻一方擅自处分共同共有的房屋造成另一方损失,离婚时另一方请求赔偿损失的,人民法院应予支持。"该条司法解释限定了共同共有情形,在实践中,对第三人的善意的认定常常基于公证机构出具的委托公证书。在不动产的转让中,公证机构常常因申请人的欺诈而非因自身过失出具了配偶身份失实或者婚姻状况失实的委托公证书,配偶往往以自身财产受到损失要求损害赔偿。依该条司法解释,在婚姻存续期间未经配偶同意擅自出售夫妻共同共有的房屋且取得了售房款,与其说侵犯了配偶一方的财产权,不如说侵犯了配偶一方的重大事项决策权。据此解释,公证机构在办理涉及登记在夫妻一方名下的房屋相关公证事项时,公证机构宜面见配偶一方,询问配偶一方对于登记在夫妻一方名下的房屋是属于双方的夫妻共同财产还是一方的个人财产。如配偶一方称该房屋属于双方的夫妻共同财产,应告知其到房屋登记部门办理变更登记手续,将房屋登记到双方名下;如配偶一方称该房屋属于登记方的个人财产,应指导双方签署确认房屋属于登记方个人所有的夫妻财产约定,以明确非夫妻共同财产。

(七)婚姻法司法解释(三)第12条与夫妻财产分割公证

婚姻法司法解释(三)第12条规定:"婚姻关系存续期间,双方用夫妻共同财产出资购买以一方父母名义参加房改的房屋,产权登记在一方父母名下,离婚时另一方主张按照夫妻共同财产对该房屋进行分割的,人民法院不予支持。购买该房屋时的出资,可以作为债权处理。"从词条解释可知,虽然其并未明确双方用夫妻共同财产出资购买以一方父母名义参加房改的房屋时的出资是出资人与登记方之间的债权债务,但依该条精神,这并非夫妻之间的债权债务。该条司法解释规定的产权登记在一方父母名下时法院不支持离婚相对方的夫妻共同财产诉求，实为对物权法的登记原则的落实，确认了登记方而非出资人系房改房的权利人。

（八）婚姻法司法解释（三）第14条规定和财产协议公证

婚姻法司法解释（三）第14条规定："当事人达成的以登记离婚或者到人民法院协议离婚为条件的财产分割协议，如果双方协议离婚未成，一方在离婚诉讼中反悔的，人民法院应当认定该财产分割协议没有生效，并根据实际情况依法对夫妻共同财产进行分割。"离婚包括达成协议后在民政局登记离婚、经法院调解达成协议在法院离婚以及达不成协议在法院判决离婚三种形式。为了离婚，双方一般要进行利益和心理的博弈。本条司法解释考虑了离婚当事人的心理，即为了快速达成离婚而做出了一些财产分割方面的妥协让步，在以协议后的登记离婚或者人民法院调解协议离婚为条件时，如果达成协议后离婚则财产分割协议自然生效，但一旦进入诉讼且一方反悔，这表明财产分割协议并未达成一致，自然不发生法律效力。该条司法解释提示公证机构办理离婚财产分割协议书公证时，如协议中只注明"以协议离婚"为条件，最后通过判决离婚，则该份协议不发生法律效力。因此，公证员应当指导当事人在离婚财产分割协议书中注明该协议书的生效是以"在民政局登记离婚或者在法院调解下协议离婚"为前提条件。

（九）婚姻法司法解释（三）第15条规定和夫妻财产公证

婚姻法司法解释（三）第15条规定："婚姻关系存续期间，夫妻一方作为继承人依法可以继承的遗产，在继承人之间尚未实际分割，起诉离婚时另一方请求分割的，人民法院应当告知当事人在继承人之间实际分割遗产后另行起诉。"对于该条司法解释规定的情形，继承人的配偶属于利害关系人。在办理该类情形的继承法律行为公证时，如果继承人放弃则不需要继承人配偶的意思表示。但如果继承人继承，则基于继承的法律事实将引发继承人与继承人配偶间的物权变动。该条司法解释精神和物权法、继承法一致，即继承或者受遗赠取得物权的，自继承或者受遗赠开始时发生效力。因继承法规定继承自被继承人死亡时开始，故遗产权属取得时间溯及至被继承人或者遗赠人死亡时开始。由此观之，夫妻存续期间发生继承且继承人未放弃继承的，遗产实际取得时间虽在离异之后，仍被视为夫妻共同财产。对于通过继承取得的财产，在办理其他涉及处分该财产的公证时，公证机构必须查明被继承人死亡时间及继承人婚姻状况，以确定该继承取得的遗产是属于继承人的个人财产还是继承人与配偶的夫妻共同财产，在继承人有若干次婚姻状况的情形下更为重要。

（十）婚姻法司法解释（三）第16条规定和夫妻借款公证

婚姻法司法解释（三）第16条规定："夫妻之间订立借款协议，以夫妻共同财产出借给一方从事个人经营活动或用于其他个人事务的，应视为双方约定处分夫妻共同财产的行为，离婚时可按照借款协议的约定处理。"该条司法解释规定的情形限定于夫妻财产混合所有形式中。目前公证实务涉及的配偶借款发生于夫妻财产各自所有的情形，即夫妻之间的借款协议前提建立在贷款系贷款人个人债权、借款系债务人个人债务基础上，并进而办理借款协议公证。该条司法解释规定的借款协议实属非典型合同，具有夫妻财产约定和借款协议的混合特征，建立在贷款系夫妻双方共同债权、借款系债务人个人债务基础上。依据该条司法解释规定，夫妻间的该类借款行为依其性质视为约定处分夫妻共同财产的夫妻财产约定，但处理方式仍为借款协议。换言之，公证机构在办理此类夫妻财产约定公证时，需要按照借款协议的方式和程序来办理，亦可对该债权文书赋予强制执行效力。

第二节　夫妻财产约定协议公证

一、我国夫妻财产制度与夫妻财产约定协议公证

夫妻财产约定协议源于夫妻财产制度的确立，夫妻财产制度核心是夫妻婚前财产和婚后所得财产所有权归属问题。在我国，根据《婚姻法》第17—19条之规定，夫妻财产制度共分三类：法定夫妻财产制、特有财产制和约定财产制。我国实行的是这三种制度并行的夫妻财产制度。

所谓法定夫妻财产制，是指依照法律规定直接适用处理现实夫妻财产关系的夫妻财产制度；特有财产制是指夫妻在实行共同财产制时，基于法律规定，夫妻各自保留一定范围的个人所有财产，并对该财产进行管理、使用、收益和处分的法律制度；约定财产制是指夫妻约定通过订立协议的形式，对他们婚前、婚后财产的归属、占有、管理、使用、收益、处分以及婚姻关系解除时

财产的分割作出约定的法律制度。

我国《婚姻法》第17条规定，“夫妻在婚姻关系存续期间所得的下列财产，归夫妻共同所有：（一）工资、奖金；（二）生产、经营的收益；（三）知识产权的收益；（四）继承或赠与所得的财产，但本法第18条第3项规定的除外；（五）其他应当归共同所有的财产”。夫妻对共同所有的财产，有平等的处理权。可见，我国的夫妻法定财产制采用的是婚后所得共同制。所谓夫妻共同财产制，是指夫妻在婚姻存续期间一方所得或双方共同所得的收入和财产，均归夫妻双方共同所有，但特有财产或约定分别所有财产除外的夫妻财产制度。这一制度包含两方面的含义：1.夫妻对共同财产共有的形式是“共同共有”，而不是按份共有。2.婚姻关系存续期间所得财产，指从男女登记结婚之日起，到夫妻离婚或配偶一方死亡时为止，这一特定期间内夫妻所得的全部财产。但法律明文规定的特有财产或夫妻约定为一方所有的财产除外。婚姻成立之前的财产属于夫妻一方的婚前个人财产。

我国《婚姻法》第18条规定，有下列情形之一的，为夫妻一方的财产：（一）一方的婚前财产；（二）一方因身体受到伤害获得的医疗费、残疾人生活补助费等费用；（三）遗嘱或赠与合同中确定只归夫或妻一方的财产；（四）一方专用的生活用品；（五）其他应当归一方的财产。

我国《婚姻法》第19条规定，夫妻可以约定婚姻关系存续期间所得的财产以及婚前财产归各自所有、共同所有或部分各自所有、部分共同所有。约定应当采用书面形式。没有约定或约定不明确的，适用本法第17条、第18条的规定。夫妻对婚姻关系存续期间所得的财产以及婚前财产的约定，对双方具有约束力。夫妻对婚姻关系存续期间所得的财产约定归各自所有的，夫或妻一方对外所负的债务，第三人知道该约定的，以夫或妻一方所有的财产清偿。

夫妻约定财产是一种民事法律行为，具体地说，属于合同行为，该约定发生法律效力仍然必须符合合同成立、生效必须要件。具体包括：1.约定必须是当事人双方真实的意思表示。2.约定内容必须符合法律和行政法规规定。3.约定应当遵守社会公德，不扰乱社会经济秩序，不损害社会公共利益，不规避法律、法规，如不得逃避对外债务，逃避抚养子女、赡养老人的义务等。4.附条件的约定，在条件成就时生效。不得恶意促使条件成就或恶意阻止条件成就。附期限的约定,应在期限届至时生效,期限届满后失效。5.婚前订立的约定应在婚姻缔结时才生效,虽订立约定,但未缔结婚姻或婚姻被宣布无效和撤销的,当事人的夫妻身份没有得到法律的认可,该约定无效。和其他合同一样,有效的夫妻财产约定对当事人有法律效力,无效的夫妻财产约定从订立起就无效。

在我国夫妻财产制度中,法定财产制、夫妻特有财产制和夫妻约定财产制,从形式上构成了比较完整和合理的夫妻财产制度,他们相辅相成,又互为补充。在审判实践中认定夫妻财产,首先要考虑的就是夫妻对财产是否有约定,有合法约定的就应依约定,没有约定的,或者约定不明确的,才考虑按照法定夫妻财产处理。在法定财产中,首先又应该确认夫妻特有财产,再确定夫妻共有财产。

二、办理夫妻财产约定协议公证程序

夫妻(准夫妻)双方申请办理夫妻财产约定协议公证,应当共同向公证机构提出,不得委托他人代理。已婚夫妻办理婚前财产公证应不涉及婚后双方取得的财产,并要取得配偶的完全同意和充分支持。准备结婚的男女双方在办理结婚登记前就双方各自婚前财产、婚姻关系存续期间所得财产的归属等事宜签订财产约定协议申办公证的,公证机构可适当灵活。准备结婚的男女由于不具有法律上的夫妻关系,办理婚前财产公证各自的财产归属容易界定,不存在共同财产问题。实践中有当事人在婚前个人投资买房,婚后(尤其是再婚后)多年才想把房子做婚前财产公证,以便留给自己的孩子,由于配偶不同意,费尽周折。因此,从办理婚前财产公证的最佳时间上看,晚办不如早办,婚后再办不如婚前就办。夫妻(准夫妻)双方申请办理夫妻财产约定协议公证,一般应遵守如下程序:

(一)申请与受理

夫妻(准夫妻)双方申请办理夫妻财产约定协议公证申请,应提交如下材料:

1.夫妻双方的身份证件;2.结婚证或者其他有效婚姻证明(未婚者要准备

民政部门出具的未婚证明）；3.夫妻财产约定协议文本①；4.所涉及记名财产的权属凭证原件②，但仅就财产进行概括性约定不涉及具体财产的除外（例如，记载于各自名下的财产归各自所有）。

---

① 夫妻财产约定协议应当包括：(1)夫妻双方的姓名、性别、出生日期、住所地、身份证件号码、结婚日期等基本情况。(2)所涉及的财产。对具体财产进行约定的，应当列明财产的名称、数量等基本情况。(3)符合2008年中国公证协会《办理夫妻财产约定协议公证的指导意见》第4条、第5条规定所约定的具体内容。准备结婚的男女双方在办理结婚登记前就双方各自婚前财产、婚姻关系存续期间所得财产的归属等事宜签订财产约定协议申办公证的，财产约定协议应当载明协议以结婚登记为生效条件的内容。

② 男方婚前签订了房屋买卖合同，贷款购房，并以婚前财产支付了首付款，房产登记部门已经登记该套房屋属于男方单独所有，但是，夫妻双方约定，这套房屋归女方单独所有。对于此类夫妻财产约定能否办理公证，业内有争议：一种观点认为，此类夫妻财产约定协议是一种房产转让行为，我国《担保法》第49条规定，抵押期间，抵押人转让已办理登记的抵押物，抵押人未通知抵押权人的，转让行为无效。我国《物权法》第191条规定，抵押期间抵押人未经抵押权人同意，不得转让抵押财产。因此，未通知抵押权人并取得抵押权人书面同意的，此类协议公证机构不能办理公证。另一种观点认为，根据《最高人民法院关于适用〈中华人民共和国婚姻法〉若干问题的解释（三）》第10条规定，夫妻一方婚前签订了房产买卖合同，以个人财产支付首付款并在银行贷款，后用夫妻共同财产还贷，房产登记于支付首付款一方名下的，离婚时该房产由双方协议处理。从这条司法解释来看，人民法院是认可夫妻双方达成协议，对婚前购买婚后还贷的房产进行约定的，也就是说《担保法》和《物权法》对抵押物转让设立限制性的规定是为了保护抵押权人的利益不受损害。而《婚姻法》第19条规定，夫妻对婚姻关系存续期间所得的财产以及婚前财产的约定，对双方具有约束力，这一法条包含的另外一层意思是，夫妻财产约定只对夫妻双方具有约定力，对第三人一般是没有约束力的。即约定抵押房产归属的夫妻财产约定，协议对抵押权人或者其他第三人是没有约束力的。一方婚前支付首付款贷款购买的房屋，因为是抵押物，所以不可能在房产登记部门办理产权转移登记，不会产生转让的公示效力。而且，《最高人民法院关于适用〈中华人民共和国担保法〉若干问题的解释》第67条规定，抵押权存续期间，抵押人转让抵押物未通知抵押权人或者未告知受让人的，如果抵押物已经登记的，抵押权人仍可以行使抵押权。第68条规定，抵押物依法被继承或者赠与的，抵押权不受影响。所以，这种夫妻之间的转让，转让方应当承担的抵押人的义务不可能解除，抵押权人的利益不会因此而受到任何损害，审判机关也不会因为抵押人转让抵押物未通知抵押权人，未取得抵押权人的同意而一律认定转让协议无效。办理抵押房产归属的夫妻财产约定协议公证不存在法律上的障碍。

（二）询问告知①与制作笔录

公证员接待当事人，须根据《民法通则》《婚姻法》等有关法律，向当事人说明夫妻（准夫妻）财产约定协议的法律依据，协议双方应承担的义务和享有

---

① 夫妻财产约定协议公证告知书参考格式如下：

公证申请人：

依据《公证法》第二十七条第二款的规定，现将你申办夫妻财产约定协议公证的法律意义、法律后果，以及申办夫妻财产约定协议公证的注意事项告知如下：

1.“夫妻财产约定协议”是指夫妻双方就婚姻关系存续期间所得的财产以及各自婚前财产的归属等事宜达成的书面协议。

2.夫妻财产约定协议可以就协议所涉及的财产约定为各自所有、共有，或者部分各自所有、部分共有。约定共有的，可以约定为按份共有、共同共有，或者部分按份共有、部分共同共有。

3.夫妻财产约定协议可以对全部夫妻财产进行约定，也可以对部分夫妻财产进行约定；可以对婚后所有的财产进行约定，也可以对婚前各自所有的财产进行约定；可以进行概括性约定，也可以进行具体性约定；可以对财产所有权的归属进行约定，也可以对财产的占有、使用、收益和处分进行约定；可以约定婚姻关系存续期间家庭生活费用的负担和债务清偿责任，也可以约定婚姻关系终止时财产的分割。

4.按照中国公证协会《办理夫妻财产约定协议公证的指导意见》的规定，公证机构在办理夫妻财产约定协议公证中不对协议所涉及的财产的权属和现状进行实质性审查，夫妻双方应当在自行核实清楚财产的权属和现状后再签订夫妻财产约定协议。

5.夫妻财产约定协议签订后，无论财产是夫妻共同取得的还是一方取得的，无论财产的权属原来属于夫妻共有还是一方所有，协议所涉及财产的权属以及占有、使用、收益和处分都要依据协议的约定来确定，而且，未经过夫妻协商一致，不能单方改变协议的约定。

6.协议所涉及到的财产如果需要办理产权变更登记的（如房屋、股权等），夫妻双方应当在领取公证书后及时去办理产权变更登记。

7.《婚姻法》第十九条规定：“夫妻对婚姻关系存续期间所得的财产约定归各自所有的，夫或者妻一方所负的债务，第三人知道该约定的，以夫或者妻一方所有的财产清偿。”主张第三方知道该约定的，夫或者妻负有举证责任。

8.不能以夫妻约定逃避夫妻共同的债务，或者恶意串通，损害国家、集体和他人的利益。

9.申办公证的夫妻财产约定协议仅限于对财产问题作出约定，当事人对涉及子女抚养、各自遗产的继承等内容的约定应当另行申办扶养协议公证、遗嘱公证等公证。

10.准备结婚的男女双方可以在办理结婚登记前就双方各自的婚前财产、婚姻关系存续期间所得财产的归属等事宜签订财产约定协议并申办公证，但是，该协议应当载明协议以结婚登记为生效条件。

本处特别提示：请你在本告知书上签字（按指印）之前务必认真阅读本告知书。如果你有疑问或者异议，可以要求本处工作人员作出解答；如果你阅读本告知书有困难，可以要求本处工作人员向你宣读。经你签字确认后，本告知书将存入本处的公证档案，作为你已经知悉本告知书所载明内容，并愿意承担相应义务的证据。

公证申请人（签字或按指印）

××××年×月×日

的权利,以及不履行义务承担的法律责任。此外,还应当重点告知如下三项基本内容:第一,协议所涉及的财产权属变更的法律后果;第二,协议所涉及的财产权属发生变更,且依法需要办理登记等手续的,应当在法定期限内办理有关手续;第三,协议具有的对内(指夫妻之间)、对外(指第三人)的法律效力问题。

公证机构办理夫妻(准夫妻)财产约定协议公证,应当按《公证程序规则(试行)》第24条规定制作笔录,并着重记录下列内容:1.夫妻双方是否自愿签订协议,签订协议的目的,对协议内容是否清楚;2.协议所涉及重要财产的权属、来源、取得时间和现状;3.夫妻双方对协议所涉及财产的权属和现状是否清楚;4.对约定为各自所有的财产,夫妻双方是否对其占有、使用、收益和处分作出约定。

(三)审查、出证

公证机构办理夫妻(准夫妻)财产约定协议公证,除需要按照《公证程序规则》规定的事项进行审查外,还应当重点审查下列事项:1.夫妻双方的身份是否属实;2.夫妻双方是否具有完全民事行为能力;3.协议内容是否与夫妻双方的意思表示一致;4.财产权属凭证原件有无可疑之处;5.夫妻双方对所约定财产的权属是否清楚;6.协议中有无违反法律规定或者违背社会公德的内容;7.办案程序符合规定。

对符合前述条件的,应当出具公证书,不符合前述规定条件的,应当拒绝公证,并在办证期限内将拒绝的理由通知当事人。

三、办理夫妻财产协议公证应注意的问题

(一)关于婚前房屋约定财产公证问题

从法律角度来看,婚前财产公证起到一个证据作用,以减少发生纠纷的可能。但并不是所有财产都需要婚前财产公证,一般来说,比较容易举证的财产就不需要婚前财产公证,比较难举证的财产就需要婚前财产公证。比如一方婚前的一套房产,结婚期间房子拆迁,补偿款就是个人财产。拿到补偿款后,就有必要及时进行财产公证。因为钱是动产,如果不公证,以后很难说清是谁的。再如很多年轻男女所住的房产是自己的父母倾其所有为其购置的或者缴纳首付的,一些父母担心孩子的婚姻不稳定,他们便想到了婚前财

产公证。房屋作为约定财产要注意以下几点：

1.购房钱款来源问题

购房款或者首付为一方父母所出时，而买房时如已在房产证上同时写明两个年轻人的名字，那么还要再另外签署一份协议。因为如果双方分手，在无任何协议或者凭证的条件下，父母的出资将被认定为赠予两人归双方共有，父母也很难追回这笔出资钱款。所以，无论是父母出资还是其他亲友赞助，在贷款买房前对于出资一方的钱款一定要划分清楚，以免未能结婚时反目成仇。

2.婚前买房房产证署名问题

在买房时无论是一手房还是二手房，房产证上都可以体现出两个人的名字，只不过双方要事先协商好房产份额配比，这样也不会产生纠纷。

3.贷款买房后每月货款不要忽视

未婚男女贷款买房，一方有不良记录不能贷款就只能依靠另外一方，如果日后感情不和分手的话，是否是男女双方都有出资，房产所属及贷款的偿还如何处置，这种情况，就应该签署一个协议，明确双方的权利与义务，以备不必要的矛盾。

（二）关于婚姻关系存续期间债务偿还问题

婚姻关系存续期间，夫妻长期共同使用、消耗、变更婚前财产及婚后财产，使如何认定婚前财产的范围和婚后财产产权归属成为司法实践中最棘手的问题之一，依据《婚姻法》第 19 条规定，夫妻对婚姻关系存续期间所得的财产以及婚前财产的约定，对双方具有约束力。夫妻对婚姻关系存续期间所得的财产约定归各自所有的，夫或妻一方对外所负的债务，第三人知道该约定的，以夫或妻一方所有的财产清偿。对此，在具体的公证实务中需注意如下几个问题：

1.《婚姻法》对债务约定的对外效力

《婚姻法》第 19 条第 3 款规定："夫妻对婚姻关系存续期间所得的财产归各自所有的，夫或妻一方对外所负的债务，第三人知道该约定的，以夫或妻一方所有的财产清偿。"本条仅对婚后所得的财产约定为分别财产制，一方个人对外债务在告知第三人的情况下由其个人财产清偿进行了明确，而对已经进行约定，部分各自所有、部分共同所有的情况下，一方告知第三方，其对外债务该如何清偿未作出规定。[①]

2.夫妻对债务约定问题

夫妻财产约定不仅仅是财产权利的一种分配,也是债务的一种分配,在对积极财产进行约定时,对相应的债务也应同时作出约定。公证人员在具体办证的过程中,应有一种意识,就是当事人对婚前财产归属作出约定,应对婚前债务也作出约定;对婚后财产归属作出约定,应对婚后债务也作出约定;对特定财产作出约定,也应对该财产所带来的债务作出约定。实践中,往往一方婚前财产较多,而担心另一方婚后负债才作此类约定,因此,婚后负债方往往没有婚前财产或很少,即使有婚前财产足以偿还婚后债务,这也显然有失公平。故公证人员在处理这类约定时,应该清楚当事人对债务进行约定的前提是对相应财产归属约定是明确的。

第三节　婚姻状况公证

一、婚姻状况公证的主要种类

婚姻状况公证是指公证机构根据当事人的申请,依照法定程序,对当事人现存的婚姻状况(结婚、未婚、离婚、丧偶、未再婚)的真实性、合法性予以证明的活动。婚姻状况公证可分为已婚状况公证和未婚状况公证两类。未婚状况公证包括:未婚公证、离婚公证、丧偶公证及离婚或丧偶后未再婚公证。长期以来,我国公证的出证形式大体上分为实体证明和间接证明两种形式,婚姻状况公证亦然。[②] 出具婚姻状况公证有两种表现形式:一种是证明结婚

---

① 例如,夫妻一方做生意,为防止经营失败,二人约定将婚后购得的一处房产归其妻子个人所有,其余归共同所有,后另一方经营失败,资不抵债,这种情况下,妻子的一处房产是否也应清偿债务呢?在丈夫有充分证据证明其事先均已告知债权人的情况下,笔者认为不应该将该房产用于抵债。因为丈夫如果能够举证其已经充分告知债权人,其已尽了最大诚信,债权人仍与其发生民事交易,属于一种默认行为,是自愿、真实的意思表现,根据民事行为意思自治原则,这笔外债不能以妻子的个人财产来偿还。

② 依据2003年《司法部关于暂时调整涉外未婚、未再婚公证办证方式问题的通知》规定,公证处对未婚、未再婚公证不再以实体方式出证,而是以当事人发表声明的方式办理未婚、未再婚声明书公证。

证、离婚证、夫妻关系证明书、解除夫妻关系证明书、判决书、调解书等文件的影印本与原件内容相符，并证明原本上印鉴属实；另一种是根据上述证书和司法文书对当事人的婚姻状况做实体证明。而无论是实体的婚姻状况公证还是证明结婚证（离婚证）上印鉴属实的间接的婚姻状况公证，其公证书所证明的对象均指向的是当事人现存的婚姻状况，而非当事人结婚或离婚的历史事实。这就要求公证员无论是办理结婚公证还是离婚公证，无论是以实体形式还是以间接形式出证，都必须以准确掌握公证申请人的现存婚姻状况为前提。

二、办理结婚公证的条件和程序

我国目前实行登记婚姻制度，凡符合我国婚姻法规定结婚条件的男女，到婚姻登记机关登记，领取结婚证后，即确立了夫妻关系，登记时间为结婚时间。由于我国封建历史悠久，经济和文化较落后，新中国成立后几十年来，虽然颁布婚姻法，多次大张旗鼓地宣传婚姻法，但历史上遗留的某些封建传统习惯对于婚姻家庭问题的影响，一时还难以完全消除。至今在一些地方，特别是偏僻地区的农村，仍有一些人结婚时没有按婚姻法的规定到婚姻登记机关登记，就以夫妻相待共同生活，有的已生儿育女，形成了事实上的夫妻关系（所谓“事实婚姻”）。对于这种不符合我国婚姻法规定的情况，一般应通过宣传教育，动员他们到婚姻登记机关办理登记手续，登记时间为结婚时间。他们在登记前所生育的子女，根据我国《婚姻法》第 19 条的规定，享有与婚生子女同等的权利。

公证证明的婚姻关系，必须是我国法律所承认的婚姻关系。包括：经合法手续登记的婚姻；1994 年前的事实婚姻（含 1950 年婚姻法颁布前建立的事实婚姻)。事实婚姻①通常指没有配偶的男女双方未经结婚登记即以夫妻关系同居生活,群众亦认其为夫妻关系的婚姻。对于第一部婚姻法公布施行前(即1950年5月1日以前),按当时当地风俗习惯结婚,且为群众公认的,经调查核实后,给予办理夫妻关系证明。对第一部婚姻法公布施行后结婚的(即1950年5月1日以后结婚的),公证处凭申请人的结婚证②,经调查核实后,给予办理结婚证明,出具公证书。对于未履行结婚登记手续的所谓“事实婚姻”的当事人,申请办理有关婚姻状况公证书的,公证处应动员教育他们先办理结婚登记手续,然后凭他们的结婚证,经调查核实后,给予办理结婚证明,出具公证书。登记时间为结婚时间。不得凭其他证明文件办理结婚证明,出具公证书。对于他们办理结婚登记以前生育的子女,公证处在办理其出生证明时,公证书不必证明他们的父母结婚登记前的婚姻状况。

申请办理结婚公证应提交的材料包括:1.结婚证书或夫妻关系证明书。2.当事人所在单位人事部门出具的有关婚姻状况证明,内容包括:夫妻双方的姓名、性别、出生日期、结婚的时间、地点、方式。3.结婚证遗失的,由当事人双方档案管理部门出具婚姻状况证明信,可以办理夫妻关系公证。(结婚证丢失的应提交婚姻登记机关发放的《夫妻关系证明书》)③4.申请人双方的身份证、户口簿。当事人的居民身份证、户口簿或护照等身份证明。5.委托他人代为办理的,代理人应向公证处提交委托书及本人身份证明。6.结婚公证需要

---

① 民政部1994年2月1日公布实施《婚姻登记管理条例》之前,男女双方符合事实婚姻条件的事实婚姻能不能办理未婚公证,实务界和理论界存在分歧。一种观点是依据《最高人民法院关于适用〈中华人民共和国婚姻法〉若干问题的解释(一)》第5条第1项关于1994年2月1日民政部《婚姻登记管理条例》公布实施前,男女双方已符合结婚实质要件的,按事实婚姻处理的规定,主张不宜办理未婚声明公证。第二种意见认为,可以按未婚声明公证办理。在征得申请人同意的情况下,把双方同居情况写入声明书。第三种意见认为可以办理未婚声明公证,为保护申请人的隐私,不宜把双方同居情况写入声明书。

② 公证员在办理结婚公证或离婚公证时,必须对当事人提供的婚姻证件进行真实性、合法性的审查。对于结婚公证而言,还必须审查结婚证件的有效性,若结婚证仅具备真实性和合法性标准,却不具备有效性标准(如已离婚者还持有原结婚证),仍不能认定当事人现存的婚姻状况为结婚,故不能为其出具结婚公证书;对于离婚公证而言,即使离婚证具备了真实性、合法性乃至有效性的标准(如已再婚者持有原离婚证),但若无其他证明材料予以佐证,仍不能就此认定当事人现存的婚姻状况为离婚,故不能为其出具离婚公证书。

③ 此项不适用于2003年10月1日之后登记结婚的夫妻。

加贴照片的，应提交配偶双方近期双人照片若干张；申办结婚公证需提供结婚证书原件，夫妻双方的两寸近照各三张，每增加副本一份，相应各增加照片一份，如办理结婚证书复印件与原件相符公证的，则不需要提供照片。

在上述材料查证属实后，公证员根据具体情况出具证明结婚证的影印本与原件内容相符，并证明原本上印鉴属实的公证书或对当事人结婚事实的实体证明书。

三、办理离婚、丧偶、丧偶后未婚或从未结过婚公证的条件和程序

申请办理离婚、丧偶、丧偶后未婚或从未结过婚公证应提交的材料包括：1.申请人的身份证明、户口本（申请人已在境外的，则另需提供护照，含有效签证、出境日期或境外其他身份证明的复印件；申请人已注销户籍出境的，且原住所地户口簿上已无其资料反映的，还需提供原住所的公安机关出具的户籍证明）。2.离婚证书或民事调解书、判决书（判决离婚的还应提交原法院出具的该判决书已生效的裁定证明）。3.申请人人事档案管理部门出具的婚姻状况证明信（非声明书时用）①，内容包括：×××（性别、出生年月日）与×××（性别、出生年月日）于×年×月×日在×省×市（或县）登记结婚，×年×月×日在×省×市（或县）经××部门登记（或调解、判决）离婚（或×××于×年×月×日因何原因在何地死亡），×××至×年×月×日未再登记结婚（已经离境的应注明离境日期）。办理丧偶公证的要提供配偶死亡证明或尸体火化证明及派出所注销户口的证明。4.委托他人代为办理的代理人应提供申请人的委托书及本人身份证明。

2003年10月1日《婚姻登记条例》实施后，针对公证机构在办理未婚、未再婚公证时公证员无法准确掌握公证申请人现存婚姻状况的这一特定情况，司法部对未婚、未再婚公证的格式做了相应的修改，对未婚、未再婚公证不再以实体方式出证，而是以当事人发表声明的方式办理未婚、未再婚声明书公证。对当事人的未婚、未再婚公证不再要求人事档案管理部门出具证明信，改为对当事人的未婚、未再婚声明书予以公证或对能提供有关婚姻登记机构

---

① 因目前公证处对未婚、未再婚公证不再以实体方式出证，而是以当事人发表声明的方式办理未婚、未再婚声明书公证，所以本项证明信已经不需要。

出具的证明材料并经查证属实的,可办理其在户籍所在地婚姻登记机关无婚姻登记记录的公证。从形式上看,未婚公证和未婚声明书公证做法不同,但实际上证明的目的却是一样的,都是证明当事人未曾登记结婚这一客观事实。

未婚、未再婚声明书公证书从2003年推行以来的效果来看,被采证率不高。实践中,证书使用地相关机构往往不认可当事人提供的未婚、未再婚声明书公证书,转而要求当事人再提供实体证明或间接证明的婚姻状况公证书。采证率低的原因大致有二:其一,受我国传统法因素的影响。我国公证文书大多采取实体性证明方式,只有少数的公证文书以间接证明的方式制作或因应公证文书使用国的要求才以间接证明的方式制作,而以当事人本人发表声明的方式来体现本应当由公证机构证明的事实这一出证方式则更是少之又少。公证书的使用地相关机构已习惯了对实体形式或间接形式公证书的采证,认定了此两种形式的公证文书为可信度最高的公证文书格式。受思维定势影响,难以在短期内对婚姻状况声明书公证予以完全采证。其二,法律制度相对滞后。我国目前尚无专门针对发表虚假声明或做虚假宣誓须承担何种法律责任的相关法律法规,发表虚假声明对于当事人来说无任何法律上的风险,所以为达某种目的而做虚假婚姻声明是一种低法律成本的违法手段。

第五章　公司事务公证[①]

本章案例导读：

7

公证处灵活处置，使企业 7 亿元资产实现股权变更[②]

2009 年 2 月 23 日，江苏省南通市公证处采用定式文书格式对南通市某投资管理公司拥有投资股权变更的事实进行了证明，成功帮助该企业实现 7 亿元股权变更。该投资管理有限公司改制前身为某投资管理中心，中心改制后，其名下全部资产整体转入现投资管理中心，其中包括原中心所持的某上市国际电力股份有限公司的 9050 万股国有股票。中心注销后，单位代码证过期，该投资管理有限公司改制承继的股份一直未能办理持有人名称登记变更。尽快办理相关权利人变更登记乃是法律对相关产权及时明晰的需要，同时，也能让权利人在法律上取得对抗第三人的效力。投资管理有限公司向证券登记机构申请办理持有人名称变更登记时，被告知凭文件变更只能视同股票过户，必须缴纳印花税。而投资管理有限公司坚持认为不是过户，仅是名称变更，无需缴纳上百万元的印花税。两者相持不下，最后，证券登记机构认为，办理名称变更须由当地公证机构对改制前后的相关事实进行直接证明，若只提供相关文件亦不予受理。一道难题摆到投资管理有限公司和公证处

---

① 公司事务公证的特点是和公司事务相关，仅是从公证的内容视角进行的分类。很多时候，某一公司事务公证包含了多个从其他视角划分的公证业务种类。

② 参见《南通市公证处灵活处置，使企业 7 亿元资产实现股权变更》，载 http://www.jssf.gov.cn/sfzl/jcgzdt/200903/t20090310_29806.html。2014 年 2 月 5 日最后访问。

的面前。因为公证机构在办理公证业务制作公证文书时，文书格式除要素式公证书外都必须采用定式公证文书格式。而该公证事项所要求证明的事实颇多，难以找到对应的定式公证文书格式。公证处受理后，经过反复研究，决定从证明基本事实入手，在不违背相关法律规定的前提下，参照定式公证书中最相近的格式，通过列明证据文件，再对经核实的事实予以直接证明的方式，相继办理三份内容逐步递进的公证书，分别对证券登记机构所要求公证的三项事实予以证明。同时，将三份公证书合装一册，既满足了一事一证的原则要求，又方便了证券登记机构的审核确认，促使股权持有人变更登记工作得以顺利进行，投资管理有限公司所持的7亿元国有资产得以名正言顺。

8

对公司发起成立进行公证①

2002年1月6日，基于生命人寿保险股份有限公司（以下简称生命人寿）筹备组的申请，上海市公证处拟在生命人寿发起人会议上对会议的程序、内容、决议等情况进行现场监督公证。其间，却遇到福州诚远投资担保有限公司（以下简称诚远）和上海新世纪企事业（集团）有限公司（以下简称新世纪）提出异议并要求参加发起人会议的情况。经查，2001年间，上海工业投资（集团）有限公司（以下简称工投）、上海中国国际旅行社股份有限公司（以下简称国旅）以及大连实德集团有限公司等10家单位达成协议：由10家单位共同投资人民币12亿元，成立生命人寿。中国保险监督管理委员会于2001年12月20日在〔2001〕139号文件中作出同意设立该公司的批复。在设立过程中，由于某些原因，国旅于2001年10月31日和诚远达成转让发起人资格的协议；工投也于2001年12月22日和新世纪达成发起人资格转让协议。在获悉生命人寿筹备组决定于2002年1月6日召开发起人会议之后，国旅和工投分别于2002年1月4日、2002年1月6日通知生命人寿筹备组，因参股资格已转让，该二公司不再参加设立公司的有关会议。2002年1月6日，由其余8家公司组成的生命人寿筹备组经召开发起人会议，作出调整生命人寿股权结构、国旅和工投可以退出但其发起人名额不再替补、在此次发起人会议决议

① 参见陈加友《对公司发起成立进行公证的法律问题》，载《中国司法》2003年第3期，第48页。

上签字的8家公司不得退出也不得转让，直至公司完成公司注册登记等决议。会议期间，诚远和新世纪执发起人持资转让书要求参加发起人会议，但遭到拒绝。公证员在对事实分析后，认为诚远和新世纪不具备发起人资格，由8家公司参加并召开的发起人会议符合法律规定，并依法出具了公证书。

本案涉及公司成立过程中发起人的资格问题，国旅和工投以发起人的身份与其他8家公司共同筹备设立生命人寿保险股份有限公司，他们与其他发起人之间即存在着契约关系，在发起过程中承担义务、履行职责。但是他们转让给诚远和新世纪的发起人资格并未经过其他8家发起人的书面同意，诚远和新世纪要求参加发起人会议的要求是没有法律依据的。

9

公证助力企业重整重组①

2011年3月，纵横集团破产重组成功，并更名为某控股集团。如今，厂区生产秩序井然，车间内机器轰鸣，一派繁荣景象。可谁能想象2008年时的纵横集团曾经一度濒临破产。

2008年受金融危机影响，绍兴地区部分以外向型经济为主的民企因规模扩张过速、内部管理不善及风险控制欠佳等原因，濒临倒闭，重整重组迫在眉睫。曾入选“中国企业500强”的纵横集团就是这样一家外强中干的“咸鱼企业”。当年，纵横集团贷款涉及绍兴几乎所有银行，有近千人申报债权，申报债权总计200多亿元；26家企业为其提供担保，共涉及担保金额约30亿元。最后，绍兴市中院裁定纵横集团破产重整。纵横集团重整案成为《破产法》实施以来我国最大的破产重整案。

临危受命，绍兴市国信公证处承担起办理重整中各方主体不同阶段不同需求公证的任务。为保障重整过程顺利进行及部分子公司生产线不停工，公证处一方面根据重整管理人的要求，对生产线上的半成品、仓库库存的成品、原材料进行清点保全证据；另一方面在生产线加工承揽合同到期后，为保障重整人顺利接盘，对部分仓库库存的成品、原材料及半成品进行资产清点，方

---

① 参见《公证助力企业重整重组濒临破产的500强企业重获生机》，载 http://www.sxfz.gov.cn/fazhixuanchuan/fazhishijian/ticungongzhengwanjiepochanchongzhengan.html。2014年8月7日最后访问。

便资产移交。

好不容易确定了重组人，但矛盾"推陈出新"。在绍兴市中级法院管理人组织召开普通债权会议时，由于债权人对计票结果存疑，使得重整方案无法顺利通过。为此管理人准备再次召开普通债权人会议，公证处对债权人会议投票及计票进行现场监督公证。公证员一方面及时对债权人计票、对表决规则进行详细审查和修改，同时在发放表决票时细致核对，避免误发表决票；另一方面在计票与唱票环节多次审核。最终，出席债权人会议现场的262名债权人信服公证，及时消除了异议，使重整方案以82.84%的赞成率顺利通过。

合同公证、保全公证、监督招标……整个重整过程中，公证处办理的各类公证20余件，盘活资产5亿多元。在公证处的助力下，纵横集团最终破产重整成功。

大型企业的破产重整涉及法律关系复杂，牵扯利益主体众多，稍有闪失就可能酿成重大纠纷，甚至发展成为群体性事件。绍兴市国信公证处承担起办理破产重组中的保全证据公证、财产清点公证、会议现场监督公证等一系列保证重整程序稳步推进所必须的各种公证，为挽救企业、保障职工合法权益和维护社会稳定作出了积极贡献。

我国一直很重视公证在公司事务中的作用，早在1994年司法部就特别颁发了《关于贯彻执行〈公司法〉为企业向公司制改造提供公证服务的若干意见》。该意见要求"各地公证机构要积极运用公证手段，对企业改造、资产清点、公司和股份合作企业设立、股票发行等活动实行法律监督，认真办好公司章程公证，公司创立大会公证，公司股权转让公证，股权证公证，公司董事会决议公证，股票认购证抽签公证，股票的承销、赠与、交换、继承公证，企业资产清点、评估、分割公证；同时，要通过法律咨询、代拟公司章程等法律文书，帮助策划，提供法律顾问、现场监督、代理等，尽早介入公司设立活动，拓展公司服务的深度、广度"。在此之后，中国公证人积极探索、办理与公司事务相关的公证事务，为市场经济提供了信用支持和法律保障，为促进中国经济的发展起到了不可替代的作用。

第一节　公司章程公证

一、公司章程公证的含义、种类

公司章程公证是指公证机构根据当事人的申请，依照法定程序，对公司章程给予证明的活动。公司章程作为公司内部自治规约，是股东和发起人就公司的重要事务所做的规范性和长期性的安排，是规范公司和公司与他人关系的最基本的文件。首先，作为一种行为规范，不是由国家，而是由公司股东依据《公司法》自行制定的。其次，公司章程是一种法律外的行为规范，由公司自己来执行，无须国家强制力保障实施。当出现违反公司章程的行为时，只要该行为不违反法律、法规，就由公司自行解决。再次，公司章程作为公司内部的行为规范，其效力仅及于公司和相关当事人，而不具有普遍效力。《公司法》第 11 条规定："设立公司必须依法制定公司章程。公司章程对公司、股东、董事、监事、高级管理人员具有约束力。"另外，《公司法》在一定程度上允许公司章程排除《公司法》的适用，体现在《公司法》采用了"公司章程另有规定的除外"的表述。《公司法》通过赋予公司章程这种排除权，给予了公司章程更大的自主权，也扩充了公司自治的空间。如《公司法》第 75 条明确规定，"自然人股东死亡后，其合法继承人可以继承股东资格；但是，公司章程另有规定的除外"。这样，既从原则上确认了股东资格作为继承财产的法律属性，同时也允许公司章程作出规定，限制股东资格的可继承性。因此，股东资格能否继承，关键取决于《公司章程》的规定。

注册有限责任公司是企业依照《公司法》的规定，采用现代化企业管理的模式，使企业走上规范化经营、标准化管理的一种形式，注册有限公司和注册其他形式的企业有一个很大的不同，就是必须制订公司的章程。申办公司章程公证大多是当事人自愿的行为。①

---

① 税务总局 1999 年颁布的《有限责任税务师事务所设立及审批暂行办法》和《合伙税务师事务所设立及审批暂行办法》中规定"出资人协议应当经过公证"，在《税务师事务所（合伙）章程（范本）》中指出"在经全体合伙人一致同意，可以修改、补充本章程，但必须重新办理公证手续"。

目前办理公司章程公证有两种形式：一种是当事人针对已生效的公司章程申请办理公证，此种情形下公证机构仅证明公司章程复印件与原件相符，公司章程上的签名印章属实。① 另一种是公司在制定和修改公司章程时申办公证，公证员当场监督公司章程的表决，并对公司章程内容是否符合法律规定进行审查，下文所指的公司章程公证主要是指后者。

二、办理公司章程公证程序

（一）申请、受理

当事人办理公司章程公证应提供如下材料：1.已取得企业法人资格的，应提交《企业法人营业执照》，法定代表人资格证明及本人居民身份证或护照；2.尚未取得企业法人资格的，应提交政府主管部门批准设立该公司的文件，有关公司经营场地、资金、招工等说明；3.外国投资者应提交经当地公证机构公证并经我国驻外使领馆认证的投资者权利能力和行为能力的证明文件；4.港澳台地区当事人需提交香港委托公证人、澳门有关机构、台湾公证机构出具的投资者权利能力和行为能力的证明文件；5.拟申请公证的公司章程文本；6.委托他人代为办理公证的，应提交授权委托书及代理人的居民身份证。

（二）审查、监督

公证处受理后，公证员要认真审查当事人提交的各种材料和文件，详细了解公司认购主体资格、资信、认购股份情况。

1.审查当事人的主体资格

《公司法》及有关法律和司法解释对不同性质公司的发起人资格和股东资格有不同的要求，公证机构应根据公司性质，按照《公司法》及有关法律和司法解释的规定，对当事人是否具有创立公司、制定或修改公司章程的资格和当事人行为能力进行认真审查、核实。

---

① 此种形式需要的材料：(1)公司的营业执照副本原件。(2)法定代表人的身份证原件；法定代表人无法亲自来的，需提供：①法定代表人的身份证复印件，②盖有公司印章和法定代表人签名的授权委托书，③受托人的身份证原件。(3)公司的印鉴。(4)工商局出具的公司章程一式四份(初定公证书二份，增加一份公证书工商局出具的章程增加一份)。(5)公证员认为应当提交的其他证件、证明材料。

2.审查公司章程内容是否真实、合法

所谓公司章程内容是否真实、合法主要涉及:(1)公司章程是否具备法律规定的内容;(2)公司章程应当体现全体股东或公司所有者的真实意思表示;(3)章程内容应当公平、合理、完善,不得违反法律、社会公共利益;(4)章程的文字表述应当准确、规范。

3.审查通过章程的程序是否合法

由于公司性质、种类、产权结构、组织形式不同,制定、通过章程的程序也有所不同。公证机构应分别不同情况,按照《公司法》及相关法律和司法解释的规定,审查、监督、确认公司章程是否按法律规定和当事人约定的程序通过,对全体股东或公司所有者是否具有法律约束力,公司章程上的签名、印鉴是否齐全、属实,国有独资公司章程是否取得国家授权投资的机构或国家授权的部门批准。

(三)出证

公证员通过对章程的审查、监督,认为公司章程按法律规定和当事人约定的程序通过,主体合格、内容真实合法的,应当为当事人出具公证书。

第二节　股份有限公司创立大会公证

一、股份有限公司创立大会公证的含义、意义

股份有限公司创立大会是在募集设立股份有限公司过程中召开,组成人员是参与公司设立并认购股份的人。创立大会是设立中公司的意思决定机关,其决议涉及公司设立行为、公司能否成立等有关事项。申请办理股份有限公司创立大会公证,申请人应当具有《公司法》规定的发起人资格,并提交与公司成立有关的文件。

创立大会制度作为股份有限公司募集设立过程中一种特有的制度,对于公司的合法有效成立具有重要作用。创立大会通过对发起人的设立行为、发起人的出资估价、发起人起草的公司设立章程等事项进行决议,决定公司是否有必要成立,是否能取得法律上的承认,并且为依法成立后的公司设立其进行正常经营活动所需的机关。创立大会实际上成为募集设立股份有限公

司时不可逾越的一个程序。

股份有限公司创立大会公证是指公证机构根据股份有限公司筹备委员会的申请，依法证明创立大会活动及其过程的真实性、合法性的活动。通过公证机关对大会程序要件的审查和证明，可确保大会召开的有效性，同时，通过公证机关对大会实质要件的审查和证明，可确保大会所通过的议案的真实性、合法性。股份有限公司创立大会公证对企业寻求建立科学、规范的现代运营机制，优化资源配置，建立符合市场经济规律的现代企业制度有重要意义。

二、办理股份有限公司创立大会公证的程序

（一）申请、受理

办理股份有限公司创立大会公证，申请人应当具有《公司法》规定的发起人资格，并应当提交与公司成立有关的文件，包括：1.批准公司设立的文件和相关批文；2.全体发起人或公司设立临时机构授权办理公证的授权委托书及代理人的身份证明；3.股份有限公司筹备委员会成员的身份证明及资格证明，包括身份证、户口簿或其他身份证明；4.公司发起人的法人资格证明，如工商行政管理机关颁发的企业法人营业执照等；5.公司发起人协议；6.工商行政管理机关关于股份有限公司筹建登记的批准文件（公司登记机关核发的筹建许可证）；7.国务院授权部门或省级人民政府关于同意设立股份有限公司的批准文件；8.举行股份有限公司创立大会的会议通知或公告；9.股份有限公司章程（草案）；10.股份有限公司创立大会议程；11.出席创立大会的股东代表产生办法；12.公司筹建机构关于设立公司的工作报告；13.创立大会的各项表决办法包括股东代表产生办法、设立公司的报告、公司章程、选举董事会和监事会成员等的表决办法；14.股东名册；15.向社会公开募集的公司还应提供国务院证券管理部门的批准文件和招股说明书；16.公证人员认为应当提交的其他材料，如招股说明书、股票发行办法、首届董事会和监事会成员的候选人名单及简历、监票人和计票人的名单及身份证件、拟通过的有关文件、参加创立大会人员签到记录、创立大会会议记录等。

（二）审查

1.公证机构应按《公司法》规定对出席股份有限公司创立大会的股东及

代理人的资格和创立大会的合法性进行审查。出席公司创立大会的认股人所代表的股份未达到法定限额时,创立大会可在《公司法》规定期限内延期举行,公司发起人应再次通知未出席的认股人。延期后,出席创立大会的代表所代表的股份仍达不到法定限额的,应当拒绝公证。

2.公证机构应当按《公司法》及其配套规章审查会议程序和会议文件的真实性、合法性,依照事实和法律要求,向当事人提出修改、完善会议程序和会议文件的法律意见。

(三)监督、出证

公证机构应当依照《公证程序规则》规定和公示的创立大会程序,对创立大会的全过程进行法律监督。主要监督以下环节:第一,会议进程是否符合法律规定;第二,会议是否执行了《公司法》规定的创立大会职责;第三,董事会成员和监事会成员的选举程序、计票方法、选举结果是否真实、合法;第四,对公司章程的通过进行法律监督;第五,参加公司第一届董事会和监事会会议,对董事长、监事长的选举和董事会重要决议的通过进行监督。

以发起设立方式设立的股份有限公司的全部股款缴足,由审批机关批准;以募集设立方式设立的股份有限公司,认股人缴纳完全部股款后,意味着设立股份有限公司的各项准备工作已经结束,这时,发起人应当在一定时间内组织召开创立会议,通过成立公司的决议,选举出董事、监事。

1.发起设立的股份有限公司的创立会议

发起设立的股份有限公司的创立会议比较简单,可由发起人协商在一定的时间召开,也可以将召开的时间在拟订公司章程时在章程中予以明确。会议的任务有两点:一是通过设立或不设立公司的决定;二是选举公司的董事会、监事会成员。至于公司的筹备情况由于全体发起人共同参与公司的筹备工作,对筹备过程比较了解,则不必对公司的筹备情况进行审议。

董事会和监事会的选举办法(包括程序和方式),应在公司章程中明确,选举时间可按照公司章程的要求选举。董事会、监事会产生以后,应当分别选举出董事会董事长和监事会的召集人,并由董事会聘任经理。

2.募集设立的股份有限公司的创立会议

发行股份的股款缴足后,必须经依法设立的验资机构验资并出具证明。发起人应当自股款缴足之日起 30 日内主持召开公司创立大会。发行的股份超过招股说明书规定的截止期限尚未募足的，或者发行股份的股款缴足后，发起人在30日内未召开创立大会的，认股人可以按照所缴股款并加算银行同期存款利息，要求发起人返还。创立大会是由发起人和认股人所组成的设立公司的决议机关，是公司股东大会的前身。因此创立大会是有很大权限的，发起设立公司的一切重要决定或决议都由它来作出。

发起人应当在创立大会召开15日前将会议日期通知各认股人或者予以公告。创立大会应有代表股份总数过半数的发起人、认股人出席，方可举行。创立大会行使下列职权：(1)审议发起人关于公司筹办情况的报告；(2)通过公司章程；(3)选举董事会成员；(4)选举监事会成员；(5)对公司的设立费用进行审核；(6)对发起人用于抵作股款的财产的作价进行审核；(7)发生不可抗力或者经营条件发生重大变化直接影响公司设立的，可以作出不设立公司的决议。

创立大会对前款所列事项作出决议，必须经出席会议的认股人所持表决权过半数通过。发起人、认股人缴纳股款或者交付抵作股款的出资后，除未按期募足股份、发起人未按期召开创立大会或者创立大会决议不设立公司的情形外，不得抽回其股本。

创立大会召开以后，应该依法完成会议的各项议题。首先审议发起人关于公司筹备情况的报告，审议并通过公司章程，然后审核公司的设立费用，审核发起人用于抵作股款的财产的作价等。董事会成员、监事会成员选出以后，应在创立大会上公布，并由创立大会筹委会指定首届董事会、监事会的召集人，分别召集和主持首届董事会、监事会成员第一次会议。

对会议进程符合法律法规、执行了《公司法》规定的创立大会职责的，公证机构应当根据实际工作情况和有关法律,出具公证书。①

---

① 股份有限公司创立大会暨第一届股东代表大会公证书

( )××字第××号

根据________股份有限公司筹委会申请,本公证处派公证员________、________、________对________年________月____日在________举行的________创立大会暨第一届股东代表大会进行了现场公证。经审查确认,公司发起人________、____________、________符合法律规定条件,公司筹委会所提交的设立公司的________批准文件和________出具的验资证明是法定机构依法出具的。

经审查确定,出席________股份有限公司创立大会暨第一届股东代表大会的股东及股东代理人共________名(其中股东代表人________名),代表股份________万股,占全部股份总额的________%。上述股东及股东代理人代表资格合法,所代表的股份符合法定数额。创立大会由________主持,并以投票表决方式通过了以下决议:

一、通过了发起人关于筹办公司情况的报告。________名赞成,代表股份________万股;________名反对,代表股份________万股;________名弃权,代表股份________万股。

二、通过了公司章程。________名赞成,代表股份________万股;________名反对,代表股份________万股;________名弃权,代表股份________万股。

三、选举________、________、________、________为公司董事,组成公司第一届董事会。________名赞成,代表股份________万股;________名反对,代表股份________万股;________名弃权,代表股份________万股。

四、选举________、________、________、________为公司监事,组成公司第一届监事会。________名赞成,代表股份________万股;________名反对,代表股份________万股;________名弃权,代表股份________万股。

通过现场监督,本公证处确认,________股份有限公司创立大会暨第一届股东代表大会的会议程序、表决方式及所通过各项决议真实、合法、有效。________、________及记录员________在创立大会会议记录上的签名(印章)属实。

下列附件是本公证书的组成部分:

1.出席________股份有限公司创立大会暨第一届股东代表大会的股东及其代表人名单。

2.由监票人、计票人、公证员签名的董事会选举结果。

3.由监票人、计票人、公证员签名的监事会选举结果。

4.创立大会会议记录。

中华人民共和国××省××市(县)××公证处

公证员(签名或签名章)

××××年×月×日

第三节　有限责任公司股权继承公证[①]

本节案例导读：

10

一起股权及股东资格继承案[②]

2012年5月份，徐女士来到某某公证处，要求给她出个公证书，证明她已过世的丈夫梅某持有的某有限责任公司的股权和梅某的股东资格转到她名下。

徐女士的丈夫梅某2011年年初过世，生前出资与他人合股成立了一个有限责任公司，并担任法定代表人一职。因梅某过世，徐女士到工商办理变更登记手续。工商局的工作人员告诉徐女士，需要提供公证书或者人民法院的裁判文书作为过户的证明材料。所以徐女士特来公证处咨询。公证员仔细询问了徐女士关于梅某的父母、婚姻、子女情况。据徐女士陈述，梅某的父母亲均健在；一次婚姻，配偶就是徐女士；梅某与徐女士膝下两子，均已成年。

梅某持有的股权为梅某与徐女士的夫妻共有财产，该股权的一半为梅某的遗产；徐女士要想继承梅某的股权遗产，梅某的父亲、母亲及他们的两个儿子都应放弃对上述股权的遗产权；徐女士要想继承股东资格，必须取得全部股权，且该公司的公司章程中没有任何关于限制公司股东资格的继承规定。公证员要求徐女士提供了梅某的死亡证明、继承人情况证明、公司章程等材料，梅某的父亲、母亲及他们的两个儿子亲自到公证处办理相关的放弃继承手续，公证处经核实后出具了股权和股东资格继承公证书。股权和股东资格继承公证办结后，徐女士凭继承公证书和其他证明材料到工商登记部门办理了股东变更登记手续。

---

① 含股权财产和股东资格继承。

② 参见张玉海、牟永明《一起股权及股东资格继承案》，载 http://www.legaldaily.com.cn/Notarization/content/2014-03/04/content_5330437.htm? node=34334。2015年2月3日最后访问。

一、有限责任公司股权继承公证的含义、特点

有限责任公司股权继承公证是公证机构根据继承人的申请,依照法定程序对因有限责任公司存续期间股东死亡而发生继承人继承股东的财产权和股东资格的行为的真实性、合法性予以证明的活动。有限责任公司股权继承,是人们在社会经济生活中经常遇到的问题,涉及公司法、继承法及商事登记等多方面的规制,关乎股东、股权继承当事人的切身利益,关乎公司的控制、运营以及交易的安全和社会经济秩序的稳定。近年来伴随着我国私营企业的发展壮大和个人股东的不断增多,股权继承公证逐渐增多。

2014 年《公司法》第 75 条规定,自然人股东死亡后,其合法继承人可以继承股东资格,但是公司章程另有规定的除外。此条规定明确了股权继承的客体不是单一的作为股份的财产权利,还包括股东资格的权益继承。

关于作为股份的财产权,是指持有公司股权的股东去世后,其所享有的股权中的财产权由其继承人继受取得的法律行为,包括遗嘱继承和法定继承两种方式。公司股东基于其出资而享有的股权是一种财产权,基于继承法的规定,可以继承。但是,与一般意义上的出资流转不同,继承行为导致的出资流动并非基于当事人之间的协议,而是因死亡这种特定的法律事实而发生。在某种意义上,出资的继承是一种依照法律规定而发生的股权流动形式,其特点在于依法发生,不以当事人的意志为转移,只在具有继承法律关系的当事人之间发生。若死亡股东未立下遗嘱并且公司章程未约定,则只能按照法定继承处理,而不能有第三人意志的干涉,继承人可以放弃继承;继承人继受的股权,可以向他人合法转让。股权继承并非完全排除第三者意志的介入,但第三者意志的介入必须满足公司章程或死亡股东遗嘱中所表达的意愿。股东可以在公司章程中以遗嘱的意思表示约定继承人取得股东资格的方式,或排除其继承人对其出资额的继承,或约定继承的份额和程序等,这为第三者意志介入股权继承留下了空间。

关于股东资格的权益继承,除了公司章程的限制外,在实际操作中,公司股东资格继承人还存在其他的限制情形。我国现行法律法规和政策对公司股东资格限制主要有以下两种:第一,根据公务员法、公证法及有关法律法规和政策,特殊职业从业人员禁止从事商业经营活动,这主要是因其身份的特

殊性，从确保市场经济商业行为的公平性和公职人员（包括特定职业者）的廉洁方面考虑的。第二，继承人继承股东资格后，公司股东超过法定人数的情形。根据《公司法》的规定，有限责任公司的股东人数是受限制的。由于继承人多数情况下多于一人，所以在由所有继承人共同继承时往往存在股东人数超员的情况。

二、办理有限责任公司股权继承公证的程序

（一）申请

根据公证管辖的原则，“继承公证由继承人住所地或遗产所在地的公证处管辖”，股权继承公证应由继承人住所地或股权所在的有限公司的注册地的公证处管辖，如果继承人的户籍所在地不在一个公证处辖区，或者遗留有多家不在同一地区公司的股权的，由当事人协商，可向其中任何一个公证处提出申请。如当事人不能达成协议，由有关公证处从便民出发协商管辖。办理一般财产继承所应提供的些材料主要有：

当事人的身份证明，即全部合法继承人的居民身份证复印件；被继承人的死亡证明，如火化证、医院出具的死亡证明、户口注销证明、被继承人的《履历表》；亲属关系证明；由死者单位出具，列出被继承人的配偶、子女、父母情况，如《居民身份证》和《居民户口簿》；数位继承人中有放弃继承权的，应提交其放弃继承权声明书；异地需提交经公证的放弃继承权声明书，本地的应到公证处发表声明；若继承人中有先于被继承人死亡的，需提交继承权人的死亡证明及合法继承人的情况证明。

基于股权继承的特殊性，股权继承公证实务中，除按照中国公证协会印发的办理继承公证的指导意见，提供一般性财产继承材料外，还应提供工商机关最新登记备案的已故股东所在公司的营业执照、股东出资证明、股东名册、公司章程、《组织机构代码证》、其他股东对继承人取得股东地位的书面意见、公司资产的评估报告（公司股权不同于有形财产，其价值由多种因素构成，如固定资产和流动资金、知识产权或专有技术以及产品赢利能力和人员素质等。只有经过评估机构专门评估后，公司股权的价值才能体现或接近客观真实）等各项重要资料。

(二)审查

承办人不能完全按照办理一般财产继承的步骤和思路去承办,在办理股权继承公证时,除需审查一般继承公证所需的材料,如被继承人的死亡证明、亲属关系证明、婚姻状况证明、财产(股权)证明、继承人的主体身份证明外,应当着重审查如下几个方面:

1.对有限责任公司股权继承公证申请主体资格审查

(1)申请主体应当具备相应的民事行为能力

对于无民事行为能力和限制民事行为能力的继承人则适用《民法通则》第11条至14条的规定,由其法定监护人代理申请公证。

(2)审核被继承人有无遗嘱或遗赠扶养协议

我国继承法规定,继承开始后按照法定继承办理,有遗嘱的按照遗嘱继承或者遗赠办理,有遗赠扶养协议的按照协议办理。这说明遗赠扶养协议和遗嘱继承优先于法定继承适用。公证机构在办理公证时要核实被继承人的近亲属及与其共同生活的人,在所有继承人和共同生活的人全部承诺没有遗嘱或遗赠扶养协议时才可以办理股权的法定继承公证。在办理股权法定继承公证时,如果有放弃继承的人,必须由放弃继承人明确声明其放弃继承的意思表示,没有声明则视为默认同意继承。

(3)审查股权继承人是否受公司章程和职业的限制

如果公司章程对股东死亡后其股权应如何继承有规定的,在股东死亡后股权继承应严格按照章程的规定来办理;如果公司章程没有约定,就根据《公司法》第75条的规定办理。除了章程限制外,还要看继承人是否是法律禁止经商的人,公务员、国家干部、军人等依法或因职业所限不能继承股东资格成为公司股东。在上述两种情况下,应由具备继承股东资格且愿意继承股东资格的继承人给予资格受限的继承人其应继承的股权的财产价值相应份额的对价。

(4)审查继承人中有无《继承法》第7条规定的丧失继承权的情形

如果继承人中有故意杀害被继承人、为争夺遗产而杀害其他继承人、遗弃被继承人或虐待被继承人情节严重的、伪造篡改或者销毁遗嘱情节严重的等情形,将丧失继承权。

2.对有限责任公司股权继承公证客体资格审查

(1)审查公司股权财产的合法性

根据我国《继承法》第3条的规定,作为遗产继承的财产必须是被继承人的合法财产。公证员办理公证时可以从股权的形成、股权的取得、经营的范围等方面确定股权财产是否属于被继承人的合法财产。即股权是否存在于依法组建并经公司登记机关登记的公司、公司成立后是否依法经营、股权是否存于公司合法存续期间。

(2)审查继承的客体是股东资格还是股权财产

公证机构办理公证时要审查股东股权证明、公司任职证明、公司章程。尤其要看章程中是否对股东资格、股权财产继承作了规定或限制,如果有则按其规定办理。如无规定则继承人不仅可以继承股权财产,而且可以继承股东资格。但如下两种情况不能继承股东资格:一是无民事行为能力和限制民事行为能力的人以及胎儿不适宜继承股东资格。但可以继承股权财产并由其法定监护人代理公证。这是因为股权的身份性,股东资格来自于公司的成立,有限责任公司具有人合性和资合性,资合性不存在股权继承的障碍,而人合性却要求股东不仅是具有完全民事行为能力的人担当,而且能够与其他股东互相信任,共图发展的人担当。二是国家干部、公务员和从事特种行业的工作人员不能继承股东资格,可以继承股权财产。

(3)审查被继承的股权财产是否属于夫妻共同财产

我国《婚姻法》第 17 条、18 条和 19 条对夫妻财产归属作了明确规定,继承的股权属于夫妻共同财产还是个人财产同样适用上述规定。如果是夫妻共同财产,则要先分割财产再进行继承,先划分出配偶应有的份额,剩余部分属已故股东遗产,由其继承人继承。

《最高人民法院关于适用〈中华人民共和国婚姻法〉若干问题的解释(二)》第 16 条规定:人民法院审理离婚案件,涉及分割夫妻共同财产中以一方名义在有限责任公司的出资额,另一方不是该公司股东的,按以下情形处理:(1)夫妻双方协商一致将出资额部分或全部转让给该股东的配偶,过半数股东同意,其他股东明确表示放弃优先购买权的,该股东的配偶可以成为该公司股东。(2)夫妻双方就出资额转让份额和转让价格等事项协商一致后,过半数股东不同意转让,但愿意以同等价格购买该出资额的,人民法院可以对转让出资所得财产进行分割。过半数股东不同意转让,也不愿意以同等价额购买该出资额的,视为其同意转让,该股东的配偶可以成为该公司股东。从这个解释可以看出,配偶中只有一方系有限责任公司股东的,对方并不必然有股东资格。

(三)询问、告知、出证

由于股权继承的复杂性,《公司法》《继承法》关于股权继承的规定也较原则和笼统,且目前也没有关于股权继承的法律程序规定,承办公证员应根据《公司法》等相关规定,结合个案的具体情况,就如何完成股权继承的全部手续作个交待,应在询问笔录中向申请人告知注意事项。① 不仅应作一般性法

---

① 办理有限责任公司股东继承权公证告知书

根据《中华人民共和国公证法》及司法部《公证程序规则》的规定,我们对你有如下告知:

一、办理有限责任公司股东继承权公证需提供以下材料:(一)被继承人的死亡证明;(二)被继承人户口本或户籍证明;(三)被继承人所拥有的公司股权凭证或出资证明书;(四)公司营业执照及公司章程;(五)继承人身份证及户口本;(六)被继承人与继承人的亲属关系证明。

二、办理有限责任公司股东继承权公证可视具体情况办理股东财产份额继承权公证,或股东资格继承权公证。

三、股东资格继承权公证,分为以下三种情况:(一)公司章程中有限制继承人继承股东资格的规定,本处将不予办理股东资格继承权公证,仅办理股东财产份额继承权公证。(二)公司章程中规定了继承人继承股东资格条件及程序的,该章程中的条件及程序将作为本处办理公证的依据之一。(三)公司章程中无限制继承人继承股东资格规定的,又分为以下两种情况:1.公司成立在2005年《公司法》生效之后的,根据《中华人民共和国公司法》第75条的规定,本处将根据继承人的申请直接办理股东资格继承权公证;2.公司成立在2005年《公司法》生效之前的,本处在书面征求其他股东对于继承人继承股东资格的意见后决定如何办理,即公司其他股东需在本处公证书出具前发表对继承人继承股东资格的意见,并承诺所表述的意见系其真实意思表示。如公司其他股东对继承人继承股东资格有书面异议的,本处将不予办理股东资格继承权公证,而应由继承人与其他股东协商一致或向法院提起诉讼。

四、告知继承人继承股权后,应当要求公司注销原股东的出资证明书,向新股东签发出资证明书,并相应修改公司章程和股东名册中有关股东及其出资额的记载。对公司章程的该项修改不需再由股东会表决。再到公司登记机关办理工商变更登记手续,把死亡股东的股权变更到公证书所列的继承人的名下。

五、告知对股权的继承可能会导致违反《公司法》的禁止性规定的情况的处理。由于《公司法》对有限责任公司股东人数的限制,对股权的继承可能会出现以下两种情形:一是因股权继承导致有限公司的股东变更为1人。对于这种情况,应尽快重新找一个投资人,否则要变更为一人公司,并按《公司法》关于一人公司的规定完善相关手续。二是因股权继承导致有限公司的股东人数超过50人。对于这种情况,由于股权的可共有性,可以仍然由数个继承人共有这个股权,股东名册中可以只登记共有人一人的姓名,共有人委托这名共有人代表他们行使对共有股权的管理权。这种委托应该有书面依据,并报公司、工商行政管理机关备案。

公证申请人(签字或按指印)

××××年×月×日

律意义和法律后果的告知，还应就程序性事项进行特别告知，重点包括：1.公司章程的修改和股东名册的修改，因为依《公司法》第73条规定，转让股权后，公司应当注销原股东的出资证明书，向新股东签发出资证明书，并相应修改公司章程和股东名册中有关股东及其出资额的记载。2.告知其到工商机关办理股权变更登记，从法律上完成股东身份的对外公示。必须及时完成股权变更登记方可全面行使股东权利，维护自身利益。3.依法依公司章程行使股东权利和履行的股东义务。股东依法行使股东权利，同时应当遵守法律、行政法规和公司章程，不得滥用股东权利损害公司或者其他股东的利益，公司成立后股东不得抽逃出资。

有限责任公司股权继承公证主要适用《公证法》《公证程序规则》《民法通则》《继承法》《公司法》《婚姻法》等法律的规定，公证员在具体办理公证过程中要仔细审查，不同情况适用不同的法律条款办理公证。公证员通过审查认为股权继承主体合格、内容真实合法，应当为当事人出具公证书。

第四节　股份有限责任公司股权转让合同公证①

本节案例导读：

11

1.25亿股权成功转让股权转让提存公证帮大忙②

2011年8月，舟山市方正公证处成功办结一起约1.25亿元的股权转让款

---

① 此处的公证对象不包括2014年《公司法》第72条和74条规定的转让情形。第72规定：“人民法院依照法律规定的强制执行程序转让股东的股权时，应当通知公司及全体股东，其他股东在同等条件下有优先购买权。其他股东自人民法院通知之日起满二十日不行使优先购买权的，视为放弃优先购买权。”第74条规定：“有下列情形之一的，对股东会该项决议投反对票的股东可以请求公司按照合理的价格收购其股权：(一)公司连续五年不向股东分配利润，而公司该五年连续盈利，并且符合本法规定的分配利润条件的；(二)公司合并、分立、转让主要财产的；(三)公司章程规定的营业期限届满或者章程规定的其他解散事由出现，股东会会议通过决议修改章程使公司存续的。自股东会会议决议通过之日起六十日内，股东与公司不能达成股权收购协议的，股东可以自股东会会议决议通过之日起九十日内向人民法院提起诉讼。”

② 参见《1.25亿股权成功转让股权转让提存公证帮大忙》，载http://www.jjgzc.com/show.asp?id=452。2014年12月20日最后访问。

提存公证。不仅为股权收购事宜提供了全程法律服务，还为当事人提供多项延伸服务，平衡了双方当事人的利益，保障了企业正常发展。该股权转让提存公证办理涉及金额大、人数多、情况复杂，具体情况是：安徽某投资发展有限公司（以下简称安徽公司）经多方面考察，希望并购舟山市某水泥制品有限公司（以下简称舟山公司）。2011年3月，舟山公司（股权出让方）和安徽公司（股权受让方）签订了《股权转让框架协议》，股权出让方拟将目标公司100%股权转让给股权受让方。

在框架协议中，双方约定将部分钱款提存于公证机构，作为协议项下股权转让的定金。如协议各方就协议项下股权转让签署正式股权转让协议，该笔定金可转为股权转让款；如因出让方原因未签署正式转让协议，受让方不承担违约责任，该笔定金在尽职调查完成后3个工作日内应退回。公证机构以框架协议为基础，另行起草了《股权转让定金的提存协议》，对提存的金额、日期、受领条件及争议条款都作了明确约定。股权转让双方择日签订了定金提存协议，出让方在规定期限内将约定的定金提存于公证处，公证机构及时出具了提存公证书，随即股权出让方开展对目标公司的财务及法律尽职调查。

2011年5月，股权出让方与受让方签署《股权转让协议》，舟山公司共有16位自然人股东，出让方将其中15位股东持有的81%股权转让给受让方，受让方同意。之后，股权受让方根据协议约定，将《股权转让协议》约定的股权转让金分批打入公证机构专用提存账户，至2011年5月10日，协议约定的股权转让金全额提存于公证机构。

在办证过程中，公证员修改公司股权转让协议、起草定金提存协议、确认函、承诺函等相关法律文书，规范双方权利义务关系，明确合同内容，尤其对提存款的提取规定了明确的条件，在定金提存、股权转让金提存、70%股权转让金提取，以及最后30%股权转让金提取各个环节中，严格把关。公证员还对每位股东一一进行了身份确认、账户确认，并按个股的比例确定每笔股权转让金提取的金额并造表成册。同时对受让方提交的股权转让金的不同来源分别进行确认。最终使该提存公证画上了圆满的句号。

一、股份有限责任公司股权转让合同公证的含义、意义

2014年《公司法》第71条规定，有限责任公司的股东之间可以相互转让其全部或者部分股权。股东向股东以外的人转让股权，应当经其他股东过半数同意。股东应就其股权转让事项书面通知其他股东征求同意，其他股东自接到书面通知之日起满30日未答复的，视为同意转让。其他股东半数以上不同意转让的，不同意的股东应当购买该转让的股权；不购买的，视为同意转让。经股东同意转让的股权，在同等条件下，其他股东有优先购买权。两个以上股东主张行使优先购买权的，协商确定各自的购买比例；协商不成的，按照转让时各自的出资比例行使优先购买权。公司章程对股权转让另有规定的，从其规定。

有限责任公司股权转让合同公证是指公证机构根据股权转让方与股权受让方的共同申请，依法对股权转让方与股权受让方对于各自权利与义务作出约定的契约的真实性、合法性予以证明的活动。

股权转让制度是现代公司制度的重要组成部分，合理畅通的股权转让制度能有效地促进公司资本的流通、优化资源配置、完善公司的治理结构以及实现股东投资目的。一个国家股权转让制度是否健全对该国商业活动能否正常进行起着举足轻重的作用。实践中，股权转让合同不被认可的比例很高，①不仅浪费了当事人为达成这个不被法律认可的《股权转让合同》所付出的时间、金钱，而且有时还会造成严重的社会影响，导致股东反目、公司破产、工人失业、供货商拿不到货款等一系列连锁反应，既增加了社会的运行成本，还给社会增加了不安定的因素。公证在股权转让行为发生之前，可对转让行为进行引导，将其统一纳入法律的轨道，确保其真实性和合法性，为工商登记的准确性提供坚强的基础，从而达到预防纠纷、降低社会运行成本的目的。

---

① 在北京市朝阳区人民法院于2006年—2008年10月受理的125案件中，有58%的《股权转让合同》被确认为无效。股权转让纠纷案件是公司诉讼中的主要案件，问题集中在股权转让违反法定程序、侵犯优先购买权、股权转让未经工商变更登记、阴阳合同、股权转让人出资不实或抽逃出资等方面。详见《规范股权转让　完善公司治理》，载 http://china.findlaw.cn/gongsifalv/qyjf/zrjf/15833.html。2014年年11月30日最后访问。

二、办理股份有限责任公司股权转让合同公证的程序

（一）申请、受理

办理股权转让合同（协议书）公证，当事人应当向公证机构提供如下材料：

1.股权转让合同（协议书）一式若干份。

2.转让方、受让方提供如下材料：

（1）转让方、受让方为自然人的应提供：有效的身份证明。如委托他人办理，须提供经公证机构证明的授权委托书。

（2）转让方、受让方为中国内地法人的应提供：①公司的营业执照；②法定代表人证明书及法定代表人身份证；③授权委托书及受托人身份证；④公司董事会决议或股东会决议（注明同意转让或受让情况，股东会决议应由各股东代表签名并盖公章，并明确授权×××到××签订股权转让协议书）；⑤公司公章。

此外，股权转让涉及国有或集体资产的，应当严格按照国务院、国家国资委和财政部规定执行，需提交有法定资产评估机构出具的资产评估报告、相关主管部门批准转让的文件等。

（3）转让方、受让方为境外法人的应提供：

①转让方、受让方为涉港、澳、台公司，应提交的材料：转让方、受让方为香港公司，提供商业登记证或注册证书、董事会决议、授权委托书等，需经中国司法部委托的香港律师（公证人）办理公证，并经中国法律服务（香港）有限公司办理转递；转让方、受让方为澳门公司，其材料经中国法律服务（澳门）公司办理公证；转让方、受让方为台湾公司，经台湾地区公证人办理公证并经由台湾海基会寄送。

②转让方、受让方为外国公司，所提交的材料：商业登记证或注册证书、董事会决议、授权委托书等，需经当地国家公证人公证，并经中国驻该国大使馆或领事馆办理认证。

（二）审查、出证

1.对转让主体身份的审查

除了审查转让的主体是否具有相应的民事权利能力及民事行为能力外，

还应注意以下两方面的审查：

(1)转让人的身份是否违反法律的限制性规定，如公司董事、监事、经理持有本公司股份在任职期间内不得转让等；(2)转让人婚姻状况的审查，根据婚姻法的规定，夫妻在婚姻存续期间所得的生产、经营的收益，除非有特别约定，否则属于夫妻共有的财产，双方均享有同等的权利，承担共同的义务。对于夫妻的共有财产，任何一方未征得对方同意，不得擅自处分侵犯对方权利。在办理股权转让公证的过程中，应认真审查转让人的婚姻状况，若转让人有配偶，转让行为应经配偶同意，公证员应要求转让人配偶到场并提供结婚证等婚姻状况证明；若转让人未婚，应要求其提供从适婚龄至转让之日起未婚的证明；若转让人转让的股权是离婚后未再婚前所得，应要求其提供从离婚后至股权获得之日的证明；若转让人转让的股权是离婚前所得，应要求其提供离婚时对于股权权利约定归属情况的有效文件证明等。

2.对受让主体身份的审查

(1)受让人为原公司的股东

根据我国《公司法》及相应的规定，股东之间基本可以自由转让其全部出资及部分出资，法律法规未对股东之间的股权转让作限制性的约束。但股东之间的转让须根据我国的产业政策，公司中必须由国有股控股或相对控股情形的，股东之间的股权转让后必须保持国有股控股或相对控股的地位，如若依公司具体情况确需非国有资本控股的，须提供国家有关部门的同意审批文件。

(2)受让人为原公司股东以外的人

①公司章程有特别规定的情况。公司章程对股权转让有限制性规定或是禁止性规定的情况，应当遵从公司章程的规定。如在公司章程中规定股东转让出资只能在股东之间转让的情况，即如果股东将股权转让与股东外第三人的情况应不予公证。

②公司章程没有特别规定的情况。若公司章程对股东转让股权没有限制或禁止性规定的情况，重点审查内资有限责任公司的股东向股东以外的人转让股权的行为是否经过公司中过半数股东的同意；外资有限责任公司的股东股权转让是否得到全体股东的同意；同等条件下，股东是否放弃优先购买权的行使；同时要审查受让人的身份是否受法律限制性或禁止性规定的

制约。

3.对转让股权的性质的审查

（1）国有性质股权的转让。若转让的股权涉及国有性质，应当严格按照《国有资产评估管理办法施行细则》《中华人民共和国企业国有资产法》等法律及相关规定的程序进行，同时需审查该股权转让是否已向国资委申请备案，是否存在法律规定应当进行资产评估的情况。还要注意股权的转让方式，国有资产一般应当在依法设立的产权交易场所公开转让，按照国家规定可以直接协议转让的除外。

（2）外商股权的转让。若转让的股权涉及外商股权，如中外合作企业、中外合资企业中的股东一方转让出资，必须经过全体股东的同意。同时还必须向企业原审批机关申请核准，并在工商部门办理工商变更登记。要注意外国投资者的出资未到位的股权质押及其质押股权转让受到的限制，外资股权部分转让后，不得导致外资股比例低于25%。同时要审查外国投资者所要转让股权的来源，根据相关规定，若外国投资者原来受让所得的上市公司国有股和法人股，必须在其支付了全部价款的一年后才能依法转让。

公证员通过审查认为股权继承主体合格、内容真实合法，应当为当事人出具公证书。

三、办理有限责任公司股权转让合同公证应当注意的问题

（一）对未履行或者未全面履行出资义务的股东转让股权，公证机构可否受理

实践中，公司法出资瑕疵主要有四种：其一，出资评估不实。即公司股东以实物、工业产权、非专利技术、土地使用权出资时，其评估价额高于出资财产的实际价额。其二，虚假出资。即公司的发起人或股东在出资过程中未交付货币、实物或未转移财产所有权，表面上出资而实际未出资的情形。其三，抽逃出资。即公司股东在公司成立后将所缴纳的出资暗中撤回却仍保留股东身份的行为。其四，企业注册资本已经达到最低的法定限额，股东不按照

上述规定缴足出资的。①

对前述第二和第三种，不可以作为公证客体业界无争议，对第一和第四种情形出资但有瑕疵的股东的股东权利是否应受到限制存在较大的争议，司法实践中不同的法院对此所作的判决也不同。②

2011 年《最高人民法院关于适用〈中华人民共和国公司法〉若干问题的规定（三）》第 19 条规定："有限责任公司的股东未履行或者未全面履行出资义务即转让股权，受让人对此知道或者应当知道，公司请求该股东履行出资义务、受让人对此承担连带责任的，人民法院应予支持；公司债权人依照本规定第十三条第二款向该股东提起诉讼，同时请求前述受让人对此承担连带责任的，人民法院应予支持。受让人根据前款规定承担责任后，向该未履行或者未全面履行出资义务的股东追偿的，人民法院应予支持。但是，当事人另有约定的除外。"从该条规定来看，出资有瑕疵的股东可以转让其所持有的股权，只要受让方在受让股权时对此是明知的。认定转让方的股东资格应以其是否在工商部门登记备案为依据。出资有瑕疵并不影响股东行使股东资格。因此，公证员在办理此类股权转让公证时应将转让方未履行或者未全面履行出资义务可能产生的法律后果告知受让方，受让方对此表示愿意承担连带责任的，公证员可以办理股权转让公证。

---

① 2006 年《公司法》第 26 条规定，公司全体股东的首次出资额不得低于注册资本的 20%，其余部分由股东自公司成立之日起两年内缴足。第 28 条规定，有限责任公司的股东不按照上述规定缴纳出资的，除应当向公司足额缴纳外，还应当向已按期足额缴纳出资的股东承担违约责任。自然人股东未缴齐出资，不影响其在公司的股权，该股东死亡后，其股权可以成为遗产。但该死亡股东需要向已按期足额缴纳出资的股东承担违约责任（财产性责任）。2014 年修订的《公司法》第 26 条规定，有限责任公司的注册资本为在公司登记机关登记的全体股东认缴的出资额。第 27 条规定，股东可以用货币出资，也可以用实物、知识产权、土地使用权等可以用货币估价并可以依法转让的非货币财产作价出资。第 28 条规定，股东应当按期足额缴纳公司章程中规定的各自所认缴的出资额。股东以货币出资的，应当将货币出资足额存入有限责任公司在银行开设的账户；以非货币财产出资的，应当依法办理其财产权的转移手续。股东不按照前款规定缴纳出资的，除应当向公司足额缴纳外，还应当向已按期足额缴纳出资的股东承担违约责任。第 30 条规定，有限责任公司成立后，发现作为设立公司出资的非货币财产的实际价额显著低于公司章程所定价额的，应当由交付该出资的股东补足其差额；公司设立时的其他股东承担连带责任。

② 参见郑艳丽《有限责任公司瑕疵股权转让效力裁判研究》，载《金融法苑》2009 年第 1 期，第 120—130 页。

(二)股权转让方不是实际出资人能否转让股权

2011年《最高人民法院关于适用〈中华人民共和国公司法〉若干问题的规定(三)》实施前,法律并未对名义股东与实际出资人作出明确的规定,公证员在办理股权转让公证时仅根据物权公示原则,认定登记在股东名册或在工商部门登记的股东就是真实的股权人,有权将其持有的股权进行转让,实际出资人不能主张处分行为。随着公司法司法解释(三)的公布实施,名义股东与真正投资人、实际出资人相分离的情形得到了法律的确认,即记载于股东名册、公司章程及在工商部门登记备案的股东可能不是实际出资人。该解释第26条规定,名义股东将登记于其名下的股权转让、质押或者以其他方式处分,实际出资人以其对于股权享有实际权利为由,请求认定处分股权行为无效的,人民法院可以参照《物权法》第106条的规定处理。名义股东处分股权造成实际出资人损失,实际出资人请求名义股东承担赔偿责任的,人民法院应予支持。而《物权法》第106条规定,无处分权人将不动产或者动产转让给受让人的,所有权人有权追回;除法律另有规定外,符合下列情形的受让人取得该不动产或者动产的所有权:1.受让人受让该不动产或者动产时是善意的;2.以合理的价格转让;3.转让的不动产或者动产依照法律规定应当登记的已经登记,不需要登记的已经交付给受让人。受让人依照前款规定取得不动产或者动产的所有权的,原所有权人有权向无处分权人请求赔偿损失。《物权法》第106条是关于善意取得的规定,名义股东虽然是公司的股东,但却不是真实的股权人,未经实际出资人同意而处分股权属于无权处分,受让人只有符合《物权法》第106条规定的善意取得的条件才能取得股权。根据上述规定,公证员在办理股权转让合同公证时必须审查转让股权的股东是否为实际出资人及受让方是否善意取得。

在公证实践中,公证员很难对此进行实质性审查,一般仅进行形式审查。对此公证员应做好如下几项工作:

首先,做好询问笔录,在笔录中应重点询问如下内容:1.名义股东是否为实际出资人,有无与实际出资人订立有关隐名投资协议;2.受让方是否知道转让方是或者不是实际出资人;3.转让价格是否合理,对以明显低价转让股权的,尤其要审慎办理;4.转让方与受让方是否存在恶意串通的情形。

其次,充分履行告知义务,告知的内容应包括:1.根据司法解释(三)的规定，名义股东与实际出资人可能存在相分离的情形，如名义股东不是实际出资人，提醒申请人如实告知公证员，并通知实际出资人到公证处接受询问；2.如名义股东向受让方、公证机构隐瞒实际出资人的情况，则受让方因善意取得股权，实际出资人不得主张该转让行为无效，只能向名义股东追偿；3.如名义股东和受让方恶意串通故意向公证机构隐瞒实际出资人的情况，根据《物权法》106 条的规定，受让方不符合善意取得的条件，不能取得该股权的权利，实际出资人可以主张该转让行为无效。

再次，公证员应要求股权转让方与受让方签署保证书，保证书内容应包括以下几点：1.转让方应保证其为实际出资人未与他人订立隐名投资协议，如隐瞒实际出资人，其愿意承担一切赔偿责任；2.受让方应保证其无与转让方恶意串通订立股权转让合同，仅凭借对登记内容的信赖确认登记的股东即名义股东就是实际出资人，其所受让的股权为善意取得，如有虚假其愿承担一切法律责任及经济责任。

（三）股权转让后转让双方未及时到工商部门办理变更登记，而原股东又将该股权再次转让，对此，公证机构能否办理

在公证实践中，公证机构不时碰到这种情况，股权转让双方在公证处办理了股权转让协议公证后未及时到工商部门办理变更登记，也未到原公证机构解除原股权转让协议，原股东又到其他公证处办理股权转让协议，公证将仍登记在其名下的股权再次转让他人。由于原股东再次转让股权未到回原公证处办理，受理该股权再次转让公证的公证处因不知道原股东已将股权转让而为其办理了股权转让公证。这就可能导致原受让方的股权无法实现。公证机构可能因此陷入相关的纠纷中。

对上述情况，2011 年《最高人民法院关于适用〈中华人民共和国公司法〉若干问题的规定（三）》第 28 条作了如下的规定：股权转让后尚未向公司登记机关办理变更登记，原股东将仍登记于其名下的股权转让、质押或者以其他方式处分，受让股东以其对于股权享有实际权利为由，请求认定处分股权行为无效的，人民法院可以参照《物权法》第 106 条的规定处理。也就是说，如果第三人凭借对既有登记内容的信赖认定登记的股东即原股东就是真实的股权人，可以接受该股东对股权的处分，未登记记名的受让股东主张不能处分行为无效。但是，如果第三人在受让股权时明知原股东已不是真实的股权

人仍接受该股东对股权的处分就不属于善意取得第三人,就不能取得股权,原股东的再次转让股权的行为应当认定无效。而对于第三人因善意取得股权后,原股权受让方可以要求原股东承担赔偿责任。据此,如果公证机构公证员及第三人不知道原股东已将股权转让,仅凭借对既有登记内容的信赖,认定登记的股东即原股东就是真实的股权人,对原股东再次转让股权而申办公证的,公证员可以办理;如果公证机构公证员知道原股东已将股权转让,则告知原股东应先解除原股权转让协议再办理新的股权转让协议公证,否则,公证员应拒绝办理。

(四)隐名投资协议公证问题

隐名投资协议公证是指公证机构依照法定程序证明有限责任公司的实际出资人与名义出资人订立隐名投资协议行为的真实性、合法性的活动。在公证实践中不时有当事人前来公证处询问能否办理隐名投资协议公证。在公司法司法解释(三)公布实施前,几乎所有的公证员都是拒绝办理的。

隐名投资协议是指有限责任公司的实际出资人与名义出资人订立的协议约定,由实际出资人出资并享有投资权益,以名义出资人为名义股东出面行使股权,隐名投资协议体现了名义股东与实际出资人相分离的情形。隐名投资协议的法律效力体现在2011年《最高人民法院关于适用〈中华人民共和国公司法〉若干问题的规定(三)》第25条的规定中,该条规定,有限责任公司的实际出资人与名义出资人订立合同,约定由实际出资人出资并享有投资权益,以名义出资人为名义股东,实际出资人与名义股东对该合同效力发生争议的,如无《合同法》第52条规定的情形,人民法院应当认定该合同有效。

名义股东与实际出资人约定由名义股东出面行使股权,由实际出资人享受投资权益,这属于双方间的自由约定,根据缔约自由的精神,如无其他违法情形,该约定应有效,实际出资人可依照合同约定向名义股东主张相关权益。《公司法》第32条第2款规定股东名册中的记名,是名义股东即记名人用来向公司主张权利或向公司提出抗辩的身份依据,而不是名义股东对抗实际出资人的依据,所以名义股东不能据其抗辩实际出资人。同样,《公司法》第32条第3款虽然规定未在公司登记机关登记的不得对抗第三人,但在名义股东与实际出资人就股东资格发生争议时,名义股东并不属于此处的第三人,所以名义股东不得以该登记否认实际出资人的合同权利。公司法司法解释

（三）第25条的规定为公证员办理隐名投资协议公证提供了法律依据。

在办理隐名投资协议公证时，公证员应着重审查如下情况并作如下告知：1.办理隐名投资协议的目的，当事人是否有恶意串通逃避债务、转移财产的情形；2.有无规避法律禁止性规定的情形，如公务员、军人因为不能投资有限责任公司从事经营性活动而以别人的名义进行投资；3.告知当事人该隐名投资协议对名义股东与实际出资人具有法律约束力，但该协议不能对抗善意第三人。

第六章　个人基本情况公证

个人基本情况公证包括出生、死亡、婚姻状况、无刑事处分、亲属关系、学历、经历、职称等公证。个人基本情况公证在个人出国旅游、求学、谋职、探亲、养老金、救济金的领放、财产继承等诸多领域有着广泛的需求。

第一节　个人出生公证

本节案例导读：

12

从户籍档案到公证文书①

叶初雯上海出生，自幼在澳门长大，是澳门莲花旅行社职员。今年年初，她在澳门办理定期更换护照手续时，当局要她出具出生证明书和"国籍证明书"，为此，她偕丈夫专程回沪寻根。叶女士1948年7月出生于上海，父亲很早就去澳门谋生，上海解放前，母亲带着当时才几个月的她去澳门，一直住到现在。由于淡水路曾四易其名(萨坡赛路、南通路、英士路)，门牌号码也改编过了，叶女士偕丈夫回沪查访，虽找到了伯父等亲戚，但仍缺乏法律上认可的出生地及国籍证明。夫妇俩走访了市侨联和淮海中路派出所等有关单位，均

① 参见封培良、张国祥《从户籍档案到公证文书》，载《中国公证》1987年第3期，第33—34页。

没能解决问题。

1987年2月7日,经派出所民警同志的启示,叶女士在伯父等亲属的陪同下,找到了卢湾区档案馆。据其伯母回忆:“叶初雯是1948年7月在上海出生的,孩子出生时,我和胞弟还未曾分户,故孩子的户口也报在我的名下,后来不多久她就随母去澳门,我现住淡水路三二二弄某号,当时的门牌号码已记不清了。”根据他们提供的线索,工作人员经过查考新旧路名和综合分析,调出了建国前嵩山区公所的有关户籍档案,逐卷逐张耐心地查阅,最终在七十五保五一八甲原英士路280弄某一号的户口册上找到了“叶初雯”的名字。叶初雯从档案上一眼看到自己和父亲、母亲、姐姐等亲人的姓名,激动得趴在桌上半晌说不出话来,热泪夺眶而出。叶女士获得了档案凭证后,于2月9日到上海市公证处要求给予公证。嗣后,叶女士因忙于业务,公证手续委托其在上海的堂弟全权代办。公证处工作人员根据档案馆出具的证明,走访了有关知情人,进一步核准了档案的原始记载,从而证实:叶初雯于1948年7月20日在中国上海市出生,在上海定居期间具有中国国籍。并于2月28日向其堂弟颁发了公证书。

一、办理个人出生公证的程序

出生公证是国家公证机关根据当事人的申请,依法对其在中国领域内出生的事实予以证明的活动,证明内容包括申请人的姓名、性别、出生日期与地点,父母的姓名,以及现在的详细住址。若当事人在其他国家或地区出生,且其在域外出生的事实在回国定居时已记入户籍档案的,公证处亦可依据户籍档案记载为其出具公证书。

出生是很重要的法律事实,它能引起一系列的法律关系的发生、变更和消灭。出生公证主要用于当事人从事办理移民、出国求学、谋职、继承财产、入籍等手续,是出国人员必备的公证书。

当事人申请出生公证,应当向其住所地或出生地的涉外公证处申请,已经在国外的当事人,应当向在华最后住所地公证处提出申请。外国人(指加入外国籍的中国人)、华侨和港澳台同胞由原户籍所在地公证处或出生地的公证处受理。

（一）申请办理出生公证应提交的材料

1.当事人的身份证、户口簿原件及复印件，如户口与父母的不在一起则需父母单位（一方即可）出证明。

2.出生证[①]或者医院根据出生档案记载出具的出生证明（已出境的，提供护照或有效旅行证件、通行证的复印件，已注销户口的，应提交原户籍所在地公安派出所出具的户籍记载情况的证明）。

3.当事人所在单位的人事部门出具的出生情况证明；待业或者辞职的或者无业的，由其档案保管部门或者户口所在地的街道办事处、村（居委会）出具的出生证明；在校学生，由其所在学校出具证明。证明内容应包括：申请人姓名、性别、出生年月日、出生地点及其生父母的姓名（父母已故的要注明，如当事人已被他人收养的，应同时注明养父母姓名及收养时间）。

4.其生父母（养父母）的身份证或护照原件及复印件。

5.申请人的近期照片，最好同护照上的照片一致。

6.委托代理人代为申请的，须提供授权委托书和代理人居民身份证。

7.如果该公证文书系发往国外使用的，应送外交部或者省、自治区、直辖市外事办公室和有关国家驻我国大使馆、领事馆认证。但文书使用国另有规定或者双方协议免除领事认证的除外。

（二）办理出生公证应注意的事项

1.公证书中当事人的姓名（包括别名、曾用名）要确切真实，不能用同音字或别字代替。中文姓名的译文一般按汉语拼音，姓名后边用括号注明在国（境）外使用过的外文姓名或地方方言译音姓名，当事人的姓名一律采用简化字。为便于当事人使用公证书，对有曾用名的，经有效证明，应在公证书上同时证明。

2.公证书中当事人的出生日期务必准确。出生日期以身份证为准，没有身份证以户籍证明或出生证明为准，无上述证明，参照其他证明（如档案、护

---

① 根据卫基妇妇卫便函〔2003〕156号精神，补发《出生医学证明》只适用于1996年1月1日以后出生的婴儿，对1996年以前出生的公民不予以补发《出生医学证明》。卫生部曾于2003年8月照会各国驻华大使馆，1996年1月1日前出生的公民，如需出生证明，以“出生公证书”为合法有效文件。

照等)。申请人的出生日期采用公历,如果申请人提供的出生日期有公历和农历两种,如当事人另有要求的,在农历和公历换算无误的情况下,可在公历出生日期后用括号加注农历日期。

3.公证书中当事人的出生地点应明确、具体,地名应写全称,应为我国行政区域内的省(自治区、直辖市)、市、县(区)现名称。根据使用地(国家)要求,也可写到乡、村或城镇街道,现名称与出生时的名称不一致的,可以用括号加以注明。

4.公证书中当事人父母要写明生父母的姓名,如父母死亡的,要加括号注明,生父或者生母不详的可予以注明。如当事人已被他人收养,应注明养父母姓名,同时注明其养父母的姓名以及何时起被收养。对非婚生子女的出生公证书,可以根据当事人的要求,不写生父姓名,必要时可进行亲子鉴定,查证属实后公证处再予以办理。

5.当事人所提供身份证与境外证件上(如护照、通行证等)出生日期不一致,而提出更改的,如确属原发证机关工作失误造成不一致,当事人需到发证机关要求更正,然后给予公证。如公证当事人当时为了出国而谎报年龄,查清楚后应按真实年龄给予公证。

6.已在国外的当事人申请办理出生公证书,公证处经调查,未找到任何线索的,可为当事人出具"查无档案记载公证书"。在美国等国家,此公证书可作为次要证据使用。

7.公证处只能为在我国出生的我国公民或外国人办理出生公证书。在国外出生的人,如需要此类证明的,应在当地有关机关取得出生证明。

8.曾经办理过出生公证书,要求再次办理的,只需提供原出生公证书原件或复印件,不必再提供其他材料。

二、科技发展对出生公证的影响[①]

(一)传统出生公证的科学基础与判断

按照司法部律师公证工作指导2011年颁布的《公证书格式》之第九式要

① 参见李新辉《科技发展对出生公证的影响》,载《中国公证》2008年第8期,第46—48页。

求，出生公证书证词正文的内容为："兹证明×××（申请人）于××××年×月×日在××省××市（县）出生。×××（申请人）的父亲是×××（公民身份号码×××），×××（申请人）的母亲是×××（公民身份号码×××）。"可见出生公证具体包括其姓名、性别、出生时间、出生地点、亲生父母的姓名这些要素，这里关键是确认当事人的亲生父母。那么，公证员该如何确认当事人的亲生父母呢？出生公证中关于出生的科学基础是什么呢？

通常公证员会要求当事人或委托人提供甲的出生医学证明，或者其父母结婚证明、甲的独生子女证明、甲与其父母上在一起的户口本、甲或者其父母档案中有关父母子女亲属关系材料的复印件，有时还包括有关单位的证明等证据材料。一般情况下，这些证据材料只要充分并且能够协调一致，公证员就可以为甲出具出生公证书。出证的逻辑基础是：因为乙与丙结婚成家或者存在事实婚姻从而生育了甲，所以乙、丙与甲之间存在血缘关系。仅凭结婚证、户口本、独生子女证、出生医学证明就能推断出血缘关系，这里公证的科学基础是法学、伦理学和生殖医学。

但出生公证不是只证明一个人何时何地出生，出生公证还要确认一个人的亲生父母是谁，而确认一个人的亲生父母是谁实际上已经属于遗传学问题，这不是仅靠结婚证、户口本、独生子女证就能证明的问题，甚至也不应当是仅靠出生医学证明等就能判断的问题。出生虽是自然人作为一个法律实体的开始，却并不是自然人作为一个生命实体的开始。如果进一步从生物学、细胞学的角度来探讨，生命实体起源于受精卵的形成。因此相比较而言，传统出生公证的科学基础的血缘关系较为模糊、表象。

（二）现代科技发展对出生公证可能带来的影响

1.代孕生子

乙男与丙女结婚，可是丙女若怀孕分娩会存在很大的生命危险，但乙、丙又非常希望能有自己的孩子。现代医学和试管婴儿技术可提取乙的精细胞和丙的卵细胞在实验室中形成受精卵，再将受精卵植入丁女子宫内，由丁女代丙怀孕分娩生出甲。此例若单纯从医学角度看，丁怀孕并分娩生出甲，丁应当是甲的"亲生母亲"，传统的出生医学证明上甲的母亲应当写丁，相应的，以目前传统的出生医学证明为依据而出具的出生公证书上就会证明，"甲的母亲是丁"。那么，甲的母亲到底是丙还是丁呢？这里，丁仅仅是甲的孕母，丁与甲不存在血缘关系,不存在受精卵细胞的起源关系;而丙与甲存在血缘关系,存在受精卵细胞的起源关系。因此,从遗传学的角度看,丁不是甲的母亲,丙才是甲的真正母亲,相应的,有关甲的出生公证书上就应当证明,“甲的母亲是丙”。

2.第三方供精,人工授精生子

乙男与丙女结婚,可是乙男自身不能产生合格的精细胞,但乙、丙又非常希望能有孩子。现代医学和试管婴儿技术可提取丙的卵细胞和精子库中丁男捐献的精细胞在实验室中形成受精卵,再将受精卵植入丙女子宫内,由丙女怀孕分娩生出甲。

若从法学、伦理学和医学角度看,在表象上,是乙与丙结婚成家“生育”了甲,乙应当是甲的亲生父亲,传统的出生医学证明上甲的亲生父亲应当写乙,相应的,以传统的出生医学证明为依据而出具的出生公证书上就会证明,“甲的父亲是乙”。那么,甲的父亲到底是乙还是丁呢?这里,乙仅仅是甲的法律上拟制的父亲,乙与甲仅存在法律上的拟制血亲关系,乙与甲不存在天然血缘关系,不存在受精卵细胞的起源关系,而丁与甲存在天然血缘关系,存在受精卵细胞的起源关系。因此,从遗传学的角度看,乙不是甲的父亲,丁才是甲的真正父亲,相应的,有关甲的出生公证书上就应当证明,“甲的父亲是丁”。不过,此时如果真要从遗传学的角度出具出生公证书,一方面会违反利用精子库人工授精生子方面有关精子来源保密的法规要求,另一方面从社会伦理方面看,也不会得到乙、丙的首肯。可见,为通过第三方供精人工授精出生的当事人办理出生公证,目前存在法律和伦理方面的矛盾和障碍。

3.受精卵改造生子技术

英国科学家利用一男二女的基因,通过“去劣存优”培育出了一批“三合一”胚胎。这项技术的目的,是为了使很多婴儿免受起源于卵子细胞母体线粒体本身有基因缺陷而造成的遗传性疾病之苦。为了剔除卵子中的“问题线粒体”,英国研究者采取了置换线粒体的办法。通过体外受精的方式,他们首先将一名男子的精子与一名女子存在线粒体缺陷的卵子细胞结合,形成一个受精卵。在精子原核和卵子原核依然各自独立时,它们被取出,植入另一名女子提供的卵子细胞。这个细胞事先已剔除了细胞核,但细胞质中线粒体都完好无损。按照这种方式形成的婴儿胚胎就将拥有父母细胞核的主要遗传物质和来自另一名女子的健康线粒体基因。

如乙男与丙女结婚,丙女卵细胞存在线粒体缺陷,但乙、丙又非常希望能有自己的健康聪明的孩子。对此,通过置换线粒体的办法可以实现乙、丙的愿望。即提取乙的精细胞和丙的卵细胞在实验室中形成受精卵,在特定时段将该受精卵植入丁女提供的健康但已剔除了细胞核的卵细胞,从而把丙有缺陷的细胞质中线粒体基因置换为丁的健康线粒体基因。再将经过线粒体置换方式改造过的受精卵植入丙女子宫内,由丙女怀孕分娩生出甲。此例中,若单纯从医学角度看,丙怀孕并分娩生出甲,丙应当是甲的“亲生母亲”,传统的出生医学证明上甲的母亲应当写丙,相应的,以传统的出生医学证明为依据而出具的出生公证书上就会证明,“甲的母亲是丙”。那么,甲的母亲到底是丙还是丁呢?或者甲的母亲既是丙又是丁吗?这里,丙、丁都与甲存在血缘关系,都存在受精卵细胞的起源关系。因此,从遗传学的角度看,丙和丁都是甲的母亲,相应的,有关甲的出生公证书上似应当证明,“甲的母亲是丙和丁”。不过,此时如果真要从遗传学的角度出具出生公证书,对当事人甲会不会出现一个父亲两个母亲的伦理争议和质疑呢?针对上述线粒体置换可能引起的伦理争议,研究者解释说,决定一个人的绝大多数基因都在细胞核内,细胞线粒体中只有极少量的人类基因,据悉,线粒体中携带的 DNA 只占人类全部基因密码的 0.0005%。因此,由于没有置换细胞核,就不能说胚胎是由一个父亲两个母亲孕育出来的。相应的,根据研究者的解释,此时似乎可以在为甲出具的出生公证书上明确地证明,“甲的母亲是丙”。

4.本体骨髓制造精细胞生子

英国科学家称已从男子的骨髓组织中成功提取并且培育出了精子细胞,不久后也许能从女性骨髓组织中提取出能制造精子的干细胞,从而实现单性别生育。不过,由于女性体内不含 Y 染色体,通过这种方式产子只能生下女儿。

如丁是单身女士,希望不需要借助男人而拥有自己的女儿。对此,假定上述自体骨髓制造精细胞技术已经成熟且在伦理上可行,那么丁的愿望就可以实现。即从丁女骨髓组织中提取干细胞,使其分化成精细胞,提取该精细胞和丁的卵细胞在实验室中形成受精卵,再将受精卵植入丁女子宫内,由丁女怀孕分娩生出甲女。若单纯从医学角度看,丁怀孕并分娩生出甲,丁应当是甲的亲生母亲,传统的出生医学证明上甲的母亲应当写丁,但不会有甲的父亲的记载,相应的,以传统的出生医学证明为依据而出具的出生公证书上就只能证明,“甲的母亲是丁”。丁单性生育了甲,丁与甲存在血缘关系,并且精细胞、卵细胞都起源于丁。从遗传学的角度看,丁既是甲的父亲,又是甲的母亲,相应的,有关甲的出生公证书上似应当证明,“甲的父亲是丁,甲的母亲是丁”。

上述例子都涉及已经十分成熟的试管婴儿技术,其中例1、例2相对来说比较常见,在一些专门医院就可以做到。而例3、例4由于涉及到十分敏感的法律、宗教和社会伦理禁忌,在近期不太可能付诸实施,但相应的研究在理论和技术上都已经具备了很大的可操作性。目前,只有DNA鉴定结果才能称得上是确认当事人亲生父母的遗传学上的证据。但限于技术手段方面存在的局限性,在办理出生公证时,还不可能普遍要求当事人提供DNA检测鉴定结果。

为了避免出现法律、宗教和社会伦理方面的争议和质疑,有必要认真界定出生公证中所涉及的“父母”的概念和分类,即是法律上的“父母”还是生物学、遗传学上的“父母”,在什么情况下,可以从遗传学的角度确认当事人的父母并为其出具出生公证书,在什么情况下,可以仅从法律拟制“父母”的角度确认当事人的父母并为其出具出生公证书。

第二节　死亡公证、生存公证

本节案例导读:

13

这样办理了一件死亡公证①

2001年3月的某一天,一名中年妇女从深圳来到湛江市赤坎区公证处,要求申办亲属关系公证和死亡公证。原来,该妇女的前夫陈某因意外事件于

① 参见蔡冬明《我这样办理了一件死亡公证》,载《中国公证》2001年第1期,第43页。

2月份死亡，陈某生前在某保险公司投保人身意外伤害保险，该保单的受益人为法定受益人，而陈某是湛江人，故该保险公司要求她前来湛江查核陈某父母的生存状况并要求有关单位出具证明。因此她要求公证处为陈某父母办理亲属关系公证和死亡公证，以便办理有关理赔手续。从该妇女回答本公证员询问的情况来看，她的目的很清楚，就是要为她与陈某所生的唯一的儿子(现年9岁)取得保险赔偿金。因为她本人于前几年已与陈某离婚，而陈某离婚后至死亡时不曾再婚。只要能够证明陈某父母先于陈某死亡，她儿子就可成为陈某所投保险的唯一法定受益人。

本案存在的难点是：第一，该妇女提供的材料不齐全，只有保险公司的请求协查证明和陈某的户籍证明，无任何有关陈某与父母关系的反映；第二，该妇女为外地人，只知道陈某父母确已死亡和陈某父亲的名字，但不知道他们确切的死亡时间和生前单位，而生前住址则只知道大概方位。而且连陈某在湛江兄姐的名字、住址和电话都没有。同时，该妇女时间紧迫，急需返回深圳处理理赔事宜。

公证员受理了这宗案件并在该妇女办理申请手续时向她说明，只有经调查核实，并取得相关证明材料后，才能为其出证。接着，凭着该妇女的记忆，公证员经过一番找寻，查找到陈某父母生前的住所，并记录下详细地址。但该住所的左邻右舍都是新搬来的，都说不认识陈某父母。于是公证员就到该住所所属居委会去调查，居委会却大门紧锁，无人办公。公证员没有灰心，当天下午回到公证处开了调查证明，与处另一名公证员一起到该住所辖区派出所户籍室调查。由于当事人提供的资料不多，因此查找十分困难。直到第二天上午快下班时，户籍民警才找到陈某父亲的“常住人口登记表”，这是可找到的唯一证明材料。该表上的地址与公证员所记录的地址完全一致，但该表只反映出陈某父亲的出生时间、死亡时间和“丧偶”的婚姻状况，并无其母亲的情况及与陈某关系的反映。据此，本公证员向该妇女说明，只能为她办理陈某父亲的死亡公证，而不能办理陈某母亲的死亡公证和陈某与其父母的亲属关系公证。但可根据事实，变通地把陈某母亲已亡的实际情况在公证书中反映出来。该妇女接受了公证员的建议，为陈某父亲申办了死亡公证。在履行一系列手续后，公证员为她办理了陈某父亲的死亡公证。在公证书上变通地把陈某父亲“丧偶”的婚姻状况反映出来，即间接证明了陈某母亲已在其父亲之前死亡。事后不久，该妇女从深圳打电话给本公证员，说保险公司已接受了公证书，有关理赔事项正在顺利进行。

14

儿子为争房产为健在父母办理“死亡公证”①

王老汉和老伴徐老太家住济南市天桥区，2008年初，王老汉一家住了多年的老房子面临拆迁，按照补偿办法，王老汉和老伴的旧宅拆迁后分得两套安置房。2009年，安置房交房后，王老汉把两套房产办到了自己名下，并计划将其中一套房产今后留给自己的儿子和女儿共同所有。这一分配方案很快遭到了儿子王某的极力反对。2009年年初，王某擅自拿着父母的户口本等相关手续，来到济南市某公证处，为父母办理“死亡公证”，在办理死亡公证期间，王某隐瞒了自己还有个姐姐的事实，而且提供相关虚假手续“证明”父亲和母亲早已过世，没有尽到注意审查义务的公证处公证人员在没有做出详细调查的情况下就草率的为王某办理了其父母的“死亡公证”，并且随后还应王某的要求，对争议房产在没有调查继承人的情况下为王某和一名购房者办理了房屋委托买卖合同公证。就这样，在王某提供的虚假信息和公证处公证人员的马虎大意下，王老汉的这套房子最终被儿子王某独吞并倒卖。

直至老两口在一年后才突然发现自己已被“公证死亡”。质疑公证处审查不严、“乱公证”给自己带来一系列烦恼，老两口将该公证处告上济南市天桥区法院要求赔偿精神损失费、名誉权在内的各项损失达3万余元，日前此案经法院审理，老两口最终胜诉，并获赔精神抚慰金10000元。

15

领美国的养老金，老太太在蓉办“生存公证”②

2009年10月的一天，一名白发苍苍的老太太在亲属的陪伴下来到成都蜀都公证处，申请办理一份“生存公证”。此话一出，立刻让周围办理其他业务的市民向她投来惊讶的目光。“一个大活人为什么要办生存公证?”原来，

---

① 参见《儿子为争房产为健在父母办理“死亡公证”》，载 http://news.163.com/10/0802/01/6D2071NE00014AED.html。2014年8月9日最后访问。

② 参见《领美国的养老金，老太太在蓉办“生存公证”》，载 http://scnews.newssc.org/system/2009/10/13/012368498.shtml。2014年9月3日最后访问。

这名老太太姓李,今年80多岁了,是一名美籍华人,为向美国政府申领养老金,按规定必须提交相关资料,其中就包括“生存公证”。公证员在核验并复印了李老太的相关证件及材料后,便为她出具了一份《生存公证书》。这份文书的正文很简洁:“兹证明李××(女,生于一九二四年……)至今尚健在。现住成都市青羊区……”再附上公证机关的印章。由于办理生存公证只需要公证申请人还活着的事实,所以见到本人,并提供相应的身份证明就可以了。

16

为帮儿子减税，孙老太连续七年公证自己还活着①

“我又来了,怎么样?看我身体还行吧?”每年6月份,孙老太太都要到南京公证处做个特殊的公证,证明她还活着。证明老妈还活着,儿子就能减税。孙老太太,今年60多岁,几年前老伴因病去世,儿子在国外,她一个人在南京生活。儿子在德国留学后定居在当地,是一所研究机构的科研人员,收入很高,多次提出接妈妈到德国生活,但老人就是不肯。“这里有我那么多朋友,没事的时候大家一起出去旅游,闲下来了就打打牌,日子过得舒坦着呢。”孙老太太说,自己身体好好的,想在南京多生活几年,“真正等到动不了了,再过去,让儿子照顾我。”2006年,那个时候儿子在德国刚立足,收入不是很高,一次,儿子打电话给她,让她去办个生存公证,“就是去做个证明你还活着的公证。”“你咒我啊!”孙老太太一听就来火了,“我这不是活得好好的吗?为什么要证明?”儿子细细给她解释:“德国法律有规定,要我提供这个证明,可以减免部分税收。你活得好好的我怎么不知道,但要让德国人相信,得有这个证明。”老太太想来想去,尽管不太理解,还是答应了儿子的要求。连续7年跑公证处做生存公证。身份证、户口簿、居住证明3种材料备齐后,孙老太太到公证处与公证员见面,当场办理。就这样,孙老太太拿到了一份《生存公证书》,上面写着:“申请人:孙某某。申请事项:生存。兹证明孙某某至2006年6月5日尚健在,现住中华人民共和国江苏省南京市某区某路某号某楼某单元某室。”捧着公证书,孙老太太自己都忍不住笑了起来。这样的手续,孙老太太之前办了6年。

---

① 参见《为帮儿子减税,孙老太连续七年公证自己还活着》,载 http://jsnews.jschina.com.cn/system/2012/06/07/013502662.shtml。2015年1月7日最后访问。

17

老人申请“生存公证”可异地领取补助金①

“我能否办个公证,证明自己还活着。”近日,阜阳市惠颖公证处来了一位年过六旬的老张先生。老张退伍转业后,被安排在东北一家国有企业工作,去年退休后,他便回到阜阳安享晚年。这样一来,每年领取养老金成了麻烦。按照相关规定,异地领取养老金,要么本人到原单位去领,要么办理“自己还活着”的证明。这个规定倒是合情合理,可对老张来说却是个大麻烦,“从阜阳到东北往返一趟至少要三天三夜,吃喝住行花钱不说,身体也吃不消。”“我今年六十一岁了,明年还能这么跑吗?”越往后想,老张就越心烦,他便琢磨着怎样能开个证明,解决这个麻烦,生存公证为他解除了烦恼。

无独有偶,2012 年的某天,徐某搀扶着自己九十三高龄的父亲徐某某来到了山东省汶上县某公证处②。徐某某原在中国石油吉林石化公司工作,20 世纪 60 年代因精简人员被裁减下来,老人回到户口所在地山东省汶上县居住至今。现在公司开始对这批精简人员按月发放生活补助费,因徐某某档案工资关系在吉林,每月的养老金要经原单位发放,而老人年事已高且在山东省汶上县居住,公司人事处就给老人邮寄过来一张银行卡,要求老人在居住地银行开通后,在居住地公证处办理一个声明书公证,声明自己开卡成功,然后将该卡寄回公司人事处,以便按月发放生活补助费。时隔一年,这位老人又来到了公证处。原来,因这批被裁减老人分布在全国各地,为保证下一年度的生活补助费按时发放,每年的十月份老人都要到居住地公证处办理生存公证,证明自己还活着,并由公证员出具生存公证书。然后再将公证书寄回原工作单位,以作为发放养老金的重要凭证。

一、办理死亡公证的条件和程序

自然人死亡可分为自然死亡和宣告死亡,自然死亡是自然人生命的自然

① 参见《老人申请“生存公证”可异地领取补助金》,载 http://www.ahyouth.com/news/20110811/131011.shtml。2015 年 2 月 4 日最后访问。

② 参见《济宁市公证处生存公证助九旬老人顺利领取养老金》,载 http://www.chinanotary.net/news/gongzhengxinwen/2012-09-25/627.html。2014 年 12 月 23 日最后访问。

消灭，是人的机体生命活动和新陈代谢的终止，一般系指呼吸和心跳的停止；宣告死亡是一种推定死亡，是指人民法院依照法定程序宣告失踪人死亡。死亡属于重要法律事件，无论自然死亡还是宣告死亡均可引起一系列法律后果，会导致继承的开始、婚姻关系的消灭、民事权利能力的终止等情形。

死亡公证是指公证机构根据当事人的申请，对与其有亲属、扶养等关系的人已经死亡这一法律事实的真实性予以确认的活动。包括依法证明死者的姓名、性别、出生年月日，死亡日期、死亡原因和地点。死亡公证主要用于死者的亲属等利害关系人继承遗产、申请抚恤金、保险金、福利费及再婚等事项。

凡在我国境内发生的死亡事实，有关当事人可向死亡事实发生地公证处申请办理公证。

（一）申请办理死亡公证应提交的材料

1.死者单位人事、劳资或组织部门出具的证明信，内容包括：申办死亡公证的目的、用途，申请人与死亡人的关系，死者的姓名、性别、出生日期、生前住址、死亡日期、死亡地点及死亡原因。

2.死者是被宣告死亡的，应提供人民法院宣告死亡的判决书。死亡证明（医院、公安部门出具的死亡证明或死者生前户籍地派出所出具的《死亡情况调查表》）、死亡诊断书、死亡遗体火化证明书。死者的户籍证明，户籍已注销的，由生前原户籍地派出所出具《户籍情况证明表》。死者已注销的户口簿。

3.当事申请人的身份证明及其复印件、户口簿及其复印件或公安派出所出具的户籍证明，以及与死亡者的亲属关系的证明材料。如没有亲属关系证明的，应提供有关单位要求申办死亡公证的证明。

4.公证员认为应当提交的其他证明材料。

（二）办理死亡公证应注意的事项

1.证明宣告死亡的，死亡日期以人民法院判决书中所认定的死亡日期为准；

2.外籍人在我国内死亡的，由死者死亡发生地公证处受理，并根据当事人的申请，为其出具死亡公证；

3.使用国对死亡公证书有特殊要求的，应按使用国法律要求办理。

二、办理生存公证的条件和程序

生存公证是指公证处依法对当事人(自然人)仍健在的事实予以证明的活动,主要目的是证明申请人仍然活着。当事人申请办理生存公证,应当亲自到其住所地的公证机构提出申请,不得委托他人代理申请,如果当事人确实有特殊原因无法前往,公证机构可以派员到其住所地办理有关手续。生存公证一般用于当事人向原居或定居国或地区领取抚恤金、养老金、补助金,或为居住在国外的亲属减免所得税等。

(一)生存公证的申请与受理

当事人应向公证处提交身份证、户口簿、所在地村委或居委证明信及近期二寸免冠彩照。值得注意的是,当事人在办理生存公证时,必须自己到住所地的公证处提出申请,不得委托他人代为申请。如当事人确实无法前往公证处提出申请,公证处可派员到其住所地办理有关手续,当事人应向公证处提交身份证和户口簿及其复印件。

办理生存公证只需要公证申请人还活着的事实,所以见到本人,并提供相应的身份证明就可以了。

公证处受理后,经查证属实,依法出具生存公证书。

(二)办理生存公证应注意的问题

1.生存公证书使用国有具体要求的,当事人应向公证处说明,并提供相应的证明及是否有具体要求。公证处应按照相应的要求,定期、及时地办理公证书。

2.办理生存公证相对来说比较简单,当事人一般不需要讲述个人经历、收入或要申请领取多少金额的养老金、医疗补助等细节,公证处也不宜过多询问。

第三节　经历、学历公证及无犯罪记录公证

本节案例导读：

18

辽宁首位被日强掳的中国劳工公证屈辱经历①

2004年7月13日上午，在辽宁省公证处，现住辽宁省普兰店市的84岁老人郑福德伸出当年被日本人打断筋的颤抖着的手，签下了自己的名字。这是辽宁省第一个被日本人强掳在中国境内，被迫为日本人从事劳务，将自己屈辱经历进行公证的劳工。郑福德老人的后腰上，有当年日本侵华时日本人给他打针溃烂留下的两个疤痕。在公证处面对录像机镜头，84岁老人郑福德提起当年的情景悲愤难抑。郑老回忆，1941年3月，21岁的他被日本军抓到了内蒙古五岔村修建军事工地。起初谁也不知道修的是什么，大家在挖地的时候，不断地发现尸体，后来才知这些尸体都是被日本人折磨死的伙伴。那时只要稍有差错，便会受到严重的惩罚。一次日本人的车坏了让他修，由于没有修理好，他一只手的手筋当场被打断。工地修完后，作业场便开始莫名其妙地大批死人，最多一天死亡48人，这些死的人全部被倒上汽油焚烧掉。一天，日本人突然给他们发白面饼，他和工友们长了个心眼儿，将饼偷偷地扔到了火里烧掉，而其中3人吃完白面饼后的第二天便死了。后来日本人又在他的身上不知道扎了什么针，之后，整个腰部开始溃烂，不断地向外冒脓，后来留下了两个蚕豆大的针眼。

老人这次进行公证的形式有录像公证和书面材料公证。老人的录像公证是最有力的证据，最有感官效应和说服力。包括书面材料公证，都是符合国际承认的证据保全程序。据了解，当年被迫为日本人做劳工的老人们，现在最小的也已75岁高龄，其中还有90多岁的。这些老人们如果去世，证据将无法获取。

---

① 参见《辽宁首位被日强掳的中国劳工公证屈辱经历》，载 http://www.nen.com.cn/77972966595362816/20040713/1446453.shtml。2014年8月7日最后访问。

被掳中国境内劳工也有权要求赔偿。郑福德老人激动地说:“我要将过去的屈辱公证下来,即使我死了,也要让子孙们向日本讨还公道。”“我们虽然没有被强掳到日本做劳务,但是在我们自己的国家,我们被迫为日本人做劳务,也同样是侵犯了我们的人身权利。我们有权要求日本对我们进行赔偿。”当年被日本人强掳到日本的41762名中国人,从1996年起,存活下来的劳工们便开始不断地向日本提出赔偿诉讼。全国有上千名劳工对过去的苦难经历进行了公证。

19

40份无犯罪记录公证书一天“搞定”①

2013年4月8日早晨,焦虑不已的40个人来到邳州市司法局公证大厅。这40人来自邳州市陈楼镇和八义集镇,即将远赴非洲安哥拉打工。由于是第一次出国,他们对相关手续不太了解,直到出国3天前才知道,还需要办理一份无犯罪记录证明。了解情况后,几名公证人员决定,为他们开通公证“绿色通道”,快速做好相关登记手续。40个人的材料堆起来足有两本《新华字典》那么厚,公证人员和几名后勤人员用了两个半小时才将其全部录入电脑。此时,已是中午11时。公证人员顾不上吃饭,分两组分赴陈楼镇和八义集镇派出所进行调查。经过一下午的调查,派出所为40个人逐一出具了无犯罪记录证明,公证人员又赶赴40个人所在的村委会进行实地调查,确保情况属实后,立即赶回邳州市司法局。下午5时,4名公证人员赶回司法局后,立即着手资料整合,一直忙到晚上7时,终于为他们全部办好了无犯罪记录公证书。2013年4月11日一大早,40人拥进了邳州市司法局公证大厅,和4名公证员一一道别:“谢谢你们的帮助,我们今天就去安哥拉了!”

一、办理经历公证的条件和程序

经历公证指公证机构根据当事人的申请,依法对自然人的工作经历或生活经历这一法律事实的真实性予以证明的活动。它主要用于办理入境签证、出国定居、旅行、探亲、留学、维权诉讼、到国外谋职、提供劳务和技术服务等

① 参见《40份无犯罪记录公证书一天“搞定”》,载 http://epaper.cnxz.com.cn/xzrb/html/2013-04/15/content_133134.htm。2015年4月1日最后访问。

事宜。工作经历公证由当事人住所地或事实发生地的公证处管辖。

办理经历公证须提供的材料主要包括:1.申请人的身份证、户口簿;申请人在国外的,需提供护照复印件。2.申请人所在单位人事部门出具的证明,证明应详列申请人的姓名、性别、出生年月日、何年何月至何年何月在什么单位从事何种工作或担任何种职务。有职称的应提供职称证书,如工程师证、厨师证、教师证等;需由申请人档案管理部门根据档案记载出具证明信,如果要证明的经历过于详细具体,档案又记载不清,应由原工作单位出具《职业证明》(单纯生活经历申请者不需要提供)。3.申请人的近期照片。4.委托代理人代为申请的,须提供授权委托书和居民身份证(暂住证)。

对于工作经历,上述材料经审查核实后,公证应当为当事人出具公证书。对生活经历公证,有很多时候需要采取保全证据的方式进行。

二、办理学历、学位、成绩单公证的条件和程序

学历、学位、成绩单公证是指根据当事人的申请,公证机构依法对被证明人的毕业证书、肄业证书、学位证书及其学习成绩单等证件的真实性、合法性予以证明的活动;当事人申请办理学历、学位、成绩单公证和经历公证有类似的作用,主要用于留学、进修、谋职、对外提供劳务和技术等。上述公证事项由当事人的住所地或事实发生地有管辖权的公证处管辖。当事人不能亲自到公证处申请的,可委托他人代为办理。

(一)办理学历、学位、成绩单公证等应提交的材料

1.当事人的居民身份证(护照)及其复印件、户口簿及其复印件或公安派出所出具的户籍证明;

2.需公证的毕业证书、结业证书、学位证书、成绩单及相应的复印件若干,(学位)证书、肄业证书、毕业证书遗失,应由所学习的学校出具学历证明或补发学历证书。证明中应写明学生的姓名、性别、出生年月日、入学日期、毕业或肄业、结业日期、所学专业、学制几年、颁发证书的编号。有的校方要求出示从小学到大学所有学历的公证证明,申请人也都必须出示。

3.若需由公证处对当事人的学习经历直接作出证明,当事人还应提供由其人事档案管理部门(所在单位的人事、组织、劳资等部门;人才交流中心;住所地街道办事处;乡、镇人民政府;其档案保管单位的人事部门;学校教务处

等)出具的学习经历证明。

4.如需办理在校读书证明,应提供在读学校教务处开具的证明并盖有该校的公章。

5.如需办理成绩单公证,应提供在读学校时的学籍册原件并盖有该校的公章。如果个人手中没有成绩原件,可以向档案管理部门申请将已入档的成绩原件复印两份。其中一份上得说明复印件和存档成绩单原件相符,并加盖档案管理部门公章后交公证处存档。另一份可用来办理成绩单公证。

6.近期照片若干张(两寸)(根据使用国的不同)。

7.当事人不能亲自到公证处办理的,代理人应提交授权委托书和本人的居民身份证及其复印件。

8.公证员认为应当提供的其他证明材料。

(二)办理学历、学位、成绩单公证应注意的事项

办理在校学习证明,需写明姓名、性别、出生年月日、入学日期、所学专业、学制几年、现为几年级几班在读学生。证明左下角需粘贴2寸免冠照片一张,加盖学校钢印骑缝章。右下角需写明学校名称、出具时间、加盖学校公章。办理高中学历证明,另需提供高中会考证书原件。对于国外和境外学位证书或高等教育文凭要求办理公证的,公证处原则上不予办理。

三、办理无犯罪记录公证的条件和程序

无犯罪记录主要指有关人员在中国居住期间未曾受到司法机关的刑事追究、惩处,即法律上所称的没有前科的人。为因私出国公民和法人公派人员办理这种证明的目的是便于去往国的警察机关对出国人员的掌握,了解他们过去的行为、品德,评断能否给本国带来不安定因素,增加对方国家的信任感和安全感。

随着全球化进程的不断推进,各国人员的交往如跨国定居、跨国学习、跨国工作、跨国婚姻、跨国收养、谋职等事项的不断增多,各国政府主管当局越来越重视往来于本国境内外的本国公民和任何国籍的个人的“良民记录”,以最大限度地维护其国家及本国公民的权利和利益。确切地讲,当事人是否受过刑事处分,是各国政府主管当局判断当事人“是否为良民”的重要依据。

无犯罪记录公证,是指公证处根据当人的申请,对其在中华人民共和国

境内居住期间，未受过我国司法机关的刑事制裁这一事实依法给予证明的活动。无犯罪记录公证书主要用于当事人在国外定居、留学、劳务输出、求职、移民、结婚、收养子女等事宜。

(一) 申请办理无犯罪记录公证的当事人应提供的证明材料

1.当事人的户口簿、身份证，已出境的应提交护照或有效旅行证、通行证的原件和复印件，及原户籍所在地的公安派出所出具的户籍证明(已经注销户口的，应当提交原住所地派出所出具的户籍记载情况的证明)；

2.当事人所在工作单位的保卫部门出具的“无犯罪记录”证明，或者户籍所在地公安部门出具的无犯罪记录证明(当事人无工作单位或工作单位无保卫部门，或辞职后档案转交人才交流中心、街道办事处的，则应由当事人户籍所在地的公安部门出具“无犯罪记录”证明)；

3.代理人代为申请的，须提交授权委托书，代理人的居民身份证及其复印件。

(二) 办理此项公证时应注意的事项

1.当事人提供的“无犯罪记录”证明应是申办公证期间出具，出具证明时间与申请办理公证的时间不能相隔太长，否则，公证人员应要求当事人重新提供证明；各国对无犯罪记录公证的效力是有时间限制的，如在有效期内未使用，则需要重新办理公证。此公证书是证明当事人在中国境内居住期间的该情况，对于已出境人员，须提供出境日期证明，证明其至出境日止，是否受过刑事制裁；境内人员则以证明到单位出具证明那一天为止。

一般无犯罪记录公证证明应该在接到去往国大使馆、领事馆签证通知后才能向公证机关申请。因为有些国家法律规定从证明书出具的当日起在六个月内出国者有效。如果过早办了公证，待签证出国时时效已到，使馆还要求重新办理。因此，在未获通知前，一定要提前做好一切办证的准备工作，以免延误出国时间。

2.对于解放前曾在国内居住，后移居国外的当事人申请办理在国内居住期间无犯罪记录公证的，可以受理并经查实后，出具公证书；如无档案可查，也无其他线索，可以为当事人出具查无档案记载公证书。在解放前或解放初期因私出国定居人员，为在国外取得某项权益而要求公证未受过刑事制裁证明的，如果能够查到当时的档案记载和有关知情人，可为其出具公证书；确实无法查证时,也可采取变通办法,出具“查无档案记载证明”。

3.当事人未达我国法定刑事责任年龄的人,申办此项公证的,公证处不予受理。

4.曾经在外国驻华使领馆工作,享有外交豁免权的外交、领事人员及其家属申请其在享有外交豁免权期间未受刑事处分公证的,公证机构不予受理。

5.法人单位为所属集体出国人员申办,需要统一出具单位介绍信,介绍信分别开列各出国人的真实姓名、性别、出生年月日、现居住地和所列人员在中国居住期间是否受过刑事制裁的情况,盖单位章,写明年月日;全体人员均未受过刑事制裁的证明;工程技术人员的政审表;未受刑事处分的花名册。

6.办理无犯罪记录证明,主要以是否被人民法院判处过刑罚为准。对于那些过去判过刑,但现已平反的冤、假、错案中的科刑对象,或者曾受到劳教、强劳、进工读学校的出国人员,都不能按受过刑事制裁对待。

7.对于申办在中国居住期间受过刑事制裁的公证,要先由当事人提供法院的判决书。如果公证机关在审查中发现可能有其他的犯罪(数次判刑),本人还要提供公安部门、工作单位、基层组织的书面证明,必要时,也可对申请人进行经历上的审查。受过刑事制裁公证书的写法宜粗不宜细,内容上不需具体描述犯罪情节。证词可写:当事人姓名、性别、出生年月日、犯何种罪、被判处何种刑罚。出具此类证明的方式,可酌情分别采取下列两种:第一,人民法院提供判决书,由公证处证明该判决书上法院印章属实;第二,由法院提供判决证明,以公证处名义出具受刑事制裁公证书。

第七章　借款合同公证

依据我国《合同法》第 196 条规定,借款合同是借款人向贷款人借款,到期返还借款并支付利息的合同。借款合同按照出借人的不同,分为借款人向金融机构借款合同和向非金融机构借款的民间借贷合同两个大的种类。为了维护贷款人的利益,保证借款人按期还本付息,《合同法》第 198 条规定:订立借款合同,贷款人可以要求借款人提供担保。担保的形式和内容依照《中华人民共和国担保法》的规定办理。《合同法》第 204 条、第 205 条对借款的利率也作了原则性规定。根据规定,办理贷款业务的金融机构贷款的利率,应当按照中国人民银行规定的贷款利率的上下限确定。公民之间借款的利率,不得违反国家有关限制借款利率的规定。

第一节　抵押贷款合同公证

本节案例导读:

20

用 10 岁女儿房产抵押贷款,银行持执行证书催债,法院裁定不予执行[1]

郑女士与徐先生系夫妻关系,小婧系郑女士与徐先生的女儿。郑女士与

---

① 参见郑金雄《用 10 岁女儿房产抵押贷款 195 万　银行持执行证书催债　法院裁定不予执行》,载 http://www.docin.com/p-369121916.html。2014 年 11 月 7 日最后访问。

徐先生夫妻共拥有两套房产，只是把小婧和郑女士的名字写进了共有产权人。2009年5月19日，郑女士与银行签订《个人额度借款合同》《个人最高额抵押合同》等协议，约定郑女士可向银行申请使用的借款额度为人民币195万元整，用于经营周转；若发生合同约定的事项的情形，即一旦危及银行的贷款安全，银行有权提前收回部分或全部借款本息或采取其他相应的措施，并有权处分抵押物，郑女士无条件放弃抗辩权。并且，郑女士、小婧提供两套房产作为抵押担保物；合同约定经公证后具有强制执行效力。2009年5月21日，郑女士向银行借款人民币195万元。设定抵押关系时，郑女士与徐先生通过公证声明，该抵押担保行为产生的债权债务、法律后果均由其夫妇共同承担，不会损害未成年子女小婧的任何合法权益。

2010年9月，银行发现用于抵押贷款的这两套房产已经被法院查封了，从银行的角度讲，法院的查封行为危及了贷款安全，因此，银行宣布贷款提前到期，按合同约定可提前收回全部借款本息，向公证处申请出具《执行证书》。2010年9月23日，公证处出具了《执行证书》，中国民生银行厦门分行依据《执行证书》向福建省厦门市思明区人民法院申请强制执行，希望执行十岁女孩小婧和她母亲共有的两套房产，用于偿还银行的195万元贷款及利息等。

法院经审查认为，银行与郑女士签订的《个人额度借款合同》《个人最高额抵押合同》虽经公证赋予强制执行效力，但郑女士与银行在借款合同中约定的借款期限尚未到期，银行以抵押物被查封危及其贷款安全，依据合同约定宣布贷款提前到期、收回借款本息为由向法院申请执行公证机关赋予强制执行效力的债权文书，对银行的申请事由是否成立，执行期间不予审查；另，两套房产为郑女士、小婧共有的房产，小婧尚未成年，郑女士作为小婧的法定代理人以小婧为抵押人，将小婧名下的房产作为借款的抵押担保物进行担保，郑女士作出的与未成年人小婧权益有关的抵押决定，是否损害到小婧的权益，执行期间无法审查。

法院审理后认为，上述两个问题均存在法律疑点，疑点不排除，将可能导致错误执行。由于这些问题应在仲裁或审判程序中才能作出认定，法院无权在执行程序中对上述法律问题进行确定性的裁判。所以，案件所涉及的银行公证债权文书，在实体权利上可能存在违法要素及权利阻却事由，应当裁定不予执行。

抵押贷款应当注意抵押担保物的具体情况，对涉及未成年人名下的财产要慎重对待。根据民法通则的规定，“除为被监护人的利益外，不得处理被监护人的财产”。本案小婧尚未成年，郑女士作为小婧的法定代理人以小婧为抵押人，将小婧名下的房产作为借款的抵押担保物进行担保，是否是为了小婧的利益是个疑问，所以法院裁定不予执行。

21

男子用房产抵押借款780万，被强制执行追回欠款①

2009年6月，家住宜昌市的李云正在为手头资金周转问题发愁：他拥有一处近6000平方米的大型商铺，急需数百万元资金，装修后向商家出租。经过运作，当年7月，李云向一家银行成功贷款780万元，借款期限为60个月。李云作出了担保。依照合同，李云将自己拥有的该处商铺抵押给银行，作为按期归还借款本金、利息、违约金、赔偿金以及债权人实现贷款债权和抵押权的费用（包括律师费、诉讼费和拍卖费等）的担保。在完成合同后，李云很快拿到了流动资金，解决了面临的难题。随后的几个月，李云开始还款。然而，因种种原因，从2010年5月开始，李云连续三个月没有还款。银行方就此开始了讨债之途。

2010年7月，银行向公证部门出具了银行与李云签订的《个人投资经营贷款借款合同》及《个人投资经营贷款抵押合同》。双方在合同中约定：李云逾期未付本金或利息超过90天，即视为违约；合同中特别约定，该合同经公证后具有强制效力，银行可向法院申请强制执行，李云自动接受强制执行。公证部门根据《公证程序规则》及合同约定，对涉及的债权债务进行了核查。查实，合同中的抵押物已依法办理了房地产抵押登记；银行作为申请执行人已按约如数放款给借款人，借款人李云违反合同约定和相关承诺，已累计3个月未如数归还贷款本息，至2010年7月还欠贷款本息约600万元。公证部门依法出具公证书。银行继而根据公证书，向人民法院申请强制执行。

2011年3月底，市中院作出《执行裁定书》，指定该案由点军区法院执行。短短几天内，点军区法院执行局在迅速了解案情后，约见相关当事人，进入执

---

① 参见申明《男子用房产抵押借款780万　强制执行追回欠款》，载http://hb.qq.com/a/20111024/000899.htm。2015年1月6日最后访问。

行程序。首先,执行人员反复做借款人李云的工作,要求其迅速还款。但李云自称手头拿不出来还款资金。在做出种种努力未见成效的情况下,执行人员开始对李云的抵押资产进行深入调查,为下一步的评估拍卖做准备。执行人员通过摸底,发现李云用于抵押的商铺租给了一大型超市,每年有上百万的租金收入;而近6000平方米的商铺本身市值就超过2000万元。在充分了解案情后,执行人员对商铺予以了查封,之后通过专业机构对商铺进行了评估并委托拍卖公司对商铺进行拍卖。就在拍卖公告期只剩下短短三天时,李云终于向执行人员"低头":同意支付欠款。几天之后,李云向银行支付了500余万元欠款。到9月底,李云已经还清全部欠款。2011年10月中旬,点军区法院经过5个多月的努力,数百万欠款及利息被成功追回,一起数额巨大的金融借款合同纠纷案顺利结案。

一、抵押贷款合同公证的概念、意义

根据《中华人民共和国担保法》的规定,抵押指债务人或者第三人不转移法律规定的财产的占有,将该财产作为债权的担保。债务人不履行债务时,债权人有权依照法律,以该财产抵价或者以拍卖、变卖该财产的价款优先受偿。抵押贷款是指抵押人(债务人或第三人)向有放贷资格的抵押权人(债权人)提供财产作为还贷担保的法律行为。抵押贷款合同公证,是指公证机关依法对银行或其他金融机构与以自己所有或经营管理的财产(第三人所有或互营管理的财产)同提供抵押担保的借款人之间签订的抵押贷款合同的真实性、合法性进行证明的活动。

随着改革开放和社会经济的发展,我国借贷市场趋向多元化,贷款人和借款人的主体及其借款抵押物亦变得多样,涉及的法律问题复杂,给银行等金融机构对贷款人调查、审查借款抵押合同等带来一定的难度。金融机构业务人员对贷款合同的审查更多地偏重于借款人的资金投向与资金回笼情况、产品的发展前景以及借款人以往的信誉等方面,对法律程序方面的审查常不到位,这一点恰恰公证处可弥补。① 公证员作为一个不以营利为主要目的专业法律人员,从公平、中立的角度对有关当事人的主体资格、抵押物及抵押合同进行把关。公证员凭借其专业知识,从审查当事人的民事权利能力和民事行为能力及签订的合同是否是双方当事人的真实意思表示,权利义务是否平等,有无欺诈行为,有无显失公平等诸多方面,明确当事人的法律责任,明确借款合同的有效性,从而维护借贷秩序,确保银行、企业、个人等顺利实现债权。

实践中,因借款合同缺乏强制力,借款人违约导致不少贷款不能及如期收回事件时有发生。依照民事诉讼法规定,对借贷双方约定有强制执行效力的借贷合同,经过公证机构的证明,债务人到期不清偿债务时,债权人可以不经过诉讼程序,直接向有管辖权的人民法院申请强制执行。借款抵押合同公证的强制执行效力,是法律赋予公证机构的特殊职能,与国家审判机关作出的给付判决相同,是法律强制性在公证活动中的体现。借款抵押合同公证可以使债权人(贷款人)免去繁琐而漫长的诉讼过程,减轻讼累,同时它也是金融机构(贷款人)及时追回借款的一种既简便又迅速的有效途径。

---

① 《司法部中国人民建设银行关于建设银行借款合同办理公证有关事宜的通知》内容:

为强化建设银行业务经营的监督和管理,防范贷款风险,减少纠纷诉讼,根据《中华人民共和国担保法》《中华人民共和国公证暂行条例》《借款合同条例》《贷款通则(试行)》和建设银行的有关规定,现就建设银行借款合同办理公证有关事宜通知如下:一、建设银行与借款人签订的借款合同、借款合同项下的保证合同、抵押合同、质押合同以及建设银行开办其他业务而与客户签订的债权文书,银行应当在合同订立后及时通知借款人到建设银行所在地公证处申办公证。二、《中华人民共和国民事诉讼法》规定:“对公证机关依法赋予强制执行效力的债权文书,一方当事人不履行的,对方当事人可以向有管辖权的人民法院申请执行,受申请的人民法院应当执行。”为保证公证债权文书的强制执行,经公证的合同或借款人因到期未清偿借款本息而与建行达成的还款协议中,应当明确在法律无其他规定时应优先受偿,并应在合同的其他约定条款或还款协议中约定“借款人不能按期还款愿接受强制执行”。到期未履行的,由建行申请公证处出具强制执行证书。三、各公证处要重视建设银行借款合同及有关债权文书的公证。办证时,应依法严格审查有关合同及债权文书的条款和内容,着重审查借款人的资格、资信及保证、抵押、质押的真实性。建设银行申办公证时需提交的营业执照、经营金融业务许可证、经营外汇业务许可证以及法定代表人身份证明、授权委托书等,只要符合要求,可一次备案,没有变动无需每次提交。四、各建设银行要加强与公证部门的配合,充分运用公证手段,有效维护建设银行及其他有关当事人的合法权益。

二、办理抵押贷款合同公证的程序

(一)申请与受理

抵押贷款合同公证由当事人住所地或合同签订地的公证处管辖。抵押物为不动产的,也可以由不动产所在地的公证处管辖。申请人应填写公证申请表,并向公证处提交下列材料:

1.法人资格证明和法定代表人身份证明及本人身份证件,代为申请的应提交授权委托书和本人身份证件;2.贷款方的《经营金融业务许可证》;3.抵押财产清单、抵押财产所有权或经营管理权证明;4.抵押财产为土地使用权的,提交土地使用权证明;5.抵押财产为共有的,提交其他共有人同意抵押的证明;6.法律、法规或规章规定该项抵押需经有关主管部门批准的,提交有关主管部门的批准文件;7.抵押贷款合同草本及其附件。①

双方当事人可以在合同中约定,借款人违约时,贷款人可以申请公证机关出具强制执行证书,向人民法院申请强制执行借款人的抵押财产。

对符合管辖、材料齐全、申请人为抵押合同的借款人和贷款人、申请事项均符合要求的,公证处应予受理,并书面通知当事人。不符合规定条件的申请,公证处应作出不予受理的决定,通知当事人,并告知对不受理不服的复议程序。受理或不受理的决定,应在本申请人提交材料基本齐全后的7日内作出。

---

① 抵押贷款合同应具备下列条款:(1)借款人、贷款人的名称、地址、法定代表人或代理人的姓名、借款人的开户银行及账号、合同签订日期、签订地点、合同生效日期;(2)贷款的用途;(3)贷款的币种、金额、期限和利率;(4)贷款的支付及偿还本息的时间、方法;(5)抵押财产的名称、数量、质量、规格、处所、使用权属及使用期限;(6)抵押财产现值;(7)抵押财产及其产权证书的占管方式、占管责任、毁损和灭失的风险负担和救济方法;(8)抵押财产投保的险种、期限;(9)抵押财产的处理方式和期限;(10)违约责任及争议解决方法;(11)借贷双方商定的其他条款。

（二）询问、告知[①]

公证员接待申请人，应当向当事人询问借款的用途、担保物情况等，向当事人解释担保法、合同法、民事诉讼法等相关法律规定，按《公证程序规则（试行）》第24条的规定认真制作谈话笔录，重点记录下列内容：

1.合同签订的有关情况；2.抵押财产的现值及归属、使用情况；3.各方对合同中规定的权利、义务及后果是否明确，有无修改、补充意见；4.公证员对合同的修改、补充建议及当事人对该建议的意见；5.公证费的负担及支付方式；6.公证员认为应当询问的其他情况。

（三）审查、出证

公证员应按《公证程序规则（试行）》第23条的规定进行审查，公证员认为必要时，可以对抵押财产进行勘验、清点、评估。审查应重点注意下列

---

① 办理贷款合同公证告知书

根据《中华人民共和国合同法》和司法部《公证程序规则》、《抵押贷款合同公证程序细则》等有关规定，现将与本公证事项有关的法律事宜告知如下：

一、公证申请人必须提供真实、合法的证据（明）材料，同时如实陈述与本公证事项有关的情况，并对所提供的证明材料和所陈述的情况承担法律责任。

二、抵押必须依法办理登记后才能产生对抗第三人的法律效力。

三、抵押贷款合同如需公证处赋予强制执行力的，则借款人必须在合同中标明"自愿接受法院强制执行"的承诺。

四、抵押不等于抵偿，要实现抵押权必须依法处理。

五、抵押物所担保的债权不得超出抵押物的价值。

六、经公证并赋予强制执行效力的抵押贷款合同，在债务履行期满后，债务人不履行或者不完全履行债务的，公证当事人应在二年内向公证处申请出具强制执行证书，由债权人向有管辖权的人民法院申请强制执行。

七、债权人向公证处申请出具强制执行证书时，应提供债权人已履行约定义务及债务人未履行约定义务的事实和依据。

八、赋予强制执行效力的抵押贷款合同，如债权发生转移应当书面通知债务人，原债权文书不再具有强制执行效力。

在申请办理抵押贷款合同公证时，公证员已就上述告知书的全部条款向我（们）进行了详细地说明和解释，我（们）对上述告知书的全部条款均无疑义，并对上述告知书全部条款的法律含义有准确无误的理解。

公证当事人：×××

××××年×月×日

内容：

1.抵押财产是否为法律允许。下列财产不得抵押：(1)法律、法规或规章禁止买卖或转让的财产；(2)所有权有争议的财产；(3)被依法查封、扣押或采取诉讼保全措施的财产；(4)应履行法定登记手续而未登记的财产；(5)无法强制执行的财产；(6)法律、法规或规章禁止抵押的其他财产。2.材料是否齐全、属实。3.合同条款是否完善、合法，文字表述是否清楚、准确。4.贷款人是否具有发放本次款的权利。5.贷款的用途是否符合规定。6.借款人对抵押财产是否有所有权或经营管理权。7.抵押率是否符合有关规定。8.抵押财产是否有重复抵押，已设定抵押的，抵押的财产的余值能否承担本次贷款的抵押责任。9.抵押财产为共有的，其他共有人是否同意。10.法律、法规或规章规定该项抵押需经有关主管部门批准的，是否已获批准。如以国有资产设定抵押的，应先经国有资产管理部门或其他有关政府部门审核、批准。鉴于国有资产目前实行的是分级管理原则，公证人员应对个案做深入细致的调查工作。11.合同中有强制执行约定的，债权债务关系是否明确，对核实债务不履行或者不适当履行的方式所作的约定是否明确，当事人对该项约定的法律后果是否明确，意思表达是否真实，债权债务关系是否明确涉及债权债务的标的、数额(包括违约金、利息、滞纳金)及计算方法①、履行期限、地点和方式。

对债务不履行或者不适当履行的方式所作的约定是债权人申请公证机构出具强制执行证书的判断依据,在赋予债权文书强制执行效力时,一定要在债权文书中载明债务人不能履行到期债务应受强制执行的意思表示,因为诉权是公民、法人的民事权利之一,当债权文书上没有"如双方不履行时愿接受法院强制执行的承诺",债务人就有权通过诉讼程序解决债务问题,公证减少诉讼,尽快解决问题的宗旨也就大打折扣。

公证员经过审查,对当事人的意思表示真实,贷款人、借款人符合贷款、借款的条件,合同内容的真实、合法的抵押贷款合同,应按《公证程序规则(试行)》规定的程序和期限出具公证书。合同中有强制执行约定的,公证处应赋予公证书以强制执行的效力。对贷款人、借款人不符合贷款、借款条件的,公

① 将债权文书中的债权内容明确化和细化,在申请执行具有强制执行效力债权文书时,就会减少争议,提高效率,从而也达到了强制执行债权文书公证的目的。如 2007 年 3 月,某商业银行与 A 公司签定贷款合同一份,贷款期限为半年,由 B 公司提供自有房产进行担保,与银行签定了一份抵押担保合同,并办理了抵押登记手续。同时,到银行所在区公证处对上述贷款合同及保证合同申请公证,由该公证处对贷款合同和抵押担保合同分别出具了赋予强制执行效力的公证书。贷款到期后,A 公司未按期归还借款,B 公司亦未履行担保义务。该银行即申请公证处出具执行证书,在申请执行证书的时候,银行在债权范围中除了表述要求 A 公司偿还贷款本金、利息、罚金数额之外,还增加了要求其承担律师费用 2 万元一项。之后,银行据此执行证书向人民法院申请执行。法院立案庭审查后认为,原贷款合同中对债权范围做了约定,即债权范围包括贷款本金、利息、罚息以及银行为实现债权的费用和追索费用,但并没有明确约定律师费及金额,所以,对具有强制执行效力的公证书和执行证书,法院不予直接受理执行,需要经过审判程序。于是,银行就以贷款合同纠纷诉讼再次申请立案。但案件经审判法官审查后,认为贷款中对债权范围约定明确,律师费应当属于银行为实现债权的费用和追索发生的费用,且抵押担保合同中对抵押偿还的债权范围中也明确表述了律师费一项,所以,应当直接予以立案执行而不用经过审理程序。后经执行庭和审判庭研究确定,最终该案件直接予以立案执行。本案的启示在于:第一,银行或其他债权人在与借款人签定合同中,应当明确债权范围或项目。对于不能确定的将来发生的债权,可以考虑进行比例或公式约定,例如,律师费、调查费或追索费按照借款人未归还贷款本金的百分比予以约定,这样,在申请公证处出具执行证书和直接申请法院强制执行时,所有债权均会有明确的计算依据和金额,利于法院计算和操作。第二,如果在借款合同中,没有明确约定将来发生债权的金额或具体计算方式,那么,债权人在申请执行证书时,债权人直接主张后来发生的费用,即使公证部门在申请执行证书予以了确认,则法院立案时不予认可,要求进行审理认定,也是符合法律程序的。否则,容易造成债权人利用权利,增加债权项目和金额,从而侵害债务人的合法权益。

证处应当拒绝公证。拒绝公证的，公证处应在办证期限内将拒绝的理由书面通知当事人，并告之对拒绝不服的复议的程序。

需要指出的是，公证处应设立抵押登记簿。对已办结公证的抵押贷款合同，公证处应对抵押财产的名称、数量、现值、处所、所有人或经营管理人、权益的有效期限等内容进行专项登记。

第二节　民间借款合同公证

本节案例导读：

22

民间借贷陷阱多，公证来把关①

某企业在焦作市众信公证处办理借款担保合同时，公证员要求其提供加盖有企业注册地工商行政部门档案查询印章的公司章程，该企业负责人表示：企业里存的这份公司章程就是原件，可以在公司章程上加盖公司印章，公司保证内容真实。公证员不予接受这份只加盖公司印章的公司章程。第二天，该企业向公证处提交了加盖工商行政部门档案查询章的公司章程，公证员将其和先前公司提供的公司章程仔细比对后发现，先前提供的公司章程少写了两个出资额小的股东，而且将股东会的表决通过比例予以改动，公证员严肃批评其提供虚假材料的行为，并按照公司章程上约定的程序办理了相关的公证，保护了公司股东的合法权益。

企业以其财产作抵押办理借款时，公证处一般需要企业提供股东会决议，根据《公司法》第16条的规定，"公司向其他企业投资或者为他人提供担保，依据公司章程的规定，由董事会或者股东会、股东大会决议"，在公证实践中，公司章程没有规定和要求的，公证机构也常常要求公司提供股东会决议，虽然这并非公证机构的法定义务，但是符合公证预防纠纷的价值所在，有利于保护公司股东的合法权益。现在中小企业借款渐成民间借贷的主体，因公

---

① 参见《民间借贷陷阱多　公证为您来把关》，载 http://www.scjrw.com.cn/htm/2011-05-27/201105271755.htm。2014年9月10日最后访问。

司法将诸多公司自治的权利赋予公司并反映在有“公司宪法”之称的公司章程上，故审查公司章程是办理各类公司类公证的必须步骤。

23

业主利用“强制执行公证”依法维权①

凭借一纸“强制执行公证”文书，平阴县私营业主王铭（化名）仅用很短时间就成功解决了困扰自己两年多的债务纠纷。由此，他成为济南市首例办理“赋予强制执行效力的债权文书公证”的受益者。

2004年4月，王铭的朋友刘某开饭店缺少资金，从王铭处借走资金6万元。后来，由于经营不善，刘某的饭店被迫停业，但所借钱款一直没有归还王铭。今年年初，王铭在平阴县公证处咨询得知，类似借款纠纷如果靠诉讼解决的话，其诉讼时效只有两年。公证员建议王铭和刘某重新签订一份还款协议书，并且赋予强制执行效力。如果刘某到期拒不还款，王铭无须和刘某对簿公堂，可直接向法院申请强制执行。

按照公证人员的指点，2006年3月初，王铭约刘某来到平阴县公证处，重新签订了一份“还款协议”。双方约定：今年4月22日前，刘某分3次还清欠款，如到期不还，王铭可申请法院强制执行。约定还款时间过去了，刘某仍没有偿还欠款的意思，王铭便手持“强制执行公证”文书来到平阴县法院申请强制执行。法院受理后，随即查封了刘某的银行账户。截至7月5日，王铭的6万余元借款被法院如数追回。

近年来，由于种种原因，因债务问题引发的民间纠纷屡见不鲜，很多债权人都选择了诉讼解决，不仅耗费了当事人的金钱和精力，也耗用了司法资源。而类似纠纷经强制执行公证后，则可以不必经过诉讼程序直接向法院申请强制执行，不仅能及时保护债权人的合法权益，避免债权人因诉讼带来的时间和精力上的浪费，而且还节省诉讼费用，可谓一举多得。

一、民间借贷合同公证概述

近年来，随着多元化市场经济的蓬勃发展，民间借贷渐渐成为企业和个

① 参见《平阴县业主利用“强制执行公证”依法维权》，载 http://www.sypf.com/gzzc/gzdt/779.htm。2014年7月6日最后访问。

人获得生产、生活资金来源的一条重要借贷渠道。民间借贷作为融资方式的重要补充，对地方经济发展，尤其是对中小企业、个体工商户、农户、个人等市场主体产生了极其深远的影响。民间借贷方便快捷，手续简便，资金利用率高。民间借贷作为一种传统的融资方式，弥补了金融机构信贷不足，加速了社会资金流动利用及地方经济发展；但其存在交易隐蔽、监管缺位、法律地位不确定、风险不易监控等问题，容易滋生非法集资、洗钱、高利犯罪，严重时甚至危害社会安定。

民间借贷行为的法律后果是民间资本的大量流动，然而我国目前对操控这些资金的主体缺乏严格监管约束，在法律约束方面，也不完全成体系。我国没有专门的金融监管机构负责监督民间借贷活动，工商管理部门仅对放贷人的登记管理及民间借贷广告宣传负责管理；对打击、防范非法集资和非法吸收公众存款等非法民间借贷行为的监管由银监会牵头负责。公证机构因办理赋予强制执行效力公证介入到民间借贷行为中，可以充分发挥其威慑力、公信力及法律专业能力，较好地填补上述监管漏洞。在民间借贷债权关系发生之前，公证机关可介入借贷双方，对其合同等进行审查和完善，对出借人的资金来源是否合法、借款人的个人信息是否真实、民间借贷合同内容是否合法进行审查，这种审查起到严格把关作用。通过公证的介入，民间借贷合同当事人的行为便被顺利地纳入法律的监督之下，得到了强有力的制约和规范，这非常有助于有减少当事人信息的虚假性，提高民间借贷债权关系的可靠性，从而既降低了出借人债权风险，也保护了借款人的利益、维护了国家金融秩序。

随着民间融资借贷合法化进程的推进以及相关立法的逐步完善，我国公证机关在促进社会资金融通，规范金融市场行为，稳定金融市场秩序，建设和发展金融事业方面将发挥越来越重要的作用。[①]

(一)民间借贷合同公证的含义[②]

根据2015年《最高人民法院关于审理民间借贷案件适用法律若干问题的规定》,民间借贷,是指自然人、法人、其他组织之间及其相互之间进行资金融通的行为。民间借贷合同是指自然人、法人、其他组织之间及其相互之间为进行资金融通,在符合国家法律规定的前提下签订的权利义务相对应的书面约定。借贷双方是否形成借贷关系以及借贷数额、借贷标的、借贷期限等取决于借贷双方的合意,只要协议内容合法,就受到法律的保护。民间借贷可以有偿,也可以无偿。

民间借贷合同公证是指公证机关对自然人、法人、其他组织之间及其相互之间签订的借贷合同的真实性、合法性予以证明的活动。合同的内容必须是以书面的形式全部体现出来,否则,公证员无从审查,无法办理公证。现在民间借贷多数采用"抵押(质押)+公证"的模式,公证机构赋予债权文书强制执行效力,这样一旦发生纠纷,根据《民事诉讼法》第238条第1款以及《最高人民法院、司法部关于公证机关赋予强制执行效力的债权文书执行有关问题的联合通知》的规定,债权人可以直接到公证处申请执行证书,并向有管辖权的人民法院申请强制执行,省去了一审、二审过程,可尽快收回欠款。

有抵押的借贷合同包括主合同和从合同(担保合同,包括抵押合同、质押合同、连带责任保证合同等),借贷合同公证应由借款主合同及其从合同的各

---

① 如人行赣榆县支行与江苏省赣榆县工商局、公证处、法院等部门联手运作,对辖区具有民间借贷中介色彩的理财公司实行贷款公证制,规范民间借贷中介贷款行为,在引导中介理财公司合规经营、防范借贷风险等方面进行了积极探索。当借款人具备了抵押、质押、保证贷款条件后,为其办理民间借贷业务的中介公司与借贷双方及担保人,需到公证机关办理具有强制执行效力的债权文书公证。中介理财公司确认对其办理公证后,才能为借贷双方办理民间借贷业务。详见《江苏赣榆:推行民间借贷公证制》,载 http://bank.hexun.com/2009-05-26/118071642.html。2015年1月9日最后访问。

② 依据江苏省高级人民法院审判委员会会议纪要〔2013〕1号文规定,民间借贷是指自然人之间、自然人与从事非金融业务的法人、其他组织之间借贷人民币、港币、澳元、台币、外币及国库券等有价证券的行为。经政府有关部门批准设立的典当行、小额贷款公司、农村资金互助合作社等机构发放贷款的,属于民间借贷,但法律、司法解释对其有特别规定的,应当按照特别规定处理。

方当事人共同申请办理。

（二）民间借贷的法律规制

民间借贷既是经济问题，也是法律问题。多年来我国没有专门立法规范民间借贷行为，主要靠司法解释、行政规章等从不同角度对民间融资进行调整。这些规范主要包括：1986 年《中华人民共和国民法通则》第 85 条、第 90 条确立了合法、自愿的借贷关系受法律保护的原则；1988 年《最高人民法院关于贯彻执行〈中华人民共和国民法通则〉若干问题的意见（试行）》对民间借贷中有关还款期限、利率、复利等问题作出了基础性规范；1991 年《最高人民法院关于人民法院审理借贷案件的若干意见》规定了受理民间借贷的范围（2015 年修正）；1992 年《司法部关于办理民间借贷合同公证的意见》对民间借贷办理借款合同公证并赋予借款合同强制执行效力的公证业务予以明确肯定；1995 年《中华人民共和国担保法》以及 2000 年《最高人民法院关于适用〈中华人民共和国担保法〉若干问题的解释》对借款担保问题作了相应规定；1993 年《中华人民共和国公司法》（1999、2004、2013 年分别修正）中对借贷条件作了约束规定；1996 年《最高人民法院关于企业相互借贷的合同出借方尚未取得约定利息人民法院应当如何裁决问题的解答》、1996 年《最高人民法院关于对企业借贷合同借款方逾期不归还借款的应如何处理问题的批复》、1999 年《最高人民法院关于逾期付款违约金应当按照何种标准计算问题的批复》、1999 年《最高人民法院关于如何确认公民与企业之间借贷行为效力问题的批复》、2000 年《最高人民法院关于修改〈最高人民法院关于逾期付款违约金应当按照何种标准计算问题的批复〉的批复》等 5 个规范分别就与企业相关借贷问题作了规定；1999 年的《中华人民共和国合同法》第 52 条及《最高人民法院《关于适用〈中华人民共和国合同法〉若干问题的解释（二）》对借款合同效力等问题予以了明确规定；2000 年《最高人民法院、司法部关于公证机关赋予强制执行效力的债权文书执行有关问题的联合通知》规定了公证机关赋予强制执行效力的债权文书的范围；2003 年《中国人民银行关于人民币贷款利率有关问题的通知》对借款利率问题加以明确规定；2005 年《公证法》第 37 条规定重申了对经公证的债权文书债权人可以依法向人民法院申请执行的效力；2005 年商务部、公安部《典当管理办法》对典当行业的借贷范围、利息等作出了规定；2008 年《最高人民法院关于当事人对具有强制执行效力的公证债权文书的内容有争议提起诉讼人民法院是否受理问题的批复》中规定了经公证的以给付为内容并载明债务人愿意接受强制执行承诺的债权文书具有强制执行效力;2013 年《民事诉讼法》第 238 条重申了对公证机关依法赋予强制执行效力的债权文书的强制执行效力问题。

此外,我国地方省份相关部门也因地制宜出台了一些调整民间借贷的规范,如 2013 年《江苏省高级人民法院审判委员会会议纪要》、2010 年《江苏省南京市中级人民法院关于审理民间借贷纠纷案件若干问题的指导意见》、2012 年新疆维吾尔自治区司法厅《关于规范办理民间借贷等赋予强制执行效力债权文书证的意见》的通知、2013 年浙公协《关于办理民间借贷合同公证的指导意见(试行)》、2013 年重庆市公证协会《关于办理借贷合同公证的指导意见》、2011 年昆明公证协会《关于办理借贷合同公证的指导意见》等等。

需要说明的是,前述规范凡是与 2015 年 9 月施行的《最高人民法院关于审理民间借贷案件适用法律若干问题的规定》不一致的,不再适用。

二、办理民间借贷合同公证的条件与程序

根据《中华人民共和国合同法》《中华人民共和国公证法》《公证程序规则》《最高人民法院关于审理民间借贷案件适用法律若干问题的规定》《司法部关于办理民间借贷合同公证的意见》等有关规定,办理民间借贷合同公证应遵循如下条件与程序:

(一)申请与受理

自然人、法人或者其他组织申请办理民间借贷合同公证,可以由当事人住所地、经常居住地、合同签订地的公证机构受理。涉及不动产抵押的民间借贷合同公证,应当由不动产所在地的公证机构受理,并且当事人须在办理抵押登记成功后,即获得抵押登记回执或房地产他项权证后才能申请公证。办理民间借贷合同公证时,贷款人、借款人、抵押人(如公证财产为共有财产则须所有共有人全部到场)、共同还款人等公证机关要求的当事人应全部到场,出借方、借款方、担保方委托他人办理公证的,应提交授权委托书及代理人居民身份证。

1.申请办理民间借贷合同公证应提供真实、合法、充分的证明材料

(1)出借方应提交的材料

①出借方为自然人的,出具本人的户口簿、居民身份证;民间借款合同文本;出借人的存款证明;出借的款项为共有的,应提交共有人同意出借的证明(若出借人是已婚的,应提交结婚证或夫妻关系证明书;如果夫妻一方亲自到场确有困难的,应提交本人自愿出借作为夫妻共同财产一定金钱的真实意思表示证明材料,如"声明书公证书"等)。②出借方是法人或其他组织的,应提交法人(或其他组织)资格证明、法定代表人或负责人资格证明及本人的居民身份证。

(2)借款方应当提交的材料

①借款方是法人的,应提交法人资格证明、法定代表人资格证明及本人的居民身份证;②借款方为其他组织的,应提交有关部门制发的主体资格证明、负责人的资格证明及本人的居民身份证;③借款方是公民的,应提交本人的居民身份证、户口簿、借款人的婚姻证明;④借款方用自有的财产抵押或质押的,应提交抵押或质押物(权利)的清单、所有权证明及相关的登记、批准证明;抵押物为共有的,应提交共有人同意抵押的证明。

(3)有第三方担保的,担保方应提交的材料

①担保方是法人的,应提交法人资格证明、法定代表人资格证明及本人的居民身份证、担保能力证明、公司章程、根据公司章程规定的股东会决议或董事会决议。②担保方是其他组织的,应提交有关部门制发的主体资格证明、负责人的资格证明及本人的居民身份证、担保能力证明等。③担保方是公民的,应提交本人的户口簿、居民身份证及其担保能力证明。④用财产抵押或者质押担保的,应提交所有权证明,依法须办理登记的,应提交登记证明。⑤担保物为共有的,应提交共有人同意担保的证明;抵押房产的,一般要求为没有设立他项权的独立合法房产;抵押房产的登记地址须与抵押人的户口簿登记地址一致;抵押人为单位的,国有企业应提供国有资产管理局或该企业上级主管部批文或集体企业出具的职代会证明及上级主管部门证明,以及该抵押房产的房产价值评估报告,该报告必须是具有评估资格的机构出具。

2.不宜或不予受理情形

(1)以无民事行为能力人或限制民事行为能力人的财产作为担保物的,公证机构不宜受理,但为保护未成年人利益的除外;

(2)双方当事人仅要求办理还款协议公证的,公证机构应当要求当事人出具原始债权债务凭证、银行转账凭证等,当事人不能提供有关材料或公证机构对债权债务无法确定真实性的,公证机构不予受理;

(3)有下列情形之一的,公证机构应当不予受理:①因非法同居、不正当两性关系等行为产生"青春损失费""分手费"等有损社会公序良俗的情感债务转化的借贷,②具有抚养、赡养义务关系的父母子女等直系亲属之间发生的有违家庭伦理道德和社会公序良俗的借贷,③利用民间借贷形式洗钱、行贿受贿、伪造债务、规避债务、非法集资、支付赌债或以合法形式掩盖其他非法目的的借贷,④民间借贷合同一方当事人要求仅对自己一方签约行为办理公证的,公证机构不予受理。

(二)审查

申请办理公证的民间借贷合同应当采用书面形式。当事人无法提供书面合同的,公证人员可代为起草。当事人提交的合同若已签署完毕,公证机构还应当审查合同上的签名、印鉴等是否真实、齐全。借贷合同为多页的,公证机构可要求当事人在骑缝处签名、盖章或捺指印。对合同除了形式要件齐备,重点是如下实质内容的审查:

1.对合同主体的审查

除了审查当事人是否具有完全民事行为能力外,公证机构办理民间借贷合同公证,应当对当事人的身份和资格进行重点审查:

(1)当事人为自然人的,应当要求其亲自到场办理公证,不能到场的应当要求提交经公证的授权委托书。有配偶的借款人如不能提交债务归属个人的公证书的,建议征得配偶的同意,要求其配偶亲自在公证员面前签署书面同意书,或将其配偶列为合同当事人。

(2)借款人、抵押人、质押人等为法人或其他组织的,应当要求法定代表人或负责人亲自到场办理公证,不能到场的应当要求提交经公证的授权委托书,并提供股东会决议或董事会决议等,必要时对上述决议文件进行核查。

(3)担保物为共有的,应当要求全体共有人到场办理公证,不能到场的应当要求提交经公证的授权委托书。

(4)同一借贷合同中,有两个以上出借人的,公证员应引导当事人分别签订借贷合同,如果必须签订同一合同的,出借人应就抵押登记顺位、债权受偿顺序和比例在借贷合同中作出明确约定。

(5)公司作为借款方或担保方的,应当提供董事会或者股东会、股东大会决议。公司章程对担保的数额有限额规定的,不得超过规定的限额。公司为公司股东或者实际控制人提供担保的,必须经股东会或者股东大会决议。股东会决议须由股东在公证员面前签署或公证员事后对其真实性进行核实。

(6)借贷主体资格的其他法律限制。

企业之间为了生产、经营需要签订的民间借贷合同,只要不违反《合同法》第52条和2015年《最高人民法院关于审理民间借贷案件适用法律若干问题的规定》第14条的规定①,对企业因生产、经营的需要在单位内部通过借款形式向职工筹集资金签订的民间借贷合同应予以认可。

2.对合同内容的审查

公证机构应当对借贷合同内容进行审查,审查的重点包括借款币种、数额、利率、期限、用途、还款方式、出借款转入的专门账户、利息支付和本金偿还的专门账户、争议解决方式等。

(1)审查借贷合同中有关借款利率、利息的约定

利率问题一直是民间借贷的核心问题,是借贷双方最为关注的焦点,同时也是产生案件纠纷的一个关键点。2015年《最高人民法院关于审理民间借贷案件适用法律若干问题的规定》规定,借贷双方没有约定利息,出借人主张支付借期内利息的,人民法院不予支持。自然人之间借贷对利息约定不明,出借人主张支付利息的,人民法院不予支持。除自然人之间借贷的外,借贷双方对借贷利息约定不明,出借人主张利息的,人民法院应当结合民间借贷

---

① 2015年最高人民法院《最高人民法院关于审理民间借贷案件适用法律若干问题的规定》第14条规定,具有下列情形之一,人民法院应当认定民间借贷合同无效:(1)套取金融机构信贷资金又高利转贷给借款人,且借款人事先知道或者应当知道的;(2)以向其他企业借贷或者向本单位职工集资取得的资金又转贷给借款人牟利,且借款人事先知道或者应当知道的;(3)出借人事先知道或者应当知道借款人借款用于违法犯罪活动仍然提供借款的;(4)违背社会公序良俗的;(5)其他违反法律、行政法规效力性强制性规定的。

合同的内容，并根据当地或者当事人的交易方式、交易习惯、市场利率等因素确定利息。借贷双方约定的利率未超过年利率 24%，出借人请求借款人按照约定的利率支付利息的，人民法院应予支持。借贷双方约定的利率超过年利率 36%，超过部分的利息约定无效。借款人请求出借人返还已支付的超过年利率 36%部分的利息的，人民法院应予支持。预先在本金中扣除利息的，人民法院应当将实际出借的金额认定为本金。借贷双方对前期借款本息结算后将利息计入后期借款本金并重新出具债权凭证，如果前期利率没有超过年利率 24%，重新出具的债权凭证载明的金额可认定为后期借款本金；超过部分的利息不能计入后期借款本金。约定的利率超过年利率 24%，当事人主张超过部分的利息不能计入后期借款本金的，人民法院应予支持。按前款计算，借款人在借款期间届满后应当支付的本息之和，不能超过最初借款本金与以最初借款本金为基数，以年利率 24%计算的整个借款期间的利息之和。出借人请求借款人支付超过部分的，人民法院不予支持。借款人提前偿还借款并主张按照实际借款期间计算利息的，人民法院应予支持。可见，依据该规定，借贷固定利率为年利率 24%，法律应予保护；在 24%—36%之间，已支付的部分不能请求返还，未支付的部分法律支持不予支付；超过 36%的部分利率约定无效，法律不予保护。这个标准也是公证机关在审查民间借贷合同双方约定利率时应该坚持的标准。

《最高人民法院关于贯彻执行〈中华人民共和国民法通则〉若干问题的意见》第 125 条规定，公民之间的借贷，出借人将利息计入本金计算复利的，不予保护；出借人不得将利息计入本金谋取高利。审查中发现债权人将利息计入本金计算复利的，其利率超规定的限度时，应要求其改正。对于本息的计算，《合同法》第 200 条规定："借款的利息不得预先在本金中扣除。利息预先在本金中扣除的，应当按照实际借款数额返还借款并计算利息。""高利贷"的利息往往在借款时预先扣除，或者直接将"高利贷"利息约定到本金中来，以本金的方式偿还。但是当事人在民间借贷合同中不约定利率或直接约定无利率，借款人往往在急需用钱的情况下默认了出借人的不合法行为。故公证机构应在程序上要严格履行风险告知义务，对借贷双方进行充分告知"高利贷"的法律后果。

对逾期利率、自愿给付利息等问题，依据 2015 年《最高人民法院关于审理民间借贷案件适用法律若干问题的规定》，借贷双方对逾期利率有约定的，从其约定，但以不超过年利率24%为限。未约定逾期利率或者约定不明的，人民法院可以区分不同情况处理：既未约定借期内的利率，也未约定逾期利率，出借人主张借款人自逾期还款之日起按照年利率6%支付资金占用期间利息的，人民法院应予支持；约定了借期内的利率但未约定逾期利率，出借人主张借款人自逾期还款之日起按照借期内的利率支付资金占用期间利息的，人民法院应予支持。出借人与借款人既约定了逾期利率，又约定了违约金或者其他费用，出借人可以选择主张逾期利息、违约金或者其他费用，也可以一并主张，但总计超过年利率24%的部分，人民法院不予支持。没有约定利息但借款人自愿支付，或者超过约定的利率自愿支付利息或违约金，且没有损害国家、集体和第三人利益，借款人又以不当得利为由要求出借人返还的，人民法院不予支持，但借款人要求返还超过年利率36%部分的利息除外。

此外，依据《合同法》第107条、114条和207条之规定，借款人未按照约定的期限返还借款的，应当按照约定或者国家有关规定支付逾期利息。当事人可以约定一方违约时应当根据违约情况向对方支付一定数额的违约金，也可以约定因违约产生的损失赔偿额的计算方法。当事人一方不履行合同义务或者履行合同义务不符合约定的，应当承担继续履行、采取补救措施或者赔偿损失等违约责任。约定违约金低于造成的损失的，当事人可以请求人民法院或者仲裁机构予以增加；约定的违约金过分高于造成的损失的，当事人可以请求人民法院或仲裁机构予以适当减少。可见立法本意中违约金的支付数额是“根据违约情况”确定的。因此，公证员在审查民间借贷合同时，应建议借贷双方在合同中对逾期借款利率的计算标准给予合理约定。

（2）审查借款用途与来源，谨慎对待多次、巨额借贷

贷款合同载明的借款用途应当合法。公证机构认为必要时可以要求借款人提供借款用途说明和相关证明材料，防止恶意借贷。我国《民法通则》和《最高人民法院关于审理民间借贷案件适用法律若干问题的规定》中都明确地规定，出借人明知借款人是为了非法活动而借款的，其借贷关系不予保护。

对同一出借人向多人提供借款且累计数额巨大的，公证机构应当谨慎办理，必要时应当审查其资金来源。同一借款人先后向多人借款且累计数额巨

大的,公证机构也应当谨慎办理。若存在非法集资、非法吸收公众存款嫌疑的,公证机构应当拒绝办理。[①]

(3)审查借贷合同中的借款期限、利息支付期限

自然人之间依法成立的民间借贷合同,应在合同中注明合同自出借人提供借款时生效;如债权已经实际发生,则还应严格审查借贷本金是否已足额支付,是否存在预先扣除利息的情形。可通过双方出具的收借据等凭证、向双方询问或审查银行往来凭证等方式进行审查。同时审查借款归还期限、利息的支付期限。

(4)审查民间借贷合同是否有担保

依据《司法部关于办理民间借贷合同公证的意见》的规定,公证处办理民间借贷合同公证,一般应要求借款人提供担保,担保的具体形式可由当事人协商约定。公证员在审查民间借贷合同时,如发现没有担保条款的,应建议借款方提供担保(对双方坚持不需要提供担保的,应对出借人进行风险告知)。对提供担保的,要注意如下财产不能作为抵押:一是土地所有权;二是耕地、宅基地、自留地、自留山等集体所有的土地使用权,但法律有特别规定的除外;三是学校、幼儿园、医院等以公益为目的的事业单位和社会团体的教育设施、医疗卫生设施和其他社会公益设施;四是所有权、使用权不明或有争议的财产;五是依法被查封、扣押、监管的财产。对当事人申请办理余值抵押借贷合同公证(再抵押)的,公证机构应根据当地抵押登记机构的要求决定是否受理,必要时可要求当事人提供抵押物的评估报告,并对出借人进行风险告知。

需要注意的是,在民间借贷活动中,房屋抵押是比较普遍的一种担保方式。公证员应特别告知抵押权自登记时设立,未经登记的房屋抵押行为不产

---

① 2005年青岛市公证处发布《关于办理民间借贷合同公证的指导意见》,对放贷人、借贷人等作了新的规定,明确要求一次放贷金额超过50万元或者累计放贷超过100万元的,必须提交资金来源证明。同一人(家庭)累计贷款超过200万元的、同一人(家庭)累计借款超过100万元的,将被拒绝公证。让企图利用公证改头换面、批上合法的外衣的各种高利贷、赌债、洗黑钱这样的违法犯罪行为无机可乘,以维护公证的社会公信力,保证整个公证行业的持续健康发展。详见《青岛提高民间借贷公证门槛 "黑钱"搞借贷?没门!》,载 http://news.bandao.cn/news_html/200512/20051219/news_20051219_144181.html。

生法律效力。同时，公证员应注意对抵押房屋和产权人关系以及房屋权属性质进行认真审查。在房屋与产权人关系方面，对房屋属个人所有的，注意审查其单身的证据是否充分以及其自愿将自己的房屋作抵押的意思表示是否真实。对抵押房屋属夫妻共同财产，应注意审查其夫妻关系的证明材料以及配偶双方均自愿同意将该房屋作抵押的意思表示是否真实。对抵押房屋属夫妻共同财产，且夫妻一方死亡的，应按《继承法》的有关规定先认定房屋产权的归属后再确定该房屋能否作抵押。对非夫妻共同财产以外的共有房屋的抵押，所有共有人均应一致同意。在房屋产权权属审查方面，重点围绕房屋抵押人是否有权依法处分该抵押房屋、抵押房产是否是没有设立他项权的独立合法房产、房屋所有权的和土地使用权“性质”是否符合“民间借贷”所需抵押物的要求等方面进行。

此外，对于个人以房屋抵押借款，还应注意审查抵押房屋人的居住条件，这关涉到设定抵押房屋能不能顺利执行的问题。2005 年《最高人民法院关于人民法院执行设定抵押的房屋的规定》规定：“人民法院对已经依法设定抵押的被执行人及其所扶养家属居住的房屋，在裁定拍卖、变卖或者抵债后，应当给予被执行人六个月的宽限期。在此期限内，被执行人应当主动腾空房屋，人民法院不得强制被执行人及其所扶养家属迁出该房屋。”同时又规定“上述宽限期届满后，被执行人仍未迁出的，人民法院可以作出强制迁出裁定，并按照《民事诉讼法》第二百二十九条的规定执行。强制迁出时，被执行人无法自行解决居住问题的，经人民法院审查属实，可以由申请执行人为被执行人及其所扶养家属提供临时住房”。此外，该规定还特别规定，被执行人属于低保对象且无法自行解决居住问题的，人民法院不应强制迁出。

(5)注意审查是否增加公证机构出具执行证书前的核实程序方式条款

现行法律未对公证机构出具执行证书前核实债务人是否违约的程序作出规定，公证机构核实的程序和认定的权限主要源于当事人事先的约定。中国公证协会《办理具有强制执行效力债权文书公证及出具执行证书的指导意见》第 9 条规定：“公证机构可以指导当事人就出具执行证书过程中双方当事人的举证责任和对债务人(包括担保人)不履行或者不适当履行债务的核实方式做出约定。”基于此，公证员在办理民间借贷合同公证时，应建议当事人在合同中增加出借方对借款方不履行或不适当履行还款义务的核实方式内容。在合同中注意预留合同各方的通讯地址、联系电话、指定查询账号等详细情况。并建议在合同中约定“合同各方的通讯地址、联系电话、指定查询账号以本合同记载的为准,各类文件送达本合同记载的通讯地址即视为有效送达,合同各方均愿意承担按本合同记载的通讯地址和联系电话无法联系时产生的对己方不利的法律后果,且如因借款人(担保人)的原因导致公证处与之无法取得联系时,不影响公证机构依照法定程序出具执行证书”。这样,会使公证机构出具执行前的核实程序变得简单、切实、易行。

在公证程序上,还应告知当事人选择强制执行解决争端,即意味放弃了诉权的法律后果。另外,应告知债权人注意公证债权文书的执行时效。依据我国《民事诉讼法》第239条规定,申请执行的期间为2年。申请执行时效的中止、中断,适用法律有关诉讼时效中止、中断的规定。

(三)询问、告知、出证

公证机构办理民间借贷合同公证,应当认真制作询问笔录。询问笔录应着重载明下列内容:(1)当事人意思表示是否真实;(2)借款币种、数额、期限、利率、用途;(3)付款方式、还款方式;(4)借贷合同是否已经订立、当事人对合同内容是否存有异议;(5)有无担保,担保的形式,是否已经办理了抵押登记、质押登记或交付质物;(6)是否需要对债权文书赋予强制执行效力,债务履行核实方式。

唯有在借贷双方就相关法律知识及风险点全面了解之后达成的合意才真实可靠,之后实现起来受到的阻力才会减少,公证制度的预防纠纷功能才得以发挥。公证员在接待当事人的过程中,应该根据合同法、担保法等相关法律规定对借款合同的法律意义和后果等内容予以告知,告知可以单独制作告知书,也可以在制作询问笔录过程中予以告知,告知的重点包括:(1)借款、担保的法律意义和后果;(2)抵押或质押登记的法律意义和后果;(3)抵押物、质押物贬值、灭失等导致债权无法实现的风险提示;(4)有关利息、利率、违约金等的特别规定;(5)需要赋予强制执行效力的,应当告知强制执行的法律意义和后果、申请出具执行证书的程序等;(6)抵押人以唯一住房作为抵押担保物的,应当对债权人予以风险提示;(7)对于无担保的借款,应当告知出借方,借款人不归还借款时可能存在无财产可执行的情形;(8)对于余值抵押借款的,应当对出借方予以风险提示,告知其处置抵押物时因存在上位抵押权人,余值有可能无法偿还全部借款。

在实体性告知时要紧扣法条，每一项告知都要有充分的法律依据，要尽量引用法律原文，如告知民间借贷可能涉及的非法集资罪、非法吸收公众存款罪、高利转贷罪、洗钱罪时，应紧扣《刑法》中有关这四个罪名的法律规定和相关解释，由当事人通过自查、自我约束、自我保证的方式进行风险处理。在公证实践中，还应注意提示当事人《借据》的作用，以证明双方交付货币的事实。告知双方当事人在交付货币时，债务人应向债权人书写《借据》。

公证承办人经审查认为前述申请证明材料真实、合法、充分的，应当自受理公证申请之日起15个工作日内向当事人出具公证书。

三、办理民间借贷合同公证应当注意的问题

由于民间借贷的种类复杂，主体多样，办理不同种类的借贷关系公证需重点关注的问题有所不同。

（一）办理当户与典当行[①]之间的借贷合同公证应注意的问题

1.办理房地产抵押业务的，典当行注册资本应高于500万元；办理财产权利质押典当业务的，典当行注册资本应高于1000万元。

2.典当期限由双方约定，但最长不得超过6个月。

3.典当行不得发放信用贷款。典当财产须为出典人所有，不得以第三人财产出典。

4.当事人须出示当票，当票须有双方印鉴及完整信息。

5.典当当金利率，按中国人民银行公布的银行机构6个月期法定贷款利率及典当期限折算后执行，典当当金利息不得预扣。

6.动产质押典当的月综合费率不得超过当金的42‰，房地产抵押典当的月综合费率不得超过当金的27‰，财产权利质押典当的月综合费率不得超过当金的24‰。

7.典当行对同一法人或者自然人的典当余额不得超过注册资本的25%。

8.典当行对其股东的典当余额不得超过该股东入股金额，且典当条件不

---

① 典当法律关系属于民事法律还是商事法律调整，我国实务界认识和做法不一，一般认为，典当关系是当户和典当行之间特殊性质借贷关系。

得优于普通当户。

9.典当行财产权利质押典当余额不得超过注册资本的50%。房地产抵押典当余额不得超过注册资本。注册资本不足1000万元的,房地产抵押典当单笔当金数额不得超过100万元。注册资本在1000万元以上的,房地产抵押典当单笔当金数额不得超过注册资本的10%。

10.续当应在典当期满五日之内签订续当合同。

11.当户于典当期限或者续当期限届满至绝当前赎当的,除须偿还当金本息外,还应当根据当期内的息费标准和逾期天数,补交当金利息和有关费用。如当事人在借贷合同中约定了罚息,应建议当事人删除。

(二)对自然人与自然人之间、自然人与其他非金融机构的法人及其他经济组织之间的借贷合同公证应注意的问题

1.不宜办理有处置抵押物内容的委托书公证

当前在办理有抵押物的民间借款等赋予强制执行效力的债权文书公证业务中,应公证当事人特别是债权人的要求,有些公证处又办理了带有处置抵押物内容的委托书公证。即通过公证证明抵押人委托第三人(通常由债权人指定)代为办理已抵押财产的抵押、解押、出卖、产权过户登记等财产处置手续。上述这种做法有利于债权人实现债权,但有损于债务人、抵押人的利益。此类委托在法律上存在争议,在实践中弊处很大,易引起公证纠纷。其法律上的争议主要在于:第一,债务人将自有的财产抵押给债权人后,债务人对该抵押财产的处置权本已受到限制,但债务人又将全面处置该抵押财产的权利委托给债权人指定的第三人,这种委托的效力本身存在瑕疵。第二,《担保法》第40条规定,“订立抵押合同时,抵押权人和抵押人在合同中不得约定在债务履行期届满抵押权人未受清偿时,抵押物所有权转移为债权人所有”,而在此类委托中,债权人通过对其指定第三人(即委托书中的受托人)的实际控制,事先取得了在债务人违约时直接取得抵押财产的处分权,其法律效果与抵押人与抵押权人事先约定抵押物的所有权在债务人违约时直接转归抵押权人所有几乎一致,该代理权在日后可能会被法院以双方通过合法形式掩盖非法目的的理由认定为无效。第三,办理赋予强制执行效力的债权文书公证赋予了债权人在债务人违约时,通过法院强制执行的公力救济方式实现债权,但如果同时办理委托公证,则债权人又通过对受托人代理权的控制,实际

取得了以处置抵押财产的方式实现债权。在这种情形下,一旦发生债务人违约的情形,债务人及抵押人的预期是经公证处签发执行证书、法院强制执行后履行债务。在此期间债务人、抵押人有向公证处或法院提出异议的权利,而同时委托书公证的办理,使得债权人可径行处置抵押财产,无疑剥夺了债务人、抵押人向公证处或法院提出异议的权利。

2.注意民间借贷合同的生效问题

根据《合同法》第210条规定,自然人之间的借款合同,自贷款人提供借款时生效。至于如何判断,根据《最高人民法院关于审理民间借贷案件适用法律若干问题的规定》第9条之规定,具有下列情形之一,可以视为具备《合同法》第210条关于自然人之间借款合同的生效要件:(1)以现金支付的,自借款人收到借款时;(2)以银行转账、网上电子汇款或者通过网络贷款平台等形式支付的,自资金到达借款人账户时;(3)以票据交付的,自借款人依法取得票据权利时;(4)出借人将特定资金账户支配权授权给借款人的,自借款人取得对该账户实际支配权时;(5)出借人以与借款人约定的其他方式提供借款并实际履行完成时。可见,此类民间借贷合同出借人与借款人经协商达成借贷协议并签订合同(包括借据、借条等),此时民间借贷合同成立,但不一定已经生效。实践中,很多当事人在签订借款合同时就已经想到要去办理公证。因此,当双方签订完借款合同,没有等到付款,就已经到公证处申请了强制执行公证。由于某些公证处不审查公证的实质内容,只要双方愿意对某某事项进行公证,就出公证书。而公证的内容只有借款合同,当出现借款人不还钱,要去公证处申请执行证书的时候,如果一方的打款凭证或者收条与借款合同有出入,公证处往往以证据不充分,有争议为由,要求当事人起诉,徒增当事人诉讼成本。

对此,有人①主张将自然人民间借贷分为承诺性债权文书与实践性债权文书两类情况进行公证。出借人未提供借款资金的,作为承诺性合同公证;借款人已经提供借款的,作为实践性合同公证。在做实践性合同公证时,应当要求当事人提供已经交付借款资金的证据,如借款人出具给出借人的"收

① 参见吴友良《民间借贷,慎用公证程序》,载 http://bbs.tianya.cn/post-free-3035760-1.shtml。2015年3月1日最后访问。

条”、银行汇款凭证等，以证明借贷合同已经生效。《借据》所涉数额、期限及债务人的签名应与合同一致，以免发生争议。当事人应将借款合同、收条、打款凭证一并公证，以便以后能够申请到执行证书。

除上述自然人之间的借款合同外，当事人主张民间借贷合同自合同成立时生效的，公证机关应予支持，但当事人另有约定或者法律、行政法规另有规定的除外。

第八章　房屋委托合同公证

本章案例导读：

24

伪造公证书，造假骗取房地产过户吃最贵罚单①

2013年3月22日，卖方江某通过代理人陈某与买方方某共同向深圳市房地产权登记中心提交《转移登记申请书》、身份证明、(2012)深罗证字第13916号《公证书》等材料，申请办理某广场某房的转移登记。工作人员在审核的过程中，发现委托公证书存在疑点，立即向罗湖公证处去函核实。罗湖公证处证实该委托公证书是伪造的。随后，市规划土地监察局按照处理流程开展工作。2013年12月25日，深圳市规划土地监察局对向市房地产权登记中心提交虚假材料申请房地产登记的当事人江某作出《行政处罚决定书》，决定对当事人江某按房地产登记价格的5%处以人民币400544.95元的罚款。

25

公证处联手派出所打击公证诈骗案②

2011年的一天，郭某到北京市国信公证处要求撤销该处办理的一份委托书公证。他说，有人冒充他和妻子做了一份委托卖房公证，导致名下的房产

---

① 参见《伪造公证书　造假骗取房地产过户吃40万最贵罚单》，载http://news.sz.fang.com/2013-12-27/11780170.htm。2014年10月9日最后访问。

② 参见《北京市首例公证处联手派出所打击公证诈骗案》，载http://www.legaldaily.com.cn/index/content/2012-01/17/content_3308926.htm? node=20908。2015年2月4日最后访问。

过户给了刘某。公证处深入调查弄清了这件事的来龙去脉。

郭某的房子自2005年后一直由儿子居住。但去年在办理房屋拆迁手续时，郭某发现房子已经被过户给了别人，而自己手里的房产证居然是假的。到房管部门查阅档案，郭某找到一份假冒他名义办理的房屋买卖委托公证书。郭某回忆说，他的儿子曾经偷拿过他的房产证、户口本等重要证件作抵押向刘某借款，后来几经周折拿回这些证件，没想到竟是伪造的。在向公证处提出申请的同时，郭某夫妇以买卖合同纠纷为由到法院对刘某提起了诉讼。公证处考虑到这可能是一起刑事诈骗案件，立即向北京市公安局海淀分局花园路派出所报案。为避免郭某的损失扩大，公证处向房管局建议暂缓办理郭某房产交易过户手续。同时，公安机关已通知了房管局，涉及该房产的交易过户等行为都已冻结。2012年1月13日上午，北京市国信公证处给海淀公安分局花园路派出所送来了锦旗，感谢民警在一起冒名顶替骗取公证书的案件中及时出警，抓获了犯罪嫌疑人。

26

二手房交易卖方勿轻信中介，应“保留”委托权限①

2012年5月，因为自己的公司急需资金，深圳市民邓先生和妻子把一套自有房通过某地产公司签约卖给一个叫刘某的人，拿到了5万元定金。6月中旬，邓先生收到了对方推迟了一个星期给的首期款55万元。7月13日，邓先生又收到该地产公司业务员的电话，称买家刘某被警方抓了。通过中介公司内网查到，邓先生的房屋已经被刘某以180万元的价格抵押给了别人。“首期没有按时给，当时已经觉得不对劲，不想卖给他了。”邓先生悔不当初，市值近300万的房屋，只拿到了60万元就和自己没什么关系了。邓先生立即前往南山派出所报警。和他一样被刘某诈骗的房产竟多达30套，这还不包括一些受害人并不知情的情况。据警方透露，这30套涉嫌被诈骗的二手房遍布深圳市宝安、南山、福田三区，其中以宝安和南山最多。受害业主们的遭遇大同小异，他们之所以陷此泥潭，是因为太信任地产中介和担保公司，毫无防备之心地和自称来自担保公司的人员办理了委托公证，将包括赎楼、复印房产

---

① 参见《二手房交易卖方勿轻信中介，应“保留”委托权限》，载 http://house.xinmin.cn/xw/scdt/2012/10/15/16713855.html。2014年2月5日最后访问。

证抵押合同贷款等资料，办理房产抵押以及到房产交易中心办理房产过户等17个事项的处理权限都委托给对方办理。事后证明，正是这么大的委托权限，让邓先生的房子悄无声息就消失了。

27

房子卖了两年还惹官司，不是委托公证就完事①

2011年初，因为急于用钱，市民陈先生想变卖在皇姑区的一处房产。买主张某看上了这处房子。按照相关规定，购买五年以内的住房需要全额征收营业税。这处房产陈先生才购买了三年。为了少交税款，陈先生和张某商议决定暂不办理房屋产权登记过户手续，等房屋满五年后再办理过户手续。同时，陈先生和张某来到到皇姑区公证处进行公证委托，由张某作为陈先生出售房屋的委托代理人，有办理买卖、过户等权利。随后，张某将全部购房款交给了陈先生，陈先生将房屋的钥匙、房屋产权证、契证交给了张某。

陈先生自认为房子已经卖完了，也没有和张某再联系。没想到，2013年3月，陈先生突然接到了法院的传票，自己却成了被告。陈先生出庭后才得知张某并未按当初约定在年满五年后将房屋产权过户到自己的名下，而是以陈先生委托代理人的身份再次出售房子。张某在卖房过程中，一女二嫁，与两个买主产生合同纠纷。买主要打官司，却发现房主的名字是陈先生，要求陈先生承担违约责任。就这样，陈先生"躺着中枪"，被卷进官司中。

28

一套房赚七八万，委托公证让"房虫"啃巨额差价②

买到一套二手房、办完过户手续后才得知，原来真正的房主开出的价格是24.8万元，自己买到手的却是32万元。买房人朱女士今年就遭遇了这样的烦恼。2010年4月28日，朱女士在硚口一家中介购买了一套二手房，合同价32万元。签合同时，原房主并未出面，是一位彭女士持与原房主办理的委托公证书进行交易。事后，朱女士发现这位彭女士是硚口另外一家中介的工

① 参见《房子卖了两年还惹官司，不是委托公证就完事》，载 http://www.ccgoufang.com/newscenter/esfzx/122729251.html。2015年1月23日最后访问。

② 参见《一套房赚七八万，委托公证让"房虫"啃掉巨额差价》，载 http://land.fang.com/news/2010-10-12/3891732.htm。2014年12月4日最后访问。

作人员。朱女士随后找到了原房主周先生。周先生告诉她，今年1月份他与彭女士签订了买卖合同，收取了彭的定金，但没有进行过户。直到4月26日，周先生与彭女士签订了委托公证书，收取了彭的房款24.8万元。周先生并不知道，这套房子马上被转手卖给了朱女士，且差价高达7万多元。朱女士认为，中介这种行为有收房再加价卖出的嫌疑。

而与朱女士成交的那家中介店长介绍，当时卖家彭女士是持有合法的公证书来交易的，过户手续也是齐全的，在房管局顺利过户说明交易是合法的。至于彭女士是宗关一家中介机构工作人员的事宜，她表示后来才知情。

29

为贷款办假“委托售房”公证，结果房子真的被中介卖了①

2014年7月的一天，市民徐先生和林女士夫妇在一位房产中介孔先生的陪同下，来南京公证处办理售房委托书公证。公证员在咨询的过程中就觉得有些不对劲，因为一直都是孔先生在介绍情况，而作为委托人的徐先生夫妇只是应声附和几句，并不多说，并且孔先生一直都示意徐先生夫妇向公证员表示他们夫妇是真心想要出售房产，次数之多让公证员心生疑惑。然而详细询问之下三人始终未露破绽，所述情况似乎也合情合理，公证员便表示可以办理委托书公证。听说可以办理公证，孔先生显得很高兴。而公证员详细地告知了徐先生夫妇委托他人出售房产的风险并记录在谈话笔录中，徐先生夫妇也在笔录上分别签了名，同时公证员建议他们最好是委托自己信得过的亲属出售房产。面对公证员的质疑孔先生显得很激动，不断向公证员表示自己是中介公司的员工，不可能做出损害徐先生夫妇利益的事情。徐先生夫妇也表示自己信得过孔先生和他们公司。最终他们还是办理了售房委托书公证。

公证书下达后没几天，徐先生夫妇就到公证处找公证员要说法。原来，徐先生夫妇并不是真心想要出售房产，而是为了筹集经营资金向中介公司贷了一笔款。为了图省时省钱，徐先生夫妇并没有办理抵押登记手续和民间借贷公证，而是办理了一份售房委托书公证，本意是当徐先生夫妇不能依照约定偿还借款的话就由中介公司凭委托书出售房产，并以售房款抵偿借款。然

① 参见《为贷款办假“委托售房”公证，结果房子真的被中介卖了》，载 http://epaper.yzwb.net/html_t/2014-07/21/content_174304.htm? div=-1。2015年1月20日最后访问。

而还款期限尚未到期,徐先生夫妇就发现自己的房子已经被卖掉了,受托售房的孔先生也联系不上。夫妇二人联系了中介公司,公司表示孔先生数日前已辞职,联系不上。简单地说,姓孔的把夫妇二人给骗了,他有委托售房的公证书在手,就私下卖掉徐先生的房子,并卷款跑路。而焦急万分的徐先生夫妇跑到公证处来要说法。公证员拿出当日办理公证留存的档案材料,将谈话笔录中的告知部分和徐先生夫妇的签名指给他们看,并告知徐先生夫妇在公证员已经详细提示风险的情况下,明知风险还要办理售房委托书公证,带来的不利后果只能自己承担。听到这里,林女士再也憋不住,流下了悔恨泪水。

现在许多的民间借贷的当事人为了图省钱省事,既不办理抵押也不办理民间借贷公证,而是寄希望于公证过的售房委托书来保障资金的安全,殊不知这样做有很高的风险。从委托人的角度来说,存在受托人可能提前售房、取得售房款后卷款逃跑、一房两卖、以不合理低价出售、房款不及时交付于委托人等一系列风险,并且受托人售房过程中的一切行为都要由委托人直接承担责任。所以遇到民间借贷的场合,还是办理民间借贷的公证并办理抵押更能切实保护民间借贷双方当事人的利益。

第一节　房屋委托公证概述

一、房屋委托公证的概念

房产委托行为,是房产所有权人(委托人)将办理与房产有关的事务,或者实施与房产有关的法律行为(买卖、出租、抵押等)的权利授与受托人的意思表示。房屋委托行为必须采用书面形式。因此,房屋委托公证又称房屋委托书公证。房屋委托公证既为委托人不能亲自处理房产的相关事宜提供方便,同时又为受托人代为办理房产的相关事宜提供信用,既节约了交易成本,也使交易更加迅捷和便利,是当前公证机构的常态公证业务之一。

二、房屋委托书的内容

依据中国公证协会《办理房屋委托书公证的指导意见》之规定,房屋委托书是指委托人为了授权他人代为办理房屋的购买、出售、互换、继承、受遗赠、租赁、抵押等事宜而单方签署的法律文书。委托书应当包括下列主要内容:(一)委托人姓名(名称)及基本情况;(二)受托人姓名(名称)及基本情况;(三)房屋的基本情况,但涉及的房屋尚未确定的除外;(四)委托内容:委托事项和代理权限、委托期间、受托人有无转委托权等;(五)委托人的签名(印鉴、指印)及签署日期。委托人或者受托人为二人以上的,公证机构可以建议当事人在委托书中载明下列内容:(1)每个受托人的代理范围、权限;(2)委托人或者受托人中一人解除委托(辞去委托)或者死亡后委托书的效力。委托书中不得含有委托设立遗嘱、赠与等依法应当由本人亲自实施的内容。

三、房屋委托公证的种类

根据2008年中国公证协会通过的《办理房屋委托书公证的指导意见》和《公证程序规则》第38条的规定,房屋委托公证仅对委托人的签名(印鉴、指印)和签署日期进行证明,不对委托书的内容进行证明。当事人或者接受房屋委托书的第三人有特殊需要的,公证机构也可以适用《公证程序规则》第36条的规定,对委托人的委托行为以及委托人的签名(印鉴、指印)和签署日期进行证明。因此房屋委托公证分为两个基本类别:一是仅对委托人的签名(印鉴、指印)和签署日期进行证明,二是对委托人的委托行为以及委托人的签名(印鉴、指印)和签署日期进行证明。区分房屋委托公证种类的意义在于,不同种类的公证,其遵守的公证程序和规则不同。

第二节　办理房屋委托公证的程序

根据2008年中国公证协会通过的《办理房屋委托书公证的指导意见》和《公证程序规则》,委托人申请办理房屋委托书公证,应当亲自向公证机构提出,不得委托他人代理。

一、适用《公证程序规则》第38条的规定办理房屋委托书公证的条件和程序

（一）委托人应提交的材料

1.委托人的身份证件和资格证明；2.房屋委托书文本；3.房屋委托书所涉及的房屋权属（权利）凭证的原件或者复印件，但购买房屋的除外；4.法人或者其他组织申办房屋委托书公证，按照法律、法规或者章程规定需要审批的，应当提交股东会（董事会）决议或者有关部门的批准文件；5.监护人申请办理以处分被监护人所有的房屋为内容的委托书公证，应当提交享有监护权的证明材料以及为被监护人利益而处分房屋的保证书。

（二）审查

公证机构适用《公证程序规则》第38条的规定办理房屋委托书公证，除需要按照《公证程序规则》规定的事项进行审查外，还应当重点审查下列事项：

1.委托人的身份是否属实；2.委托人是否具有完全民事行为能力；3.委托书中有无违反法律规定或者明显虚假的内容；4.委托书中委托人的签名（印鉴、指印）和签署日期是否属实；5.委托人为被羁押人员的，应当注意审查委托人是否可以处分委托书所涉及的房屋，必要时可以向有关部门核实。

（三）询问笔录

公证机构适用《公证程序规则》第38条的规定办理房屋委托书公证，应当询问委托人并制作询问笔录。询问笔录除需要按照《公证程序规则》规定应当载明的内容外，还应当载明下列内容：

1.委托人与受托人的关系和授权受托人的原因；2.处分的房屋是否属于委托人所有，有无其他共有人，有无被抵押、查封、扣押等限制处分的情况。

委托人拒绝接受公证机构要求其补正、修改不完备或者表达不准确的委托书的，应当将此情形记入询问笔录。

（四）告知

公证机构适用《公证程序规则》第38条的规定办理房屋委托书公证，除需要按照《公证程序规则》规定向当事人进行告知外，还应当重点告知下列

内容：

1.委托书中委托、代理、转委托等法律术语的含义；2.委托人签署委托书的法律后果；3.委托他人在收取房款前代办变更登记或者委托他人代收房款（租金）应当注意的风险；4.处分已设定抵押权的房屋，应当在处分前征得抵押权人同意；5.公证机构适用《公证程序规则》第38条的规定办理涉及处分房屋的委托书公证，可以在公证书中加注："本公证书未对委托人是否具有处分权作出证明。"

二、适用《公证程序规则》第36条的规定办理房屋委托书公证的条件和程序

（一）委托人应提交的材料

1.委托人的身份证件和资格证明；2.房屋委托书文本；3.房屋委托书所涉及的房屋权属（权利）凭证原件，但购买房屋的除外；4.处分已设定抵押权的房屋，提交抵押权人同意处分的书面材料；5.法人或者其他组织申办房屋委托书公证，按照法律、法规或者章程规定需要审批的，应当提交股东会（董事会）决议或者有关部门的批准文件；6.监护人申请办理以处分被监护人所有的房屋为内容的委托书公证，应当提交享有监护权的证明材料以及为被监护人利益而处分房屋的保证书。

（二）审查

公证机构适用《公证程序规则》第36条的规定办理房屋委托书公证，除需要按照《公证程序规则》规定的事项进行审查外，还应当重点审查下列事项：

1.委托人的身份是否属实；2.委托人是否具有完全民事行为能力；3.委托书内容是否与委托人意思表示一致；4.委托书中有无违反法律规定或者明显虚假的内容；5.处分房屋的，以查阅房屋登记簿的方式核实委托人提交的房屋权属凭证是否属实，以及该房屋有无被抵押、查封、扣押等限制处分的情况；6.委托书所处分的房屋属于夫妻共有财产且夫妻不能共同签署委托书的，另一方是否同意；7.委托书中委托人的签名（印鉴、指印）和签署日期是否属实；8.委托人为被羁押人员的，应当注意审查委托人是否可以处分委托书所涉及的房屋，必要时可以向有关部门核实。

（三）询问笔录

公证机构适用《公证程序规则》第 36 条的规定办理房屋委托书公证，应当询问委托人并制作询问笔录。询问笔录除需要按照《公证程序规则》规定应当载明的内容外，还应当载明下列内容：

1.委托人与受托人的关系和授权受托人的原因；2.处分的房屋是否属于委托人所有，有无其他共有人，有无被抵押、查封、扣押等限制处分的情况；3.所处分房屋的来源、取得时间，委托人的婚姻状况；所处分的房屋属于夫妻共有财产的，夫妻双方对处分房屋的意见。

委托人拒绝接受公证机构要求其补正、修改不完备或者表达不准确的委托书的，应当将此情形记入询问笔录。

（四）告知

公证机构适用《公证程序规则》第 36 条的规定办理房屋委托书公证，除需要按照《公证程序规则》规定向当事人进行告知外，还应当重点告知下列内容：

1.委托书中委托、代理、转委托等法律术语的含义；2.委托人签署委托书的法律后果；3.委托他人在收取房款前代办变更登记或者委托他人代收房款（租金）应当注意的风险。

（五）公证书格式

公证机构适用《公证程序规则》第 36 条的规定办理房屋委托书公证，应当采用要素式公证书。

此外，受托人根据经公证的房屋委托书申请办理转委托书公证的，公证机构可以受理。公证机构办理房屋转委托书公证，原则上适用《公证程序规则》第 38 条的规定，仅对转委托人的签名（印鉴、指印）和签署日期进行证明，不对原委托书目前的有效性进行证明，并可以在公证书中加注："本公证书未对原委托书目前是否有效作出证明"。公证机构发现委托人（转委托人）理解表达能力有欠缺，或者对其民事行为能力有疑问时，可以对询问过程录音或者录像，必要时可以要求委托人（转委托人）提交专业机构出具的其具有完全民事行为能力的鉴定证明。

三、关于办理房屋委托公证中的风险问题①

近年来，随着房地产价格的不断飙升，各地房地产及相关行业随之蓬勃发展，这也影响着公证行业。就公证而言，最大的变化莫过于以代办房产抵

---

① 为了减少办理房屋委托公证中的风险，一些地方积极探索。如2014年江苏省公证协会出台了《关于谨慎办理以处分房产为内容的委托书公证的指导意见》，其主要内容如下：

为进一步控制公证执业风险，保护公民合法财产权益，根据《公证法》《公证程序规则》的规定，结合省内外公证业务实践，现就办理以处分房产为内容的委托书公证，提出如下指导意见：

一、"以处分房产为内容的委托书公证"的范围

"以处分房产为内容的委托书公证"，包括证明以处分房产为内容的单方委托行为公证、证明以处分房产为内容的委托书上的签名属实公证两类公证事项。

二、谨慎办理以处分房产为内容的委托书公证

1.办理上述公证时，应特别注意审核委托人身份，确保人证的同一性，谨防假冒。对委托人(持证人)身份有疑问时，除查验身份证件外，还应使用其他必要手段核实委托人身份。2.委托人住所地和不动产所在地均不在当地的公证事项，应谨慎办理。3.谈话时应注意询问的针对性，特别应当询问清楚委托人受托人之间的关系以及委托人的真实意思表示。对非亲属、熟人之间的委托，可以通过要求补充证明材料或询问核查等方式，进一步了解委托人的真实想法。4.为控制执业风险，可以拍照(正面免冠照片)或摄像的方式留存委托人的影像资料。5.如发现假证、假人，应立即将当事人信息录入办证系统违信人员信息库，并报请公安机关处理。公证事项涉及其他公证机构的，还应进行通报。

三、停止办理"担保性委托书"公证

1."担保性委托书"是指委托人向他人借贷时，出借人要求委托人出具的，以授权出借人(或出借人指定的人)全权处分相关房产作为归还借款担保为主要内容的委托书。

2.符合下列情形之一的，可以认定为"担保性委托书"：

(1)委托人承认委托是为借款作担保、并无出售房产意思的；

(2)委托人和受托人不认识或者不熟悉，不具备基本信任关系的；

(3)委托书授予权限过于宽泛(有同时授权抵押、出售、出租、收取售房款等情形的)，且没有合理解释的；

(4)同一受托人多次接受他人类似委托事项的；

(5)委托人由受托人或其他第三人引导到公证机构办理委托，且委托人意思表示明显不自主的；

(6)受托人或其他第三人阻止公证员与委托人单独谈话交流的；

(7)公证员认为属于"担保性委托书"的其他情形。

3."担保性委托书"违反《中华人民共和国物权法》等法律规定，导致当事人之间的权利义务失衡。公证机构办理"担保性委托书"公证，将面临极大的法律和事实风险，应停止办理。

4.对不予受理"担保性委托书"公证申请的，应尽量做好说服、解释工作，对合法的民间借贷，应引导当事人办理借款合同、房产抵押担保合同公证，并告知有关赋予强制执行效力的债权文书公证的法律规定。

详见江苏省公证协会关于印发《关于谨慎办理以处分房产为内容的委托书公证的指导意见》的通知，载 http://www.xjgz.com/Article/lwal/nbjl/201408/736.html。2015年2月4日最后访问。

押、买卖等手续为内容的房产委托公证数量的增加。在给公证处带来大量证源的同时,也给公证处带来了相当大的风险,近年来投诉案件,多数为房产委托公证。造成这种风险的原因是多方面的,涉及的主体也不止公证机关一家,如何防范房产委托公证各环节出现的风险是一个亟待解决的问题。

(一)房屋买卖委托公证中的委托人(卖房人)的风险

房屋买卖委托公证,在本质上就是让被授权方具备民法上被代理人的身份,通过法律程序予以公证之后,具备了公信力,在法律效力上等同于卖家,代办买卖过程中所涉及的诸多手续。但不可否认的是,如果真正的委托人—卖方在出售房产时对委托卖房的公证授权风险意识不够,就很容易陷入不法分子事先设置的陷阱中,这些风险主要表现在如下方面:

1.卖方因授权时间和付款时间存在一定期间差,给受托方和炒房客提供了炒房的机会。受托方有机会将房子抵押或再次倒卖并从中牟利。并且在这个过程中,有可能替卖家做出虚假承诺,以逃避相关税收,损害卖家的权益。极端的情况是出现"一房多卖"情形,受托方收取买方首付款之后或受托人在骗得巨款后潜逃,卖家委托人平白无故惹上麻烦,面临着承担返还价款、违约赔偿的责任。

2.卖方业主的物业尚在按揭中,需要买方或第三方垫资赎契时签订的全权委托存在的风险。例如要求卖方业主签全权委托公证书给买方,买方为业主垫资赎契后,取得银行的产权资料后迅速抵押或出售业主的物业套现,业主无法收回楼款尾期。如果买方、房地产中介和按揭公司是诈骗团伙,取得银行的产权资料后将业主的物业迅速抵押或出售套现,业主同样将损失尾期楼款。

为避免委托风险,委托方在办理委托公证时应注意:首先要对受委托方的信用状况进行了解,委托值得信赖的专业人士;其次,对于委托权限一定要明确,坚持"委托人能自己做的绝不让受托人做"的授权原则,涉及房屋成交价、收款交房时间及方式、违约责任这类重中之重的委托权限,委托范围、内容都应清楚明确。并且,在授权委托时,必须明确授权期限,如三个月、六个月、一年等等。最好不要签"办妥为止",给予受托方(中介)无限期的权限。授权时间不够,可以再次授权办理剩余手续。而如果已与买家签订了买卖合同,同时商定了价格,那么卖家可以在授权委托时,在委托书上注明买方具体姓名、交易价、办理时间等细节，受托方（中介）就无法再卖给出更高价的其他买家，从中赚取差价。此外，委托期限过长，假如委托人死亡，委托房产变为遗产，委托人的继承人就可以对房产主张继承权，这种委托书的效力就变得模糊，容易出现纠纷。

（二）房屋买卖委托公证中公证机关和相对人的风险

近几年来，不法分子使用虚假证明材料骗取委托书公证，办理房屋买卖、银行抵押借款、随意处理当事人私人财产、骗取巨额房款的事件时有发生，这既给公证处和公证行业的名誉和形象造成极其恶劣的影响，又给相对人造成经济和精神上的重大损失。从公证处角度而言，其主要原因在于，公证处不是国家行政机关，也不是司法机关，没有法定的调查权。同时，如果将当事人提交的房产证、结婚证、户口本等一系列材料全到相关单位去核实，公证处无法承担为此付出的人力、物力和时间成本，当事人也不会允许着急使用的委托公证书经历如此漫长的证据核实过程。还有一个现实问题是，公证机构目前的鉴真手段落后，诸如房产证、结婚证、学历证明等还达不到和相关部门的联网信息共享。公证机关没有指纹库、DNA 数据库，公证员对当事人验明正身就是靠用眼睛比对当事人和身份证是否相符，仅凭观察核对，很难发现破绽。此外，公证机关没有处罚的权力，对使用伪造证件或冒用他人证件的违法行为，不可能抓人扣人，甚至有时连伪造的证件都没有权力扣留，所以一些不法之徒常常拿着假证件到公证处“碰运气”。[①]

---

① 2011 年北京市公安局和北京市司法局联合出台《关于依法查处扰乱公证执业秩序违法犯罪案件的意见》，海淀区公证机构和公安机关密切配合，提供虚假材料或冒名顶替骗取公证书的现象得到了遏制。全市公证处正推广装配摄像头，在办理委托公证等签名类公证时留存影像资料，在办理遗嘱公证等表达意思类公证时进行录像等，记录申请人和办证过程。详见《深入贯彻“京公法字〔2010〕1485 号文件”精神，海淀率先召开“海淀区依法查处扰乱公证执业秩序违法案件工作会》，载 http://www.chinabjnotary.org.cn/news/detail.asp? id=874。2015 年 3 月 1 日最后访问。

第九章　保全证据公证

第一节　保全证据公证概述

一、保全证据公证的含义

根据我国《公证法》第 11 条第 9 项之规定，保全证据公证是指公证机构根据自然人、法人或者其他组织的申请，依法对与申请人权益有关的、有法律意义的证据、行为过程加以提取、收存、固定、描述，或者对申请人的取证行为的真实性予以证明的活动。目前保全证据公证的种类包括：对书证的保全；对物证的保全；对视听资料、电子证据的保全；对证人证言、当事人陈述的保全；对行为过程和事实的保全等。

在我国只有人民法院和公证机构才有保全证据[①]的权力，除此之外，法律未赋予其他任何机关、组织和个人此项权力。虽然在我国人民法院和公证机构都有保全证据的权力，但两者有着显著区别，主要体现在：1.启动方式上，法

① 我国《民事诉讼法》第 81 条规定，在证据可能灭失或者以后难以取得的情况下，当事人可以在诉讼过程中向人民法院申请保全证据，人民法院也可以主动采取保全措施。因情况紧急，在证据可能灭失或者以后难以取得的情况下，利害关系人可以在提起诉讼或者申请仲裁前向证据所在地、被申请人住所地或者对案件有管辖权的人民法院申请保全证据。证据保全的其他程序，参照适用《民事诉讼法》第九章保全的有关规定。《最高人民法院关于民事诉讼证据的若干规定》第 23 条规定，当事人依据《民事诉讼法》规定向人民法院申请保全证据，不得超过举证期限届满前 7 日。当事人申请保全证据的，人民法院可以要求其提供相应的担保。法律、司法解释规定诉前保全证据的，依照其规定办理。该规定第 24 条还规定，人民法院进行证据保全，可以根据具体情况，采取查封、扣押、拍照、录音、录像、复制、鉴定、勘验、制作笔录等方法。人民法院进行证据保全，可以要求当事人或者诉讼代理人到场。

院证据保全可以因申请人的申请启动,也可由人民法院依职权主动启动,保全证据公证只能因申请人的申请才可进行。2.保全的目的和用途上,法院保全证据的目的只有一个,那就是诉讼上的需要,而保全证据公证的目的和用途多种多样,既可以为诉讼举证需要,也可能为非诉讼需要。3.保全方法上,法院保全证据的方法既有强制性措施,又有技术性措施,保全证据公证不可能采取任何强制措施。4.保全实施条件上,法院保全证据一般要求申请人提供担保,证据保全公证则无此规定。5.保全时效上,法院保全证据实施的开始时间、解除时间都有严格的规定,保全证据公证则无此规定。6.保全时间方面,法院保全证据以诉讼进行为标准分为诉讼中的保全和诉讼前的保全,保全证据公证无此划分。7.保全适用要件上,法院保全证据只能是可能灭失或以后难以取得的证据,而保全证据公证则无此要求。

总的来说,人民法院在非诉讼阶段一般不会主动采取保全证据措施,即使是在诉讼阶段,人民法院也只有在必要条件下才会依据职权或当事人申请采取保全措施。反之,不论当事人愿不愿意提起诉讼,也不论当事人是否及时采取维护自己权益的措施,保全证据公证都能更有效更快捷地为当事人凝固有效的证据或迫使侵权人自动改过。

随着经济的发展,经济纠纷也随之日益增多,当事人权益纠纷领域越来越广泛。如在保险、索赔、知识产权、环境保护、房屋拆迁、租房、贷款、质量事故、交通事故、电子数据等等方面的纠纷维权都要求有案可查、有据可考,所以保全证据的范围越来越大,不仅表现在对传统的书证、物证、证人证言或当事人陈述、视听资料、行为过程等的保全,还逐步延伸到电子数据、手机短信、网页信息等诸多新兴领域。保全证据公证成了维护当事人合法权益、防范诉讼纷争的一件利器。

二、一般保全证据公证的条件和程序

(一)申请和受理

保全证据公证由当事人住所地、行为或者事实发生地的公证机构受理。自然人、法人或者其他组织申请办理保全证据公证,应当提交下列材料:1.申请人的身份证明、资格证明;2.申请人与保全的证据有利害关系的证明材料;3.载有申请保全证据的理由、用途和证据取得的方式或者方法的书面说明;

4.与申请保全证据相关的其他证明材料。对前述材料齐备的,公证机构可以受理,对于不符合规定条件的申请,公证机构不予受理,并通知申请人。申请人申请对已被查封、扣押的财产办理保全证据公证的,公证机构不宜受理,但经依法实施查封、扣押的机关申请或者同意的除外。

（二）审查

公证机构办理保全证据公证,除需要按照《公证程序规则》规定的事项进行审查外,还应当重点审查下列事项:保全的证据与当事人的权益是否有利害关系;保全证据的方式、方法有无侵害他人合法权益或者违反法律、法规禁止性规定的情形;参与保全证据相关人员的身份是否属实、资格是否具备。

（三）询问、告知、制作笔录

公证机构办理保全证据公证,应当询问当事人并制作询问笔录,询问笔录除需要按照《公证程序规则》规定记载相关内容外,还应当载明下列内容:申请保全证据的原因、用途或者目的;申请保全的证据的种类、名称、数量、时间、地点和现状;保全证据的方式、方法。

（四）实施保全措施、出具公证书

公证机构派员外出办理保全证据公证的,由二人共同办理,承办公证员应当亲自外出办理。公证机构办理保全证据公证,可以根据具体情况采取绘图、照相、录像、录音、复制、封存、非专业性鉴定和勘验、制作笔录等方法和措施,并制作详细的工作记录。保全证据过程中涉及专业技术鉴定、评估的事项,应当由当事人委托专业机构办理,或者征得当事人的同意由公证机构代为委托。

1.办理保全书证、物证和视听资料的公证,公证员和公证机构的其他工作人员应当采取现场勘验和当场提取证据的方式进行,并将相关的情况制作工作记录。记录的内容应当包括:勘验的时间、地点;办理保全证据公证的公证人员及在场的相关人员的人数、姓名;保全对象的基本情况;保全的方式、方法;证据取得的时间、地点、方式或者证据的存放方式、地点、现状;取得的证据数量、种类、形式等。对不易收存的物证可以采取记录、绘图、照相、录像、复制等方式保全。

办理保全书证、物证和视听资料的公证需要由专业机构或者专业人员采用技术手段进行的,公证人员应当审查专业人员的身份和相应的资格,告知其操作的法律意义与法律后果,并对保全过程予以证明。

保全书证、物证和视听资料过程中,委托专业机构或者专业人员以照相、录像、录音、测绘、评估或者鉴定等方式形成的证据,应当由专业机构的承办人员或者专业人员签名并及时由公证机构封存。

当事人申请以照相、录像方式在公共场所(包括营业场所)对财产、行为办理保全证据公证的和以录像、录音方式对其与他人的谈话办理保全证据公证的,公证机构可以受理。

2.办理保全证人证言的公证,由使用证人证言的当事人提出申请,也可以由提供证言的证人单独或者与使用证人证言的当事人共同提出申请。申请保全若干证人的证言,公证机构应当分别办理。

保全证人证言,可以由证人在公证人员面前亲笔书写证言,或者由使用证言的当事人在公证人员面前对证人进行询问并作出记录,必要时也可以由公证人员对证人进行询问,公证人员可以酌情采用录像、录音等方式保全证人证言形成的过程。

公证人员在证人作出证言前,应当告知其享有的权利、承担的义务及其法律责任,并将告知内容制作询问笔录。询问笔录和所保全的证人证言应当由证人签名。

保全危重病人的证言,应当由医疗机构证明其精神状况并可以酌情采用录像、录音等方式保全证人证言形成的过程。保全限制行为能力人的证言,应当审查其年龄、智力或者保全时的精神状况,并有其监护人在场,监护人应当在询问笔录和所保全的证人证言上签名确认。

保全证人证言的公证书中可以载明:“本公证书仅证明证人证言的形成过程,不对前面的×××的证言内容的真实性作出证明”。

3.办理保全送达文书的公证,应当做好送达的现场记录。现场记录应当载明下列内容:(1)当事人(包括送达代理人,下同)的名称;(2)受送达人的名称;(3)送达文书的名称;(4)送达的地点;(5)送达的方式;(6)对送达现场情形的客观记录。

采用邮寄方式送达的,应当将送达凭证原件或者复印件归档保存;采用数据电文方式送达的,应当将数据电文的纸质载体归档保存。保全送达的文书应当由当事人送达,公证机构仅对当事人送达文书的行为和过程予以证明。

公证人员办理保全送达文书公证应当向当事人告知下列内容:(1)公证机构仅保全当事人送达文书的行为和过程,不代理当事人送达文书,送达的时间、地点和受送达人发生错误的风险均由当事人承担;(2)公证机构办理保全送达文书公证,仅证明当事人送达文书行为和过程的真实,不证明被送达文书内容的真实;(3)公证机构不对送达行为可能产生的法律后果(如中止诉讼时效)作任何承诺;(4)公证机构不对受送达人的身份、权限的真实性作出证明(受送达人接受公证人员核实其身份的除外);(5)在办理保全邮寄送达、数据电文送达公证中,公证机构仅保全当事人的送达行为,不对受送达人是否收到了送达文书作出证明。

4.办理保全侵权物证的公证,公证机构可以根据当事人的要求和被保全对象的不同特点,采取客观记录当事人购买或者索取实物(包括索要发票、凭证)的过程、照相、录像、询问证人等方式,保全现场的真实情况。

办理侵权物证保全时,为便于申请人取证,公证人员可以不公开身份,但必须亲临现场,并进行现场记录或者事后及时补记现场记录。现场记录应当载明取证的时间、地点、证据名称、数量等,并交由申请人或者在场人签名。

取证过程中取得的票据、单据等凭证,公证机构应当收存原件,有正当理由无法收存原件的,应当收存经公证人员核实无误的复印件。

5.办理保全互联网上实时数据证据的公证,应当使用公证机构的计算机或者无利害关系的第三人的计算机进行。

公证员或者当事人应当按照当事人提供的书面操作程序进行操作。公证员应当按照操作顺序记录登录网络、进入相关网址(网页)、下载、打印(或者刻录光盘)等整个过程和所使用的操作软件的名称与版本,并要注意审核下载的内容是否与网页内容相符,必要时可以对保全过程进行录像。

6.办理保全单方收回出租房屋或者其他物业的公证,应当具备下列条件:

(1)申请人须是房屋或者其他物业的所有权人或者管理人,并提交权属证书或者授权委托书;(2)提交经公证的承租合同,且其中必须载明承租人不履行或者不完全履行合同义务时,所有权人或者管理人有权单方收回出租房屋或者其他物业的约定;(3)承租合同约定出租人单方收回出租房屋或者其他物业前应当履行催告程序的,申请人应当先就其履行催告义务的过程申办保全证据公证;(4)提交承租人存在违约事实的证明材料(如催交租金的函件);(5)申请人书面承诺对单方收回房屋或者其他物业行为而侵犯他人合法权益愿意承担相应的法律责任;(6)申请人承诺保护房屋或者其他物业内承租人财产的完整和安全。

申请人应当有能力控制保全证据现场的局面,防止矛盾激化。申请人无法控制现场局面的,公证机构应当不予办理;已经开始取证的,可以暂时中止保全程序,待恢复正常秩序后视情况继续或者终止。

对现场清点的物品,应当登记造册,必要时可以进行封存,交由申请人妥善保管。公证人员对保全过程应当做好现场记录,并可采取照相、录像等方式对现场状况加以固定。公证员在办理保全证据公证过程中,为了保证保全行为的连续性、客观性和真实性,在必要情况下,对清点过程中放置待清点物品的房间,可以采取粘贴临时性封签的方式,对物品及其存放环境等事实进行固定。

除应当由公证机构保存的证据以外,公证机构可以与当事人、该项证据实际持有人共同确定封存证据的保管人、保管场所、保管期限,并将其写入公证证词中。当事人或者有关机构领取有封存期限的物品后,公证机构应当将证据的照片、复印件和领取收条归档。

依据司法部对保全证据公证证明要素的规定,保全证据公证书内容包括三个基本方面:(1)证据事实;(2)提取和固定证据的事实,即证据收集、固定的程序、方式和过程,这是审查判断证据能力的依据;(3)公证程序事实,这是审查判断公证文书是否有效的依据。公证文书对证明对象客观特征和取证过程的如实记录,使保全对象的证明力和证据能力成为认证者可以直接感知的东西。而对这些事实的全面记录则使保全对象包含的信息能够得到多角度、全方位的释放,并使公证文书成为一种非常完善的证据形式。证据的完善在很大程度上是公证员全面适用证据法的结果。因此,与其他主体自主实施的保全证据行为相比,保全证据公证具有很强的法律专业性和技术性,这也是很多人选择保全证据公证的主要动因之一。

第二节　保全互联网电子证据公证①

本节案例导读：

30

网购公证：电子商务维权有据②

"我的取证过程，请帮我监督一下。"2011年7月，戚艾（化名）冒着酷暑赶到宁波市永欣公证处。因为有人私自把自己的作品拍成影视作品散布在各大视频网站，戚艾决定维权。一年前，戚艾无意中在网络上看到了一部似曾相识的电视片。电视片来源于戚艾的戏剧作品《××梦》。未经允许，其作品被拍成影视作品散布在各大视频网站，供网友免费在线点播。更令他气愤的是，这些电视还被制成VCD，在一些网站上出售营利。这些行为无疑侵犯了戚艾的著作权。为了维护自己的合法权益，戚艾决定对一家正在销售上述音像制品的网站进行取证。

由于对方没有实体店，不能采用现场购买的形式取证，戚艾希望以网购的方式取证。并找到公证处要求对其网购取证的过程和结果予以保全。

保全证据公证是公证机关对申请人的取证行为和取证结果进行证明的活动。由于网络购物中的发货、邮寄等环节有相当长的时间是公证员无法进行现场监督的，那么如何证明取证行为和取证结果的因果关系，从而使证据链完整呢？在了解申请人的取证意图和取证方法后，公证员建议戚艾补充完善取证方法。特别建议戚艾补充发货人的自认，证明网购的证物就是申请人收到的物证，使得证据自圆其说。

戚艾采纳了公证员的意见。公证处首先对戚艾网上注册过程和网络购

---

①　近年来，网络侵权案件上升速度最快。98%的网络侵权案件当事人采取了公证的形式来保全证据，有的案件中涉及多个甚至几十个公证文书。如道道通电子导航地图一案就是典型一例。详见《"道道通"导航电子地图著作权案》，载 http://news.xinhuanet.com/2010-04/22/c_1249961.htm。2014年4月5日最后访问。

②　参见《网购公证：电子商务维权有据》，载 http://zjrb.zjol.com.cn/html/2013-08/28/content_2298259.htm? div=-1。2014年12月3日最后访问。

买、付款过程(在公证处电脑进行操作)进行现场监督,并用屏幕录像保全了其操作过程。几天后,该网通过快递将网购商品送至戚艾指定的地点。公证员对商品送达行为进行了现场监督,并对送达商品和相关单据进行保全。最后,公证员让申请人根据网站上显示的联系电话,对网购情况向出售人进行查询。对话中,发货人自述的查询发货情况、邮寄情况、送达地点等内容,公证员进行了录音,达到发货人自认的效果。所有环节完成后,公证处出具了一份保全证据公证书,为戚艾日后起诉提供了一份关键证据。

本案公证员首先利用屏幕录像软件提取申请人网络订购的证据,再以现场监督的传统方式提取申请人接受货物的证据,最后以电话录音的方式提取发货人的自认证据。三个取证环节操作严密,所提取的证据构成了一个完整的证据链,有力地维护了申请人的合法权益,也为在网络环境下如何更好地发挥公证机构的职责作用进行了积极的探索。

31

公证处创新互联网电子证据保全方法①

2012年9月,张家港市某民营医院的委托代理人来到张家港市公证处,称浙江一家医院的网站首页上播放的视频是盗用,并且视频中的医生是张家港医院的工作人员,因此申请对该视频进行保全证据。张家港市公证处在审查当事人的主体资格后,组织公证员对实施这起保全网络视频证据的具体方法进行了讨论。该起公证事项中涉及的网络视频由于是医学过程,较其他电子证据有很大的不同,需要连续、完整地记录下视频中的医学活动过程,传统截屏打印的方式显然无法满足此项需求。公证员们一致认为,该起公证事项需要录像、视频节选、截屏等一系列方法相结合,才能将证据完全保全下来,以达到当事人的需求。经办公证员将讨论的结果告知当事人,当事人表示愿意配合公证处的要求,并提供摄像设备进行保全。在两名公证人员的现场监督下,当事人在对公证处专门进行网页保全的电脑进行了清洁型检查,安装了屏幕录像软件,通过工信部备案系统进入侵权网站,利用软件录取网站视频,并对出现当事人医院工作人员的镜头进行截屏打印。委托代理人详细记录

① 参见《张家港公证处创新互联网电子证据保全方法》,载 http://www.legaldaily.com.cn/locality/content/2012-10/15/content_3901174.htm? node=34626。2014年10月15日最后访问。

当事人浏览网页的步骤和操作方法，另一名代理人对现场过程进行全程摄像，摄像资料以及软件录取资料均刻录成光盘作为附件成为公证书的一部分。这份网页证据保全公证较以往传统的浏览网页并打印网页的形式来看，方法新颖、多样、全面。不仅完整记录了网站盗用视频的侵权行为，也客观公正地记录了当事人的网页操作等活动，排除了 PS、视频剪辑等一切可能影响证据可信度的行为，使最后出具的公证结果更加具有公信力。

32

广东中凯文化发展有限公司与山东某大学侵犯著作财产权纠纷一案①

原告广东中凯文化发展有限公司诉称：该公司为电影作品《无极》的国内独家许可发行人，享有该作品的信息网络传播权、音像制品复制、发行等各项权利。被告山东某大学未经许可，擅自将该影片通过其主办的网站的图书馆板块中的“影视在线”提供在线播放，使公众可以通过其网站进行在线观看。请求被告停止侵权，赔偿经济损失 4 万元，维权的合理开支 3000 元，并承担诉讼费。2008 年 3 月，某律师事务所委托代理人律师陈某申请某公证处对该大学未经许可在互联网使用《无极》等影像资料的行为进行保全，该公证处的公证员张某和王某与申请人的代理人陈某在该大学某学院的微机室内，由陈某进行了相关操作。该公证处作出公证书，记载：开机后出现开始画面，双击桌面“Internet Explorer”图标，进入百度首页，点击该大学进入页面，点击“图书馆”进入页面，点击“影视在线”进入页面，在页面显示的“电影搜索”栏目中输入“无极”，点击搜索，进入页面，开始播放该片。该公证书中仅有一幅《无极》影片介绍的画面截图。陈某将过程制作成文档后保存并复制到随身所带移动硬盘，之后将上述移动硬盘中保存的内容刻录成光盘三份，作为公证书的附件。在庭审中播放时，该公证书所附的两份封存光盘刻录的均是操作人员在网上点击播放并截图制作《闯关东》的过程。原告主张此为公证处装订失误，并由公证处出具一份补正后公证书。一二审判决：该公证书因具有重大瑕疵，不能作为认定案件事实的依据，判决驳回原告诉讼请求。本案的公

① 参见《广东中凯文化发展有限公司与山东大学、山东大学威海分校侵犯著作财产权纠纷一案》，载 http://ipr.court.gov.cn/sd/zzqhljq/201006/t20100609_137873.html。2014 年 12 月 28 日最后访问。

证书中存在的问题:1.截图不完整。文字记载开始播放该影片,而截图中只有对影片进行介绍的画面截图,而没有在线播放影片的截图,关键证据缺少截图。2.进入微机室后,如何选择的电脑未予说明。这点在审判实践中经常会存有争议,建议最好使用“随机选择电脑”或者按照管理员的指令使用某一电脑。3.公证书所附的光盘内容与原告诉称的影片不同,有重大瑕疵。因互联网信息具有即时性,电子证据具有易删除和易修改的特点,因此电子证据的复制必须是完整和准确的,书面记载和光盘录像应该保持一致,出现错误往往无法事后补正,失去公信。

一、保全互联网电子证据公证的含义、特点

随着电子信息技术的不断发展,人们的日常生活与电子网络技术二者之间已变得越来越密不可分。电子商务、网络视频、网络即时通讯、网络游戏等各式各样的电子化服务让每一个人都能切身体会到网络世界给我们带来的快捷和便利。但人们在享受网络时代优越性的同时,民事主体的各种合法权益也在网络上受到形形色色的侵害。当民事主体的合法权益受到侵害时,当事人必然会选择各种司法救济方式来维护自身的合法权益。在调解、仲裁乃至司法审判中,作为维权一方的民事主体都必须提交各式各样的证据,用以维护自己合法权益。

网络证据保全公证是随同网络发展而衍生出来的一种新型公证,目前在实际办理过程中能参考的规定主要是司法部颁布的《公证程序规则》、中国公证协会 2008 年修订通过的《办理保全证据公证的指导意见》中涉及网络证据保全的相关条文和中国公证协会 2012 年通过的《办理保全互联网电子证据公证的指导意见》及一些地方上的规章制度。依据 2012 年中国公证协会《办理保全互联网电子证据公证的指导意见》规定,保全互联网电子证据,是指公证机构利用计算机设备和技术,通过接入广域网固定、提取电子证据的活动(保全网上招标和网上拍卖电子证据以及保管电子数据业务除外)。

公证机构凭其专业性和权威性,对电子证据进行证据保全,可以有效地防止证据灭失,为法院和行政机关认定和解决纠纷提供可靠的依据。但是由于电子证据的特点,其对公证机构的专业性、公证人员的技术要求较一般的公证而言更高。简单的网页内容证据保全只需利用连接有互联网并进行过

清洁性检查的计算机、打印设备、IE 浏览器，经鼠标的简单操作即可完成。但随着证据类别难度的提高，操作过程中的技术要求也越来越高，需要运用到特殊的方法、软件、设备。如在手机短信内容的保全过程中就可能运用到“豌豆荚”等第三方手机管理软件，在互联网购物证据保全中需运用到“KK 录像机”“支付宝安全控件”等软件。同时互联网电子证据保全的操作程序也越来越复杂，初期简单的互联网电子证据保全只需三至四个操作步骤即可完成，附件也只有二至三页。但近年来随着保全事项的拓展，复杂的互联网购物证据保全往往需要通过数十个操作步骤来完成，对多个环节（如网络订购、支付货款、接收网购物品等）进行保全公证，并在必要时运用专业软件进行同步录像，其附件达到几十页甚至上百页，还需刻录光盘等。

二、办理保全互联网电子证据公证的条件和程序

（一）申请

当事人申请办理保全互联网电子证据公证，应当提交与保全的事项有利害关系的证明材料，申请保全的互联网电子证据本身足以证明其与保全的事项有利害关系的除外。

（二）询问（制作询问笔录）、告知

公证机构在审查公证事项时，应当询问当事人并制作询问笔录，询问笔录除按照《公证程序规则》规定应当载明的内容外，还应当重点载明下列内容：

（1）当事人申请公证的目的或者用途；（2）当事人与申请保全的互联网电子证据之间的利害关系；（3）当事人申请保全互联网电子证据的种类、名称以及目前的存储介质状况；（4）提取、固定互联网电子证据的时间、地点和所使用的主要的或者特殊的方法、软件、设备；（5）当事人有关提取、固定互联网电子证据的特殊要求；（6）实名制邮箱的注册人或者非实名制邮箱的密码持有人申请办理保全互联网电子邮件公证的，应当保证其申请登录邮箱保全电子邮件的行为不会侵犯他人的通信秘密、个人隐私。公证机构受理后，应当审查保全电子邮件的行为是否存在侵犯他人通信秘密、个人隐私的情形。法人或者其他组织申请保全其员工使用的用于公务的电子邮箱内的邮件，应当提交其与该员工签订的有关公务邮箱仅用于公务的书面约定，或者经该员工书

面同意,或者由该员工亲自操作提取、固定相关电子邮件。

公证机构受理公证申请后,除按照《公证程序规则》的规定向当事人进行告知外,还应当重点告知下列内容并载入询问笔录:

(1)当事人申请保全的内容不得侵犯他人通信秘密、个人隐私,申请保全的方式不得反法律、法规的禁止性规定。(2)公证人员可以对当事人提出的提取、固定证据的方法、操作程序以及使用的设备提出建议,当事人有权决定是否予以采纳。如果当事人的最终决定违反法律规定,公证机构应当不予公证。因当事人最终决定采用的方法、操作程序以及当事人提供的设备存在瑕疵,导致当事人或者第三人利益受损的,当事人应当承担法律责任。(3)公证机构仅对提取、固定互联网电子证据的过程的真实性作出证明,不保证所保全的电子证据必然发生对当事人有利的影响,也不保证所保全的电子证据必然被人民法院或者其他使用者采信。(4)当事人申请保全网上聊天记录、电子邮件的,公证人员应当告知其如果不能证明对方的真实身份,则保全的电子信息可能不具有证据效力。(5)当事人申请保全的电子邮件存储在大型公共网站邮件服务器以外的邮件服务器内的,公证人员应当告知当事人公证机构仅证明电子邮件被提取时的客观状况,不证明电子邮件被提取之前的客观状况。(6)当事人申请办理保全互联网购物证据公证的,公证人员应当建议当事人对网络订购、支付货款和接收网购物品的全过程办理公证。

(三)采取保全措施

1.实施人员

公证机构派员外出办理保全互联网电子证据公证的,应当由二人共同办理,其中一人应当是承办公证员,另一人可以是公证员助理。公证人员到现场办理保全互联网电子证据公证时,为便于保全证据,可以不表明身份。局域网存在的侵权行为,公证人员必须到相关的现场进行公证,例如网吧侵权,公证人员要以消费者的身份进入网吧进行证据保全公证,将操作人的全过程进行监督和记录并存储。公证人员将相关的存储设备进行刻录和封存,如果有关于电脑操作技术内容的必须由专业人员进行指导或者操作,并用视频记录操作过程。

为了更好地防止相关人员在操作过程中加入影响事实的技术代码,不管是局域网还是非局域网的网络证据保全公证,都要由公证机构聘请专门技术人员进行操作。

2.实施环境

机构办理保全互联网电子证据公证,应当在公证机构的办公场所使用公证机构的计算机和公证机构的网络接口接入互联网,否则,应当对所使用的计算机进行清洁性检查。

网络证据的公证工作需要安全和严密的环境,公证人一定要具备相关的计算机常识。比如,电脑浏览网页脱机后还能进行脱机访问,如果稍微具备互联网技术就可以修改网页上的内容,也可以利用计算机中的某些操作软件,隐蔽修改网页内容并且与任意网址链接。如果公证的时候不在相关的公证处进行证据保全公证,那么,数据很有可能在公证过后被恶意修改,给当事人和公证处带来不必要的麻烦。面对这样的情况,公证人员要尽可能使用公证处的电脑进行保全证据的公证,并且对公证的过程进行必要的详细记录。

3.实施手段、方法

(1)公证机构办理保全互联网电子证据公证,可以使用本单位的移动硬盘、存储卡、U 盘、光盘、录音机、录像机、照相机、手机等移动存储介质,也可以使用当事人或者第三人提供的移动存储介质。使用当事人或者第三人提供的移动存储介质应当对移动存储介质进行清洁性检查。

(2)电子证据存入移动存储介质后,应当由当事人和公证人员共同封存。封存之前,移动存储介质应当始终在公证人员的监控之中。提取的电子证据需要附在公证书之后的,建议使用一次性刻录光盘并采用终结方式刻录。

(3)公证机构办理保全互联网电子证据公证,可以采用下载、截屏、实时打印、存储打印、录像、照相、利用软件同步录像、文字记录等多种方式提取、固定证据。对登陆、下载、截屏、保存等指令输入过程能够实时打印的,如果提取证据的环境允许,建议优先采用“实时打印+录像”的方式提取、固定证据。涉及网页中动态形象的保全和利用专业软件提取的证据,建议采用录像的方式提取、固定证据,同时对主要内容实时打印(例如,体现影视作品的版权、演创人员姓名等部分的截图)。

(4)实名制邮箱的注册人或者非实名制邮箱的密码持有人申请办理保全互联网电子邮件公证的,应当保证其申请登录邮箱保全电子邮件的行为不会侵犯他人的通信秘密、个人隐私。公证机构受理后,应当审查保全电子邮件的行为是否存在侵犯他人通信秘密、个人隐私的情形。法人或者其他组织申请保全其员工使用的用于公务的电子邮箱内的邮件,应当提交其与该员工签订的有关公务邮箱仅用于公务的书面约定,或者经该员工书面同意,或者由该员工亲自操作提取、固定相关电子邮件。

(5)对网购物品的接收进行保全的,公证人员应当携带网购物品由现场回到公证机构封存。启封、核验网购物品应当尽量保存原包装的完整性,封存网购物品要尽量避免封条遮挡原包装或者物品的文字、图片等外观标识,必要时应当另行包装封存,封条上应当由当事人和公证人员共同签字(盖章)。接收的网购物品和售货凭证记载不一致的,公证机构应当在现场记录和公证证词中予以注明。

(6)公证机构在办理保全互联网电子证据时,可以采取下列措施保证所保全电子证据的完整性:

①打印件无法完整体现页面全部内容的,公证机构应当同时采用录像或者照相方式提取、固定证据,并在现场记录中对打印件无法完整体现页面全部内容的情形予以记录。②当事人因保全的影视作品集数较多、播放时间较长,仅申请对部分内容进行保全的,公证机构在现场记录中应当载明在页面上(包括广告、海报、节目单等)该影视作品的每集是否都有显示,对每一集点击后是否都能播放。同时,应当将含有作品名称、版权人、制作公司、出品公司等作品基本信息的内容一并保全。公证人员在征得当事人同意的情况下,可以对影视作品的每一集随机(或者重点)选取部分内容进行播放,并对播放画面进行截屏打印和录像保全。③对登陆、下载、截屏、保存等指令输入过程实施截屏打印形成的纸质文件均应当附于公证书内并留存附卷。如果截屏打印文件数量过多不便全部打印的,可以将与当事人诉求关联性最密切的部分截屏打印(例如,长篇小说的封面、目录、首页、末页、版权页等),然后将全部截屏文件刻录光盘封存后一并附于公证书内并留存附卷。④保全网页的目的是用于解决网页设计侵权纠纷的,除对网页实时打印外,还应当对网页的源代码实时打印,必要时公证人员可以要求当事人聘请专业人员进行操作。⑤保全的网页中如果载有“权利声明”“政府主管机关网站备案(许可)信息”及“联系方式”的,公证人员应当一并保全。⑥当事人因登陆互联网观看、阅读、下载、购物而支付费用的,公证人员可以根据当事人的申请,对其付

费过程和付费凭证一并予以保全。⑦当事人需要保全部分电子信息内容的，应当保证所保全的内容不得与该电子信息的整体内容有矛盾或者引起歧义。⑧如果因截屏保存或者截屏打印的内容有遗漏，当事人要求补充保全遗漏内容的，公证人员应当重新进行保全。

（四）制作实施证据保全措施笔录、出具公证书

公证机构办理保全互联网电子证据公证，应当制作现场记录。应当记录接入互联网的全部操作步骤及下列内容：

1.操作人员和记录人员；

2.保全的时间和地点；

3.接入互联网的设备和接口，保全所使用的计算机以及移动存储介质在接入互联网之前的控制人；

4.未使用公证机构的网络接口、计算机及移动存储介质的原因以及进行清洁性检查的情况；

5.计算机所使用的操作系统、浏览器及其他相关软件的名称、版本；

6.下载、安装、启动截屏软件或者屏幕录像软件等特殊软件的过程以及软件的名称、版本；

7.接入互联网以及接入后的全部操作步骤，包括输入的指令、打开浏览器、对话框的名称和所在位置、回车、空格、拖拉滚动条、下载、截屏、同步录像、保存、实时打印、存储打印、关闭浏览器、断开互联网、重启等；

8.存储所提取证据的操作过程和移动存储介质的保管过程；

9.复制所提取证据的操作过程，存储复制证据的介质的提供者，所提取证据的复制品的数量和保管者；

10.登录收费网站、会员网站提取、固定证据的，应当记录登录的账号（账户名、用户名）；

11.公证机构办理保全互联网电子证据公证，需要到网吧、会所等公共场所（下称保全地点）保全证据的，现场记录除载明前述 10 项内容外，还应当载明下列内容：(1)地点的详细地址，必要时可以对保全地点的外观进行拍照，(2)进入、离开保全地点的时间，(3)人员随机挑选计算机的过程，(4)算机进行清洁性检查的过程，(5)当事人提供移动存储介质的，对移动存储介质进行清洁性检查的过程，(6)保全地点通过网络传输将提取、固定的证据发回公证

机构控制的电子邮箱的,应当载明电子邮件传输的操作过程和公证人员回到公证机构下载电子邮件的过程。

第三节　保全送达文书证据公证

本节案例导读:

33

运用公证手段追责合同违约责任①

2011 年 6 月的一天,洞头县公证处接待了洞头县城市开发建设指挥部(以下简称城建指挥部)的委托,要求为城建指挥部提供法律意见。

2010 年 1 月 13 日,洞头县大陆引(供)水工程建设指挥部(后变更为"洞头县城市开发建设指挥部")与浙江某建设集团有限公司(以下简称"建设公司")签订了一份《建设工程施工合同》,约定由建设公司承包洞头(温州)陆域引(供)水(一期)工程王山头加压泵站土建工程,履行期为一年。但建设公司自开工以来,项目部主要管理人员未能到位,施工管理混乱,没有按照施工组织计划和进度计划进行施工,工程质量和施工安全得不到保证。直至 2010 年 12 月,工程现场仍只有两三个工人施工,工程处于半停工状态。2011 年 1 月 11 日之后,建设公司擅自停工,项目工期被严重拖延。因长期未作业,工程施工中的加压泵房基础和清水池底板钢筋等因被水浸泡而严重腐蚀,工程后续的设备安装也无法进行,给国家造成了重大损失。

面对如此窘境,城建指挥部向公证处求助。对此,公证处为城建指挥部出具了一份法律意见书。其中指出,城建指挥部可与建设公司解除建设工程施工合同,但需就建设公司迟延履约、城建指挥部已做催促等进行举证。这要求对建设工程现状进行证据保全。法律意见书送达之后,城建指挥部分别向公证处提出了 3 个公证,即施工现场保全公证、履约催告函寄送保全公证和解约通知函寄送保全公证。

---

① 参见《运用公证手段追责合同违约责任》,载 http://www.legaldaily.com.cn/Notarization/content/2014-03/04/content_5331065.htm? node=34334。2015 年 2 月 3 日最后访问。

对当事人向公证处申请的履约催告函寄送保全公证，公证处于当日指派了两名公证人员（其中一名为公证员）与当事人共同前往邮政局，由当事人通过国内特快专递方式寄出了律师函。根据函件中设定的履约催促期，建设公司期满未继续履约，也没有表示要继续履约，当事人又向公证处申请办理了解约通知函寄送保全公证，通知对方正式解除合同。公证处对上述两式律师函和快递邮件详情单进行了保全。但是，在寄送之前，公证处在网站上搜索了建设公司，发现其网站显示的公司地址与营业执照登记的地址不一致，网站上的公司地址为该公司新迁地址。因此，寄送时，为了建设公司能及时收到邮件，寄送了两个地址，一为营业执照上登记的地址，一为公司新迁地址。同时，公证处告知当事人：第一，该公证仅对函件内容、寄送时间保全，至于送达与否以及送达时间当事人应当注意保全，必要时可要求邮政部门单独出具送达证明，或者由邮局在邮件跟踪详情单上盖章确认；第二，保全证据公证作为诉讼证据，不能保证今后在诉讼中一定被法院采信。

对当事人城建指挥部在办理上述两件函件送达保全公证期间，向公证处提出的对工程现场进行保全证据的申请，公证员在现场预勘查之后，认为现场工程量较大，工程专业程度较高。因此，鉴于数据的复杂性和专业性，公证员向当事人建议工程现场工作量测算及现场测量由中立专业机构进行。2011 年 6 月 7 日，浙江某工程项目管理有限公司出具了《工程造价咨询报告书》，公证处以报告书中所涉工程建设情况为参考，对工程现场状况进行了拍照，并通过现场测量保全了部分工程项目的勘测数据。通过这份证据，城建指挥部对工程现场进行了固定，为其证明施工方的违约情况提供了翔实的证据。

王山头加压泵站土建工程的建设是洞头（温州）陆域引（供）水工程的重要环节，牵一发而动全身。城建指挥部面对该工程施工方的单方违约，一方面通过证据保全公证，有效保障了自身的合法权益，顺利实现了与原施工方的建筑工程施工合同的解除，进而保障王山头加压泵站工程乃至整个引（供）水工程的顺利完成；另一方面，通过对土建工程现场保全公证，保证了将来有充分的证据证明施工方的违约情况，进而实现对其违约责任的追究。

34

证据保全保障国有金融资产的安全①

汉川银行龙湖支行职员李强、林龙于2004年7月3日向汉川公证处申办对其邮寄《催收贷款通知书》行为进行证据保全,以维护其合法债权。同时该行职员称明天就超过该债权的诉讼时效,询问能否当天办理该项业务。对此,汉川公证处立即对该行所提供相关债权证据和拟送的债权文书进行审查,认为该项申请符合《公证程序规则》要求。为保障国有金融资产的安全,汉川公证处即刻指派两名公证人员与该行职员李强、林龙到邮政局办理邮寄《催收贷款通知书》,次日即予以出证。整个过程从受理、审查、办证、审批和出证只用两天时间,及时快速地完成此公证业务,维护了银行的合法权益。

当前,金融机构在追讨到期债权时,由于债务人拒绝签收债权文书或下落不明导致金融机构无法直接向债务人主张债权,这种情形的多次发生已严重影响了金融机构的合法权益和资产安全。采取债权文书公证送达的方式成为解决这"顽疾"的一个方法。实践中,诸多金融机构已采用这种方法来达到中断诉讼时效和保护债权的目的。

一、保全送达文书证据公证的含义、意义

保全送达文书证据公证,是指公证机构派员亲临送达现场,依据客观、公正的原则,证明当事人以直接送达、邮寄送达、发送数据电文等方式送达文书的行为和过程的活动。

文书是民事经济活动主体活动内容的重要组成部分,所以文书送达在经济民事活动中起着非常重要作用,相关书面文件是否已经送达到对方,有时候是区分各方权利、义务和法律责任的关键。实践中,在当事人间直接送达文书过程中因受送达人不在或其他原因而无法送达的情形时有发生。而通过邮寄送达又不可避免地出现一些当事人故意不领取或拒收邮件等情况,有时投递的邮件连回执也不知下落,这些情形就为当事人经济民事往来纠纷埋下隐患。

---

① 参见《证据保全公证案例》,载 http://china.findlaw.cn/info/gongzheng/gzal/352281.html。2015年1月7日最后访问。

实践证明，保全送达文书证据公证保持了送达行为的真实性和证明力，尤其在诉讼中起着不可忽视的特殊作用，为法院减轻了调查取证的工作量，节省了大量的人力、物力、财力和时间。

二、办理保全送达文书证据公证的条件和程序

根据《公证法》《公证程序规则》等法律规范之规定，办理保全送达文书证据公证应该符合下列条件和程序：

（一）申请和受理

保全送达文书证据公证事项可以由当事人（包括送达代理人，下同）住所地的公证机构受理，也可以由送达行为地的公证机构受理。

申请办理保全送达文书证据公证除应当符合《公证程序规则》第19条的规定外，还应当符合下列条件：（1）送达的文书的内容不得违反法律法规的禁止性规定、违背社会公德或含有对受送达人威胁、恐吓、侮辱的内容；（2）有明确的受送达人、送达地址以及其他必要的通讯方式；（3）申请人对送达行为所产生的法律后果承诺承担法律责任；（4）申请人所送达的文书属于行政决定或者人民法院、仲裁委员会的法律文书等公文书的，申请人送达文书的权限和送达的期限符合法律、法规的规定。

（二）询问（制作询问笔录）、告知

公证机构受理公证申请后，除按照《公证程序规则》的规定向当事人进行告知外，还应当重点告知下列内容：

（1）公证机构仅保全当事人送达文书的行为和过程，不代理当事人送达文书。如果因为受送达人、送达地址、送达时间发生错误，导致送达行为没有发生当事人预期的效力，其后果由当事人承担。（2）公证机构仅对当事人送达文书的行为和过程的真实性作出证明，不对被送达文书的内容作出证明。（3）公证机构不对受送达人（代收人）的身份、权限的真实性作出证明。（4）当事人以邮寄送达和发送数据电文等方式送达的，公证机构不对受送达人是否收到送达文书作出证明。（5）公证机构不对受送达人是否接收所送达的文书和送达行为可能产生的法律后果（例如，中断诉讼时效）作出承诺或者保证。（6）当事人以直接送达方式送达的，公证人员不在送达现场对当事人如何送达提出建议，也不提示受送达人（代收人）签收，当事人应当自行要求

受送达人(代收人)当场签收。如果出现受送达人拒绝签收,或者因为受送达人不在现场当事人采用留置方式送达或者送交给代收人转交的情形,当事人的送达行为可能无法实现其所期待的法律后果。(7)公证人员在办理保全送达文书证据公证的过程中如果认为其人身安全受到或者可能受到威胁的,有权拒绝受理或者暂停办理或者依照《公证程序规则》第50条的规定终止办理该项公证。(8)因送达行为或者送达文书的内容侵犯受送达人或者第三人合法权益的,其后果由当事人承担。

公证机构在审查公证事项时,应当询问当事人并制作询问笔录,询问笔录除按照《公证程序规则》第29条的规定应当载明的内容外,还应当重点载明下列内容:(1)当事人申请公证的目的或者用途;(2)当事人与拟送达的文书之间的利害关系;(3)拟送达文书的名称和主要内容;(4)送达的方式(直接送达、邮寄送达、发送数据电文等);(5)当事人是否知道受送达人的地址、邮政编码、电话(传真)号码、电子邮箱等。

(三)实施保全措施、制作记录

1.公证员在送达前或者送达时应当认真核对当事人拟送达给受送达人的文书与其提交给公证机构的拟送达文书的内容是否一致。当事人送达的文书原则上为原件。公证机构存档的送达文书为复印件的,应当由当事人签字确认并注明时间。

2.公证机构派员外出办理保全送达文书证据公证,应当由二人共同办理,其中一人应当是承办公证员,另一人可以是公证机构的其他工作人员。

3.公证人员在送达现场不便制作工作记录的,应当在离开送达现场后及时补作。工作记录应当包括下列主要内容:制作记录的时间、地点;当事人的姓名、性别、出生日期、职务、身份证件号码;送达文书的名称和份数;送达的时间、地点;送达的方式;对送达现场情形的客观记录;在送达现场收集相关照片、票据等其他证据的情况。

(1)当事人以直接送达方式送达的,公证人员在制作工作记录时,措辞应当准确、客观、详细,工作记录酌情增加当事人指认的受送达人的姓名或者受送达人(代收人)自称的姓名以及受送达人(代收人)的性别、身高、衣着、发型、口音等特征。

对时间、地点、送达文书名称的记载应当准确。对地点的记载可以描述建筑物的外观特征和内部房间的具体位置;对受送达人(代收人)的记载应当客观,当事人未要求受送达人出示身份证件配合公证员核实其身份的,工作记录中对接收送达文书的人的姓名、身份不应当依照推理作出记载;对送达结果的记载应当详细,对出现诸如“受送达人(代收人)接收但拒绝在回执上签字”等各种送达结果应当详细记载。

(2)当事人以邮寄方式送达的,公证人员应当建议其使用邮政快递方式送达,并建议当事人索要邮件详情单或者对显示邮寄到达信息的网页、手机通知短信办理保全证据公证。

(3)当事人以发送数据电文方式送达的,原则上使用电信、邮政部门或者公证机构的网络和设备。公证人员可以以录像以及下载、截屏、实时打印、存储打印、照相、利用软件同步录像等方式保全送达操作过程,并应当将发送的数据电文的纸质载体归档保存。

公证人员在办理保全送达文书证据公证中,应当收集签收的回执或者邮政及快递企业收件的证明文件等证据,同时可以酌情收集与送达有关的其他证据。

第四节　房屋拆迁证据保全公证

本节案例导读:

35

房屋拆迁保全证据公证,助力重点工程顺利推进①

2013年6月中旬,宁波轻轨1号线高桥站建设过程中突遇一起房屋拆迁阻碍。鄞州高桥镇拆迁办立即派人向市鄞源公证处提出房屋拆迁保全证据公证申请,得到了受理,该处公证人员以摄像方式记录并保全了拆房全过程。

根据宁波轻轨1号线规划,高桥镇是一个重要站点。为此,高桥镇政府前两年就开始了相关房屋征迁工作。其中涉及周某家的房屋征迁。2011年6

① 参见《房屋拆迁保全证据公证　助力重点工程顺利推进》,载 http://news.nb.fang.com/2013-07-14/10519844.htm。2015年2月1日最后访问。

月9日该户户主周某与高桥镇房屋拆迁办公室签订了房屋拆迁货币补偿协议,同年6月29日又签订了房屋拆迁调产安置补偿协议,并且户主于2012年5月领取了拆迁补偿款,也按协议搬离了该房。按理,该房屋已完成征收属于政府所有,接下来就是政府自行拆除房屋让施工单位进行施工了。但是,一直处理十分顺畅的拆迁事宜突然起了波澜。与周某有过房产讼争但失败了的兄弟与周某母亲一起来到拆迁办,要求拆迁办另行考虑一套房。该无理要求遭到拒绝后,周某的兄弟与母亲先非法占住该房不让拆,同时使出“杀手锏”——把90多岁的外婆从养老院接出来与他们一起占住该房。拆迁办自今年3月起做了多次思想工作并为他们找到临时安置房以方便居住,但一次次书面催告仍毫无效果。

高桥镇房屋拆迁办经过仔细筹划,决定人性化执法,先请出占住人员,联系救护车把90多岁老人先安置于医院,再视情况回养老院安置,其他人员安排到安置房;然后将房屋内物品移存于安置房;最后再拆除该房屋,对整个拆房过程申请保全证据公证。高桥镇政府代表称,之所以申办公证主要考虑拆房的工作规范,有利于维护自身合法权益,拆房有公证,同时也保障居住在该房屋内居民的合法权益不受侵犯,避免纠纷和诉讼。

一、房屋拆迁证据保全公证的概念、范围

房屋拆迁证据保全公证是指在房屋拆迁之前,公证机关对房屋及附属物的现状依法采取勘测、拍照或摄像等保全措施,以确保其真实性和证明力的活动。目前房屋拆迁公证的主要依据有《公证法》《公证程序规则》《城市房屋拆迁管理条例》《房屋拆迁证据保全公证细则》《城市房屋拆迁行政裁决工作规程》等。

依据《房屋拆迁证据保全公证细则》，房屋拆迁证据保全公证的适用范围包括[①]：《城市房屋拆迁管理条例》规定的拆除依法代管的房屋，代管人是房屋主管部门的；拆除有产权纠纷的房屋，在房屋拆迁主管部门公布的规定期限内纠纷未解决的；拆除设有抵押权的房屋实行产权调换，抵押权人和抵押人在房屋拆迁主管部门公布的规定期限内达不成抵押协议的；以及其他房屋拆迁证据保全的公证事项。

由于城市房屋拆迁涉及拆迁当事人的切身利益，牵扯范围广，情况复杂，处理难度大，处理不好易造成矛盾激化。因此在房屋拆迁过程中，做好证据保全工作，对依法拆迁、文明拆迁、减少矛盾纠纷、维护拆迁主体的各方合法权益，均有重要意义。

二、办理房屋拆迁证据保全公证的条件和程序

房屋拆迁证据保全公证，由被拆迁房屋所在地公证处管辖。强制拆迁房屋证据保全公证申请，由申请人（拆迁人或法律、法规规定的其他人员）在强制拆迁工作实施前，向公证机关提出。

---

① 一些地方结合实际制定了本地区房屋拆迁证据保全公证适用范围，如2007年7月石家庄市司法局和建设局联合出台了《关于在城市拆迁工作中推行公证法律服务的实施意见》，该意见要求在拆迁工作过程中全面引入公证制度。石家庄市确定了拆迁公证分为应办理公证事项和需办理公证事项两部分内容。应办理公证事项主要有：拆迁代管房的，拆迁补偿协议必须经公证机构公证，并办理证据保全；强制拆迁的，办理证据保全公证；拆迁产权人不明确的房屋的，涉及签约主体的继承权、委托书、声明书、确权协议、分家析产协议等都必须办理相关公证；拆迁人将有争议情况的拆迁补偿款交由公证机构办理提存公证；房屋所有权人下落不明的，办理证据保全公证及提存公证；拆除设有抵押权的房屋，抵押权人和抵押人办理协议及相关公证；拒收送达文书的办理证据保全公证；涉及拆迁听证的办理证据保全公证。需办理事项包括：建设单位在拆迁项目立项前对拆迁范围内房屋的被拆迁人的征求意见现场监督或证据保全公证；拆迁“公告”的张贴或在报纸上公告的保全证据公证；入户调查、评估行为的证据保全公证，以及拆迁当事人为维护自己合法权益认为需要办理公证的等多项内容。该意见指出，对应当公证而未公证，造成国家、集体财产重大损失或引发群体性上访事件的，要从严追究有关人员的相关责任。在对违法行为查处时，须将公证书作为认定事实的重要依据。详见《石家庄市推行房屋拆迁公证》，载http://www.lawyers.org.cn/info/69923a16e6d049f2804039ca5e17eff9。2014年5月3日最后访问。

（一）申请与受理

房屋拆迁证据保全公证申请人是拆迁人或被拆迁人，房屋拆迁主管部门也可以作为申请人。申请人可以委托他人代为提出公证申请。申请人应填写公证申请表，并提交下列材料：

（1）身份证明：申请人为法人的，应提交法人资格和法定代表人的身份证明；被拆迁人为公民个人的，应提交身份证明。（2）资格证明：拆迁人应提交房屋拆迁主管部门核发的拆迁许可证明；接受拆迁委托的被委托人应提交房屋拆迁资格证书。被拆迁人应提交作为被拆除房屋及其附属物的所有人（包括代管人、国家授权的国有房屋及其附属物的管理人）和被拆除房屋及其附属物的使用人的证明。（3）拆除有产权纠纷的房屋，提交由县级以上人民政府房屋拆迁主管部门批准的补偿安置方案的证明。（4）实施强制拆迁的房屋，提交县级以上人民政府作出的限期拆迁的决定或人民法院院长签发的限期拆迁的公告。（5）公证人员认为应当提交的其他有关材料。

对符合前述规定条件的申请，公证机关应当受理，对不符合前述规定条件的申请，公证处应作出不予受理的决定，通知申请人，并告知对拒绝受理不服的复议程序。受理或拒绝受理的决定，应在申请人正式提出申请后的7日内作出。

（二）询问（制作笔录）、告知

公证人员应认真接待申请人，按《公证程序规则（试行）》第24条的规定制作谈话笔录，并着重记录申请证据保全的目的和理由，申请证据保全的种类、名称、地点和现存状况，证据保全的方式等内容。

（三）通知被拆迁人

公证机关实施强制拆迁房屋证据保全公证时，应当通知被拆迁人到场。如果被拆迁人是无行为能力人或限制行为能力人，应当通知其监护人到场；被拆迁人居住在被强制拆迁房屋内的，公证机关可以在强制拆迁工作即将实施时，向被拆迁人以口头方式当面告知公证事项并做好记录，也可以书面形式送达公证通知书；被拆迁人不居住在被强制拆迁房屋内的，公证机关应当在强制拆迁工作实施之前，安排现场公证员的同时，另派两名公证人员前往被拆迁人实际居住地或其单位，向被拆迁人告知公证事项或送达公证通知书，并在有关单位（部门）配合下，做好稳定工作；无法直接通知的被拆迁人，公证机关可以视情况通过被拆迁人的工作单位、拆迁房屋使用人或同住人，转交或转达公证事项和到场要求，并做好记录；如果被拆迁人的单位、拆迁房屋使用人或同住人拒绝转交的，做好拒绝转交的记录；如果被拆迁人无工作单位，也无拆迁房屋使用人或同住人及其下落的，也应记录在案。

公证机关已通知被拆迁人，被拆迁人拒不到场或因其他原因无法到场的，不影响强制拆迁房屋证据保全公证活动的进行，但应当做好记录。

（四）采取保全措施

符合证据保全公证条件的，公证处应派两名以上公证人员（其中至少有1名公证员）参与整个证据保全活动。办理房屋拆迁证据保全公证，公证员应当客观、全面的记录被拆迁房屋的现场状况，收集、提取有关证据。应该根据被保全对象的不同特点，采取勘测、拍照、摄像等方式进行证据保全。

（1）对房屋进行勘测的，应当制作勘测记录，记明勘测时间、地点、测验人、记录人、被保全房屋的产权人、坐落、四至、房屋性质、结构、层次面积、新旧程度、屋面及地面质地、附属设施以及其他应当记明的事项；能够用图示标明的房屋长度、宽度应当图示。记录应当由勘测人、公证员签名或者盖章；拆迁活动当事人在场的，应请当事人签名或盖章；该当事人拒绝签名或盖章的，公证员应在记录中记明。

（2）对房屋进行拍照和摄像的，应当全面反映、记录房屋的全貌。房屋结构、门窗、厨房以及附属设施等，要有单独的图片显示。

（3）公证机关对保全事项认为需要勘测的，应当聘请专业技术部门或其他部门中有该项能力的人员进行勘测。专业技术部门及其勘测人应当提出书面勘测结论，在勘测书上签名或者盖章。其他部门勘测人勘测的，应由勘测人所在单位加盖印章，证明勘测人身份。

（4）实施强制拆迁房屋中有物品的，公证员应当组织对所有物品逐一核对、清点、登记，分类造册。并记录上述活动的时间、地点，交两名有完全行为能力的在场人员核对后，由公证员和在场人在记录上签名。被拆迁人拒绝签名的，公证员应在记录中记明。物品清点登记后，凡不能立即交与被拆迁人接收的，公证员要监督拆迁人将物品存放在其提供的仓库中，并对物品挂签标码，丢失损坏的，仓库保管人应承担赔偿责任。拆迁人应制作通知书，通知当事人在一定期限内领取物品。逾期不领的，公证处可以接受拆迁人的提存申请,办理提存。

(五)出具公证书

公证员对房屋证据保全的活动结束后应出具公证书。公证书应当按照《公证程序规则(试行)》第38条的规定及据《司法部关于保全证据等三类公证书试行要素式格式的通知》(司发通〔2000〕035号文件)精神制作。公证词应当记明申请保全的理由及时间,公证员审查申请人主体资格及证据情况的内容,采取保全的时间、地点、方法,保全证据所制作的笔录、拍摄的照片、录像带的名称、数量及保存地点。

第十章　现场监督公证

第一节　现场监督公证概述

一、现场监督公证的概念、范围

现场监督公证，是指公证机构根据当事人申请，委派二名以上公证人员亲临现场，依照申请人事先确定的章程、规则，依法证明所进行的法律行为或有法律意义事件是真实、有效的活动。现场监督公证包括范围较广，主要涉及招标投标、拍卖、开奖、摇号、抽签、股东大会、公司创立大会和董事会、有价证券销毁、商品抽样检测、公司股东大会国有建设用地使用权出让、转让的挂牌、电脑派位等领域。此外，一些地方在村委会换届选举、安置房抽签选房活动、民主评议政风、行风问卷测评等领域也进行了积极探索。①

从立法上来看，现场监督公证一词在《公证法》中没有提及，只是在关于公证机构办理的事项中涉及现场监督公证的两种类型，即《公证法》第 11 条第 1 款第 5 项规定的招标投标、拍卖公证事项。2000 年司法部律师公证工作指导司下发的《关于印发要素式公证书格式及参考格式的通知》的附件二中，将拍卖、招标、开奖、股份公司创立大会、股票认购证抽签等五类要素式格式一并归纳在现场监督类公证书格式中。2006 年的《公证程序规则》涉及现场监督公证的专门规范为第 52 条。此外，目前专门涉及现场监督公证的规范性

---

① 参见《公证服务首次介入村级组织换届选举工作　桂山公证处拓展公证服务领域为基层选举工作保驾护航》，载 http://www.legaldaily.com.cn/index/content/2014-02/07/content_5251751.htm? node=20908。2014 年 2 月 5 日最后访问。

文件还有1992年的《招标投标公证程序细则》和2004年的《开奖公证细则》。

二、现场监督公证的特点

公证机关的现场监督职能主要表现在对社会关系及行为的依法调控和制约。法律的贯彻实施除了依靠人们自觉遵守外,还必须由司法机关和其他有关部门加以干预,但在未发生纠纷之前,其他部门根据自身的职能是难以提前介入的,只有公证机关才有这个权力,自行为开始就可以介入,即审查该行为的真实性、合法性。通过审查和现场监督,从而给予确认或否认,将这些民事、经济活动纳入依法管理的轨道,使之健康运行以达到对社会行为与关系依法调控制约之目的。现场监督公证不仅仅是作证,同时也是调控、监督社会行为的必要法律手段。它集事先审查、现场监督、现场即时证明于一身,其特点主要体现在:第一,此类现场活动是特定人组织的、由不特定的多数人参加的活动,具有不可复原、不可重复性;第二,此类现场活动必须按事前确定的章程、规则进行,否则无效;第三,公证机构对现场活动进行监督,对整个活动程序的真实性、合法性实施监督;第四,现场监督公证一般应当当场宣读公证词,公证词即刻生效,并在宣读公证词之日起7日内出具公证书送达当事人。

现场监督公证的上述特征使其与同样需要公证员亲临现场的保全证据公证有明显不同,具体而言,两者的区别主要体现在如下方面:

(一)受理审核的难易不同

根据《公证程序规则》规定,公证处受理公证申请,首先要审查申请人与申请公证的事项是否有利害关系。在现场监督公证中,申请人与申请公证事项的利害关系较为明确,对于是否存在利害关系,公证员较容易识别和作出判断,比如开奖、招投标、公司股东会等,都是主办者进行申请。而在保全证据公证中,公证员审查申请人与申请公证事项是否存在真正的利害关系较为隐蔽,需要借助其他证据分析断,判断存在着很大的困难。

(二)审查证明的内容不同

现场监督公证监督的核心是申请方的活动规则,申请人必须在公证申请阶段提交其活动的规则并事先公示,该规则一经制定并公示,一般情况下非经全体参与者的同意不得变更。在现场监督过程中,公证员须严格按照特定活动规则现场监督申请人具体实施行为过程。而保全证据类公证不需申请人事先提交预定规则,即使在某些类证据保全中申请人预先制定了方案,该方案也不需公示,并且在不违法的前提下亦可以随时变更。为了确保保全证据的合法性,公证员需通过各种相关材料事先对当事人是否具有取证的权利予以审查、确认,只要当事人具有取证权利,公证就可以监督其采取任何合法方法取得证据并予以保全。因此,保全证据公证要做的只是客观描述取证过程及其取证结果,而不是评价其过程是否符合预定规则。

(三)办理公证的目的不同

保全证据公证的申请目的大都是因为合法权益受到侵害或者为了在将来的民事经济纠纷中维权。申请办理现场监督公证的当事人的目的一般是为了建立公信基础,取信于他人,如有奖销售和评奖是为了取信于潜在的消费者;招投标是为了取信于潜在的供应商和政府采购的主管部门及纳税人;公司股东会和董事会是为了取信于股东、工商管理等企业事务登记部门;拍卖是为了取信于委托人及参拍人。

(四)办证的直接依据不同

保全证据公证的直接依据是具有普遍约束力的法律条文,比如公证书中表述为“符合某某法律的有关规定”。而现场监督公证的直接依据则是特定活动中的特定规则和程序。尽管招投标、拍卖、开奖、股东会等活动是在依照《中华人民共和国政府采购法》《中华人民共和国招标投标法》《中华人民共和国拍卖法》《中华人民共和国公司法》等具有普遍约束力的实体法的大框架下进行,但是在具体活动过程中,活动的规则和程序进行了事先的特别制定,在监督过程中不得随意更改规则及活动内容。

(五)办证的参与程度不同

现场监督公证中,公证员大多数情况下需置身当事人行为之外,实施单纯的监督。而保全证据中,公证员可以亲自实施某些取证行为,而且,基于对公证员这一法律专业人才的信任,申请人越来越多地将取证的行为交由公证员实施,以保证证据的真实性和证明力。

(六)公证的结论不同

现场监督形成的结论是公证证明当事人实施的行为符合相关法律、法规的规定,符合既定活动规则的规定,其形成的结果真实、合法、有效,该结论具体明确，能够直接定性。而保全证据形成的结论是公证证明通过实施怎样的行为，取得、固定了怎样的证据，其结论不能直接定性，取得的证据是能否证明待证事实不属于公证定性的范围，有待审判机关的认定。

（七）是否需现场宣读公证词及公证生效时间不同

依据《公证程序规则》中的特别程序要求和申请人申请公证的实际需要，现场监督公证一般情况下应在现场宣读公证词；而保全证据公证不需现场宣读公证词，《公证程序规则》中也无此要求，申请人一般出于避免证据灭失的目的也不会要求公证员在保全现场当众宣读公证词。由此引申的公证生效时间也不同，根据《公证程序规则》的规定，现场监督公证自现场宣读公证词之日起公证证明生效；而保全证据公证自审批人批准之日起生效。

第二节　开奖公证

本节案例导读：

36

公证监督抽奖，确保公平公正①

山东东阿华顺房地产有限公司于2011年12月10日在东阿广场举行“泰悦嘉园一期开盘抽奖活动”，为确保抽奖结果的公平公正，特邀东阿县公证处现场公证。当日上午7时，东阿县公证处全体同志来到东阿广场，公证人员现场核对有权参与抽奖活动的购房人员名单和抽奖卷，在确保购房人和抽奖卷一一对应的情况下，公证员监督工作人员将上述奖券一一投入相应的抽奖箱内，当场密封抽奖箱，抽奖箱一直由公证员看管。10时至11时45分，公证员刘桂民和杨正国现场监督了抽奖的全过程，抽奖活动符合本公司预定的抽奖规则，抽奖过程公开、公平、公正。本次抽奖活动共产生特等奖一名奖金八万元，一等奖一名奖金六万元，二等奖两名奖金各五万元，三等奖八名奖金各一万元，四等奖十六名奖金各五千元。公证的参与让社会对抽奖活动极为信

① 参见《公证监督抽奖　确保公平公正》，载 http://donge.lcsfj.gov.cn/list_content.asp? articleid=3672。2015年1月10日最后访问。

任，公证员公平参与抽奖活动，得到了社会的好评，本次抽奖活动公证收到了较好的社会效果。

一、开奖公证的含义、特点

开奖公证是公证处通过事前审查、现场监督的方式，依法证明面向社会发行彩票或者其他有奖活动的开奖行为真实、合法的活动。开奖类现场监督公证主要有如下几个方面的特点：

（一）活动主体特殊

这类活动主体一方即活动主办者是确定的，并对活动的进行起着主动的、主导的作用，是活动的策划、操作和控制者；而活动的另一方即活动参与者是不确定的多数人，对活动的进行起着被动的、非主导的作用，他们虽然人数众多，但互不相识，参与活动的动机、目的各异，难以互相沟通，形成统一意识。由此可以看出，在此类活动中，主体之间强势弱势地位是十分明显的。

（二）结果不确定、活动不可重复

开奖活动是根据随机性、概率论原理设计的，每个参与者只是获得了中奖的机会而不是实际得奖的权利。因此参与者在机会面前人人平等，只有靠实力或运气去赢得结果。开奖活动的参与者虽然对活动结果普遍具有期待性，但对结果并无十足把握。另外这类活动在时间上、参与者上、中奖率上无法重复进行。一旦开始进行，就无法逆转返回，因此，出现问题无法补救。再加上这类活动多数涉及金额大、竞争激烈，且参与者对结果期待值很高，所以公众对其公平性、公正性尤其关注。

（三）活动的半公开性

此类活动大部分内容是采用公开的方式进行的，但并不是全部，仍有一部分行为是在幕后进行的，因此，整个活动并非完全公开、透明的，这样就有作弊的机会，所以公证有对其监督的价值和必要性。

二、办理开奖公证的条件和程序

（一）申请、受理

开奖公证由有奖活动主办单位向开奖行为发生地或者其住所地的公证

处提出申请。申请至迟应当在开奖活动举办7日前提出。中奖人对中奖结果申请公证的,应当亲自向承办该次开奖公证的公证处提出。申请应提交如下材料:

1.主办单位

(1)主办单位的资格证明;(2)法定代表人的身份证件,或者代理人的身份证件和授权委托书;(3)举办有奖活动的依据和有关批准文件;(4)有奖活动规则、方案和有关公告、广告;(5)奖金、奖品来源的说明材料;(6)其他需要提交的材料。

2.中奖人

(1)本人身份证件;(2)中奖凭证;(3)有奖活动主办单位出具的中奖确认书;(4)其他需要提交的材料。

对于不符合规定的申请,公证处应当在三日内作出不予受理的决定,并通知申请人。

(二)询问、告知和审查

公证人员应认真接待申请人,应按《公证程序规则(试行)》第24条的规

定制作谈话笔录,并告知相应的法律责任,[①]重点审查如下内容:

1.主办单位是否具备主办有奖活动的资质;2.申请人提交的材料是否真实、充分;3.有奖活动规则、方案是否合法、公平、合理;4.开奖器具是否符合规定标准、能否正常使用。

(三)现场公证、拒绝公证和终止公证

1.现场公证

办理开奖公证,公证处应当派两名以上公证人员在开奖现场对开奖活动的全过程进行监督,对开奖活动的过程和结果予以证明,并在开奖活动结束时由公证员当场宣读公证词,现场情况及中奖结果应当记录并存档。具体情

---

① 受理开奖公证告知书

根据《中华人民共和国公证法》和司法部《公证程序规则》《开奖公证细则(试行)》等有关规定,现将与本公证事项有关的法律事宜告知如下:

一、本处仅对开奖的过程或开奖结果进行公证。

二、你单位应当在申请公证时如实陈述有关情况,提交举办开奖活动所需的各项证明材料,并保证证明材料的真实性、合法性,否则,公证处将拒绝公证,由此造成的法律后果将由开奖活动举办单位承担。

三、你单位必须严格按照法律、法规、规则和开奖办法进行操作,不能随意更改规则和办法,不能违反操作程序,否则,公证处将拒绝公证,由此造成的法律后果由举办单位承担。

四、本处对你单位的有奖活动实施方案不承担法律责任。

五、在开奖现场,发现有下列情形之一的,主办单位应当及时妥善处理:

(一)发生开奖纷争或者秩序混乱的;

(二)开奖器具出现技术故障的;

(三)中奖的彩票或者奖票需要核实真伪而未进行核实的;

(四)中奖结果待确定的;

(五)公证词中涉及的中奖人未能提供有效身份证件的;

上述情形解决后,开奖活动继续进行的,给予公证;主办单位拒不解决的,拒绝公证;无法当场解决的,中止开奖活动,开奖活动中止后仍然无法解决的,终止公证。

六、公证员现场宣读公证词的时间为本场开奖活动的生效时间。公证处在公证员宣读公证词后七日内出具公证书。

××××××××××公证处

在申请办理开奖公证时,公证员已就上述告知书的全部条款向我(们)进行了详细地说明和解释,我(们)对上述告知书的全部条款均无疑义,并对上述告知书全部条款的法律含义有准确无误的理解。

公证当事人(签字或按指印)

××××年×月×日

形操作如下：

(1)对采用从器具中抽取奖票确定中奖人及中奖等次的开奖活动，公证员应当对开奖器具和奖票的投放情况进行检查、监督；对提前投放奖票的，公证人员应当在投放结束后对开奖器具进行封存并予以监控，待开奖时启封。

(2)对依据数据电文作为计奖基础数据的，公证人员应当采取有效方式对相关数据电文予以保全。

(3)在开奖现场，公证人员应当检查开奖器具及有关封存情况，并严格按照开奖规则监督开奖人员实施开奖行为。

(4)中奖结果产生后，公证人员对公证词中涉及的中奖号码、中奖凭证、中奖人姓名应当即时核对。中奖人的身份证件，应当复印存档。

2.拒绝公证

公证处发现有奖活动有下列情形之一的，应当拒绝公证：

(1)违反国家法律和规定的；(2)损害社会公共利益或者违反社会公德的；(3)违反向社会公布的活动规则的；(4)申请人拒绝提供有关材料的；(5)主办单位弄虚作假、徇私舞弊的；(6)主办单位阻挠公证人员依法对开奖活动实施监督的。

3.终止公证

公证员发现有下列情形之一的，应当要求主办单位妥善处理；无法当场解决的，应当建议主办单位中止开奖活动：

(1)发生开奖纷争或者秩序混乱的；(2)开奖器具出现技术故障的；(3)中奖的彩票或者奖票需要核实真伪而未进行核实的；(4)中奖结果待确定的；(5)公证词中涉及的中奖人未能提供有效身份证件的。

上述情形解决后，开奖活动继续进行的，应当给予公证；主办单位拒不解决的，应当拒绝公证；开奖活动中止后仍然无法解决的，应当终止公证。

(四)出具公证书

公证处应当在公证员宣读公证词后七日内出具公证书。宣读公证词的时间为公证书的生效时间。

第三节 拍卖公证

本节案例导读：

37

公证介入拍卖，实现有效监督①

某国有企业因连年亏损，拖欠职工养老和医疗保险金，管理层经研究决定对企业闲置的近万平方米的厂房、场地向社会公开拍卖，解决这一燃眉之急。为体现公开、公平、公正的原则，确保拍卖活动依法进行，该企业委托某拍卖公司具体操作，并要求办理公证。

2012 年 3 月的一天，企业及拍卖人共同来到泰达公证处申请对此次拍卖活动进行现场监督公证。承办公证员依据《拍卖法》和《公证法》的规定，对委托人、拍卖人的主体资格、标的物所有权及拍卖程序、拍卖规则等初步审查后，向申请人指出：(1)处置国有资产，应经国有资产管理部门批准；(2)拍卖标的系无偿划拨的土地，应经土地管理部门审核、批准，并在拍卖公告中注明这一情况。因而，申请人应履行上述手续后，公证机构才能受理此项公证。

一星期后，申请人按规定补齐上述手续后，再次来到公证处提出公证申请，公证员经审查受理了该项公证。公证处指派二名公证员出席拍卖现场，拍卖活动取得圆满成功，最终竞买人某房地产公司以人民币 3000 万元竞拍成功，买卖双方当场签订了成交确认书，公证员当场宣布拍卖过程、拍卖结果真实、合法、有效及七日内正式出具公证书予以确认。

本案中，由于标的物为国有资产，根据《拍卖法》的规定：拍卖国有资产必须由国家规定的评估机构进行评估，并根据评估结果确定拍卖标的的保留价。通过对拍卖当事人资格的审查及标的物的审定，保证了拍卖活动的合法化。

---

① 参见《公证介入拍卖　实现有效监督》，载 http://bhsh.tjbnews.com/html/2012-03/21/content_11_7.htm。2015 年 1 月 20 日最后访问。

38

竞价软件现场发生故障公证员及时保全解除危机①

“283.5 万！成交！”当电子竞价器上显示这一数字时，整个电子竞价拍卖现场沸腾了，因为此时应价倒计时显示：0 秒。0 秒究竟能否发送新竞价价格？两位竞价人争论不休。

这是 2011 年 5 月 6 日下午 3 点正在举行的绍兴某国有资产的电子竞价拍卖现场。前一日，绍兴市公共资源交易中心产权交易科向绍兴市国信公证处申请竞价拍卖现场监督公证。竞拍当日，公证处的两位公证员提前到达竞价会现场，对每一位进场的竞买人身份进行核查，并监督公共资源交易中心产权交易科工作人员向进场的每一位竞买人发放密封好的竞价号及进入电子竞价系统的密码纸。下午 3 点整，电子竞价正式开始。底价 250 万元，每轮加价幅度为 5000 元或 5000 元的整倍数（最高 10 倍）。而就在成交前，系统显示的最新报价为 283 万元，为 211 号竞买人的报价。此时，系统开始 30 秒倒计时，当系统显示的应价倒数计时为 0 秒时，212 号竞买人发送了新的竞价价格。竞价系统未进行新一轮的应价周期而直接显示竞价成交，成交人为 212 号竞买人，成交价为 283.5 万元。两位竞买人均各执一词，都说自己是中标人。

0 秒时发送的新竞价是否有效？针对这一突发状况，公证员迅速介入，一面联系软件开发公司出具证据证明是软件问题，一面表示公证处对电脑后台系统数据已进行保全，安抚当事人。为了找出故障原因，公证处于 5 月 10 日再次来到竞拍现场，参与竞拍演示。演示结束后软件开发公司出具了一份竞价系统故障分析报告，报告写明本次故障为软件开发上的问题，无任何人为因素。

公证处进行了全程摄像。最后双方达成一致，同意将 211 号的 283 万作为最后竞价，并愿意继续进行竞价。

2011 年 7 月 6 日上午 9 点，在绍兴市公共资源交易中心 308 竞价室公证员再次参加了该国有资产的电子竞价会继续竞价现场。经过几轮的竞价，最

---

① 参见《竞价软件现场发生故障公证员及时保全解除危机》，载 http://www.jjgzc.com/show.asp? id=456。2014 年 12 月 8 日最后访问。

后由212号竞买人竞得标的。为期2个月的竞价在公证员的现场宣读词中结束。

现场监督公证是一项对公证员的临场应变能力要求非常高的公证业务，因为无论是开标现场、拍卖现场，还是竞价现场、开奖现场，都存在发生突发事件的可能性，而且发生突发事件的原因多种多样，既有技术原因，也有人为原因。对于现场发生的突发事件，公证员既不能置之不理，也不能越俎代庖；同时，公证员既要果断亮明观点，又不能草率表态。本案的公证员在竞价现场发生突发事件时首先固定证据，然后查清原因，进而协调当事人就问题的解决达成协议，一系列的专业行为体现出了优秀的业务素养，也彰显出公证制度预防纠纷的核心价值。

39

瓜果拍卖依法进行公证，现场监督城管变卖会①

“哈密瓜拍卖啰！”2011年8月的一天，杭州市文晖果品市场里正在举行一场特殊的变卖会。变卖的物品是杭州江干区城市管理行政执法局从一些无照经营水果的摊贩手里暂扣的哈密瓜。卖瓜在城管眼里实属无奈。城管部门为保护当事人的合法权益、减少损失，根据《浙江省城市管理相对集中行政处罚权条例》和《浙江省取缔无照经营条例》有关变卖的规定举行了这场变卖会，并向杭州市钱塘公证处申请现场监督公证。

一直以来，作为第一线的执法部门，城管饱受争议。如何让公权力运行在阳光下一直是城管部门思考的问题。公证处认为，这次城管部门的变卖行为符合《公证法》的有关规定，可以采用公证方式进行监督。公证处首先对瓜果重量进行了严格的清点，并且对买方竞价过程予以监督。在全程公证下，城管部门完成了对暂扣标的物变卖。

通过对行政部门执法的监督公证，不仅维护了小贩的切身利益，而且也促进了行政执法部门的依法行政，通过公证对城管变卖行为的现场监督，提升了执法行为的公信力和透明度，事实上产生了监督执法行为的效果，使社会和民众得以通过公证更多地感受到法律的公正。

---

① 参见《瓜果拍卖依法进行公证　现场监督城管变卖会》，载 http://www.jjgzc.com/show.asp? id=456。2014年11月6日最后访问。

一、拍卖公证的概念、意义

拍卖是拍卖人接受出卖人的委托或根据法律的强制规定,通过公开叫价或者密封递价的方式,将特定财产出售给出价最高且超过底价的竞买人而进行的买卖活动。拍卖须具备三个条件:一是由中介机构—拍卖人主持;二是有两个以上的竞买人;三是围绕价格展开竞争。由于拍卖的形式和内容必须公开,让公众知道,让公众参加,在公众的监督下按公认的标准成交,从性质上讲,拍卖是最典型的公卖方式。由于拍卖程序复杂,法律关系多,所以,从拍卖机制恢复之初,一些部门、地区就注意到拍卖应当引入公证监督。如1987年《财政部关于全民所有制小型商业企业拍卖中有关财务处理问题的规定》中指出:"拍卖必须经公证部门公证,并公开进行。"

拍卖公证是指公证机构应拍卖人的申请,依照有关法律、法规、规章的规定,对于整个拍卖活动的真实性、合法性进行审查、监督,予以证明的活动,是国家对拍卖活动进行法律监督,确保拍卖活动依法进行的一种法律手段。公证处从当事人申请办理拍卖公证时起,就要依据《拍卖法》认真把好关。对拍卖人、委托人和竞买人的资格进行严格审查,确认其是否符合《拍卖法》的规定,监督拍卖活动的程序是否依据法律程序进行,有无损害交易双方的行为,竞买人的报价是否有效,拍卖人的拍卖行为是否合法等。鉴于拍卖的公卖性质,竞买人为不特定的多数,因此,保证拍卖过程的公开、公平、公正是公证对拍卖过程进行监督的主要内容。

拍卖是随着我国商品经济的发展和经济体制改革的深入而重新出现的一种商品交易方式,它对完善市场机制,疏通流通渠道,提高物的利用率都有非常重要的意义。通过办理拍卖公证,既可维护拍卖场所秩序,消除人们的怀疑心理,保证整个拍卖活动依法顺利进行;又能防止虚假行为的发生,维护竞买人的合法权益。公证员通过审查拍卖合同等材料,还可起到完善合同条款分清责任,预防纠纷,减少诉讼的作用。

二、办理拍卖公证的条件和程序

(一)申请与受理

拍卖公证由拍卖物所在地或拍卖活动举行地的公证处管辖。当事人应在拍卖公告发出之前，至少在拍卖活动举行之前的一定期间，向有管辖权的公证处提出申请，填写公证申请表，并提交下列证明和材料：

1.拍卖机构和委托方的资格证明、代表人身份证明和本人身份证件，委托代理人须提交授权委托书及其本人身份证件。拍卖人是公民个人的，应提交居民身份证或户口簿、工作证等。拍卖人是企业的，应提交法定代表人身份证明（包括姓名和职务等）和营业执照。拍卖人是社会团体的，应提交社团登记证。拍卖成交后，购买方也应提供身份证明。2.拍卖标的物清单、情况说明及其产权或有处置权的证明。企业单位等拍卖其资产的，要提供有关主管部门的批准文件。如拍卖全民所有制小型企业的资产，要提供同级政府的批准文件；拍卖集体资产，要提供上级主管部门及职工代表大会的批准同意书；拍卖物是国有资产的，应提交资产评估部门出具的资产评估证明。3.拟发布的拍卖公告。4.拍卖委托书。5.拍卖方案说明书，包括拍卖方式、拍卖活动日程安排（活动的时间、地点、参加人员）、拍卖程序等。

（二）审查

1.严格审查拍卖当事人的身份是否合法。

（1）对拍卖机构资格的审查。拍卖机构要具有企业法人营业执照，经营范围中有拍卖项目，具有承办拍卖的能力，具有国家注册的拍卖师。

（2）对委托人资格的审查。委托人来申办拍卖公证，要提供法人资格证明，代表人身份证明和本人身份证件，委托代理须提交授权委托书及本人身份证件，拍卖标的物清单，情况说明及产权证明或有处置权的证明。如拟拍卖物是房屋的，要有产权证；是汽车的，要有行车证；行政执法部门执法工作中扣留措施，要有依据。

（3）对竞买人资格的审查。如竞买人是公民的，该公民应具有完全民事行为能力；如竞买人是企业的，该企业应具有企业法人营业执照，提供法定代表人身份证明和本人身份证件。委托代理人须提交授权委托书及本人身份证件。

拍品应为有价值可转让的适合拍卖的物或财产权利；拍卖人与委托人是否确立了委托关系；竞买人是否具备行为能力；在拍品特殊的拍卖中，还要审查竞买人是否符合特定的要求。

2.认真核对拍卖标的。主要包括拍卖物的名称、种类、数量、质量、规格、其所有权情况,核对产权证明。对于拍卖物是由于抵债而得来的财产,公证人员应查清其真实来源。公证人员还应注意审查抵押、留置、扣押、罚没、提存物品的拍卖根据。拍卖物要有具有评估资格的机构的评估证明。注意审查拍卖标的所有权是否有争议。

3.审查拍卖方案是否符合拍卖程序、拍卖公告,委托手续是否合法。

审查拍卖人是否已将拍卖方案以公众可以获知的普遍方式予以告知。通常公证员宜从拍卖公告发布的形式和公告内容两方面进行审查。拍卖的公平性主要是审查拍卖人的。《拍卖规则》制定得是否合法、公平,有无非法的歧视或限制性条款。对《拍卖规则》中要求竞买人交纳保证金和银行保函的,公证员也要对每个竞买人交纳保证金的情况予以记录和审查,以保证竞买人在竞争上的公平地位。

(三)现场监督、当场宣读公证词

监督拍卖过程要严格依法进行,要由两名以上公证员参加,要亲临现场,进行临场监督,对其真实性、合法性予以审查核实,对真实合法的,要当场宣读公证词,并在7日内制作公证书发给当事人。由于拍卖是一种比较特殊的买卖方式,所以公证员对拍卖的全过程,包括拍卖准备阶段和实施阶段,都要参与进行,以确保整个活动真实、合法。最后,公证员要在拍卖活动终了时宣读公证词,宣告拍卖活动是真实的、合法的,且整个拍卖行为是有效的,并在7日内出具公证书。但宣读公证词时间为公证书生效时间。

拍卖成交后,买卖双方一般都要签订买卖合同,尤其是拍卖企业资产,更应以书面形式进行,以便于日后办理拍卖物所有权转移的有关手续。买卖合同的内容包括:拍卖方和竞买方的姓名、性别、年龄、住址;职业等(如果是有关单位,应写明单位全称、法定地址和法定代表人姓名、职务等);拍卖物的坐落地点、名称、产权属谁及数量、规格、质量等;拍卖物最后所定价金;交付的时间;竞买方的付款办法;违约责任;双方当事人签名、盖章;签订日期;等等。买卖合同应在公证员指导下撰写,合同签订后应经公证处公证。

第四节　招标投标公证

本节案例导读：

40

从这起拍卖公证看拍卖与招标投标的区别①

2011年3月14日，某拍卖公司向合肥某公证处申请，对其公司于2011年3月15日上午9时30分举行的合肥市阜阳北路高架建设及周边观景整治拆除旧房工程项目的拍卖进行现场监督公证。该拍卖公司于2011年3月7日与某工业园区管委会签订了《委托拍卖合同》，合同规定：拍卖的标的是合肥市阜阳北路高架建设及周边观景整治拆除旧房工程项目；拍卖方式是有保留价的增价拍卖方式；竞买人的条件是有拆迁资质企业的法人，资质经委托人审查有28家企业符合竞买资格，合同中列出了28家企业名单，登记竞买人需交纳100万元的拍卖保证金；拍卖成交后，买受人必须在24小时内将全部成交价款一次性直接支付给委托人，并与委托人签订《委托拆迁协议》，如买受人未在24小时内支付全部成交价款且未与委托人签订《委托拆迁协议》的，买受人违约保证金不予退还，委托人可与出价顺序第二高且达到保留价的竞买人签订《委托拆迁协议》，如出价顺序第二高的竞买人违约，委托人就与出价顺序第三高且达到保留价的竞买人签订《委托拆迁协议》，以此类推。拍卖人于2011年3月8日在《安徽商报》上发布了拍卖公告，定于2011年3月15日上午9时30分进行拍卖。

本案拍卖的标的是拆除旧房工程项目，拆除旧房工程项目是要他人完成一定的工作，属于行为。《中华人民共和国拍卖法》第6条规定："拍卖标的应当是委托人所有或者依法可以处分的物品或者财产权利"。物品或者财产权利是特定的、已有的、能够依法处分的。拍卖仅为卖，作为所有权转移方式之一，行为不能成为拍卖的标的；其次，买受人的确定是价高者得的原则，也就

① 参见《从这起拍卖公证看拍卖与招标投标的区别》，载 http://www.hfgjj.com/n7216006/n8681909/n8682183/n8682847/n8683612/19330452.html。2014年6月6日最后访问。

是最高应价的竞买人为买受人。在拍卖中，竞买人一经应价，不得撤回，当其他竞买人有更高应价时，其应价即丧失约束力，不存在第一、第二、第三应价高的顺序。比如某甲应价5万、乙应价6万、丙应价7万，甲、乙的应价就失去了约束力。当丙应价7万元时，无更高应价，该应价又达到保留价，经拍卖师落槌成交，丙就成为买受人。当丙违约，应按《中华人民共和国拍卖法》第39条的规定，追究丙的违约责任。

因此，某拍卖公司拍卖合肥市阜阳北路高架建设及周边观景整治拆除旧房工程项目不属于拍卖，而是招标投标。

41

公证员在招投标公证中的职责①

2009年6月，金华某高校的物流实验室设备项目政府采购活动在市政府采购中心举行，经市政府采购中心的申请，公证处指派了两名公证人员参加本次采购活动现场监督。公证处在查验投标人的身份和检查投标文件的密封情况时，发现参加本次投标活动的四家投标人中有一家投标人的投标文件未按招标文件规定要求密封和签署、盖章，公证处遂对该投标人作出无效投标处理的决定，其余三家投标人均符合招标文件的规定和要求。之后，在评标阶段，评标委员会对其余三家投标文件的技术标进行评审时，又发现其中一家投标人在技术标文件中体现了投标人的信息和投标人的单位名称，根据本次招标文件的规定，技术标中除设备生产商信息外，不得体现投标人的任何信息，否则只能作为废标处理。但是，当市政府采购中心工作人员和公证处工作人员要求评标委员会对该投标人写出废标说明时，评标委员会却认为该废标决定也要由公证处来作出，理由是：技术标是由公证处来编号的，既然在技术标中体现了投标人的信息，就应该由公证处来作废标决定。而公证处则认为该废标决定应当由评标委员会负责作出。

我国《招标投标法》第36条规定，开标时可以由公证机构检查投标文件的密封情况。在招投标采购公证中，公证处的职责应当依据《公证法》《招标投标法》以及其他相关的法律法规来履行。本案例中的两个废标处置决定，

---

① 参见邓娟华《浅析公证员在招投标公证中的职责限制》，载 http://tieba.baidu.com/p/1758844101。2014年10月6日最后访问。

因其属于两种不同的无效标书的情形，应当分别由两个不同的主体进行认定。第一个无效标的处理决定，依法应由公证机构作出；而第二个废标的处理决定，则依法应当由评标委员会作出。理由如下：

（一）根据《公证程序规则》第52条规定，公证机构办理招投标公证，对投标、开标、评标活动进行现场监督，保证招标投标活动按照国家法律和招标文件的规定进行。在投标前，公证员应当检查投标箱并加封；投标时，公证员应当查验投标人的身份和投标人所递送标书的密封情况，拒绝接受未密封的标书；投标截止时，公证员应当密封标箱并告知招标人，不得接受迟延递交的标书。开标阶段，公证员负责查验投标人是否缴纳了投标保证金，检查标箱和标书的密封情况，并公布检查结果。在评标阶段，公证员要监督公布评标定标标准、评标定标活动的程序、原则、方法、纪律及注意事项；检查标底密封情况，监督标底的开启、公布标底；监督评标委员会按照招标文件规定的原则、标准、程序和方法进行评标、定标。综上可知，案例中，第一家被作无效标的投标人未按规定要求密封和签署、盖章，属于公证员依照《招标投标法》第36条规定和《公证程序规则》第52条规定应当作出无效标决定的情形。

（二）政府招投标采购中公证处负责对技术标的编号，完全是根据招标文件的规定要求，使评委评技术标时在不知道投标单位名称的情况下进行公正合理的评分，这样只是更好地体现公平、公正原则。但评委不能据此认为技术标既然由公证处编号，就应当由公证处来作出是否废标的决定。依据《评标委员会和评标方法暂行规定》第20条至第25条的规定，废标由评标委员会认定，公证员对其发现的废标应当提请并监督评标委员会依法审定。在现场监督公证过程中，公证机构仅是监督评标委员会是否依据法律和招标文件评审，可以向评标委员会提供咨询，但不能代替评标委员会评标。因此，案例中第二家被废标的投标人，不能由公证机构来认定，只能由评审委员会来作出废标决定。

42

哈尔滨公证处为大项目建设提供公证保障①

哈尔滨大剧院是哈尔滨市政府“北跃”发展新战略的重要文化建设项目，于2010年年底被列为省级重点项目。该项目由哈尔滨市松北区政府投资建设，于2011年4月28日开工奠基。在哈尔滨大剧院幕墙、金属屋面及外装饰等工程前期招标过程中，曾停滞近三个月之久，引起全国、全省和各级政府部门的广泛关注。为了确保重新评标的公平公正，招标单位哈尔滨松北投资发展集团有限公司于2012年10月28日向哈尔滨某公证处提出公证申请，哈尔滨某公证处以往办理的招投标公证，仅对开标环节进行现场监督，为了保证这次招投标的客观、公正，招标单位要求公证处对该项目于2012年10月29日至11月1日期间重新评标过程中的省外专家评委抽取过程、到哈尔滨太平机场迎接省外专家评委并入驻黑龙江省招生考试命题服务中心封闭的过程及专家评委评标过程进行现场监督公证。受理公证申请后，哈尔滨某公证处处高度重视，指派副主任关艳红和公证员丁龙共同承办本项公证。

公证员从法律监督的角度积极为招标单位的相关程序把关，如：通过上海、天津的省外专家库抽取的评委名单需经当地专家库的管理部门盖章确认，传真到哈尔滨市建设工程交易中心的专家评委名单由在场人员签名确认；对到省外抽取专家评委的上海、天津工作组成员在回哈后建立登记备案制度并与省外专家一起被封闭；所有在哈参与或者接触本次评标相关信息的人员都要将其通讯设备交由公证员封存后统一保管；对接收省外专家名单、随机抽取省外专家候选人和确定评标专家评委的程序与登记表的设计提出建设性的意见，并被招标单位和招标代理机构采纳。

从专家评委的抽取、接机、入驻到现场评标，全面封闭三天半时间，直至2012年11月1日凌晨2点30分，由省内外11名专家评委打分产生了评标结果，评标过程结束。整个过程由哈尔滨某公证处两名公证员全程监督并一起被封闭，公证员虽是现场监督人员，但也主动封存了自己的通讯设备，不与外界有任何联系，以保证公证员现场监督的各个环节都实现公平公正和无缝对接。

---

① 参见《哈尔滨公证处为大项目建设提供公证保障》，载 http://blog.sina.com.cn/s/blog_8d8e10ab01013bwq.html。2015年1月4日最后访问。

在评标结果公示期过后，各投标单位和各级监督部门均没有对本次评标结果提出任何异议。至此，哈尔滨大剧院幕墙、金属屋面及外装饰等工程招标评标工作圆满结束，从而确保了工程的顺利进行。

43

工程施工招标现场监督公证①

2007年5月14日岱山县长涂渔港开发有限公司法定代表人郑士成向岱山某公证处提出申请，对该公司于2007年5月15日在岱山县招投标中心二楼会议室举行的岱山县长涂一级渔港护岸工程施工招标进行现场监督公证。岱山某公证处接待该当事人申请后，通过对申请人所提交的主体资格证明材料、工程立项批文、招标文件、招标申请表、投标单位资格审查材料等进行审核，认为该招标活动招投标各方主体合法，手续齐全，招标文件合法，符合相关法律法规的规定可以受理。

2007年5月15日岱山某公证处两名公证人员出席了在岱山县招投标中心二楼会议室举行的开标会议。会议开始后按程序规定由公证员对到场的七家投标单位的投标书送达时间、密封情况等进行检查并宣布结果，然后对各投标单位的应到开标会议人员进行点名审验（根据招标文件规定：投标单位应到会人员为法定代表人或委托代理人、项目经理、项目技术负责人，投标单位上述三位人员未准时参加开标会议或没有合法、有效证件的，其投标书作无效文件确认）。在对投标单位应到会人员审验时发现舟山市普陀水利围垦建筑工程有限公司、舟山市海军华东工程建设局、浙江第一水电建设集团有限公司三家投标单位的项目技术负责人均未到场参加开标会议。为此，公证员根据招标文件的规定，当即宣布该三家投标单位的投标书为无效文件，不予开标原封退回投标单位。其他四家投标单位：浙江顺盛建设工程有限公司、舟山市大恒水利建筑工程有限公司、浙江江南春建设集团有限公司、华锦建设股份有限公司等投标人的应到会人员均按规定要求到场参加开标会议并有相应身份证明资料，就此会议程序进入开标阶段，由工作人员对四家投标单位送达的投标书拆封并对有关工程报价、工期、质量等投标要素进行唱

① 参见《工程施工招标现场监督公证》，载 http://www.hljgz.cn/shownews.asp? id=90。2015年1月3日最后访问。

标公布，然后折封招标人标底。但当一宣布招标人标底，则反映出四家投标单位的投标报价均低于标底设定的最低限价为无效投标。由于工程投标报价等涉及招投标活动的实质性问题，不应由公证员现场宣布无效问题，应由评标委员会作出决议，公证员建议主持人按会议程序开标活动结束进入评标阶段，对四家投标单位的投标书送评标室交评标委员会作出评议决定。在评标阶段，公证员向评标委员会详细反映了整个开标活动的过程情况，随后由评标委员会作出了否决本次招标的全部投标，宣布本次招标失败，并建议招标人依法重新进行招标的书面评标报告。最后由公证员向所有投标单位通报了评标委员会的评标报告，并宣读了现场公证词。①

---

① (2007)浙岱证字第304号《公证书》

公　证　书

(2007)浙岱证字第304号

申请人：岱山县长涂渔港开发有限公司

住所：岱山县长涂镇政府内

法定代表人：郑士成

公证事项：公开招标

岱山县长涂渔港开发有限公司向本处提出申请，对该公司于二〇〇七年五月十五日在岱山县招投标中心二楼会议室举行的岱山县长涂一级渔港护岸工程施工招标进行现场监督公证。

经查，招标项目已获主管部门批准，招标方具有合法的招标资格，投标方具有合法的投标资格，招标文件合法，招标人向本处提交的相关资料均真实、有效。

根据《中华人民共和国招标投标法》《中华人民共和国公证法》《公证程序规则》的规定，本处公证员王伟涛、公证辅助人员王海于二〇〇七年五月十五日在岱山县招投标中心出席了招标现场。经现场监督认为：各投标人的投标书均按时送达，密封完好。舟山市普陀水利围垦建筑工程有限公司、舟山市海军华东工程建设局、浙江第一水电建设集团有限公司所投标书因项目技术负责人未准时参加开标会议，则均为无效投标文件(不予开标原封退回投标单位)；浙江顺盛建设工程有限公司、舟山市大恒水利建筑工程有限公司、浙江江南春建设集团有限公司、华锦建设股份有限公司所投标书因投标报价低于最低限价，则也均为无效投标文件。经评标委员会评议，否决了本次招标的全部投标，宣布本次招标失败，并建议招标人依法重新进行招标。(七家投标单位投标书作无效投标文件处理依据上未列出招标文件的具体条款。)

兹证明本次开标、评标活动均符合《中华人民共和国招标投标法》和招标文件的规定。招标结果真实、合法。

浙江省岱山县公证处

公证员(签名或盖章)

二〇〇七年五月十五日

详见《工程施工招标现场监督公证》，载 http://www.hljgz.cn/shownews.asp? id=90。2015年1月3日最后访问。

该件招标活动公证，关键是要求公证员在招标现场监督中运用法律法规并熟知招标文件的规定，对现场出现的情况需把握好哪些问题该由公证员自己现场作出处置，哪些问题该由主持人和评标委员会作出回应。从而调节整个招标活动的顺利有序进行，达到真实合法的目的。

一、招投标公证的概念、特征

招投标公证是公证处根据招标方的申请，依照国家法律、法规和招标文件的规定，对招标、投标各方的主体资格和招标文件的真实性、合法性进行审查，对招标投标程序进行现场监督，并证明其真实性、合法性的活动。

招投标公证和拍卖公证的主要区别是：其一，拍卖仅为卖，作为所有权转移方式之一，其适用范围相对狭小；而招投标不仅可用于卖，亦可用于买，在政府采购招标中，招标人就是买方。其二，在采用拍卖方式时，竞买人一般是当众报价，并可根据其他竞买人的出价条件重复报价；而在采用招投标方式时，竞标人一般分别投标，只有一次报价的机会，彼此不知道各自的报价条件。其三，采用拍卖方式时，拍品只能卖给出价最高者，充分体现价高者得的原则；而采用招投标方式时，价格一般不是唯一的衡量标准，中标人不一定是出价最高者。其四，适用法律不同，拍卖适用《中华人民共和国拍卖法》，招标适用《中华人民共和国招标投标法》。

招标投标公证是近年来公证处常办理的一项公证业务，对于规范招标投标行为，预防纠纷，保护招标投标双方的合法权益，具有重要意义。对招标投标活动进行公证就成为招标投标双方当事人都乐于采用的一种简便、有效的自我保护的法律手段。

二、办理招投标公证的条件和程序

依据司法部《招标投标公证程序细则》规定①，公证处办理招标公证应当派两名以上公证人员（其中应至少有一名公证员）进行现场监督和证明。对公证员确认招标投标活动真实、合法的，应当当场宣读公证词，并在7日内制成公证书发给当事人，该公证证明从公证员宣读之日起生效。

根据招标投标活动规模和阶段安排的不同，公证实践中，通常采用两种公证证明方式：一种是一次性公证，即在招投标活动结束宣读公证词，对其全过程给予公证。这种公证方式一般适用于规模较小、活动时间较短的招标投标活动。另一种是分阶段公证②，即在招标投标的每一阶段结束时，均对该阶段的活动结果宣读一次公证词，待招标投标活动全部结束时，再对整个活动结果进行公证。这种公证方式主要适用于规模较大、阶段性显著、活动持续时间较长的招标投标活动。

总体上，招标公证程序主要分为申请与受理、审查、现场监督和出具公证书四个阶段。实践中，这四个阶段在招标投标公证中并非是截然分开的，而是略有交叉。如在申请受理阶段和现场监督阶段都包括一部分审查的内容，在现场监督阶段又包括一部分证明工作。

（一）申请、受理

招标投标公证由招标方所在地的公证处管辖。委托招标的，由受托招标方所在地的公证处管辖。招标投标公证申请由招标方提出。委托招标的，由受托招标方提出。招标投标公证申请，应于招标通知（公告）或招标邀请函发出之前提出，特殊情况下，也必须于投标开始前提出。申请人应填写公证申

---

① 1992年《招标投标公证程序细则》第19条规定了无效标书认定情形。无效标书的评价标准不应该，也不能由司法部来制定。《细则》只设计了对整个招投标活动予以证明的情形。而在实践中，公证处是可以根据《招标投标法》第36条第1款的规定或当事人的申请，对开标阶段或对招投标活动的招标、开标、评标、定标整个活动分别作出证明的。《细则》第26条规定公证处应在公证员宣读公证词的7日内出具公证书。《公证程序规则》第52条第1款规定，承办公证员应当现场宣读公证证词，并在宣读后7日内将公证书发送当事人。“出具”和“发送”的要求不同，出具不意味着已经发送，发送的时限要求更高更明确。

② 很多时候，招投标活动仅要求公证机构介入其中的一部分，主要是现场监督部分。

请表,并向公证机关提交以下材料:

(1)法人资格证明和法定代表人身份证明及本人身份证件,代为申请的,应提交授权委托书和本人的身份证件;(2)受委托招标的,应提交委托书和具有承办招标事项资格的证明;(3)有关主管部门对招标项目、招标活动的批准文件;(4)招标组织机构及组成人员名单;(5)招标通知(公告)或招标邀请函;(6)招标文件(主要包括:招标说明书、投标人须知、招标项目技术要求、投标书格式、投标保证文件、合同条件等);(7)对投标人资格预审文件;(8)评标组织机构及组成人员名单;(9)公证人员认为应当提交的其他有关材料。

公证机关对申请经过初步审查,认为符合要求的,公证处应予受理,并书面通知申请人。对不符合规定条件的申请,公证处应作出不予受理的决定,通知当事人,并告知对不受理不服的复议程序。受理决定一般应在材料基本齐全后的7日内作出,同时向申请人询问有关情况,制作询问笔录。重点记录项目的基本情况、招标活动准备情况、标底编制情况、对投标人的资格要求、公证费的负担和支付方式等内容。

(二)招投标公证的前期审查

办理招标投标公证,公证员除按《公证程序规则(试行)》第23条规定的内容审查外,还应着重审查以下内容:(1)材料是否齐全、真实、合法;(2)招标方是否具备规定的招标资格,受托招标方是否具有承办招标事项的资格并已获得合法授权;(3)招标文件的内容是否完备,文字表述是否清楚、准确,审查的重点是招标、投标对当事人的效力规定,开标、评标、定标的办法,无效标书和招标不成的认定标准及处理办法;(4)委托招标的,要审查委托书中权利义务的规定是否明确;(5)标底的编制和审核是否符合规定的条件和程序,是否已得到有关主管部门的批准;(6)评标组织机构的人员组成是否合理,评标人是否符合规定的条件,与投标人有无利害关系。

承办人在遇有招标方不具备招标资格的、受托招标方不具有承办招标事项的资格或未获得合法授权的、招标项目和招标活动未经有关主管部门批准的、招标文件及有关材料不真实或不合法的这几种情形时,应拒绝公正证,并将拒绝的决定和理由书面通知申请人,告知申请人对拒绝不服的复议程序。

(三)对招投标活动的现场监督

对符合受理条件的申请,根据《公证程序规则》第52条的规定,公证处应

派二名以上公证人员(其中应至少有一名公证员)参加整个招标投标活动,进行现场监督和证明。监督的内容主要包括:

1.招标阶段

本阶段主要监督招标方发布公告等行为是否符合法律规定。根据《中华人民共和国招标投标法》第 22 条规定,招标人不得向他人透露已获取招标文件的潜在投标人的名称、数量以及可能影响公平竞争的有关招标投标的其他情况。这是为了防止投标人之间串标或是采取其他不正当的手段竞争。但在实际的招投标活动中,招标人出售招标文件大都是采用一张打印好的登记表,所有购买招标文件的潜在投标人的信息都登记在上面,一目了然。规范的做法应当是每个购买招标文件的单位单独登记,专人保管。公证机构在受理招投标公证时,应当要求招标单位履行保密义务。

《中华人民共和国招标投标法》第 23 条规定,招标人对已发出的招标文件进行必要的澄清或者修改的,应当在招标文件要求提交投标文件截止时间至少 15 日前,以书面形式通知所有招标文件收受人。该澄清或者修改的内容为招标文件的组成部分。可见招标文件的修改和澄清需要注意两个问题:一是时间要求,应当在招标文件要求提交投标文件截止时间至少 15 日前;二是形式要求,应当以书面形式通知所有招标文件收受人。公证机构在招投标中遇到不符合上述两个要求而对招标文件所进行的澄清或修改,应当认定为是无效的,在招投标中仍旧依照原招标文件。

此外,《政府采购法》中规定的采购方式除了公开招标,还有邀请招标、竞争性谈判、单一来源采购、询价采购等其他采购方式。当采用某一种采购方式没有完成采购任务时,可以使用另一种采购方式进行采购。对于采购方式的变更,公证人员应当监督招标单位按照法定程序进行,履行法定的报批程序。

2.投标阶段

在投标开始前,公证员要对招标单位设置的投标箱进行检查,看是否完好、是否符合规定和要求。然后,与招标单位一起对投标箱加封。

投标开始后,公证员应查验招标单位委派的接标人的身份和投标人的身份,对投标人所投标书的密封情况进行检查,并作出记录。如果标书是通过邮寄方式投送的,则应记录收到标书的时间。

在此阶段,公证员及时监督投标截止时间,严格执行投标截止时间,监督投标人将符合规定条件的标书投入投标箱,并做记录。投标箱投标口密封并加封条。有时于投标人比较少,招标单位为了保证投标人达到三家,会随意推迟投标截止时间或是对已经过了投标截止时间送达的投标文件仍然接收,对于这样的情况,公证人员应当及时制止。

3.开标阶段

本阶段重点审查投标方的主体资格,检查标箱的密封情况,监督招标方在规定的时间和地点开启标箱,检查标书份数及密封情况,并宣布查验结果。对符合规定的开标活动,公证人员可当场宣读开标公证词①,口头证明开标活动的真实、合法,并做记录。

本阶段公证员还应验明投标书是否有效。有下列情况之一者,应作无效标书处理:(1)投标人不具备投标资格的;(2)投标书未密封的;(3)没有报价的;(4)投标书未加盖本单位公章及法定代表人未签字的;(5)投标书未按规定的格式、内容和要求填写的;(6)投标书书写潦草、字迹模糊不清难以辨认的;(7)投标书逾期送达的;(8)在一个招标项目中,投标单位投报两个或多个标书或有两个或多个报价,又未书面声明其中哪一个有效的;(9)投标方未能按要求提交投标保函的;(10)其他不符合招标文件要求的。

4.评标定标阶段

本阶段,公证员应查验评标组织成员的资格,核实其身份,再次审查评标组织成员是否与投标方有利害关系,对与投标方有利害关系的评标组织成员,应让其回避;监督公布评标定标标准、评标定标活动的程序、原则、方法、纪律及注意事项;检查标底密封情况,监督标底的开启,公布标底。对标书已重新密封并投入标箱的,检查标箱密封情况,监督标箱和标书的开启;监督评标委员会按照招标文件规定的原则、标准、程序和方法进行评标、定标;检查定标结果是否与评标定标记录一致;监督评标委员会成员在评标定标记录上签字,并在定标决议上签字。

---

① 一些公证机构介入招标项目时,是在唱标前宣读公证词,在评标结果出来后出具公证书。但他们在唱标前宣读的公证词里,并不会宣布某某供应商投标有效,而是根据监督的相关事项大体宣布3点:是否在规定时间内送达投标文件、投标文件是否密封完好、投标保证金交纳情况怎样,并宣布可以开标。公证员没有充足理由在这个阶段宣读供应商投标有效。

公证员应参加评价会议，对违反规定的，应予以纠正，但不得担任评价机构的成员。公证员应当对评标、定标的情况进行记录，并在定标决议书上签名。

需要指出的是，在本阶段，有的招投标活动，招标文件里规定，投标单位授权委托人参与投标的应当提交经公证的授权委托书，公证人员应当对投标单位的委托公证书进行核查，如发现伪造的公证书，应当提交评审委员会处理。在评标的过程中，招标文件有时会出现含义不明确、对同类问题表述不一致或者前后矛盾的情况，在此情况下，招标单位可行使解释权，但招标单位在解释时应当符合整个招标文件的精神，不得有针对性、倾向性。

在进行现场监督过程中，如因技术原因或人为原因导致活动无法继续进行时，承办公证员应建议中止活动，待问题解决后再决定是否继续后续的活动安排，不宜强行宣读公证证词。

公证员经亲临现场全程，认为招标、投标、开标、评标、定标活动的程序真实、合法，结果有效的，应现场宣读公证词，并在七日内出具公证书①，宣读现场公证词的时间为公证书的生效时间。

5.签订合同阶段

本阶段主要是对中标人与招标方所签订的合同进行审查，监督合同内容是否符合法律规定，双方权利、义务是否平，等等。

---

① 《公证程序规则》第52条是在宣读公证词后7日内发送公证书，和《招标投标公证程序细则》第26条的宣读公证词的7日内出具公证书表述不同。

第十一章　继承权公证

第一节　继承权公证概述

一、继承权公证的概念、类型

继承权公证，是指公证机构依据法定程序证明被继承人的法定继承人或遗嘱继承人具有继承被继承人遗产权利的真实性、合法性的活动。办理继承公证主要依据的是《公证法》《公证程序规则》《继承法》《婚姻法》和相关的司法解释等规范。公证处办理的继承权公证主要为法定继承公证和遗嘱继承公证。

继承权公证是民事公证中一项比较复杂的业务，它涉及社会、家庭的各个角落，作为公证机构的传统公证业务，在公证事业的发展历程中，处于十分重要的地位，是各地公证机构开展的主要民事公证业务之一，属于公证业务领域中的支柱性证源。随着人们生活水平的提高，公民个人财产的增加，以及我国正进入老年化社会，继承类公证变得越来越多，继承类公证中遗产的种类也在不断地增加，已由过去的银行存款、房地产等传统的遗产形式增加到包括合同权益、保险金、公司股权、个人独资企业的财产等诸多方面。现实生活中许多继承公证文书已得到了有关部门的充分认可和肯定，如银行存款的继承公证书作为继承人继承银行存款的法律文书全部被金融机构所采纳，股权继承公证书作为股权变更登记的法律文书得到了工商行政管理机关的肯定，不动产的继承公证和委托书公证，也得到了房产登记部门的充分认可和肯定。

国家发展改革委和财政部发文从2013年10月1日起，公证收费中证明财产继承、赠与、接受遗赠的，收费标准由以往按受益额的2%下调为：受益额20万元以下的部分，按不超过1.2%收取，受益额越高，收取比例越低。这有非常有助于继承收益人通过公证手段维护自己的财产权益。

继承人享有继承权是继承公证证明的前提，由被继承人死亡而发生的财产转移，除了继承人因继承权而承受遗产外，还涉及其他人，其接受遗产的法律原因及其法律地位与继承人是不同的，不在本章讨论范围之列。①

---

① 讨论不包括遗赠、遗赠扶养协议中取得财产的非继承人和酌情分得遗产的人：(1)遗赠取得遗产的人。《继承法》第16条第3款规定："公民可以立遗嘱将个人财产赠给国家、集体或者法定继承人以外的人。"第25条第2款又规定："受遗赠人应当在知道遗赠后两个月内，作出接受或者放弃受遗赠的表示。到期没有表示的，视为放弃受遗赠。"首先，受遗赠人是由遗赠人指定的，并且只能是法定继承人以外的人，而继承人是由法律规定的，法定继承人之外的人不能成为继承人；其次，继承人是概括继承被继承人的全部财产法律关系(包括积极财产权利和消极财产义务)，而受遗赠人只接受积极财产权利；再次，继承人只能是自然人，而受遗赠人不限于自然人；最后，继承人是继承开始后当然继承遗产；而受遗赠人是基于受遗赠权而取得受赠遗产。受遗赠人不负担遗产债务的清偿，其仅在遗嘱执行人或继承人于清偿遗产债务之后取得受遗赠的财产。(2)因遗赠扶养协议而取得遗产的人。因遗赠扶养协议而取得遗产是扶养人因履行合同义务而取得的对价。(3)酌情分得遗产权的人。《继承法》第14条规定，对继承人以外的依靠被继承人扶养的缺乏劳动能力又没有生活来源的人，或者继承人以外的对被继承人扶养较多的人，可以分给他们适当的遗产。酌情分得遗产权的性质不同于继承权，其一，酌情分得遗产的人是继承人以外的人；其二，继承人是自继承开始后当然地取得遗产的分配权，酌情分得遗产的人需在遗产分割时向继承人提出分配的请求，若其明知而未提出的，则一般视为放弃财产的请求权。

二、办理继承公证的一般条件和程序①

根据中国公证协会《办理继承公证的指导意见》，当事人可以就继承被继承人某项遗产向公证机构申请办理继承公证，也可以就继承被继承人数项遗产一并向公证机构申请办理继承公证。二个以上当事人继承同一遗产的，应当共同向一个公证机构提出公证申请。

（一）申请和受理

当事人申请办理继承公证，应当提交下列材料：(1)当事人的身份证件；(2)被继承人的死亡证明；②(3)全部法定继承人的基本情况及与被继承人的亲属关系证明；(4)其他继承人已经死亡的，应当提交其死亡证明和其全部法

---

① 不包括下列公证事项：(1)当事人申请办理继承金额(数量)不明的银行卡(证券资金账户)内钱款(证券)公证的，公证机构应当告知其先申请办理用途为查询卡(户)内金额(数量)的亲属关系公证，待金额(数量)确定后，公证机构可以为其办理继承公证。(2)当事人申请办理继承存放在银行保管箱内物品公证的，公证机构应当告知其先申请办理用途为查询保管箱内物品的亲属关系公证和开启保管箱清点物品的保全证据公证，待保管箱内属于被继承人所有的物品的种类和数量确定后，公证机构可以为其办理继承公证。(3)当事人依照《中华人民共和国保险法》第42条的规定申请办理继承被继承人死亡保险金公证的，公证机构应当依照《中华人民共和国继承法》《办理继承公证的指导意见》的有关规定为其办理继承公证。(4)当事人申请办理继承有限责任公司股权公证的，公证机构应当告知其《中华人民共和国公司法》第75条的规定。当事人申请办理继承有限责任公司股东资格公证的，应当提交公司章程和其现任职证明。公证机构应当审查公司章程对当事人继承股东资格有无限制性规定以及审查当事人所从事的职业是否限制其继承股东资格。根据公司章程和有关法律规定，当事人不能继承股东资格的，公证机构为其办理继承股权公证。(5)当事人依照《中华人民共和国合伙企业法》第50条和第80条的规定申请办理继承合伙人财产份额或者合伙人资格公证的，公证机构参照当事人申请办理继承有限责任公司股权公证的规定办理。

② “死亡证明”，是指医疗机构出具的死亡证明；公安机关出具的死亡证明或者注明了死亡日期的注销户口证明；人民法院宣告死亡的判决书；死亡公证书。当事人有合理理由无法提交规定的死亡证明或者亲属关系证明的，应当提交二件以上足以证明相关死亡事实或者相关亲属关系的其他证明材料。当事人有合理理由无法提交财产权属(权利)凭证原件的，应当提交财产权属(权利)凭证制发部门出具的其他证明材料。

定继承人的亲属关系证明;[①](5)继承记名财产的,应当提交财产权属(权利)凭证原件;(6)被继承人生前有遗嘱或者遗赠扶养协议的,应当提交其全部遗嘱或者遗赠扶养协议原件;(7)被继承人生前与配偶有夫妻财产约定的,应当提交书面约定协议;(8)继承人中有放弃继承的,应当提交其作出放弃继承表示的声明书;(9)委托他人代理申办公证的,应当提交经公证的委托书;(10)监护人代理申办公证的,应当提交监护资格证明。

(二)审查、核实

在接受上述材料后,公证机构除需要按照《公证程序规则》规定的事项进行审查外,还应当重点审查下列事项:(1)当事人的身份是否属实;(2)当事人与被继承人的亲属关系是否属实;(3)被继承人有无其他继承人;(4)被继承人和已经死亡的继承人的死亡事实是否属实;(5)被继承人生前有无遗嘱或者遗赠扶养协议;(6)申请继承的遗产是否属于被继承人个人所有。

公证机构应当按照《公证程序规则》的规定,根据不同情况采用适当的方式进行审查。对证明相关死亡事实或者相关亲属关系的证明材料,公证机构应当向出具证明材料的单位或者个人核实。证明材料经核实,应当能够互相印证且能够共同证明被继承人或者其他继承人的死亡事实或者相关亲属关系。

---

① "亲属关系证明",是指被继承人或者继承人档案所在单位的人事部门出具的证明继承人与被继承人之间具有亲属关系的证明;基层人民政府出具的证明继承人与被继承人之间具有亲属关系的证明;公安机关出具的证明继承人与被继承人之间具有亲属关系的证明;能够证明相关亲属关系的婚姻登记证明、收养登记证明、出生医学证明和公证书。

（三）询问、告知[①]、出证

公证机构办理继承公证，还应当询问当事人并制作询问笔录。询问笔录

---

① 继承公证告知书参考格式

公证申请人：

依据《公证法》第二十七条第二款的规定，现将你申办继承公证的法律意义、法律后果以及申办继承公证的注意事项告知如下：

1.你申办继承公证应当向本处如实陈述以下事实，并提供相关的真实、合法、充分的证明材料：(1)被继承人死亡的准确时间；(2)被继承人遗产权属的真实情况；(3)被继承人是否立过遗嘱，如果被继承人立有遗嘱，你应当提供被继承人所立的全部遗嘱；(4)被继承人是否订立过遗赠扶养协议；(5)被继承人的父母(包括生父母、养父母、有抚养关系的继父母)、配偶和全部子女(包括婚生子女、养子女、非婚生子女和有抚养关系的继子女)的情况，如果上述人员中有死亡的，还应当提供其死亡的准确时间及其继承人的情况；(6)在继承人以外是否有依靠被继承人扶养的缺乏劳动能力又没有生活来源的人；(7)在继承人以外是否有对被继承人扶养较多的人。

2.依据《继承法》第二十六条的规定，被继承人的遗产如果属于夫妻共同财产，除有书面约定的以外，共同财产的一半为配偶所有，其余的为被继承人的遗产。因此，如果被继承人生前订立有书面夫妻财产约定协议，你应当提供全部的、真实的财产约定协议(或者财产分割协议)。

3.继承人取得继承公证书后，应当及时向有关部门办理权属变更登记事宜。

4.如果你申请办理遗嘱继承公证，对于被继承人所立的遗嘱，你应当特别注意以下告知：(1)遗嘱人如果未保留缺乏劳动能力又无生活来源的法定继承人的遗产份额，你必须与该法定继承人协商，为其保留必要的遗产份额。(2)依据《继承法》第二十条的规定，被继承人立有数份内容相抵触的遗嘱，以最后的公证遗嘱为准。没有公证遗嘱的，以最后所立的遗嘱为准。(3)遗嘱如果处分了国家、集体或者他人所有的财产，遗嘱的该部分内容无效。

5.如果你放弃继承，你应当特别注意以下告知：(1)放弃继承是单方作出的无偿的法律行为，放弃继承的意思表示一经作出，就意味着继承人自动丧失了取得被继承人遗产的权利，且放弃继承不能附加条件，放弃继承人以其他继承人或者利害关系人没有履行私下达成的附加条件为由申请撤回放弃继承声明，本处不予认可，因此，放弃继承人一定要慎重从事。本处对于放弃继承人签署的放弃继承声明书仅审查其是否是放弃继承人本人意思表示以及签字(指印)是否属实，声明书内容全部由放弃继承人自行负责，因声明内容不当而引起家庭纠纷或者其他不利后果由放弃继承人自行承担。(2)法定继承人放弃继承的，属于法定继承范围的遗产将依法由其他法定继承人继承；遗嘱继承人放弃继承的，该遗产将按法定继承处理。遗嘱继承人在放弃遗嘱继承时没有明确表示同时也放弃法定继承的，其仍然有权作为法定继承人继承遗产。(3)放弃继承的效力溯及继承开始之时，继承人若在表示放弃继承之前就已占有其全部或者部分遗产的，则负有返还这部分遗产的义务。(4)在本处出具公证书之前，放弃继承人反悔的，应当及时书面通知本处，如果其他继承人均书面同意其反悔，本处可以接受其反悔；如果其他继承人不同意其反悔，本处将终止公证，但放弃继承人提交本处的放弃继承声明书仍由本处存档，不退还本人。本处出具公证书之后放弃继承人反悔的，本处不予接受，继承人之间因此发生纠纷的，应当通过协商或者诉讼程序解决。(5)继承人因放弃继承致使其不能履行法定义务的，该放弃继承的行为无效。

除需要按照《公证程序规则》的规定应当载明的内容外,应当载明下列内容:

(1)被继承人死亡的时间、地点、原因;(2)被继承人生前工作单位、住址、婚姻状况;(3)申请继承的遗产的来源、取得时间、权属及基本状况;(4)被继承人全部法定继承人(包括尽了主要赡养义务的丧偶儿媳或者女婿)的姓名、性别、与被继承人的亲属关系、工作单位、住址,法定继承人已经死亡的,应当载明死亡的时间;(5)在继承人以外有无依靠被继承人扶养的缺乏劳动能力又没有生活来源的人或者对被继承人扶养较多的人,有无需要为其保留遗产份额的胎儿;(6)被继承人生前有无遗嘱或者遗赠扶养协议,有几份;(7)继承人中有无表示放弃继承的。

为避免公证风险,公证机构办理继承公证,除需要按照《公证程序规则》的规定向当事人进行告知外,还应当重点告知下列内容:(1)当事人隐瞒、遗漏继承人(包括有权分得适当遗产的其他人)的,或者隐瞒、遗漏被继承人遗嘱(遗赠扶养协议)的,应当承担相应的法律责任;(2)继承遗产的,应当在继承遗产实际价值内清偿被继承人依法应当缴纳的税款和债务;(3)遗嘱(遗赠扶养协议)附有义务的,继承人(受遗赠人)应当履行义务。

(接上页注释)

6.在本处出具继承公证书后,如果出现下列情形之一,本处可能撤销或者更改公证书,你需向相关的权利人承担恢复原状、返还财产和补偿的义务,对他人或者本处造成侵害的,还应当承当侵权责任。这些情形包括但不限于:(1)有遗嘱继承人或者受遗赠人提出更具有优先效力的真实合法的遗嘱或者遗赠扶养协议;(2)在出具公证书后,有人民法院的判决书或者其他有效的法律文件证明你所继承的遗产实际不属于被继承人所有,或者不完全属于被继承人所有;(3)被继承人生前已经通过买卖、赠与等方式处分了你所继承的遗产;(4)你所继承的遗产在出具公证书之前已经灭失;(5)你所继承的遗产并非属于合法财产;(6)没有为法律规定需要特殊照顾的人员保留遗产份额;(7)隐瞒或者遗漏前一顺序的继承人或者同等顺序的其他继承人;(8)隐瞒或者遗漏法律规定的可以酌情分得遗产的人;(9)继承人放弃继承的行为导致其不能履行法定义务。

本处特别提示:请你在本告知书上签字(按指印)之前务必认真阅读本告知书。如果你有疑问或者异议,可以要求本处工作人员作出解答;如果你阅读本告知书有困难,可以要求本处工作人员向你宣读。经你签字确认后,本告知书将存入本处的公证档案,作为你已经知悉本告知书所载明内容,并愿意承担相应义务的证据。

公证申请人(签字或按指印)

××××年×月×日

根据《关于推行继承类、强制执行类要素式公证书和法律意见书格式的通知》(司发通〔2008〕177号)的要求,继承权公证书格式从2009年7月1日起被继承类要素式公证书格式所替代,这非常有助于提高公证员对要素式公证书的写作水平和技巧,而且通过要素式公证书的写作促进了公证员在实务中对公证程序的重视和操作上的细化,促进了公证员对公证工作自身特点的认识和总结。

第二节　遗嘱继承公证

本节案例导读:

44

为九旬老人办理遗嘱公证①

2011年的一天,合肥市中安公证处接到一个咨询电话,是一位年逾九旬的老人打来的,询问办理遗嘱公证需要提交哪些材料。公证员根据《公证法》和《遗嘱公证细则》的规定,告知如需办理遗嘱公证,需本人持身份证、户口本、婚姻状况证明、立遗嘱所涉及财产的权利证明,以及由县级以上人民医院的精神内科出具的精神状况证明等原件及复印件、受益人的身份证复印件,如果认识字的话,把自己写好的遗嘱草稿一并带来。几天后,老人来到了公证处,老人虽已过耄耋,但精神矍铄。老人述说,自己是一位退休干部,老伴和子女都不在了,现在由孙子、孙媳妇照顾日常生活,一直都是和孙子生活在一起,孙子和孙媳妇都非常孝顺,说起这些,老人脸上充满了欣慰,老人说自己唯一的财产就是有一套房产,这套房产是在老伴去世后购买的单位的房改房,现在想立遗嘱在自己百年之后把这套房产给孙子。老人把带来的相关材料和起草好的遗嘱草稿拿给公证员看,看过遗嘱草稿后,公证员向老人询问当时购买单位房产时是否使用其老伴的工龄以及共同积蓄,根据我国相关的法律、法规、规章及政策,一方去世后,另一方是否使用配偶工龄以及共同积

① 参见《遗嘱案例:为九旬老人办理遗嘱公证》,载 http://www.hfgjj.com/n7216006/n8681909/n8682183/n8682847/n8683612/19397824.html。2015年3月1日最后访问。

蓄对财产权属的界定是不一样的。老人说，自己在购买房产时使用了老伴的工龄，但没有使用和老伴的共同积蓄，购买房产时使用的是自己的存款。老人表示自己也到房产局咨询过，房产局的工作人员告诉她，根据建设部的规定，使用已去世配偶的工龄，应作为夫妻共有财产处理，应先办理继承权公证，确定为个人财产后再做遗嘱，老人说这套房产本来就是自己的，是自己在老伴去世后购买的，自己也查了相关的法律和政策，最高人民法院的司法解释也清楚地表示，一方去世，另一方购房使用已去世配偶的工龄，而没有使用共同积蓄可就不作为夫妻共有财产处理，应视为个人财产。老人说，自己之前咨询过很多次，并不是不愿意办理继承权公证，实在是办理继承权公证太麻烦了，子女们都去世了，孙子女及外孙子女都在外地，实在很难回来，而且房产明明是自己一个人的，没有办理继承权公证的必要。

老人也知道遗嘱是人去世后才生效的，老人担心将来法律和政策有变化，为保障遗嘱的有效性免除自己的后顾之忧，顺利将自己所有的房产份额给孙子，老人想了一个两全其美的办法，老人在遗嘱中写道：如果在自己百年之后，根据国家法律、法规及相关政策的规定，认定房产是属于老人一个人的，那么老人就把这套房产全部产权遗留给孙子；如果在自己百年之后，根据国家法律、法规及相关政策的规定，认定房产是属于老人及其老伴的夫妻共有财产，那么老人就把这套房产中属于她所有的房产份额以及她应继承老伴的那部分房产份额全部遗留给孙子继承。

通过和老人的谈话，知道老人全心全意想把她的房产遗留给她的孙子，而且老人是有备而来，之前就做过详细的法律了解，对遗嘱的起草也相当完备，公证员按规定为老人办理遗嘱公证手续，让老人填写相关的公证材料，打印好老人提供的遗嘱草稿让老人确认内容签字，并为老人作了遗嘱谈话录音，在录音谈话中，老人清楚地宣读了自己的遗嘱全部内容，为老人做好遗嘱公证手续。几日后，通知老人来领取公证书，老人非常高兴，对公证处耐心细致的工作给予高度评价。

一、遗嘱继承公证的含义、特点

遗嘱是遗嘱人生前在法律允许的范围内，按照法律规定的方式处分其个人财产或者处理其他事务，并在其死亡时发生效力的单方法律行为。遗嘱公

证是公证处按照法定程序证明遗嘱人设立遗嘱行为真实、合法的活动。遗嘱继承公证呈现如下特点:

(一)遗嘱继承公证形式严格、程序复杂

公证遗嘱是程序上最为严格的遗嘱,公证员不得办理与本人有亲属关系和利害关系的当事人的公证事项,遗嘱公证应当由两名公证人员共同办理,由其中一名公证员在公证书上署名。因特殊情况由一名公证员办理时,应当有一名见证人在场,见证人应当在遗嘱和笔录上签名。但依据《中华人民共和国继承法》第 18 条的规定,无行为能力人、限制行为能力人、继承人、受遗赠人、与继承人和受遗赠人有利害关系的人不能充当见证人、遗嘱代书人。

办理公证遗嘱公证员首先要听遗嘱人的意愿,同时,在公证遗嘱的制作过程中还可以进行录像。公证员在制作遗嘱人的遗嘱时,尽管不能对遗嘱人处分自己的财产进行干涉,但是公证员可以在语言、逻辑等角度为遗嘱人把关,以促成遗嘱在遗嘱人死亡后能够生效并能顺利进行。公证遗嘱以严格的形式作为增加遗嘱公信力的手段,比其他遗嘱方式更能保障遗嘱人意思表示的真实性。

当事人申办过程复杂,继承人想要继承遗产应严格按照公证处的要求提供诸多证明材料,比如应提供被继承人的亲属关系证明。而随着大量企业的改制、单位人变为社会人、人口的流动、家庭和婚姻的不稳定性等因素,想得到这样一份亲属关系证明,则变得很难,很多单位和部门不能或不愿意出具这样的证明。

(二)遗嘱继承公证效力优先

我国《继承法》规定自书、代书、录音、口头遗嘱不得撤销、变更公证遗嘱。《最高人民法院关于贯彻执行〈中华人民共和国继承法〉若干问题的意见》第 42 条进一步明确了遗嘱人以不同形式立有数份内容相抵触的遗嘱,其中有公证遗嘱的,以最后所立公证遗嘱为准;没有公证遗嘱的,以最后所立遗嘱为准。

(三)遗嘱继承公证的撤销和变更必须采用公证的形式

公证遗嘱生效后,与继承权益相关的人员有确凿证据证明公证遗嘱部分违法的,公证处应当予以调查核实;经调查核实,公证遗嘱部分内容确属违法的,公证处应当撤销对公证遗嘱中违法部分的公证证明。

当事人想要改变公证遗嘱的,必须再次采取公证的形式才能撤销和改变自己所立的遗嘱。公证当事人应当提交原来的遗嘱公证书并到原公证处办理。如果采取其他形式改变或者变更将是一种无效行为,得不到法律认可。

(四)遗嘱继承公证当事人必须亲历

申办遗嘱公证,遗嘱人应当亲自到公证处提出申请,不得委托他人代理,也不得由乡镇(街)的法律服务人员代为办理。公证人员必须与立遗嘱人直接见面,询问有关情况,制作谈话笔录,进行有关法律方面的宣传教育,向当事人交待所享有的权利义务。遗嘱人亲自到公证处有困难的,可以书面或者口头形式请求有管辖权的公证处指派公证人员到其住所或者临时处所办理。

(五)遗嘱继承公证涉密性强

《遗嘱公证细则》第 12 条规定,公证人员询问遗嘱人,除见证人、翻译人员外,其他人员一般不得在场。《公证程序规则》第 60 条规定,遗嘱公证卷为密卷,只有在立遗嘱人死亡后,才能转为普通卷保管。公证遗嘱生效前,遗嘱卷宗不得对外借阅,公证人员亦不得对外透露遗嘱内容。《公证文书立卷归档办法》第 18 条规定,涉及国家机密和个人隐私的公证事项列为密卷,在归档时应在档案右上角加盖密卷章。《公证档案管理办法》第 17 条规定,凡涉及国家机密和个人隐私的公证密卷档案,以及当事人要求保密的公证档案,一般不得借调和查阅。特殊情况必须查阅的,须经当事人同意后,由公证处报同级司法行政机关批准。

二、办理遗嘱继承公证的程序

(一)申请

遗嘱公证由遗嘱人住所地或者遗嘱行为发生地公证处管辖。申办遗嘱公证,遗嘱人应当填写公证申请表,并提交下列证件和材料:

1.居民身份证或者其他身份证件;

2.遗嘱涉及的不动产、交通工具或者其他有产权凭证的财产的产权证明;

3.公证人员认为应当提交的其他材料。

遗嘱人填写申请表确有困难的,可由公证人员代为填写,遗嘱人应当在申请表上签名。

对于属于本公证处管辖,符合前述条件规定的申请,公证处应当受理。

对于不符合前述规定的申请,公证处应当在三日内作出不予受理的决定,并通知申请人。

(二)告知、询问并制作笔录

受理后,公证员应当向遗嘱人讲解我国《民法通则》《继承法》中有关遗嘱和公民财产处分权利的规定,以及公证遗嘱的意义和法律后果。同时公证员应当按照《公证程序规则》的规定制作谈话笔录。在询问谈话过程中,无论是自书还是代书遗嘱,都必须具备如下内容:

1.遗嘱人的姓名、性别、出生日期、住址;遗嘱人的身体状况、精神状况;遗嘱人系老年人①、间歇性精神病人、危重伤病人的,还应当记录其对事物的识别、反应能力。

2.遗嘱人家庭成员情况。我国《继承法》第16条第2款规定,公民可以立遗嘱将个人财产指定由法定继承人的一人或者数人继承。这说明遗嘱继承人的范围是法定继承人,继承法规定法定继承人应当包括遗嘱人的配偶、子女、父母、兄弟姐妹、祖父母、外祖父母、对公婆或岳父母尽了主要赡养义务的丧偶儿媳或丧偶女婿,以及父母先于立遗嘱人死亡的孙子女、外孙子女等。

《继承法》第19条规定,遗嘱应当为缺乏劳动能力又无生活来源的继承人保留必要的遗产份额。第28条规定,遗产分割时,应当保留胎儿的继承份额。胎儿出生时是死体的,保留的份额按照法定继承办理。《最高人民法院关于贯彻执行〈中华人民共和国继承法〉若干问题的意见》第45条指出,应当为胎儿保留的遗产份额没有保留的,应从继承人所继承的遗产中扣回。

3.遗嘱所处分财产的情况,是否属于遗嘱人个人所有,以前是否曾以遗嘱或者遗赠扶养协议等方式进行过处分,有无已设立担保、已被查封、扣押等限制所有权的情况。

---

① 长沙市公证处对立遗嘱的人满了70岁的,还需要提供市一级以上医院的证明,证明其神志清楚,口齿清晰。详见《公证员谈公证遗嘱及继承风险》,载http://china.findlaw.cn/lawyers/article/d215487.html。2014年10月5日最后访问。

4.遗嘱人所提供的遗嘱[1]或者遗嘱草稿的形成时间、地点和过程,是自书还是代书,是否本人的真实意愿,有无修改、补充,对遗产的处分是否附有条件;代书人的情况,遗嘱或者遗嘱草稿上的签名、盖章或者手印是否其本人所为。遗嘱人提供的遗嘱,无修改、补充的,遗嘱人应当在公证人员面前确认遗嘱内容、签名及签署日期属实。

5.遗嘱人未提供遗嘱或者遗嘱草稿的,应当详细记录其处分遗产的意思表示。公证人员可以根据遗嘱人的意思表示代为起草遗嘱,公证人员代拟的遗嘱,应当交遗嘱人核对,并由其签名。

6.是否指定遗嘱执行人及遗嘱执行人的基本情况,有遗嘱执行人的,应当写明执行人的姓名、性别、年龄、住址等。

7.公证人员认为应当询问的其他内容。谈话笔录应当当场向遗嘱人宣读或者由遗嘱人阅读,遗嘱人无异议后,遗嘱人、公证人员、见证人应当在笔录上签名。

需要指出的是,对发现遗嘱人年老体弱;遗嘱人为危重伤病人;遗嘱人为聋、哑、盲人;遗嘱人为间歇性精神病患者、弱智者等情形之一的,公证人员在与遗嘱人谈话时应当录音或者录像。两个以上的遗嘱人申请办理共同遗嘱公证的,公证处应当引导他们分别设立遗嘱。遗嘱人坚持申请办理共同遗嘱公证的,共同遗嘱中应当明确遗嘱变更、撤销及生效的条件。

公证人员询问遗嘱人,除见证人、翻译人员外,其他人员一般不得在场。

(三)遗嘱内容及效力审查

《遗嘱公证细则》第17条规定,遗嘱人证明或保证所处分的财产是其个人财产,遗嘱内容不得违反法律规定和社会公共利益,内容完备,文字表述准确,签名、制作日期齐全。《办理继承公证的指导意见》第17条规定,继承人表示放弃继承的声明书应当亲自在公证员面前作出。继承人不能亲自到受理继承公证申请的公证机构作出放弃继承表示的,其表示放弃继承的声明书

---

① 遗嘱应当包括以下内容:(1)遗嘱人的姓名、性别、出生日期、住址;(2)遗嘱处分的财产状况(名称、数量、所在地点以及是否共有、抵押等);(3)对财产和其他事务的具体处理意见;(4)有遗嘱执行人的,应当写明执行人的姓名、性别、年龄、住址等;(5)遗嘱制作的日期以及遗嘱人的签名。遗嘱中一般不得包括与处分财产及处理死亡后事宜无关的其他内容。

应当经过公证。继承人表示放弃继承的,公证机构仅需审查继承人个人的意思表示。公证处应当按照《公证程序规则》第24条的规定进行审查,着重审查遗嘱人的身份及意思表示是否真实、有无受胁迫或者受欺骗等情况、遗嘱内容是否合法。

(1)遗嘱为公证遗嘱的,公证机构应当对遗嘱内容是否符合法律规定进行审查,并向全体法定继承人核实,核实的内容包括询问被继承人有无其他遗嘱或者遗赠扶养协议,法定继承人中有无缺乏劳动能力又没有生活来源的人。法定继承人对公证机构的核实没有回复的,或者无法与法定继承人取得联系的,公证机构在对遗嘱进行审查后,可以确认遗嘱的效力。

(2)遗嘱为公证遗嘱以外的其他符合法定形式的遗嘱的,公证机构应当取得全体法定继承人对遗嘱内容无异议的书面确认,并经审查认为遗嘱的内容符合法律规定,可以确认遗嘱的效力。

(3)遗嘱为在境外所立的遗嘱的,公证机构应当根据法律、法规及司法部的有关规定确认遗嘱的效力。

(四)出证、终止和拒绝办理

公证处经审查对于符合下列条件的,应当出具公证书:(1)遗嘱人身份属实,具有完全民事行为能力;(2)遗嘱人意思表示真实;(3)遗嘱人证明或者保证所处分的财产是其个人财产;(4)遗嘱内容不违反法律规定和社会公共利益,内容完备,文字表述准确,签名、制作日期齐全;(5)办证程序符合规定。

不符合前述规定条件的,应当拒绝公证。此外根据《办理继承公证的指导意见》的规定,有下列情形之一的,公证机构也应不予办理遗嘱继承公证:(1)根据法律规定遗嘱继承人丧失继承权的;(2)遗嘱经审查无效或者效力无法确认的;(3)遗嘱处分的财产不属于被继承人个人所有或者被继承人生前已经处分了遗嘱所涉及的财产的;(4)继承同一遗产,遗嘱继承人中有人未提出公证申请且又未作出放弃继承表示的;(5)利害关系人与遗嘱继承人就遗嘱内容是否符合《中华人民共和国继承法》第19条的规定有争议的;(6)利害关系人有充分证据证明遗嘱继承人没有履行遗嘱所附义务的。

对于出具的公证遗嘱应采用打印形式。遗嘱人根据遗嘱原稿核对后,应当在打印的公证遗嘱上签名。遗嘱人不会签名或者签名有困难的,可以盖章方式代替在申请表、笔录和遗嘱上的签名;遗嘱人既不能签字又无印章的,应当以按手印方式代替签名或者盖章(公证人员应当在笔录中注明),以按手印代替签名或者盖章的,公证人员应当提取遗嘱人全部的指纹存档。

公证处审批人批准遗嘱公证书之前,遗嘱人死亡或者丧失行为能力的,公证处应当终止办理遗嘱公证。遗嘱人提供或者公证人员代书、录制的遗嘱,符合代书遗嘱条件或者经承办公证人员见证符合自书、录音、口头遗嘱条件的,公证处可以将该遗嘱发给遗嘱受益人,并将其复印件存入终止公证的档案。

公证处审批人批准之后,遗嘱人死亡或者丧失行为能力的,公证处应当完成公证遗嘱的制作。遗嘱人无法在打印的公证遗嘱上签名的,可依符合规定的遗嘱原稿的复印件制作公证遗嘱,遗嘱原稿留公证处存档。

公证处可根据《公证法》的规定保管公证遗嘱①或者自书遗嘱、代书遗嘱、录音遗嘱;也可根据国际惯例保管密封遗嘱。

公证遗嘱生效前,非经遗嘱人申请并履行公证程序,不得撤销或者变更公证遗嘱。

公证遗嘱生效后,与继承权益相关的人员有确凿证据证明公证遗嘱部分违法的,公证处应当予以调查核实;经调查核实,公证遗嘱部分内容确属违法的,公证处应当撤销对公证遗嘱中违法部分的公证证明。

三、遗嘱继承公证职业风险

继承公证是公证行业一致公认的风险最高的公证事项,尤其是遗嘱继承公证,每个遗嘱人都可能是个“雷”。遗嘱在绝大部分情况下都是剥夺部分继承人的继承权利,被遗嘱剥夺继承权的人随时都有可能来公证处找麻烦。而且遗产的继承对整个家庭的生活都产生比较大的影响甚至是决定作用,因此与遗嘱有关的人员,对遗嘱的关注度较高。公证遗嘱引发的投诉、诉讼往往

---

① 涉遗嘱纠纷主要是在遗嘱受益人与其他法定继承人之间产生,或在遗嘱受益人之间产生(份额不均等情况)。在此类“财产保卫战”中,公证书无疑将成为纠纷的焦点:从对遗嘱投诉发生的时间来看,基本上都是在遗嘱人去世后发生。面对所有的投诉,公证处必须“自证清白”,此时公证处自证的依据只有当年形成的卷宗,卷宗中的各种资料尤其是声像资料就显得弥足珍贵,声像资料中遗嘱人本人的一句话、卷宗中遗嘱人本人写的每一个字往往都胜过公证员的千言万语。

利害关系人众多、风险潜伏期长、处理过程复杂。

继承公证的核心工作就是核实继承人的情况，但公证机构不享有调查权，随着社会人口流动的频繁及户籍制度的放开，很多传统核实手段已无法实施，核实工作的证明效力已经相当薄弱，①加之当事人隐瞒事实和故意提供虚假证明材料屡见不鲜，公证机构出具继承公证书存在着相当大的风险。公证人员在办理继承公证时，应小心谨慎，如履薄冰。②

---

① 不过遗嘱继承公证信息核实方面的可喜进步是，全国公证遗嘱备案查询平台已经于2014年1月建成并投入试运行。2014年1月2日，北京市方正公证处办理了本年第一份遗嘱公证，其备案信息提交到全国公证遗嘱备案查询平台，北京市公证协会对该备案信息进行审核后，该份公证遗嘱备案信息成为全国公证遗嘱备案查询平台的第一份备案数据。全国公证遗嘱备案查询平台正式投入使用后将是我国第一个全国范围的遗嘱信息库，它是继公证执业责任保险之后，公证行业建立的第二个全国性的执业保障系统，其投入使用将对提高公证质量，增强公证公信力，保障当事人合法权益，扩大公证在继承实务中的作用，促进公证事业科学发展发挥积极作用。公证处办证前可通过该平台查阅公证遗嘱卷宗，确认所办遗嘱是否为遗嘱人的最后一份公证遗嘱，以避免错证，减少公证风险。截至2014年年底，全国各公证机构历年办理的遗嘱公证相关信息，除少量因遗嘱公证卷宗档案在档案部门保管尚需时间录入外，已基本完成历史数据补录工作，现已录入公证遗嘱数据109.6万条。公证遗嘱备案信息面向公证机构查询，目前已有31个省（区、市）的1944个公证机构在办理继承公证和遗嘱公证中使用平台查询10.3万次，将来条件具备时可适时向司法机关、行政机关及有关机构开放查询。该查询平台是中国最大的遗嘱信息库，也是目前已知全世界最大的公证遗嘱信息库。遗嘱公证信息补录和上传工作的完成，将彻底解决困扰公证机构多年的因遗嘱办理过程的普遍管辖性、遗嘱保密性、生效滞后性等原因而导致的公证机构无法确认继承人所持遗嘱是否为唯一遗嘱的问题，将极大地减轻公证人员的审查难度，降低公证机构办理继承权公证的审核风险，并将进一步全面推进公证信息化工作快速有序地发展。

② 为规避风险，有学者主张在继承公证中引入公示催告程序。结合当事人声明，由实体公证变为形式公证，公证处只需对声明书进行公证。详见曲向东《继承公证中引入公示催告程序的设想》，载 http://www.kmgxgz.cn/guoxinwenji/gongzhengyanjiu/2015-04-21/429.html。2015年4月25日最后访问。

第三节　法定继承公证

本节案例导读：

45

对一件继承权公证的分析[①]

克某于2011年5月6日因病去世，在其居住地某市遗留一套登记在其名下的房屋。克某的妻子汪某于2011年1月14日因病去世。克某与汪某是再婚夫妻。克某与前妻有四个子女克甲、克乙、克丙、克丁，其中克乙于2011年3月24日因病去世；汪某与前夫也有四个女儿王甲、王乙、王丙、王丁。

现克甲、克丙、克丁一起来到公证处，要求办理继承权公证，并提供以下证明材料：三人的身份证、户口簿；克某的医学死亡证明书、火化证明；汪某的医学死亡证明书、火化证明；克乙的医学死亡证明书、火化证明；克某名下的房权证；克某署名的一份"留言"。克丁要求按克某的"留言"办理继承权公证。

本案涉及复杂的事实认定和"留言"的确认及法定继承、代位继承、转继承等法律问题。

(1)审查"留言"的合法性

克甲、克丙、克丁来公证处时，提供了一份称是其父克某所写的"留言"。"留言"中克某表明：让其小儿子克丁拿出一部分钱，房屋归克丁所有。公证员审查"留言"后，向克氏三兄妹提出了"留言"存在的问题：①登记在克某名下的房屋是否克某与再婚妻子汪某婚姻期间内的财产；②若是克某、汪某婚姻期间内的共有财产，这份"留言"剥夺了汪某在房屋中的权利，也剥夺了汪某的继承人享有的继承权利；③克某的其他继承人和汪某的继承人对"留言"是否认可；④"留言"的效力，公证处无权判定，应由法院确认其是否有效。

(2)审查确定继承人的范围

克氏三兄妹再次到公证处，是和克乙的两个子女克A、克B、汪某的四个

---

① 参见高俐《对一件继承权公证的分析》，载http://www.doc88.com/p-007904957600/html。2014年11月4日最后访问。

女儿一起来的。克丁表明愿意抛开“留言”，同所有继承人协商按照法定继承的规定继承登记在克某名下的房屋，并向公证处提供了以下证明材料：克某的亲属关系证明；汪某的亲属关系证明；克乙的亲属关系证明。

公证员在审核上述证明材料的基础上，严格按照《中华人民共和国继承法》中的继承人的范围和司法部《公证程序规则》的办证规定，要求当事人补充了以下证明材料：克某和汪某的身份证明、户口簿资料，该资料记载了克某、汪某是夫妻关系；克乙单位复制的其人事档案材料，该档案材料与先提供的克某的亲属关系证明相互印证了克某的继承人的情况。

公证员随后通过向出具克某、汪某亲属关系证明的社居委核实了以下情况：克某与汪某确系夫妻关系；克某与汪某于1996年结婚，且婚后无共同子女，也无收养其他子女；克某与汪某结婚时，各自的子女都已成年，且未与二人在一起生活；克某、汪某二人的父母均早年去世；登记在克某名下的房屋系其与汪某结婚后购买。

基于以上证明材料和事实，根据《中华人民共和国继承法》第5条、第10条的规定，公证员确认登记在克某名下的房屋系克某和汪某的夫妻共有遗产。克某的遗产由克某的继承人继承；汪某的遗产由汪某的继承人继承。因克某和汪某各自的子女与对方不存在抚养关系，克某和汪某各自与继子女不发生继承关系。

(3)理顺法定继承、代位继承、转继承法律关系

①克某、汪某各自法定继承人的确定。根据《中华人民共和国继承法》第10条的规定：第一顺序法定继承人是配偶、子女、父母。本案中，克某的第一顺序法定继承人是：配偶汪某，子女克甲、克乙、克丙、克丁，克某父亲、克某母亲。因克某的配偶汪某及父母均先于其死亡，所以克某在上述房屋中的遗产份额由其子女克甲、克乙、克丙、克丁共同继承。②代位继承人的确定。本案中，克某的二儿子克乙先于克某去世，根据《中华人民共和国继承法》第11条的规定：被继承人的子女先于被继承人死亡的，由被继承人的子女的晚辈直系血亲代位继承，代位继承一般只能继承他的父亲或母亲有权继承的遗产份额。克乙生前有一子克A、一女克B，所以克乙应继承其父亲克某的遗产份额应由其儿子克A和女儿克B共同继承。③转继承人的确定。本案中，克某于2011年5月6日去世，汪某于2011年1月14日去世。根据《最高人民法院关

于贯彻执行〈中华人民共和国继承法〉若干问题的意见》第52条的规定:继承开始后,继承人没有表示放弃继承,并于遗产分割前死亡的,其继承遗产的权利转移给他的合法继承人。克某在汪某去世后、遗产分割之前死亡,且无证据证明克某生前有放弃继承的意思表示,所以克某应继承其配偶汪某的遗产份额应转由克某的第一顺序继承人继承。因克某的配偶汪某及父母均早于其去世,所以克某应继承汪某的遗产份额转由其四个子女克甲、克乙、克丙、克丁共同继承。再根据《中华人民共和国继承法》第11条代位继承权的规定,克乙应继承克某继承汪某的遗产份额由其儿子克A和女儿克B共同继承。

综上所述,登记在克某名下的房屋系克某与汪某的共同遗产,其中克某在此房屋中的遗产份额由克甲、克丙、克丁与孙子女克A、克B共同继承,现克甲、克丙均表示自愿放弃对克某遗产的继承权,克A、克B均表示自愿放弃对克某遗产的代位继承权,因此克某在此房屋中的遗产份额应由其子克丁一人继承;汪某在此房屋中的遗产份额应由克某及其子女王甲、王乙、王丙、王丁共同继承,现汪某的四个子女王甲、王乙、王丙、王丁均表示放弃对汪某遗产的继承权,所以汪某的遗产由其配偶克某一人继承,又因克某在遗产分割前死亡,克某应继承汪某的遗产转由克某的继承人克甲、克丙、克丁、克A、克B共同继承,现克甲、克丙均表示自愿放弃对克某应继承汪某的遗产的继承权,克A、克B均表示自愿放弃对克某应继承汪某的遗产的代位继承权,因此汪某在此房屋中的遗产转由克丁一人继承。

本案是一起典型的法定继承案例,法定继承人比较多,法律关系比较复杂,其中既有代位继承,又有转继承。在办理此类公证业务的过程中,首先应当先理顺法律关系,确定法定继承人、代位继承人、转继承人,然后再根据相应的法律规定和当事人的真实意思表示来办理。

46

当年嫌麻烦未办房产继承公证,如今接连冒出一堆法定继承人[①]

张阿姨今年60多岁,丈夫10年前去世了。张阿姨现在居住的房子,就是老伴李先生单位的,房产证上写的是李先生的名字。老人当时去世时没有留

① 参见《当年嫌麻烦未办房产继承公证,如今接连冒出一堆法定继承人》,载http://www.yangtse.com/shehui/2014-08-04/230958.html。2014年2月4日最后访问。

下遗嘱，张阿姨怕麻烦没有到公证处办理法定继承的相关手续，也没有到房产部门办理过户，结果给自己带来了不小的麻烦。

2014 年年初，张阿姨的孙子即将上小学，户口要迁入张阿姨的老房子，但是由于房产证上还是张阿姨老伴的名字，现在只能赶紧到公证处办理过户。结果到公证处一咨询，第一个麻烦来了。原来，李先生的母亲 2013 年才去世，这下张阿姨的房子办理过户就复杂了很多，因为必须要李先生的兄弟姐妹都同意。“我自己家的房子，为啥要兄弟姐妹都来办公证?”张阿姨问公证员。原来，张阿姨老伴去世后没有遗嘱，按照法定继承，老母亲也有房子的继承权，要享受一定份额。如果当时张阿姨让老人办一份放弃继承公证，就不会有麻烦了，但是她没有办理。按照相关法律，老人享受的房产份额，在去世后其他子女都是有继承权的，所以张阿姨要请来自己去世老伴的所有兄弟姐妹，并要求他们放弃继承，自己才能办理房屋过户。

听到这，张阿姨有些崩溃，因为她老伴李先生的三个兄弟都居住在外地，年纪最轻的也快 70 岁了，根本不可能来到南京公证处配合办理。情绪激动的张阿姨在公证处大声嚷嚷起来，公证员好不容易安抚住张阿姨的情绪后表示，如果李先生的兄弟们都不能亲自来，那么在当地的公证处办理一份放弃继承遗产的声明公证书再邮寄到南京来也是可以的，不过李先生母亲的相关材料无论如何也是需要准备的。听到这里，张阿姨这才松了口气，离开了公证处。但是，就在张阿姨联系到老伴的兄弟姐妹，要求他们办理放弃继承遗产的声明时，又出事了。

原来李先生的大哥不久前也刚刚去世了，按照法定继承，他的那部分继承房产份额，他的配偶子女也有继承权。所以，现在不仅需要之前的全部材料，更需要准备李先生大哥的相关证明材料，并且需要李先生大哥的妻子和子女全部前来配合办理公证或者全部办理放弃继承李先生遗产的声明公证书再邮寄过来。张阿姨再度崩溃，她跟公证员表示，万一李先生大哥的妻子或者子女不愿意放弃继承李先生遗产的权利，难道自己夫妇俩一辈子辛辛苦苦得来的房子还要真给他们分走一部分吗？公证员反复给张阿姨解释相关法律法规，但是张阿姨始终不能够接受。无奈之下，公证员协助张阿姨联系上了李先生大哥的一家，多方协调之下，李先生大哥一家都同意放弃继承李先生的遗产，并配合办理了公证。

很快,张阿姨拿到了继承房产的公证书,也帮孙子报名上了小学,张阿姨特意来到南京公证处向公证员表示感谢,并且懊恼不已地说,早知道事情拖这么久会这么难办,她该早办公证。

办理继承公证一定要趁早,否则以后麻烦多多。因为当被继承人的继承人去世以后,该继承人应当继承的遗产份额会由该继承人自己的继承人转继承,被继承人的继承人去世的越多,牵涉到的当事人就越多,继承公证就愈发地难以办理。当事人及早办理法定继承公证,不仅可以省很多事,更重要的是可以避免财产损失。

一、法定继承公证的概念、范围

法定继承是自然人死亡后遗留的个人合法财产,按照法律规定,转归有权取得该项遗产的人继承,它是由法律直接规定继承人的范围、继承顺序、遗产分配原则等事项内容的一种继承方式。法定继承公证是指国家公证机构根据公民的申请,依法证明被继承人的法定继承人具有继承死者遗留的个人合法财产的权利①的真实性、合法性的活动。法定继承公证不仅仅是确定被继承人遗产的归属,稳定财产关系,同时该项公证事项的妥善办理也是稳定家庭关系和社会关系的一个重要保证。在现实生活中,被继承人去世后,遗留的遗产,除了有遗嘱和遗赠扶养协议的以外,往往采取法定继承的形式来确定遗产的继承人,因有继承权的当事人都无争议,所以属于非诉讼案件,由公证机构管辖。

法定继承是遗嘱继承的补充,继承开始后,应先适用遗嘱继承,只有在不适用遗嘱继承时才适用法定继承。同时法定继承又是对遗嘱继承的限制。依据我国《继承法》规定,遗嘱应当对缺乏劳动能力又没有生活来源的继承人保留必要的遗产份额。依据我国《继承法》,法定继承的适用情况为:被继承人生前未立遗嘱;遗嘱继承人放弃继承或受遗赠人放弃受遗赠;遗嘱继承人丧失继承权;遗嘱继承人、受遗赠人先于遗嘱人死亡;遗嘱无效或遗嘱部分无效所涉及的遗产;遗嘱未处分的遗产。

---

① 也有学者认为,“继承公证是指公证机构依法证明继承人的继承行为真实、合法的活动”。详见江晓亮编著《怎样办理公证》,法律出版社 1999 年 1 月第 1 版,第 138 页。

我国《继承法》中规定第一顺序继承人为：配偶、子女、父母；第二顺序继承人为：兄弟姐妹、祖父母、外祖父母。继承开始后，由第一顺序继承人继承，第二顺序继承人不继承。没有第一顺序继承人的，由第二顺序继承人继承。丧偶儿媳对公、婆，丧偶女婿对岳父、岳母，尽了主要赡养义务的，作为第一顺序继承人。法定继承除了本位继承，还包括代位继承和转继承，这些继承关系可能是单独存在的，也可能是复合存在的，这就决定了法定继承公证的复杂性。

依据《继承法》的规定，我国法定继承遗产的范围①包括：(1)公民的合法收入；(2)公民的房屋、储蓄和生活用品；(3)公民的林木、牲畜和家禽；(4)公民的文物、图书资料；(5)法律允许公民所有的生产资料；(6)公民的著作权、专利权中的财产权利；(7)公民的其它合法财产。②

不能被继承的财产及财产权利有：(1)被继承人的人身权、政治权利。(2)专属于被继承人本人的财产权利：①国家、集体财产的使用权，包括公共财产使用权、自留山、自留地、鱼塘、果园、滩涂、水流、牧场、草原等的经营权以及宅基地的使用权；②承包权、房屋租赁权、雇佣合同中的劳务权、财物代管权；③继承权、受遗赠权、劳动工资权等。(3)不属于被继承人的财产，包括：①国家、集体的财产；②被继承人生前已处分的财产；③被继承人配偶的

---

① 僧侣的财产不应办理继承公证，有的僧侣去世时会遗留财产，然而关于此财产的归属(即是属于僧侣个人所有还是属于宗教组织所有)是有争议的，佛教的戒律中有不蓄私财的要求，全国佛教协会曾下文表示僧侣的财产归属宗教组织所有，从习惯(法律渊源之一)来看，僧侣的财产的承受者是僧侣所在的寺庙，所以不应该属于继承公证的范畴。

② 中国的基本养老保险是实行社会统筹和个人账户相结合的模式，其中按本人缴费工资8%的数额为参保人员建立个人账户。个人账户主要是用于参保人员养老，原则上不得提前支取，参保人员达到法定退休年龄并且累计缴费满 15 年以上的，按月领取基本养老金。基本养老金包括两部分：一部分是基础养老金，一部分是个人账户养老金，其中基础养老金是从统筹基金列支，个人账户的养老金是从个人账户的储存额中列支。如果个人的寿命比较长，个人账户储存额不足以支付时，个人账户的养老金转由统筹基金列支，保证个人账户养老金能够继续发放。如果参保人员死亡的，无论是在职时去世还是领取基本养老保险待遇时去世，其个人账户储存额的余额，按照法律法规的规定是可以依法继承的。就是说，中国的基本养老保险既遵循了社会保险的大数法则，体现统筹互济，由国家承担长寿风险，又对个人账户的余额作了继承的规定，所以并不存在所谓去世后养老金充公的问题。详见《养老金不会充公可继承》，载 http://news.sina.com.cn/o/2015-04-25/104331759617.shtml。2015 年 4 月 28 日最后访问。

财产、婚前财产，夫妻共同财产中属于配偶的部分；婚姻存续期间约定为配偶的财产；被继承人与家庭其他成员的共同财产；被继承人的人身保险合同中明确指定受益人的财产；死者家属的抚恤金、生活补助费等。

在公证实践中，常见一些单位为避免纠纷，要求死者家属办理抚恤金、生活补助费的继承权公证，而有的公证人员因不明了死者家属的抚恤金和生活补助费不是公民遗产，而给当事人错误的出具了继承权公证书，直接侵犯了合法受益人的权益。

二、办理法定继承公证的条件和程序

(一)申请与受理

不动产的继承由不动产所在地的公证处受理，动产的继承由继承人所在地、经常居住地或实施继承行为发生地公证处受理。办理法定继承权公证，申请人应提交下列证件、证明材料：

(1)继承人的居民身份证、户口簿；(2)被继承人的死亡证明；(3)被继承人遗留的财产所有权证明及财产清单；(4)全体合法继承人情况的证明，该证明材料由继承人所在单位人事部门或其住所地的基层人民政府出具，证明须详细列出全体合法继承人的姓名、性别、出生日期、职业、住址、工作单位及他们与被继承人的关系；继承人中有死亡的，应在证明上注明其在何时、何地死亡，生前住址，并提供死亡证明；有第一顺序继承人继承时，不必提供第二顺序继承人的情况证明；无第一顺序继承人或第一顺序继承人均放弃继承权的还应提供被继承人的祖父母、外祖父母、兄弟姐妹的情况证明；(5)继承人放弃继承权的，应提交经公证证明的放弃继承权申明书；(6)继承人中有失踪多年下落不明的，应提交人民法院宣告失踪或宣告死亡的判决书；(7)依法可取得死者遗产的其他公民，应提交其对死者生前尽了主要扶养义务的证明；(8)在代位继承中，代位继承人应提交确认此种关系的证明；(9)在转继承中，转继承人应提交确认此种关系的证明；(10)继承人因特殊情况不能亲自到公证处提出申请的，可以委托其他人办理，但应提交经公证证明的委托书，委托书内容应写明其是否愿意继承该遗产；如经公证的委托书申请人为未成年人的，其代理人应提交监护权证明等；(11)公证员认为应当提交的其他证件、证明材料。

（二）询问、告知、制作笔录

对符合前述受理条件的申请受理后，公证人员应当向遗嘱人讲解我国《民法通则》《继承法》等法律中的有关规定，采用格式告知或其他方式告知公证当事人的相关权利、义务、继承公证的法律意义和后果。告知内容中需特别注明继承人在继承了被继承人的遗产后有偿还被继承人未偿还债务的义务，偿还债务以继承的遗产为限；放弃继承权的继承人在遗产处理完毕后无权再主张继承权。同时公证人员应当按照《公证程序规则》的规定制作谈话笔录。在询问谈话过程中，着重注意如下内容：

1.申请人的身份；2.申请事项的内容；3.被继承人的基本情况及遗产取得来源，被继承人生前与谁共同生活，生活费用的来源，是否存在应当取消继承人继承权的情况，遗产何时以何种方式取得，是属于被继承人个人所有还是与他人共有，是否属于合伙财产；4.被继承人的亲属情况：（1）婚姻情况，（2）子女情况，（3）父母情况，（4）没有第一顺序继承人或第一顺序继承人均自愿放弃继承权的，被继承人的祖父母与外祖父母情况，兄弟姐妹共有几人，在被继承人死亡时仍然存活的兄弟姐妹人数及姓名；5.是否存在继承人丧失继承权的情况；6.被继承人生前是否有遗嘱、债务，是否与他人签订遗赠扶养协议；7.申请继承的遗产权利是否受到限制（如抵押、质押、留置、查封、扣押等）；8.继承人对遗产的处理意见；9.对告知内容的确认及是否要求公证员回避；10.其他公证员认为应当询问的内容。

（三）调查、核实、出证

办理继承权公证不能满足于一般的材料审核，不仅要对当事人提供的书面材料的形式审查，而且要进一步核实。核实的方法可灵活多样，因案而异。从公证实践经验来看，第一次当事人的陈述的可信程度是比较高的，因此，可结合第一次咨询的情况进行审核，最好在第一次前来咨询的时候能做一份谈话笔录。在审核过程中应侧重如下内容：1.被继承人是否死亡，死亡时间是否确定；2.遗产权属有无争议；3.被继承人的亲属关系，涉及转继承与代位继承的，转继承人与被代位继承人的死亡时间，亲属情况；4.继承人对被继承人是否尽了应尽义务，先于被继承人死亡的子女的配偶是否对其尽了主要赡养义务；5.继承人是否有丧失继承权的事由；6.是否有继承人以外的依靠被继承人扶养的缺乏劳动能力又没有生活来源的人，或者继承人以外的对被继承人扶养较多的人。

对经审查、核实,符合《公证法》第30条及《公证程序规则》第36条规定的,公证机关可以出具公证书。①

三、出具继承权公证之前对未经公证的遗嘱的处理

我国《继承法》第5条规定:"继承开始后,按照法定继承办理;有遗嘱的,按照遗嘱继承或者遗赠办理;有遗赠扶养协议的,按照协议办理。"据此可知,遗嘱如无违反法律之处,遗嘱继承应优先于法定继承。在当事人申办继承权公证时,如被继承人生前立有未经公证的遗嘱,必须首先要认定遗嘱的法律效力方能办理继承权公证,在能认定遗嘱效力的前提下,必须出具遗嘱继承权公证书,如按法定继承权公证则极有可能侵犯遗嘱继承人的合法权益。例如,甲生前立有未经公证的遗嘱,指定女儿乙一人继承房产,某公证处在确定了其他法定继承人都放弃继承的意思表示后,依法定继承方式为乙出具了继承权公证书,大多数人都会认为此结果与甲的遗嘱意愿相同,没有不妥之处,但就是这种法定继承方式为乙日后单独处分该房产设置了障碍,致使乙不能单独处分继承到的房产。因为我国《婚姻法》第17条规定,"夫妻在婚姻关系存续期间所得的下列财产,归夫妻共同所有:(一)工资、奖金;(二)生产、经营的收益;(三)知识产权的收益;(四)继承或赠与所得的财产,但本法第十八条第三项规定的除外;(五)其他应当归共同所有的财产"。第18条第3项规定的是"遗嘱或赠与合同中确定只归夫或妻一方的财产"。由此可知,只有遗嘱继承中确定的只归属夫妻一方的财产,夫妻一方有权单独处置,夫妻在婚姻关系存续期间所得法定继承财产属于夫妻共同所有。

确定遗嘱的法律效力,会出现三种情况:一是法定继承人对遗嘱的有效

---

① 除《公证法》和《公证程序规则》规定的不予办理公证的情形外,有下列情形之一的,公证机构也应不予办理法定继承公证:(1)根据法律规定法定继承人丧失继承权的;(2)被继承人生前所立遗嘱或者签订的遗赠扶养协议已经处分了法定继承人申请继承的遗产的;(3)法定继承人中有人未提出公证申请且又未作出放弃继承表示的;(4)法定继承人不能协助公证机构完成核实或者有关单位及个人拒绝协助公证机构进行核实的;(5)法定继承人之间对法定继承人的范围、遗产的权属或者是否有适用《中华人民共和国继承法》第12条、第14条规定的人有争议的。

性有争议又难以达成一致协议的，则遗嘱的法律效力必须经法院的审理方能确认，公证处无权仅凭几个无利害关系证人的证言就认定遗嘱的法律效力；二是法定继承人对遗嘱的有效性虽有争议，但最终达成了一致的遗产分配协议的，在向所有的法定继承人落实了协议的真实性后，公证处可以依法定继承方式出具继承权公证书，遗产的分配份额依协议而定；三是所有的法定继承人对遗嘱无争议，且向公证处出具了无争议声明，只有在此情况下公证处才能直接认定遗嘱的法律效力，此时出具的就是遗嘱继承权公证书，决不能因为法定继承的结果与遗嘱指向的是同一人而采用法定继承方式出证。

第四节　被继承人银行存款不明情形下的遗产继承公证与小额遗产继承公证

本节案例导读：

47

妻子为查亡夫存款“跑断腿”①

2009年，赵女士的丈夫突然离世。由于家中财务一直是丈夫掌管，她不知道家中银行卡、存折在哪儿存放，便到宁夏黄河农村商业银行查询丈夫的存款状况。赵女士向银行出示了丈夫的身份证，工作人员查询后告诉她，其夫杨先生有一笔十几万元的存款已被转到了中宁县。赵女士询问具体的转款时间、接收账户等详细信息，工作人员要求她先去公安局、公证处开具相关证明和公证书，再按程序进一步查询。此后，赵女士再向银行咨询，工作人员改口称被转走的十几万是与其夫同名同姓的储户。赵女士总觉得有蹊跷，2012年4月10日，她持银川市国安公证处为其出具的夫妻关系公证书，再次找到该银行查询丈夫存款。但银行还是不认可，要求赵女士提供由公证处开具的继承权证明书。但公证处称，按公证行业相关规定，只能为赵女士出具亲属（夫妻）关系公证书。赵女士数次奔波于银行、公证处之间，始终无法解

① 参见《妻子为查亡夫存款“跑断腿”》，载 http://sz.nxnews.net/xxxb/html/2013-05/03/content_361052.htm。2015年3月1日最后访问。

决问题。“他们两家都有自己的理由！丈夫去世了，我作为妻子查询下他的存款就这么难吗？”

“不是我们不想帮她，而是要按规定办好手续才能查询。”黄河银行营业部马经理向记者介绍，银行要求赵女士提供继承权证明书是有依据的，1980年，由中国人民银行、最高人民法院、最高人民检察院、公安部、司法部共同出台的《关于查询、停止支付和没收个人在银行的存款以及存款人死亡后的存款过户或支付手续的联合通知》第2条规定：“存款人死亡后，合法继承人为证明自己的身份和有权提取该项存款，应向当地公证处申请办理继承权证明书，银行凭以办理过户或支付手续。”马经理表示，银行方面就是依照这条规定来执行的。而公证机构也有自己的解释，国安公证处公证员张金海称，2009年，由中国公证协会发布的《办理继承公证的指导意见》是银行办理继承公证的重要依据。该《意见》第10条规定，当事人申请办理继承金额(数量)不明的银行卡(证券资金账户)内钱款(证券)公证的，公证机构应当告知其先申请办理用途为查询卡(户)内金额(数量)的亲属关系公证，待金额(数量)确定后，公证机构可以为其办理继承公证。“也就是说，在赵女士对其夫储蓄金额不明的情况下，我们只能先为她办理亲属关系公证，凭这个证明到银行查清具体金额，然后才能为她办理继承公证。否则，金额、数量都不清，她继承什么？那是不严谨的。”

48

取480元先花千元做公证①

家住西安太华路社区的靳先生遇到了件棘手的事儿，母亲生前存在银行的480元，不取可惜，要取就得先花1000元。靳先生的母亲去世已有十余年了，这些年靳先生全家一直住在母亲生前的房子里。前两天他收拾东西时意外发现了一张存折。打开一看，是母亲生前在西安市商业银行(现名西安银行)办理的存折，上面的存款金额显示为480元。靳先生分别打电话通知了在苏州、新疆和西安的5个兄弟姐妹，最后兄妹6人达成一致，让靳先生把钱取出来。“大家觉得钱数不多，我又离得最近，就让我取出来。”靳先生说。

---

① 参见《取480元先花千元做公证，银行为何如此荒唐》，载 http://domestic.kankanews.com/c/2014-05-06/0014703987.shtml。2015年2月3日最后访问。

但事情远没有靳先生兄妹想得那么简单。昨日,靳先生拿着存折去西安银行取款时,被告知需要其他5个兄弟姐妹先进行《放弃继承权声明书》的公证。

“我哥、姐分别在苏州、新疆,要怎么公证?”随后靳先生拨通了西安市公证处的电话。工作人员告诉他,需要让放弃这笔遗产的其余5人在其户籍所在地的公证处进行公证,再把《放弃继承权声明书》寄回西安,每人每笔200元公证费。这样算下来,要取出这480元,靳先生兄妹得先花1000元。

公证处的工作人员得知存款为480元后,建议靳先生“不要做此公证,不划算”。昨日记者走访了西安市6家银行,对方都建议放弃取款。“为了480元多花1000元,实在不划算。”最终,靳先生通过与兄妹商量也决定放弃取出这笔存款。“存折我们留着,钱取不出来没关系,就当母亲留给我们的纪念了。”靳先生说。

49

适用简易程序办理小额存款继承公证①

2013年4月某日,一位临近预产期的孕妇宋女士来到青岛某公证处称:其母亲王某兰去世已十多年了,遗留银行存款8600元,前几年家属曾到公证处申请办理继承公证,因其家庭关系复杂,无法准备齐公证所需要的必要材料,也无法找到其他法定继承人,因此几家公证处都未受理其公证申请。现她父亲宋某身患癌症已到晚期正在肿瘤医院治疗。为给父亲治病,家中所有的积蓄都已花光,还欠下一大笔债务,实在没有钱再续交住院费了,无奈之中,她想起家中的这笔8600元的银行存款。宋女士是家中的独生子女,丈夫在外地打工,她希望公证处能特事特办,以解家中燃眉之急。

经进一步了解得知,宋女士的母亲王某兰因病于2002年死亡,王某兰的生父母早在其幼年时离婚,并且各自组成了新的家庭。王某兰随其生母改嫁到新的家庭,幼年时一直与其生母、继父在一起生活,很少和生父、继母联系。王某兰去世后,宋女士和父亲宋某与王某兰的生父、继母彻底失去了联系,多年一直没有来往,现他们在何地都不知道,无法出具亲属关系证明,更无法联

---

① 参见《适用简易程序办理小额存款继承公证》,载 http://www.xihaiannews.com/n14545/n15122/n25465/c2693589/content.html。2015年2月4日最后访问。

系他们到公证处办理继承公证手续。

针对此种情况,公证员依据青岛市公证协会2013年制定并下发的《关于创新公证工作方式,提高小额继承公证工作效率,切实解决市民遇到疑难法律问题的指导意见》予以办理。即:对1万元以下的小额银行存款法定继承公证,可以将"继承公证"改变为"领取和保管存款",由一个继承人提出公证申请,提交申请人和被继承人的亲属关系证明材料、申请人书面承诺其领取财产后负责分配和保管,并承担相应的法律责任。

公证员首先与宋某的主治医生联系,了解其身体状况和精神状况。医生介绍宋某现为癌症晚期病人,但神志清楚,表达正常,可以和其正常交流。在病房中,公证员见到已消瘦得脱了形的宋某躺在病床上,经过交谈,宋某一人作为申请人提出公证申请,并签署了"承诺其领取银行存款后负责分配和保管,并承担相应的法律责任"的书面承诺书。随后,公证员为其办理了领取和保管银行存款公证。办理完公证手续后,被病魔折磨的宋某无力起身与公证员道别,只是脸上带着微笑面谢公证员。考虑到这个家庭的实际困难,公证处主动与法律援助中心联系,为宋某办理了公证法律援助,免收了全部公证费。同时,公证处开辟绿色通道,当天下午就出具了公证书。次日,宋女士来到公证处代其父亲领取公证书的同时,公证处又主动联系银行,帮助当事人将这笔十多年的银行"睡眠存款"顺利取出。

根据目前的法律法规规定和现行的公证程序,只要是死者的遗产,不管多少,都要严格按照比较复杂且严谨的公证程序办理。办理法定继承必须由全体法定继承人到公证处作出意思表示,还需要提供被继承人的死亡证明、亲属关系证明、婚姻状况证明、被继承人遗留的财产证明等一系列的证明材料。

本案继承标的虽然小,如果按照正常程序,就不能为这位身患重病的当事人办理这起继承公证,王某兰的遗产仍将沉睡。依据青岛市公证协会的指导意见,公证处首次适用新的程序办理小额存款继承公证,将"继承公证"改变为"领取和保管存款"公证,让宋某签署"承诺其领银行存款后负责分配和保管,并承担相应的法律责任"的书面承诺书。沉睡11年的存款终于被公证书所唤醒。

一、被继承人银行存款不明情形下的遗产继承公证

从继承公证的内容看，被继承人的存款占很大比重，办理银行存款继承公证是现实的需求。公证实践中，一些存款人去世后，由于继承人对其存款情况不完全知悉，常常因为查询不顺畅导致不能及时办理继承公证，无法办理支付或者过户手续。

对此，1982 年国务院颁布的《公证暂行条例》曾对公证机构的调查核实权作出规定。1983 年中国人民银行、最高人民法院、最高人民检察院、公安部、司法部等五部门联合制定的《关于没收储蓄存款缴库和公证处查询存款问题几点补充规定》进一步就公证机构在办理继承权公证过程中向银行核实储蓄情况作出规定。1993 年中国人民银行《关于执行〈储蓄管理条例〉的若干规定》第 40 条第 1 项规定，存款人死亡后，合法继承人为证明自己的身份和有权提取该项存款，应向储蓄机构所在地的公证处申请办理继承权证明书，储蓄机构凭以办理过户或支付手续。公证机构在办理继承公证过程中需要确认被继承人储蓄存款的具体信息，有关情况要由继承人提供，必要时公证机构应予以核实。这几个规定在一定程度上解决了公证机构查询被继承人储蓄存款的问题。

但 1995 年我国《商业银行法》（2003 年修改）第 29 条规定，“商业银行办理个人储蓄存款业务，应当遵循存款自愿、取款自由、存款有息、为存款人保密的原则。对个人储蓄存款，商业银行有权拒绝任何单位或者个人查询、冻结、扣划，但法律另有规定的除外”。由于各银行业金融机构对《商业银行法》第 29 条的规定和公证界存在不同的理解，导致继承人查询困难，公证机构依据《公证法》和《公证程序规则》中有关单位或者个人应当依法予以协作的规定，是难以开展公证调查的。在办理个人银行存款继承权公证时，当事人到银行查问被继承人个人储蓄存款数额，多数银行按《商业银行法》第 29 条的规定拒绝公证机构的查询，因此，自 1995 年以来，我国银行休眠账户逐年增多。

2009 年中国公证协会的《办理继承公证的指导意见》第 10 条规定：“当事人申请办理继承金额（数量）不明的银行卡（证券资金账户）内钱款（证券）公证的，公证机构应当告知其先申请办理用途为查询卡（户）内金额（数量）的亲

属关系公证，待金额（数量）确定后，公证机构可以为其办理继承公证。当事人申请办理继承存放在银行保管箱内物品公证的，公证机构应当告知其先申请办理用途为查询保管箱内物品的亲属关系公证和开启保管箱清点物品的保全证据公证，待保管箱内属于被继承人所有的物品的种类和数量确定后，公证机构可以为其办理继承公证。”但这一规定并没有得到银行系统的认同。

只有落实继承人的查询权和公证机构的核实权，才能顺利实现继承权。为保障存款人及其继承人的合法权益，便利当事人申办存款继承公证，及时办理银行存款过户或者支付手续，一些地方进行了有益的探索和实践，如天津、上海、江苏等地通过采取由司法行政部门与银监部门联合发文的方式，专门就查询或者核实被继承人储蓄存款的有关事宜作出具体规定，取得了良好效果。

2013 年 3 月 19 日，司法部、中国银行业监督管理委员会联合下发《关于在办理继承公证过程中查询被继承人名下存款等事宜的通知》（以下简称《通知》），终于使休眠账户问题得到解决。该通知就办理继承公证过程中查询被继承人名下存款等事宜作出规定，经公证机构审查确认身份的继承人，可凭公证机构出具的《存款查询函》查询作为被继承人的存款人在各银行业金融机构的存款信息。公证机构出具《存款查询函》，应当审查确认存款人的死亡事实及查询申请人为存款人的合法继承人。银行业金融机构接到《存款查询函》后，应当及时为继承人办理查询事宜，并出具《存款查询情况通知书》。继承人为多人的，可以单独或者共同向银行业金融机构提出查询请求。查询申请人可在公证机构签署《委托书》，授权他人代为查询。公证机构在办理继承公证过程中需要核实被继承人银行存款情况的，各银行业金融机构应当予以协助。该通知同时还规定在办理继承公证过程中查询或者核实银行业金融机构管理、知悉的具有遗产性质的其他财产权益的情况依照该通知执行。该通知有如下特点：

第一，查询主体的特定性。《通知》明确规定，存款人的合法继承人是查询主体。之所以作出这样的规定，主要基于两个方面的考虑。一方面，存款人的合法继承人具有当然的查询权。合法继承人因继受取得存款所有权成为所有权人，享有查询权是应有之义，《物权法》《继承法》《商业银行法》等法律的相关条款从不同角度对此作出规定。另一方面，继承人作为公证当事人应当承担举证责任,有义务向公证机构提供真实、合法、充分的证明材料,以便公证机构办理继承公证。应当说,合法继承人行使查询权,具有充分的法理依据。公证机构的核实权有别于当事人的查询权,在当事人提供的证明材料按照有关办证规则需要核实或者对其有疑义的,公证机构可以启动核实程序。也就是说,核实权在公证机构认为个案有必要的情况下行使的,是基于法律的赋权。为此,《通知》规定,公证机构在办理继承公证过程需要核实被继承人银行存款情况的,各银行业金融机构应当予以协助。

第二,查询范围的开放性。《通知》规定的查询范围除了被继承人的银行存款,还包括了银行管理、知悉的具有遗产性质的其他财产权益的情况。之所以作出这样的规定,主要是考虑到,鉴于目前公民个人财产或者财产权益形态日益多样化,为了能够全面获得被继承人的财产信息,《通知》将适用范围从存款扩展到其他财产形式。但在具体规定上,又对其他财产形式作了限定,即该财产权益为银行所管理或者知悉并具有遗产性质的。作出这样的限定一方面明晰了其他财产形式的内涵和外延,同时又具有一定弹性,以更好地适应金融产品不断创新发展的趋势。

第三,查询过程的可控性。《通知》将存款信息的查询设置在办理继承公证过程之中。即在继承公证受理之后,方能启动查询事宜。需要说明的是,查询权是合法继承人的法定权利,但其只有在公证机构的协助下才能顺利行使,因为银行接受查询必须要确认被继承人死亡的事实和查询申请人为合法继承人的身份,其间,如果缺少公证机构的参与,当事人与银行之间无法实现有效对接,因为当事人无法自证其身,银行也无法胜任专业审查之责。公证机构作为法定证明机构,在办理继承公证过程中能够而且必须审查确认被继承人死亡事实和查询申请人的合法继承人身份。为此,《通知》设计的《存款查询函》要求公证机构在出具查询函时,必须载明已经受理继承公证申请并审查确认存款人已经死亡、查询申请人的继承人身份等内容。同时,《通知》设计的《存款查询情况通知书》要求由银行直接发往公证机构,这样就保证了被继承人的存款信息仅限于银行与公证机构之间进行交换、传递,只能用于办理继承公证,可以充分保障存款信息安全,防止不当泄露和使用。因此,这样的制度设计,可以确保查询工作始终处于可控状态。

第四,查询方式的灵活性。一方面,查询对象具有广泛性。根据《通知》

的规定，当事人可以向各有关银行业金融机构进行查询，包括各国有商业银行、股份制商业银行以及邮政储蓄银行，涵盖了所有银行业金融机构。同时，对查询机构的层级也未作限制，原则上当事人可以向任何一个层级的机构申请查询。另一方面，明确当事人可以委托查询。如果当事人不便亲自查询，可以在公证机构办理委托公证，授权他人代为查询。这种灵活性的机制给当事人提供了极大便利。

《通知》附件：

1.《存款查询函》格式

2.《存款查询情况通知书》格式

3.《委托书》格式

附件1

存款查询函

（　）第　号

各有关银行业金融机构：

本公证机构已经受理×××（查询申请人姓名）（身份证件类型及号码）的继承公证申请，并对存款人×××（存款人姓名）（身份证件类型及号码）的死亡事实（死亡时间：××年××月××日）及×××（查询申请人姓名）的继承人身份进行了审查确认。请根据×××（查询申请人姓名）的申请，协助查询被继承人×××（存款人姓名）名下的个人银行存款信息以及银行管理、知悉的理财产品、股票、基金、信托等其他财产权益的关联信息。

公证机构联系人：　　　　联系电话：

×××公证处（公章）

××××年×月×日

注：

1.本函仅用于查询被继承人遗产信息，不作为相关财产支付或者过户的凭据。

2.如查询申请人另行委托他人查询的,请在本函中附注如下内容:查询申请人×××委托×××(受托人姓名)(身份证件类型及号码)代为查询上述信息(见所附当事人签署的《委托书》)。

3.本函由接受查询的银行业金融机构收执留存,公证机构依照查询需求出具相应份数。

附件2

存款查询情况通知书

×××公证处:

×××(查询申请人姓名)于××年××月××日提交了你处出具的《存款查询函》〔(××)第××号〕。现将查询情况通知如下:

一、存款信息

存款人姓名(户名):

存款人身份证件类型及其号码:

存款基本情况:

账号 卡号	存入时间	截止时间	存款余额	币种	备注

二、管理、知悉的理财产品、股票、基金、信托等其他财产权益的关联信息:(可另纸出具)

金融机构联系人:　　　　　　联系电话:

×××金融机构(印章)

××××年×月×日

注：

1.本通知书仅用于办理继承公证，不得用于其他用途。

2.定期存款应当列明存款的存入时间；对于活期存款，如果被继承人死亡后仍有存取记录的，应当列明该存取记录。上述存款记录以打印清单的形式附在本通知后。

3.存款如处于冻结等权利受限状态的，请在“备注”栏中予以注明。

▶▶附件3

委 托 书

各市州司法局、各市州银监分局：

本人×××(查询申请人姓名)(身份证件类型及号码)系存款人×××(存款人姓名)(身份证件类型及号码)的×××(亲属关系)。现存款人×××(存款人姓名)已经于××年××月××日去世，我作为其合法继承人，现在×××公证处签署此委托书，授权×××(受托人姓名)(身份证件类型及号码)代为办理查询被继承人×××(存款人姓名)名下的个人银行存款信息及银行管理、知悉的理财产品、股票、基金、信托等其他财产权益的关联信息。

委托人(签名)

××××年×月×日

注：

该委托书应当与《存款查询函》相粘连，并加盖公证机构钢印。

二、小额遗产继承公证程序改革与探索

随着经济的发展和社会生活水平的提高，人们的家庭生产生活结余多了，把它存入银行或者购买基金、股票、保险等，养成了良好的理财习惯。面对小额存款，为了几千元甚至几百元的遗产，前往办理继承公证所需的事项却与大额继承公证一模一样，需要耗费大量的时间与精力，这使不少人转而以放弃的方式来处理这些小额遗产，这些存款就永远地躺在了银行。这样既

使被继承人的利益受损，又增加了银行的维护成本，同时也可能会给银行和当事人之间造成矛盾纠纷。针对这一现象，目前各地公证机构都在积极探索小额遗产继承公证程序的新路径。

云南省公证协会于2012年2月29日在全国率先开展小额遗产继承的程序研究，下发《〈通过特定公证程序解决小额财产领取难题〉的办证参考》，推出通过证明“继承资格和保管资格”来解决小额财产领取难题的特定程序。随后，山东、山西、上海、重庆、浙江等地也相继出台指导意见。目前解决方案主要有以下两种：

（一）云南模式：证明“继承和保管资格”的特定程序

云南模式跳出了公证机构对被继承人的亲属关系及继承方案进行确定性和完整性证明的传统思路。以《婚姻法》规定的夫妻间权利义务规范及家事代理理论、《物权法》规定的共有权利义务规范及共有理论、《民法通则》规定的无因管理理论等作为规范和理论依据，以部分继承人对小额继承财产具有“继承资格和保管资格”作为证明对象，合理调整了传统继承公证所需的较为严格的实体和程序审查标准。当事人有权领取遗产的法律依据，除了最终继承人外，还有基于委托、保管、共有、家事代理等法律事由。换句话说，在领取存款的时候，并不需要所有继承人对存款已经分割，只需要证明谁有权领取即可。

在程序设计上，申请领取被继承人的银行存款、证券资金和股票等小额财产的，可以根据下列特定程序办理：1.法定继承人中一人或一人以上向公证机构提出申请即可；2.提供申请人与被继承人的亲属关系证明即可。3.申请人应书面承诺，其领取上述财产后，负保管责任并有义务分配给其他合法继承人。4.公证证明申请人在该继承中具有继承资格和保管资格。

（二）上海模式：证明“领取资格和最终归属”的简易程序

2013年11月，上海市公证协会印发了《关于办理小额遗产继承公证试行简易程序的意见》。上海模式在现有的公证程序规则框架下，对相关条款进行了方便申请人的变通处理。继承的小额遗产范围为价值不超过人民币贰万元的存款、养老金、公积金、股票账户内的资金等动产，多次申请继承同一被继承人的遗产价值累计不超过人民币伍万元的，可以适用下列简易程序：

1.所有法定继承人作为公证申请人一般应当亲自到公证机构申请办理小

额遗产继承公证,并提交身份证件、被继承人的死亡证明、遗产凭证和被继承人与其法定继承人关系的证明材料;2.申请人确有特殊困难无法提供相关证明材料的,在具备可核实的前提下,可以委托公证机构调取相关证明材料;3.共同申请继承的当事人可以委托其中一名申请人办理,并提供委托书和身份证件;4.放弃继承遗产的继承人因在异地不能亲自到公证机构的,该当事人应当提供其签署的放弃继承声明书以及身份证件复印件,声明书上应当加盖其所在单位公章或者居住地居(村)委公章以证明其签字或者盖章属实,声明书以及该当事人的身份证件复印件直接邮寄至公证机构;5.放弃继承遗产的继承人如在境外(包括港澳台地区)的,其提供的放弃继承声明书只需要本人签名,声明书以及该当事人的身份证件复印件直接邮寄至公证机构。

申请人所需材料变少,办证时间缩短是各地探索适用简易程序的共同特点。

第十二章　涉外、涉港澳台公证

第一节　涉外公证

本节案例导读：

50

一份“难产”的继承公证书①

2008年的一天，北海女子阿玉（化名）拿着已故男友留下的遗书来到北海市公证处，要求办理遗产继承公证。阿玉的男友吉姆（化名）是个英国人，生前曾在北海工作过几年，并买房与阿玉同居生活。后来不知何故，吉姆突然跳楼身亡，跳楼之前他写下了一份遗书，其中提到要把名下的存款和房产留给阿玉继承。吉姆远在英国的父母通过律师表示对此没有意见。

阿玉拿来的证据只是吉姆的遗书，而不是正规的遗嘱，因此它的法律效力不能和遗嘱相比。同时，这份遗书是在什么情况下写下的，其内容是否真实已无从认定。因此公证处不能单凭一份遗书就把吉姆的遗产公证给阿玉。

遗书中所提到的房产属于不动产，按照国际惯例，不动产由所在地的法律管辖，吉姆买的房子在北海，因此这套房子产生的法律问题应该归中国的法律管。依据中国的法律，吉姆和阿玉没有结婚，阿玉对吉姆没有继承关系，吉姆的遗产应由他自己的父母继承。阿玉要想拿到这笔遗产，只能由吉姆的

---

① 参见《涉外公证书：发往世界的“信誉明信片”》，载 http://www.gxnews.com.cn/staticpages/20100510/newgx4be736d2-2931030.shtml。2015年1月8日最后访问。

父母转赠给她。

吉姆的父母同意转赠给阿玉，正要办手续时，两位老人相继离世了，吉姆的两个兄弟成了继承人。按照法律规定，吉姆的这笔遗产只能先由他的兄弟继承，再转赠给阿玉。就这样，吉姆的兄弟先按照英国的法律完善了继承手续，然后又委托中国的律师按照赠予程序，将吉姆的遗产赠给了阿玉。

由于来往文件都属于涉外文件，均需经过外交部领事认证才能采用，最后阿玉足足等了一年多的时间才将房子和存款拿到手。

本案事实虽然简单明了，但每一个法律需要的程序都不能省略。若是省掉那些中间环节随意作出公证文书，不仅不合法，还容易引起相关当事人的质疑，为纠纷埋下隐患。公证的内在价值，就在于通过公证，排除非法的、虚假的、不公平的现象，让真实、合法的事实和行为得到正确的反映，直接体现法律的公平和正义。唯有如此，公证活动才能实现预防纠纷、减少诉讼、维护社会公共利益和公民合法权益的目的。

51

张亦发继承英国遗产案[①]

张亦发于1978年9月在留学英国剑桥大学时，与英国籍女郎爱尔弗丽丝恋爱后未逾半年，按照英国风俗在伦敦举行了婚礼。结婚10年来未育儿女。张亦发在1988年9月入了英国籍。在共同生活期间，张经营商业赚了不少钱，购买了私房3幢并附有花园，余存现款5万英镑。此后夫妻双方因性格不合，意见分歧，时有争吵，于1998年8月依法协议离了婚。此后张亦发返回中国，并履行了法定手续放弃了英国籍。

爱尔弗丽丝离婚后与别人再婚，仍未育子女，又第二次离婚。因其工作时断时续，故已将私房3幢变卖得款作日常生活花用。2004年6月8日爱尔弗丽丝病故在伦敦其住宅内（她父母已在她生前死亡），未立遗嘱，遗有现款12000英镑。张亦发以后一直未婚，当得知其原妻死亡后，遂依据英国法律的有关规定，先向中国当地公证机关进行公证，证明自己是被继承人的法定继承人并由英国驻华使、领馆认证，明确提出遗产为动产12000英镑及其存放所

① 参见《张亦发继承英国遗产案》，载 http://www.fabang.com/a/20110214/243281.html。2015年2月26日最后访问。

在地;又提供了爱尔弗丽丝死亡证明书(在国外死亡的均有死亡证,在我国内死亡的,可由公安机关或公证处核发);遗产凭证(如存款凭证或保管箱钥匙等,如委托他人代办的,应有委托书,即授权代理申办财产继承的证件);还聘请了当地律师,向遗产税署申报,取得了该署发出的免税证(或缴税通知单),即向遗产所在地英国伦敦一法院申请继承遗产。

法院审查后认为:被继承人爱尔弗丽丝是英国人,生前未立有遗嘱,应按法定继承处理。英国的法定继承是按四个顺序分配遗产,即(1)生存配偶;(2)生存的子女;(3)生存的父母;(4)生存的其他亲属。无论遗嘱继承还是法定继承,某些受赡养的人都可以向法院提出申请,要求从遗产中拨付生活费用。属于这类人员的有:生存的配偶、未婚的女儿、未成年的儿子、不能维持自己的生活的子女,以及被继承人死亡时尚未再婚的前配偶。而且,在苏格兰,死者的某些亲属,包括生存的配偶和子女,对死者的遗产享有一定的"特留份额",不受遗嘱人意图或愿望的限制。鉴于本案无其他法定继承人及某些受赡养人,最后法院依法作出判决:该被继承人的遗产除交税款债务等外,尚余9000英镑,由尚未结婚的死者的前配偶张亦发作为法定继承人继承。

52

出国务工意外死亡涉外公证助力遗产继承办理①

2012年8月,市民刘女士来到莱西市公证处咨询,称其丈夫李×在外国A工作,于今年3月×日在外国A意外死亡,李×在外国A开户的存折上还有一部分遗产,需要办理继承公证。莱西市公证处在对这起涉外继承公证办理过程中,着重厘清如下三个重要问题,帮助刘女士顺利继承了域外遗产。

(1)确认被继承人的相关情况及继承标的

当事人要提供经过中华人民共和国驻外国A大使馆认证的李×的死亡证明及外国医院出具的死亡证明中文译本原件。提供李×在外国A某银行开具的银行存折及翻译公司对该存折出具的中文译本的原件,证明被继承人李×在外国A某银行遗留有存款。

(2)确认适用法律

---

① 参见姜鹏辉、张进彤《出国务工意外死亡涉外公证助力遗产继承办理》,载http://epaper.qingdaonews.com/html/qdwb/20130703/qdwb596181.html。2015年1月6日最后访问。

公证员依据《中华人民共和国继承法》《中华人民共和国民法通则》《最高人民法院关于贯彻执行〈中华人民共和国继承法〉若干问题的意见》《中华人民共和国涉外民事关系法律适用法》的相关条款对涉外继承适用法律问题对当事人进行详尽告知。当事人明确表示自己选择在莱西市公证处申请办理该继承公证事项，并承诺自愿承担相应的法律后果。

(3)确认法定继承人范围

经查，被继承人李×与刘女士于某年某月某日在莱西市登记结婚，育有一个子女，即儿子李A，李×的父亲李××和母亲岳××均健在。公证员在核对证明材料后，确认李×的第一顺序继承人共有四人：即妻子刘女士、儿子李A、父亲李××和母亲岳××。公证员把相关当事人都请到公证处，详细告知了相关的适用法律及申办公证的权利和义务，被继承人李×的父亲李××、母亲岳××均表示放弃本人应继承的遗产份额，为慎重起见，为当事人拟定了一份《财产分割协议书》。据此，公证处为刘女士及其儿子李A出具了继承《公证书》，为了方便该《公证书》的使用，按照涉外公证的相关要求，将该《公证书》附上英文译本，并办理了中国外交部认证，刘女士将《公证书》递交到使用部门，审批手续顺利。

本案公证员认真履行有关规定，帮助涉外当事人解决实际困难，充分体现我国法律公平正义的价值所在，维护我国公民在国外的合法权益。

一、涉外公证概述

(一)涉外公证的概念、特点

涉外公证，是指公证机构对具有涉外因素的公证事项，依法证明其真实性与合法性的活动。而涉外因素是指申请公证的当事人一方或与公证有关的主体、公证证明对象、公证文书使用的地域等几个因素中有一个或几个因素与外国有关联。涉外公证具有以下特点：1.当事人多数是外国人、华侨、港澳台同胞，或是准备出国的公民；2.要由司法部批准的办理涉外公证业务的公证处和经考试合格的涉外公证员负责办理；3.涉外公证书要根据使用国和当事人的要求，附相应的外文译文，并办理外交认证手续；4.公证书通常要发往域外使用，并在域外发生法律效力；5.在适用法律上，既要符合我国法律，又不能违反使用国法律。

随着各国经济贸易的频繁往来,出国留学、结婚、务工等人员不断增多,涉外公证成为国际交往中不可缺少的工具和法律程序。国内许多法律文件往往需要公证才能得到国外有关部门的认可。我国公证机构依法办理各种涉外公证业务,对保护申请人的合法权益,促进对外交流与发展有着不可替代的作用。目前,我国涉外公证主要用于当事人获得出境和入境手续;去国外探亲、定居、谋职、留学、参加考试、领取有关费用等民间往来和继承财产等民事法律事宜;在境外设立办事机构,开展进口贸易、吸收外资、引进技术、向国外投标、承包工程等经济活动;域外纠纷诉讼和仲裁等方面。

(二)涉外公证与国内公证的区别

涉外公证和国内公证是我国公证制度的两个有机组成部分。其共同之处在于两者都代表国家行使公证权并根据当事人的申请,依照法定程序,对法律行为、有法律意义的事实和文书的真实性、合法性加以确认并予以证明,以保护当事人的合法权益。其不同之处主要表现在如下几个方面:

1.涉外公证的申请人、申请地点和国内公证不同

涉外公证的申请人除我国公民外,还有华侨、归侨、侨眷及外国人,国内公证的申请人,只能是我国公民;涉外公证既可以在我国境内提出申请,也可以在境外向我驻外使(领)馆提出申请,国内公证只能在我国境内提出申请。

2.涉外公证书的使用文字、公证书用纸和国内公证不同

涉外公证书必须使用我国语言文字(一般还要附有译文),当事人的姓名要写准确。如果姓名有几种译法,应一一写明。译文附在中文之后;如果是证明外文译本与中文正本要相符,应将译文排在公证机关的公证书之前。

涉外公证书需用司法部统一发放的水印纸,许多涉外公证要通过认证才有效,装订公证书时,在公证书后面要留待领事认证的空页。送外交部领事司认证的公证文书必须装订好,切勿散着送去认证。

3.涉外公证保护的合法权益所受的法律约束与国内公证不同

涉外公证所保护的合法权益,往往受该公证书使用国(或地区)的法律约束,有的甚至还要通过判决,才能得到保护,有的公证文书如不符合该使用国(或地区)法律规定的,则认为无效而退回,而国内公证不发生此类问题。不同国家(或地区)对涉外公证文书的要求不尽相同,如很多欧洲国家、部分亚

洲国家需要对中国公证机关出具的公证书予以认证,[1]否则无效。我国《公证法》第33条规定:"公证书需要在国外使用,使用国要求先认证的,应当经中华人民共和国外交部或者外交部授权的机构和有关国家驻中华人民共和国使(领)馆认证。"认证的一般程序是先由我国的外交部领事司或有关省市外事办认证,证明公证书上公证机构的印章和公证员的签名章属实;然后由公证书使用国的驻华大使馆、领事馆认证,证明公证书上我国外交部门的印章属实。此外,美国、韩国、奥地利等国家对中国出具的双语公证书还要求有一份"译文相符"的公证,以证明翻译过来的英语与原来的中文意义相同,因此一份公证书便成了两份。而办理前往阿根廷定居、留学的公证书必须要有涉外公证员的亲笔签名才生效。

应当注意的是,如申请公证的事实和行为发生在我国境内,该申请人应向我国国内的涉外公证处申办公证,并经认证之后,再拿到国外使用。

对于外国当事人所签署的相应法律文件的公证(认证)程序,需视情况而定。若当事人所在国与我国订立的有关条约中明确了相关证明程序的,则按照条约规定执行;若没有条约规定的,首先应当由该国或该国内实行独立法律体系区域内有公证资格的机构出具有效公证文书,再区分情况分别按如下程序办理:

(1)与中国有外交关系的国家出具的、送往中国(内地)使用的公证文书或有关文书,需先经该国外交部或其授权机构认证后,再送中国驻该国使、领馆认证。具体认证程序可在中国驻该国使领馆官方网站查询或电话咨询。

(2)与中国无外交关系的国家出具的、送往中国(内地)使用的公证文书或有关文书,需先经该国外交部或其授权机构和与中国有外交关系国家驻该国使领馆认证后,再办理中国驻该第三国使领馆的认证。

(3)对于维尔京群岛、开曼群岛、塞古尔群岛等地区出具的需送往中国(内地)使用的公证文书或有关文书,需经其所属国外交部门或授权机构认证

---

① 不同的国家都有不同的法律法规,很多涉外文件在其办理国是具有法律效应的,但若该文件没有做驻外使馆公证认证就拿到其他没有加入《海牙公约》的国家,那么在此国是不具有法律效用的。一些国家要求我国内地涉外文件要经过公证认证程序,同理,由于我国还没有加入取消文书大使馆公证认证的《海牙公约》,因此,国外的文书拿到我国内地使用,也必须先办理中国驻外使馆公证认证,公证之后这些文件才能在我国内地有效使用。

后，再送中国驻该国使、领馆认证。

(4)外国驻华使馆或驻内地领馆为其本国公民出具的证明委托关系、婚姻状况、声明等公证文书，可径直在中国内地使用，无须办理中方领事认证，但接受公证文书部门应当向相应的驻华使馆或驻内地领馆核实。

4.办理涉外公证的机构和人员资格要求和国内公证不同

办理涉外公证要求公证处和公证员须取得相应的资格。涉外公证书除由国内公证机构出具外，还有相当一部分是由我国驻外使(领)馆出具的。近年来，在国外的中国公民、法人及其他组织日益增多，其在驻在国或在我国国内进行民商事活动或者办理其他事务，经常需要向我国驻外使(领)馆申请公证。我国驻外使(领)馆依照我国《公证法》及我国缔结或者参加的国际条约的规定，积极为境外中国公民、法人及其他组织提供公证服务，促进了国际合作与交流，保护了中国公民在域外的正当权益。

(1)我国驻外使(领)馆办理公证

我国驻外使(领)馆办理公证的法律依据有三，一是依据《维也纳领事关系公约》第 5 条第 6 款的规定，该款明载，领事职务包括担任公证人，民事登记员及类似之职司，并办理若干行政性质之事务，但以接受国法律规章无禁止之规定为限；二是依据我国《公证法》第 45 条的规定，该条明载，中华人民共和国驻外使(领)馆可以依照该法的规定或者中华人民共和国缔结或者参加的国际条约的规定，办理公证；三是中国与外国签订的双边领事条约，这些条约中有些亦有涉及公证的规定，如出具在派遣国使用的各种文书、出具在派遣国境外使用的各种文书、认证派遣国有关当局或接受国有关当局所颁发的文书上的签字和印章等条款。

我国驻外使(领)馆办理公证的基本原则是通过公证保护我国法人和公民合法权益。我国驻外使(领)馆办理公证的范围主要涉及：委托书公证、遗嘱公证、财产继承或放弃财产公证、赠予公证、分割财产公证、转让公证、声明书公证、婚姻状况公证、国籍公证、居留公证、指纹公证、姓名公证、办理健在证明、亲属关系公证，以及申请人在文书上的签字或印鉴公证、文书的副本节本、译本与原本相符公证等。

当事人应当亲自到中国驻外使(领)馆申请公证。如果委托别人代理的，必须提交有代理权的证件。但申请委托、声明书、签名印鉴属实等公证的，不得委托他人代理。临时出国人员因在国外停留时间较短，向我驻外使(领)馆申办公证限于在驻在国办理结婚、居留或处理死亡案件等事项。根据有关法律规定，对一些不符合公证申办程序、违背社会公德、违反法律甚至是损害我国国家利益的公证申请，我国驻外使(领)馆有权拒绝办理。

(2)国内办理涉外业务的公证机构和公证员

2005年《中国公证协会关于加强和规范涉外公证管理工作的意见》对涉外公证机构和公证员的条件作了具体规定。

我国涉外公证机构的申请条件是：①有固定的办公用房，总面积不少于80平方米，并备有独立的涉外公证业务接待室；②公证机构应具备下列办公设备：电脑、电话、复印机、传真机、打印机、摄像机、照相机、录音机；③公证机构应具有符合《公证专用纸管理办法》规定的公证专用纸保管设备、场地、防盗措施；④公证员2人以上，至少有1名公证员参加涉外公证业务培训并考核合格；⑤聘有专职翻译或兼职翻译；⑥每年至少有30件涉外公证需求；⑦近3年没有出现虚假公证书，错误公证书不超过办证总量的万分之一，瑕疵公证书不超过办证总量的千分之一。

我国担任涉外公证员的申请条件是：①具有国家大学本科以上学历，在公证处执业2年以上，或者具有大专学历，2000年9月30日以前担任公证员职务；②品行良好，未出现公证质量问题，未受过行政处罚和行业惩戒；③参加涉外公证业务培训并考核合格；④所在公证机构已被批准开办涉外公证业务。

二、涉外继承公证

近年来随着经济全球化的发展，国际民商事交往的日益增多，中国公民或与外国人结婚，或在国外拥有财产，越来越多的公民选择出国移民，由此导致我国继承的涉外因素不断增多，越来越多的继承公证呈现出涉外因素。

(一)涉外继承公证概念、特点

涉外继承属于涉外民事法律关系，它是指在继承法律关系构成要素中有一个或几个涉外因素的继承，即指在继承法律关系的构成要素或与继承遗产有关的法律事实中，有涉外的因素。我国现行的继承法律制度将继承分为法定继承与遗嘱继承。根据涉外继承的定义我们可以得出涉外继承公证的概念,即在继承法律关系的构成要素或与继承遗产有关的法律事实中,有涉及外国因素的继承公证。即公证处根据当事人的申请,依法证明申请人在具有涉外因素的继承中具有继承被继承人遗产的权利的真实性、合法性的活动。涉外继承公证也存在两种类型,即涉外法定继承公证与涉外遗嘱继承公证。从涉外公证的内涵分析,其特点主要有如下几个方面:

1.继承关系中具有涉外因素,所涉及的情况比较复杂,办证难度较高。2.适用的法律较复杂,涉外继承主要是通过国际私法的冲突规范进行间接调整,具体涉外继承案件由哪国法院管辖,应通过冲突规范加以确定。在我国,对于涉外继承案件实行专属管辖;在国际上,一般是以被继承人的国籍、被继承人的住所或遗产所在地为依据,确定涉外继承案件的管辖权。3.办理涉外继承要有一定灵活性,出具公证书应以便于适用为原则,不拘泥于一种格式。4.涉外继承公证应由司法部批准的办理涉外公证业务的机构和公证员办理。5.涉外继承公证书如需发往国外使用,通常需要办理领事认证手续。

(二)我国涉外继承公证的管辖

《中华人民共和国继承法》第36条规定,中国公民继承在中华人民共和国境外的遗产或者继承在境内的外国人的遗产,动产适用被继承人住所地法律,不动产适用不动产所在地法律;外国人继承在中华人民共和国境内的遗产或者继承在中华人民共和国境外的中国公民的遗产,动产适用被继承人住所地法律,不动产适用不动产所在地法律;中华人民共和国与外国订有条约、协定的,按照条约、协定办理。

《中华人民共和国民法通则》第149条规定,遗产的法定继承,动产适用被继承人死亡时住所地法律,不动产适用不动产所在地法律。该法第15条规定,公民以他的户籍所在地的居住地为住所,经常居住地与住所不一致的,经常居住地视为住所。

《最高人民法院关于贯彻执行〈中华人民共和国继承法〉若干问题的意见》第63条规定,涉外继承,遗产为动产的,适用被继承人住所地法律,即适用被继承人生前最后住所地国家的法律。

《中华人民共和国涉外民事关系法律适用法》的第3、11、24、25、31、33和37条对我国涉外继承民事关系法律适用问题作了进一步明确的规定。其中第3条规定:“当事人依照法律规定可以明示选择涉外民事关系适用的法律。”第 11 条规定：“自然人的民事权利能力，适用经常居所地法律。”第 24 条规定：“夫妻财产关系，当事人可以协议选择适用一方当事人经常居所地法律、国籍国法律或者主要财产所在地法律。当事人没有选择的，适用共同经常居所地法律；没有共同经常居所地的，适用共同国籍国法律。”第 25 条规定：“父母子女人身、财产关系，适用共同经常居所地法律；没有共同经常居所地的，适用一方当事人经常居所地法律或者国籍国法律中有利于保护弱者权益的法律。”第 31 条规定：“法定继承，适用被继承人死亡时经常居所地法律，但不动产法定继承，适用不动产所在地法律。”第 33 条规定：“遗嘱效力，适用遗嘱人立遗嘱时或者死亡时经常居所地法律或者国籍国法律。”第 37 条规定：“当事人可以协议选择动产物权适用的法律。当事人没有选择的，适用法律事实发生时动产所在地法律。”

根据我国民事诉讼法关于法院管辖的规定，对涉外继承案件的管辖权，原则上采取遗产所在地和被继承人生前住所地，来确定法院和管辖权。即：外国人死亡后在我国境内留有遗产的，我国法院有管辖权；华侨在国内国外留有遗产的，我国法院有管辖权；外国人死亡后在外国留有遗产或华侨死亡后只在国外留有遗产的，我国法院无管辖权。死者在我国境内的继承人，向我国公证机关申请办理有关继承的公证手续后，再向有关外国主管机关申请公证。依照《继承法》第 36 条及司法部的有关规定，下列情况可由有管辖权的公证处为当事人办理继承权公证：

（1）当事人申请继承居住在中国境内的中国公民或外国人在境外的动产；（2）当事人申请继承居住在中国境内的外国人在中国境内的动产或不动产；（3）当事人申请继承居住在境外的外国人在中国境内的不动产。

下列情况公证处不出具继承权公证书，而是根据具体情况为当事人出具与被继承人的亲属关系证明书、结婚证明书或有关当事人的出生证明书，这些证明书发往域外，再按照被继承人住所地法律或被继承人不动产所在地法律规定继承遗产：

（1）当事人需要继承中国公民或外国人在境外的不动产；（2）当事人需要继承居住在国外的中国公民或外国人在境外的动产；（3）当事人需要继承居住在国外的外国人在中国境内的动产。

（三）办理涉外继承公证的程序

1.申请

涉外继承公证，所有继承人均应向同一公证机关提出申请，如果有的当事人在域外或外地工作不能前来的，要办理委托书，委托书应经过公证（或公证并认证），继承人中有人放弃继承权的，应向公证机关提供合格有效的“放弃继承权声明书”。当事人申请此项公证应填写涉外公证申请表，注明办证目的、用途，证书使用地，所需译文、份数等，并提交以下材料：

（1）申请办理涉外法定继承公证应提交的材料

①申请人的身份证明（居民身份证、护照、通行证、工作证户口本等）及复印件；如果当事人是未成年人、精神病人或聋哑人，应当由其监护人代为申请，同样，监护人应提交本人的身份证明及与当事人关系的证明。

②申请人所在单位人事（劳资、组织）部门或其人事档案管理部门出具的申请人与被继承人及其他继承人之间的亲属关系的证明信函。

③被继承人的死亡证明（在国外死亡的须提供经过公证、认证的死亡证明或其他根据；在国内死亡的，应提交有关医院出具的死亡证明书或被继承人生前户籍所在地派出所出具的注销户口的证明。在没有以上证明的情况下，应提交尸体火化单据；对于早年死亡无法提供直接证据的，可根据死者墓碑照片、死者讣告以及其他足以证明死亡的证据，同时须由两个以上的知情人作证；如果被继承人是被宣告死亡的，应提交人民法院关于宣告失踪人死亡的公告）。

④被继承遗产的产权证明（如房屋所有权证书或契证、银行存款单、有价证券和数额等有关材料）。

⑤被继承人的婚姻状况、父母、子女情况证明及有关亲属的亲属关系证明、有无依靠被继承人生活的人的证明（如提交结婚证书或收养关系证书，证明当事人与被继承人是夫妻关系或者是养父母与养子女的关系。也可以提供被继承人生前所在单位人事部门根据档案记载出具的亲属关系证明，特别应注明继承人对死者生前是否尽过扶养、抚养、赡养的义务等有关情况的证明）。

⑥法定继承人中已死亡的，应提交死亡证明及其婚姻状况、子女情况证明。代位继承人申办公证的，还应提供继承人先于被继承人死亡的证明及本

人与继承人的关系证明。

⑦如不能亲自向公证处提出申请,需要委托他人代理的,则应提供委托授权书和代理人身份证明及其复印件。

⑧其他有关材料,如其他继承人放弃继承权的声明书等。

(2)申请办理涉外遗嘱继承公证应提交的材料

①提供同前述法定继承人应提供的①至⑤项证件及材料。

②被继承人生前所立的有效遗嘱。如被继承人生前立有遗嘱的,当事人应提交遗嘱原件;如该遗嘱为被继承人在域外所立,则该遗嘱还须经立遗嘱地公证机构公证,并经我国驻外使(领)馆认证。

③有遗嘱执行人的,应提交执行人的身份证件及复印件。

④如不能亲自向公证处提出申请,需要委托他人代理的,则应提供委托授权书和代理人身份证明及其复印件。

2.审查、出证

涉外遗产继承的情况比较复杂,一般因被继承人的国籍、遗产性质、住所地和遗产所在地不同而适用不同的法律。[①] 在办理此类公证书时,务必持慎

---

① 为了消除涉外继承领域的法律冲突,近几十年来,国际社会展开了统一冲突规范的种种努力。到目前为止,这方面的国际公约已有四个,即1934年11月19日订立的《丹麦、芬兰、冰岛、挪威、瑞典关于遗产继承和清理的公约》、1961年10月5日订立的《遗嘱处分方式法律冲突公约》、1973年10月2日订立的《遗产国际管理公约》和1988年10月订立的《关于死者遗产继承的准据法公约》。此外,还有一些涉及这方面内容的国际公约,如《布斯塔曼特法典》和众多双边条约和协定。这些表明,涉外继承立法的国际化倾向日趋明显。这其中以1988年10月订立的《关于死者遗产继承的准据法公约》的影响力最大,该公约在法律适用上采用"同一制"继承制度,同时采用了以惯常居所地为主的多元连接因素。该公约最大的特色在于,对遗嘱继承的法律适用问题中,引入了意思自治原则,有限制地允许被继承人选择继承准据法的规定成为了立法上的一大突破。该公约的第5条、第6条和第11条中都规定了允许被继承人生前指定适用于遗产继承和继承协议的法律。

重态度，认真研究被继承人所在地和遗产所在地的有关继承的法律规定。①

目前我国《涉外民事法律关系适用法》是解决涉外遗嘱继承法律适用问题的重要依据，其立法采用同一制原则，不区分动产还是不动产，都适用统一的规则。在解决遗嘱继承相关的法律适用问题上，采用了现在世界上比较先进的立法理念，尽可能地尊重当事人的意思表示，保证遗嘱有效性。该法律的出台填补了我国长期没有涉外遗嘱继承法律适用规则的空白，意义重大，也为我国今后加入相关公约奠定了法律基础。② 根据我国现行的《涉外民事法律关系适用法》第 33 条规定，遗嘱效力，适用遗嘱人立遗嘱时或者死亡时经常居所地法律或者国籍国法律。

公证机关办理涉外继承公证，除按照我国法律、法规和公证程序规定办

---

① 如加拿大继承遗产的法律规定各省有各省的规定。按照加拿大某些省的法律规定，被继承人生前有遗嘱的，按指定的继承人继承。在法院确定遗产管理后的半年以内，遗嘱执行人将按遗嘱分配遗产。在此期间，如果被继承人的妻子和子女对遗嘱有异议，有权向法院提请裁决。被继承人的非正式结婚的妻子和非婚生子，只要是从死者去世之日起往前推算，与其在生前有两年以上的同居生活的妻子，或者是在死者去世之日起，其生前抚养过一年以上的子女，对遗嘱也同样有权向法院申诉，请求对此项遗产的继承权利。无论是谁主张继承遗产，必须在法院许可遗产管理后六个月内提出，过期则不再受理。死者生前无遗嘱的，按法律规定继承，继承顺序和分配办法是：一、被继承人有遗孀而无子女的，全部由遗孀继承。二、被继承人有遗孀和子女的，遗孀先在遗产净值中分得二万加元，余下部分再由遗孀与子女平均分配。遗产净值不足二万加元，便全部归遗孀。三、被继承人无遗孀，无子女，由其父母继承。被继承人既无遗孀、子女，也无父母的，由死者的兄弟姐妹平均分配遗产，共同继承。如兄弟姐妹中有死亡的，由其子女代位继承，共同分得其父或母应继承的那一份遗产。四、没有上述被继承人的近亲属，遗产由与死者血缘最近的亲属均分。五、上列继承人都不存在，遗产由公共信托局代管一段时间，无人认领时即收归国有。我国国内公民按照加拿大的法律规定享有继承权的，则要向加拿大的有关机构提供我国公证机关颁发的继承权证明书（或依继承要求颁发的亲属关系证明书和结婚证明书）。有两个以上的同等继承人可列入同一份继承权证明书。对已故的继承人要加以注明，或另办一份死亡证明书。需要委托他人办理的，还要申办委托书证明。各种公证书都要附英文译文，交我国外交部和加驻华使馆办理认证。

② 由于我国长期以来没有一个明确的法律规定涉外遗嘱继承法律适用问题，使得我们公证机构在办理此类涉外继承公证时不得不请示司法部的公证律师司，因此司法部公证律师司曾经以复函的形式对相关法律适用问题作了指导性意见，其中一些意见与现行的《涉外民事法律关系适用法》相抵触，对此应以《涉外民事法律关系适用法》为准，例如司法部公证律师司（87）司公字第 65 号与（88）司公字第 60 号复函中，均采用是否符合立遗嘱时行为地法律的标准来确定遗嘱的效力。

理外，应当参照与继承有关国家的法律和国际惯例，对被继承人的情况、遗产的范围、数量，有无放弃继承权的人等情况以及应适用哪国的法律问题作出详细审查。尤其是对涉外遗嘱继承，要注意审查遗嘱是否为遗嘱人本人所定，遗嘱的内容和形式是否真实，是否符合我国法律，遗嘱受益人有无变更。着重把握如下几个方面：(1)遗嘱人的国籍、出生年月日，死亡年月日、亲属状况；(2)遗嘱人的住所地、立遗嘱的行为地；(3)遗嘱受益人的状况(姓名、性别、出生年月日、国籍、住所地、与遗嘱人的关系等)；(4)遗嘱中所处分的在我国内的遗产状况(动产、不动产、价值、存放或坐落地点等)；(5)遗嘱人住所地或遗嘱行为地国家对遗嘱效力的有关法律规定；(6)当事人向公证处提交的遗嘱是否办理了公证、认证。根据司法部规定，对国外设立的遗嘱，其形式和内容应符合遗嘱行为地或遗嘱人依据地的法律，经当地法定机关检验认定有效，并经当地公证和我国使(领)馆认证的，可以直接承认其效力，但遗嘱内容违反我国法律的除外。

公证处审查后，对事实清楚、证据充分，当事人具有继承遗产的权利能力和行为能力，当事人的意思表示真实，遗产真实，继承关系合法的，应根据不同情况出具相应的证明文书。也就是说，并不是只要当事人在上述公证机构提出公证申请，公证机构受理、审查认为符合条件后就一定为其出具继承权公证书。涉外继承公证出具的文书可分为两类：一是继承权公证书，主要用于在国内办理有关涉外继承手续使用，也发往部分国家使用。二是与继承有关的公证文书，主要是发往域外，供当事人办理继承手续使用。如亲属关系公证书、婚姻状况公证书、死亡公证书、放弃继承权公证书、无遗嘱公证书等。对于中国公民继承居住在国内和国外的中国人或者外国人在境外的不动产、继承居住在国外的中国人或者外国人在境外的动产和继承居住在国外的外国人在境内的动产，都不宜直接出具继承权公证书，可出具国内有关当事人与死者的亲属关系证明书、结婚证明书或者有关当事人的出生证明书，依照被继承人住所地法律或不动产所在地法律继承遗产。如果被继承人住所地法律和被继承人不动产所在地法律规定，可适用我国法律的情形下，公证处则可根据继承人的申请，为其出具继承权公证书。如果中国公民继承居住在国内的中国人或者外国人在境外的动产，继承居住在国内的外国人在境内的动产或者不动产和继承居住在国外的外国人在境内的不动产，公证处则可根据继承人的申请,按照我国继承法的规定,为其出具继承权公证书。因此我们在办理涉外继承公证时,一定要明确被继承人和遗产标的的具体情况,再决定是否可以出具继承权公证书。

第二节 涉港公证

本节案例导读:

53

点钞破世界纪录,公证书成为申报世界纪录的唯一权威证据①

山东省潍坊商业学校的5名会计专业的学生在30秒单指点钞和30秒多指点钞两个项目上已经具备打破世界纪录的实力。根据世界纪录协会规定,挑战者必须亲自前往其总部所在地香港进行现场展示和挑战。但受时间、路途、费用等因素限制,该校学生无法前往香港现场展示,对此世界纪录协会要求挑战者必须提供公证书。该校求助于昌邑市公证处,公证处与该校专门就世界纪录协会有关规定及有关挑战形式等进行了沟通,并制定了详细的比赛规则,由公证处对挑战过程进行现场监督。

2014年3月21日,潍坊商业学校的5名会计专业的学生同时向世界上30秒单指点钞和30秒多指点钞两项世界纪录发起挑战。最终,杜巧同学在30秒内用单指单张的方法清点专用券228张,准确率100%;李金峰同学用多指多张的方法清点专用券406张,准确率100%。两项挑战均获成功。

昌邑市公证处指派两名公证员出席了挑战点钞项目世界纪录活动的挑战现场。公证员首先对挑战者身份进行了审查,对比赛用的秒表进行了检查、校对,对挑战用的比赛专用钞的密封情况进行了检查。挑战活动开始后,公证员亲自参与用钞设错、清点,多块秒表同时使用,并将各秒表用时全部进行记录。公证员严密监督,认真复核,并当场宣布了挑战成功者的姓名和点钞数目。挑战结束后及时为其出具了公证书。该校将公证书寄送世界纪录

---

① 参见《山东省潍坊商校会计专业学生点钞破两项世界纪录》,载 http://finance.china.com/fin/sxy/201404/10/0287454.html。2015年2月24日最后访问。

协会后不到一个月,世界纪录协会就为该校两名学生寄来了世界纪录证书。

此次世界纪录的申报过程,世界纪录协会并没有对挑战者进行传统的面对面确认,仅仅凭公证书便可定了挑战的有效性,这充分体现了公证书的证明力,彰显了公证的公信力。同时,这也要求公证人员在现场监督类公证中必须严察各种细节、严密监督,保证过程的真实性与准确性才能保障公证公信力。

54

涉港遗产继承权公证①

香港居民傅某和杨某夫妇共育有子女八人,其中二个儿子、六个女儿,现均在香港居住。傅某于 2005 年 8 月 20 日因病在香港死亡,死亡后遗留有登记在傅某名下的坐落在舟山市定海区营业用房(商铺)二间、住宅房屋三套(其中二套与他人共有)等房产。并在舟山市的工商银行与中国银行遗有存款。现傅某妻子杨某及其他七个子女均放弃继承上述财产,由傅某的三女儿傅某某一人继承,并全权委托其办理有关遗产继承、出卖等有关事宜。其女儿傅某某因在香港居住,来不及办理有关事项,再由其委托和转委托给舟山律师办理继承房产登记、房屋出卖转让、领取钱款等一切事宜。

舟山市方正公证处办理此案中重点围绕查清核实以下几个主要问题:(1)房产继承的法律适用问题,是适用中国内地法律还是适用香港特别行政区的有关法律。(2)上述遗产的真实性、合法性。主要审查申请人提供的房屋所有权证、银行存单。(3)傅某与杨某的夫妻关系是否真实。是否确系原配夫妻,夫妻关系是否一直存续。(4)傅某死亡的事实,死亡的时间、地点、原因等证据是否确凿。(5)遗产房屋、存款是否夫妻关系存续期间的夫妻共同财产,还是傅某个人财产?有无进行财产分割?(6)傅某生前有无立过遗嘱处分过上述财产。(7)傅某所有法定继承人的情况。(8)杨某委托女儿傅某某办理房屋继承、出卖等事宜,委托事项是否明确,并在委托书中有无特别授权?

第一,关于继承的适用法律问题。

---

① 参见《涉港遗产继承权公证》,载 http://www.baike.com/wikdoc/sp/qr/history/version.do?ver=1&hisiden=Hfm,BmR0dnAn5l,cHR9YWNOQA。2015 年 1 月 6 日最后访问。

根据《中华人民共和国继承法》及司法部关于涉港遗产继承的有关规定，上述遗产适用中国内地继承法律。根据司法部关于香港委托公证人制度的有关规定，由司法部香港中国委托公证人彭雪辉律师事务所彭雪辉律师出具了傅某婚姻状况、子女、傅某在香港死亡时间、地点、原因，生前没有在香港立有遗嘱等，并提供了有关身份证明、结婚证、死亡证明等材料。上述文件并在中国法律服务（香港）公司加盖了出具的《中华人民共和国司法部委托香港律师办理内地使用的公证文书》转递专用章。同时也办理了香港几个子女放弃继承上述遗产的《放弃继承权声明书》。其妻子杨某也表示放弃继承其丈夫上述遗产，办理了《放弃继承权声明书》公证书。

第二，审查遗产的合法性及遗产的范围。

根据《中华人民共和国继承法》第3条规定，是公民死亡时遗留的个人合法财产可以继承。傅某遗留的房产拥有舟山市房管局颁发的房屋所有权证原件，其中二处房屋所有权证遗失，当事人提供了房地产管理局出具的查档证明，证明该房屋所有权系登记在傅某名下。关于遗留的银行存款，当事人提供了中国工商银行与中国银行的存款存单。上述凭证材料经核实，真实、合法、有效。当事人遗留的财产系合法财产可以继承。那么，上述遗产是否属傅某个人所有财产。根据《中华人民共和国婚姻法》的规定，夫妻关系存续期间所有的财产，均属夫妻共同财产，当然双方均系香港居民，但根据婚姻法、继承法规定，应适用内地规定，并根据舟山市房地产管理局房产登记的实际情况，夫妻共同房产一般均登记在一方名下，双方当事人也没有特别约定为一方所有的协议。上述房屋及存款只登记在傅某一人名下，实际应为傅某与杨某的夫妻共同财产。根据《中华人民共和国继承法》第26条的规定，上述夫妻共同财产的一半为死者傅某的遗产。

第三，关于继承权的确认。

因当事人在生前未立有遗嘱，根据《中华人民共和国继承法》第10条的规定，被继承的上述遗产应由其配偶、子女、父母共同继承。因死者的父母均早于死者死亡，故上述遗产应由其妻子杨某及八个子女共同继承。现杨某及七个子女均表示放弃继承，故上述遗产应由其女儿傅某某一人继承。

第四，关于办理转委托公证。

转委托权的取得是基于委托人的授权。根据《中华人民共和国民法通则》第68条的规定,委托人可以授权受托人行使转委托权,但必须是在委托人明示和办理委托事项的委托权限范围内。本案中关于上述属死者傅某和杨某共同所有的房产,杨某在香港办理了委托书,也有香港律师中国委托公证人公证,授权女儿傅某某将上述房屋出卖转让给他人,并赋予女儿傅某某有转委托权。根据法律事实,公证处出具一份转委托公证,向女儿傅某某再委托舟山律师行使受托权。同时告知了委托人和受托人应承担的相关法律责任。另外根据实际公证处又同时出具了继承人傅某某委托舟山律师办理上述继承的房产进行产权登记、领取房产证及出卖、转让等一切委托事宜的公证书。通过公证,遗产的继承人顺利地继承取得了有关遗产。

一、我国涉港公证制度概述①

对涉港民商案件中在香港地区形成的证据予以公证,其法律依据源于《最高人民法院关于民事诉讼证据的若干规定》第11条第2款。该款规定:“当事人向人民法院提供的证据是在香港、澳门、台湾地区形成的,应当履行相关的证明手续。”其旨在增强此类证据的真实性和合法性,尽力消除两地之间因法律冲突而带来的司法权的地域限制给涉外民商事诉讼导致的不利影响,最大程度地保障当事人的合法权益。

我国实行改革开放以来,香港和内地联系日益紧密。许多香港同胞到内地探亲、定居、领养子女或结婚,大量的港商到内地从事投资、经商活动,但内

① 香港的文件要拿到香港之外(包括中国大陆),都必须要办理香港公证认证手续,否则该香港文件将不被认可。在香港没有公证处,香港公证通常指三种:(1)在香港本地使用的香港律师公证;(2)在大陆使用的中国委托公证;(3)到世界各国使用的国际公证。因此根据文件适用地区的不同,办理不同类型的公证。香港的文书送往中国(内地)使用,先经中国委托公证人公证,然后公证文书必须经过中国法律服务(香港)有限公司审核、登记和加章转递后才具有法律效力,受中国法律保护,才能送往中国内地使用。最高人民法院与司法部联合发布的《关于涉港公证文书效力问题的通知》规定未经审核加章转递程序的证明文书,不具有公证文书的证明效力和执行效力。香港的文书拿到香港以外(除中国内地)使用,分三种情况:(1)拿到海牙公约组织成员国使用,则只需要先由香港国际公证人公证,然后送交香港高等法院认证(也叫加签),即可使用;(2)拿到非海牙公约组织成员国使用,需要先由香港过国际公证人公证,然后送交香港高等法院认证,最后拿到使用国驻香港领事馆认证;(3)如果该国在香港没有领事馆,则需要将高院加签后的文件送外交部驻港特派员公署认证,然后送该国驻北京大使馆认证。

地有关部门及人士无法了解香港当事人的真实情况,如香港居民到内地登记结婚,内地一方有必要知道其婚姻状况;港商在内地进行商业活动或投资,内地的合作伙伴或银行、工商登记机关亦有需要对香港公司的商业登记纪录,董事或股东资料,财务状况等等情况有充分了解。香港和内地的法律体系有明显不同,特别是两地公证制度和律师制度上的差异更大。香港沿用英国的公证制度,而普通法系的英国没有"公证人"这一专门职业。公证人可由律师或其他执业者担任。在执业范围上很狭窄,通常只能见证当事人宣誓或签名,在可能的情况下辨别文件的真伪,一般不对文件内容的真实性、合法性负责。但由于这种形式的公证人历史悠久,业务具有国际性,兼且他们的名字及签名式样都在大部分领事馆及有关法院登记,所以又称为"国际证人"①。

---

① 国际公证人源于罗马时代,当初的职责是抄、写及复写,在取得适当的技术及知识后,渐渐演变成公证人。在欧洲,公证人最早时是由君主及教宗委任的,英国的公证委任制度是在13世纪由教宗委托肯德伯利大主教委任公证人而成立,发展至19世纪,形成目前的体制。1997年之前,所有香港国际公证人是由肯德伯利大主教委任,并按照1961年海牙公约的要求办理国际公证工作。1997年后,香港设立考试制度产生国际公证人,又鉴于当时中国不是海牙公约的签署国(公证的内容使用地属于签署海牙公约的成员国的,只需要进行香港国际公证,如德国、法国、日本、美国、新西兰、韩国、印度等几十个国家),香港的国际公证工作由外交安排得以延续。现在香港的国际公证工作与1997年前没有分别。香港国际公证人必须是合资格的资深律师,执业至少达7年。然而香港现时已经有自己的公证人考试及委任制度,公证人在履行公证服务时,是受《法律执业者条例》[第159章]有关公证人的特定条文所规管。1.香港国际公证人的工作任务:公证人主要负责在香港编制及验证供海外使用的档案。公证人于档上签署及加盖其个人印章,拟备证明文件或作验证。印章由来已久,于大多数国家都被视为验证文件真实性的重要依据。公证人的签署及印章已在香港高等法院及许多外国领事馆注册。此外还有进一步验证签署及印章的程式,即验证程式。另外,公证人获《婚姻条例》[第181章]授权以婚姻监礼人身份主持婚礼。2.香港国际公证人常见的公证服务:(1)出生证明书、死亡证书、结婚证书;(2)公证人见证签名宣誓书、公证人见证及签名委托书、法院盖章的绝对判决(Decree Absolute stamped by the court)、法院盖章的离婚判决书(Decree Nisi stamped by the court)、公司注册证书、公司名称变更证书、组织章程大纲及细则、会议纪要、公司决策、公司良好声誉证明、公司内务文件、公司税务信件、编制及见证海外使用的授权书、见证海外土地或物业买卖文件;(3)提供与管理海外个人财产或个人在海外拥有的财产有关的文件;(4)验证移民或移居等用途的个人文件及资料、验证公司或商业及业务文件;(5)编制海事报告;(6)为交易、文件或事件提供验证及保存公证记录;(7)见证婚礼,委任婚姻监理人主持婚礼。3.进行香港国际公证一般应提供的材料:(1)需要公证的档案;(2)公证内容使用地(必须提供);(3)公证内容的用途(必须提供);(4)申请者有效身份证或护照。

1981年前,香港居民回内地处理有关法律事务,只能通过一些内地驻港机构(如华润公司、中国旅行社等)和香港当地的一些社团组织(如中华总商会、港九工会联合会等)办理相关的证明文件。伴随着我国实行开放改革政策的推行,两地往来活跃,其中不少涉港法律事务需及时解决。为维护两地当事人的合法权益,我国司法部透过当时的中国政府的代表机构——新华社香港分社(现称中央人民政府驻香港特别行政区联络办公室)统战部(现称协调部)与香港一些律师接触,委托香港一些法律界人士为香港同胞出具回内地处理民事法律事务的公证文书。由于当时尚是试行性质,因此司法部在1981年首次委托时只委托了8位对中国事务较有认知的律师负责为香港居民办理回内地处理法律事务的证明文书,后来这些律师成为"委托公证人"。

二、中国委托公证人制度①

中国委托公证人制度是司法部为了解决香港居民回内地处理民事、经济法律事务所需要的公证证明问题,经商中央有关部门同意于1981年建立的。委托公证人由司法部从香港资深律师中择优考试合格后委托。其业务范围是证明发生在香港地区的法律行为、有法律意义的事件和文书。委托公证人的公证文书经司法部在港设立的中国法律服务(香港)有限公司审核加章确认,并加盖转递章转递后,送回内地,具有法律效力,受中国法律保护。委托公证人均为资深香港律师,既精通香港法律,又熟悉内地法律制度;既具有律师身份,也具有公证人身份,在衔接两地法律制度,增进两地法律界相互了解沟通等方面发挥重要作用。委托公证人制度为香港同胞办理涉及内地的法律事务提供了便利,保护了港人在内地的合法权益,为内地法院和其他机关处理涉港案件提供了真实、合法、有效的法律证明。中国委托公证人制度是

---

① 自1981年中国委托公证人制度建立以来,截止到2012年8月4日,司法部先后10次委托了427名香港律师担任委托公证人。委托公证人的委托期为3年,委托期满,经司法部考核合格并接受业务培训后可连续委托,2013年度注册的中国委托公证人(香港)名单的人数为364人。在香港,内地使用的证明文书是由中国委托公证人根据当事人的申请,依法证明发生在香港地区的法律行为、有法律意义的文书和事实的真实性、合法性。唯委托公证人进行调查取证时,并未享有特别的调查权,只能在香港法律许可的范围内向有关部门进行核实、审查。因此,委托公证人办理的证明文书多数以当事人根据香港宣誓条例作出"声明"的形式出具。

解决一个国家内部不同社会制度、不同法律体系之间公证文书往来使用问题的重要制度。

为进一步健全委托公证人制度,1988年中国委托公证人协会有限公司在香港成立。1991年,中国法律服务(香港)有限公司设置“转送办公室”执行公证文书的加章转送程序。委托公证人出具公证文书,开始由中国法律服务(香港)有限公司进行登记、核查并加章转送往内地用证单位。1995年司法部为进一步建立健全委托公证人制度,加强对委托公证人的管理,提高委托公证的质量,制定了《中国委托公证人(香港)管理办法》。2002年司法部再次根据国务院有关规定重新制定该《管理办法》。《管理办法》就委托公证人的业务范围、委托条件及程序、注册条件及程序、法律责任等作了明确的规定。根据《管理办法》制订的《中国委托公证人办理公证文书规则(试行)》于2002年11月1日起施行。《办证规则》统一了委托公证人办理公证文书的分类、证明方式及格式和要求,进一步规范了委托公证业务,提高了公证文书质量。多年来,中国法律服务(香港)有限公司和中国委托公证人协会积极与内地工商、民政、商务等用证部门加强沟通协调,将委托公证人制度正式纳入内地相关法律法规和政策性文件中,实现了委托公证人制度与内地相关制度的有效衔接,提升了委托公证人制度依法服务、沟通保障作用的水平。

中国委托公证人经过30多年的发展,业务已大大拓宽,委托公证程序也逐步规范。通过委托公证人办理发往内地使用的各类公证文书内容包括了婚姻、继承、收养子女等民事法律事务,也包括了投资、贷款、房地产、抵押、贸易及CEPA等经济法律事任务。委托公证人制度对香港律师发展内地业务方面也发挥了促进作用,许多委托公证人把办理委托公证业务当成是发展内地业务的一个重要渠道。他们通过办理委托公证业务对大陆有了更多的了解,与内地的一些客户建立了密切的联系,与内地的一些律师所、公证处建立了合作关系。不少委托公证人所在的律师行在内地设立了代表处。委托公证人在促进两地法律服务交流合作方面具有独特优势。

中国委托公证人制度是“一国两制”的成功实践,是我国公证制度的重要组成部分。30多年来,积极发挥职能作用,为香港当事人到内地投资、进行民事活动提供了高效优质的公证服务,为两地经贸往来和共同发展提供了良好的法律保障,有力地促进了内地与香港和谐发展、共同繁荣。

（一）中国委托公证人的资格、服务范围

中国委托公证人必须具有香港认可的律师资格，并且是执业十年以上的资深律师，同时还需要参加由中国司法部集中组织的有关业务培训，经考试、考核合格后委任。委托公证人的业务范围是证明发生在香港地区的法律行为、有法律意义的事实和文书，证明的使用范围在内地。所有公证文书都必须由中国委托公证人亲自办理，即亲自审查相关档案，核查当事人身份，见证当事人签名，并亲自在公证文书上签名，不得由他人代替。

（二）公证文书类别、法律效力

委托公证人所办理的公证文书大致可分为五类：声明书、证明单方签署的法律文书、证明法律事实、证明文件的原本及复印本、证明双方或多方签署的法律文书。

1.声明书适用的范围主要包括：（1）申请同内地人士结婚声明书；（2）申请办理夫妻关系（结婚）证明声明书；（3）继承（放弃继承）遗产声明书；（4）申请内地亲属来港声明书；（5）申请回内地收养子女声明书；（6）内地人士出国读书经济担保声明书；（7）其他声明书。

2.证明单方签署的法律文书适用的范围主要包括：（1）个人委托书；（2）公司委托（授权）书；（3）赠与书；（4）受赠书；（5）其他单方签署的法律文书。

3.证明法律事实适用的范围包括：（1）有限公司；（2）无限公司；（3）公司董事会决议；（4）结婚；（5）其他法律事实。

4.证明文件的原本及复印本适用的范围主要包括：（1）文件原本；（2）文件复印本。

5.证明双方或多方签署的法律文书适用的范围主要包括：（1）个人之间签署的协定（合同、契约）；（2）个人与公司、公司与公司之间签署的合同（契约、协议）；（3）其他双方或多方签署的法律文件。

三、涉港公证程序

对涉港民商案件中在香港地区形成的证据予以公证，必须委托中国委托公证人公证，然后该公证文书必须经过中国法律服务（香港）有限公司审核、登记和加章转递后，才能送往中国内地使用。依据最高人民法院、司法部《关于涉港公证文书效力问题的通知》的规定，未经审核加章转递程式的证明文

书,不具有公证文书的证明效力和执行效力。涉港公证程序大致如下:

1.申请人委托具备司法部承认的拥有委托公证人资格的香港律师本人办理公证事项。只有经中国司法部正式委托的香港律师才具有办理文书公证的资格,司法部将定期公布中国委托公证人(香港)的名单及其签字样式。

2.委托公证人应当亲自办理公证文书,即亲自审查相关文件、核查当事人身份、见证当事人签名,并亲自在公证文书上签名,不得由他人代替。是否是委托公证人亲自办理,可通过核对其签字与其在司法部备案签字样式一致性判断。

委托公证人办理公证文书应符合合法性、真实性的要求。合法性是指当事人的行为和文书内容不得违反香港法律和内地法律;真实性是指委托公证人直接证明的内容必须经查证属实,非直接证明的内容需确认无疑或不得明显虚假。所有公证文件须装订成册后由委托公证人蜡封。

3.转递流程:委托公证人派员将办理好的公证文书正本、副本及复印本送往中国法律服务(香港)有限公司进行转递至中国内地,递交相关接受方。中国法律服务(香港)有限公司按司法部及委托公证人协会规定的各类公证文书的格式、要求及内地法律和各有关部门的规定,对公证文书的格式、内容、办证程序、所附附件进行审查,不符合规定的,不予转递。同时,将公证文书当事人的姓名和身份证号码(或公司名称和注册登记证号码)输入计算机,检索当事人是否在以前办理过同类或相关的公证文书,针对出现的不同情况,给予相应处理。

(1)对于办理申请回内地结婚声明书公证的,如经检索,发现当事人以前已办理过同类公证文书,即要求当事人交回前次公证文书正本;如前次公证文书正本已遗失无法交回,则要求当事人提交前次公证文书使用部门出具的该当事人未曾在当地登记结婚的证明(或由当地公证处出具公证书)。如当事人不方便自行提供上述证明,转递办公室可以代当事人办理,如当事人既不能交回前次公证文书正本,又不能提交未在当地登记结婚的证明,该公证文书不予转递。

(2)如经检索发现当事人办理的公证文书与其以前办理的公证文书之间有矛盾,则要求当事人作出合理解释及提供相关的证明材料,并作相应的修改或重新办理,否则不予转递。

(3)根据司法部对委托公证人办理的公证文书的要求，办理公司委托书、协议书公证，委托公证人应进行查册，并附公司的注册证书、商业登记证、董事会决议等有关文件，但如当事人此前已办过上述文件的证明且现无变化，则无需再附。遇此种情况，转递办公室应当检索该公司是否在以前办过上述文件的证明，是否符合要求，如未办过或不符合要求，则退回令其补充。

在通过审核的公证文书上加盖转递专用章，正本退还当事人拿至内地使用；对需要寄送副本的，邮寄一份公证文书副本至国内该公证文书的使用部门。

将通过审核并加章转递的公证文书记载的有关数据输入计算机，并将公证文书的全部文件输入专业电子文件系统存盘，以便日后检索及查档工作。

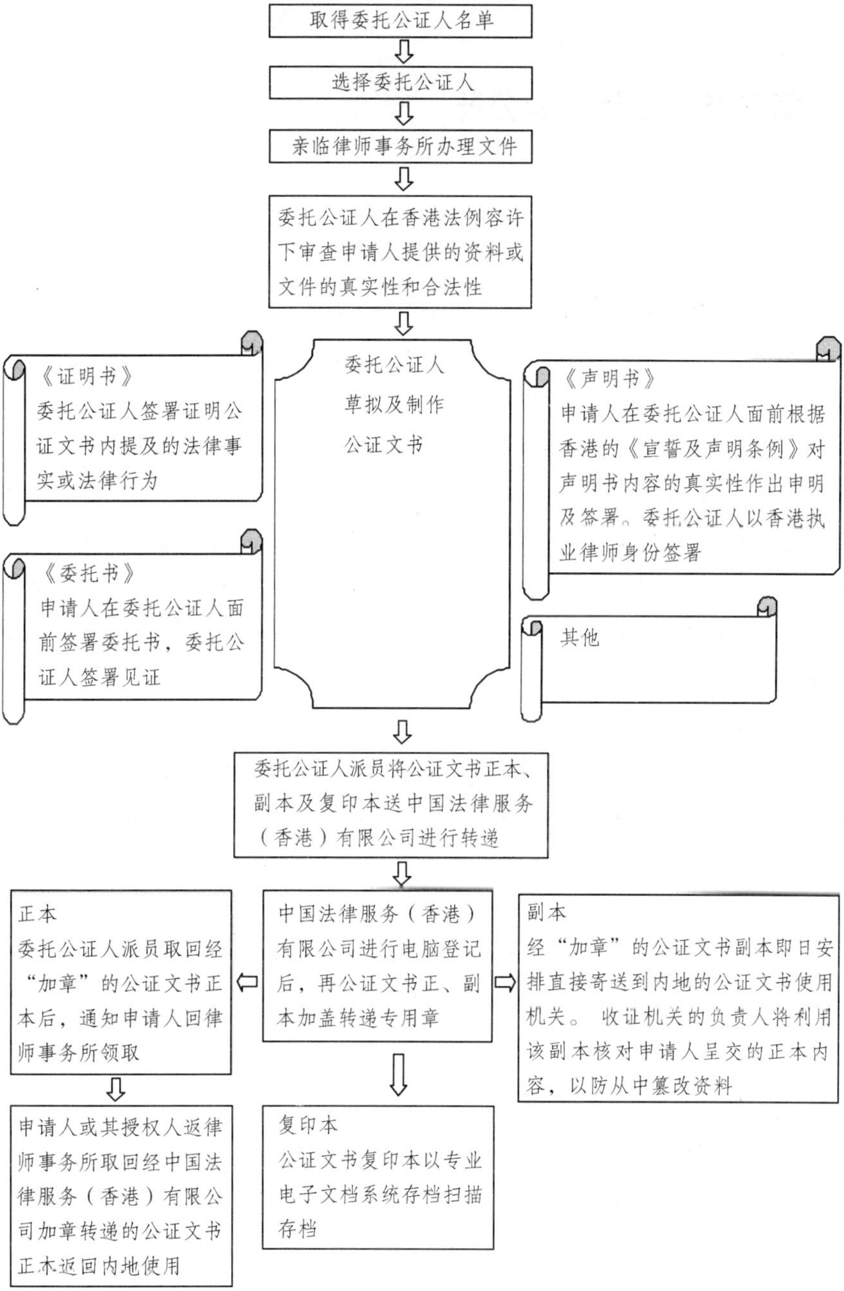
取得委托公证人名单
选择委托公证人
亲临律师事务所办理文件
委托公证人在香港法例容许下审查申请人提供的资料或文件的真实性和合法性
委托公证人草拟及制作公证文书
《证明书》
委托公证人签署证明公证文书内提及的法律事实或法律行为
《委托书》
申请人在委托公证人面前签署委托书，委托公证人签署见证
《声明书》
申请人在委托公证人面前根据香港的《宣誓及声明条例》对声明书内容的真实性作出申明及签署。委托公证人以香港执业律师身份签署
其他
委托公证人派员将公证文书正本、副本及复印本送中国法律服务（香港）有限公司进行转递
中国法律服务（香港）有限公司进行电脑登记后，再公证文书正、副本加盖转递专用章
正本
委托公证人派员取回经“加章”的公证文书正本后，通知申请人回律师事务所领取
申请人或其授权人返律师事务所取回经中国法律服务（香港）有限公司加章转递的公证文书正本返回内地使用
复印本
公证文书复印本以专业电子文档系统存档扫描存档
副本
经“加章”的公证文书副本即日安排直接寄送到内地的公证文书使用机关。 收证机关的负责人将利用该副本核对申请人呈交的正本内容，以防从中篡改资料

第三节　涉台、澳公证

本节案例导读：

55

福建公证协会为台胞旅行团客车坠江事故做公证保障[①]

2014年5月23日12时30分许，一辆搭载24名台胞的厦门旅游客车行驶至福建省漳州市华安县新圩镇沙坑口路段时，坠入九龙江。客车上共搭载26人（其中24人为台胞），事故造成6人死亡、1人失踪、11人受伤（均为台湾游客）的重大道路交通事故。

事故发生后，福建省公证协会及时与台湾海基会法律服务处取得联系，就相关善后事宜进行沟通。双方商定特事特办，先由大陆公证处为遇难台胞出具死亡公证书，其办证所需提供的有关户籍誊本材料之后再通过海基会向福建省公证协会寄送。

5月26日，福建省华安县公证处4名工作人员前往漳州市殡仪馆，靠前服务，依据漳州市公安局出具的死亡证明、漳州市殡仪馆出具的火化证，现场为遇难台胞赖女士、董女士、林先生、陈先生4名遇难台胞办理了死亡公证。27日，经漳州市公安局确认另有2位台胞已经死亡后，华安县公证处又第一时间为他们办理了死亡公证。

只有做了死亡公证，台胞的骨灰才能带出去，才能进一步办理后续理赔事宜，及时办理死亡公证为台胞提供了便利。

一、涉台公证

（一）涉台公证的概念、特点

涉台公证指公证机构办理的公证中涉及当事人或当事人之一是台湾同胞，或公证书将发往台湾地区使用的公证事项。涉台公证是政策性很强的公

① 参见《福建公证协会为台胞旅行团客车坠江事故做公证保障》，载 http://www.chinanews.com/tw/2014/05-28/6221554.shtml。2015年2月2日最后访问。

证业务。它既不同于涉外公证,也不同于一般的国内公证,与涉港、澳公证也有很大差别,它是公证机构办理的一类特殊的公证事项。其突出特点体现在两个方面:1.涉台公证不适用主办公证员负责制,涉台公证必须要经过审批。在办理涉台公证的过程中,公证员应具有高度的政治敏锐性。2.公证书的传递必须经过海基会寄送副本和查证程序。

所谓查证,即公证书使用部门对公证书的真实性发生疑问,应退回原出证机构核查。关于寄送公证书副本的范围,1993 年内地海峡两岸关系协会(海协会)与台湾海峡交流基金会(海基会)签署的《两岸公证书使用查证协议》中共规定了继承、收养、婚姻、抚养、定居、死亡、出生、委托、学历、财产权利等 10 项公证须寄送公证书副本。这 10 项公证书是两岸相互使用的公证书中最常用的,也是关系到两岸同胞重大人身和财产权益的事项。1994 年,经海协会和海基会协商又增加了涉及病历、经历、税务和专本证书的 4 类公证须寄送公证书副本,使寄送副本的项目达到目前的 14 项。

(二)办理涉台公证程序

依据 1993 年《两岸公证书使用查证协议》和《海峡两岸公证书使用查证协议实施办法》,办理涉台公证主要应注意如下几点:

1.涉台湾公证书的转寄程序

台湾当事人签署的相关法律文件经台湾当地公证机构公证后,需经过海峡交流基金会将公证书副本转寄境内中国公证员协会或有关省、自治区、直辖市公证员协会。

2.台湾公证书的核对程序

我国大陆境内使用公证书的一方收到台湾当事人提交的公证书正本后,应要求其提供我国省级公证员协会出具的公证书正本与副本核对一致的证明。若当事人没有提供公证书正本与副本核对一致证明的,可先向所在地省公证员协会查询相应公证书副本是否已经通过海基会寄达,若已经寄达,可以按照省公证员协会的核对程序要求办理公证书正本与副本的核对。经核对后,公证员协会将会出具核对证明,以确认公证书正本的真伪。

3.台湾公证书的查证程序

对于从海基会转寄的台湾公证书副本有下列情形的,可以申请查证:

(1)违反公证机关有关受理范围规定；

(2)同一事项在不同公证机关公证；

(3)公证书内容与户籍资料或其他档案资料记载不符；

(4)公证书内容自相矛盾；

(5)公证书文字、印鉴模糊不清，或有涂改、擦拭等可疑痕迹；

(6)有其他不同证据资料；

(7)其他需要查明的事项。

公证书使用部门需要向台湾出证机关进行查证的，应将需要查证的公证书复印寄送所在的省(自治区、直辖市)公证员协会或中国公证员协会，并说明要求查证的事由。经公证员协会审查认为符合上述情形的，将出具具体查证函并转寄海基会。海基会答复后，境内的公证员协会再将查证结果即转公证书使用部门。

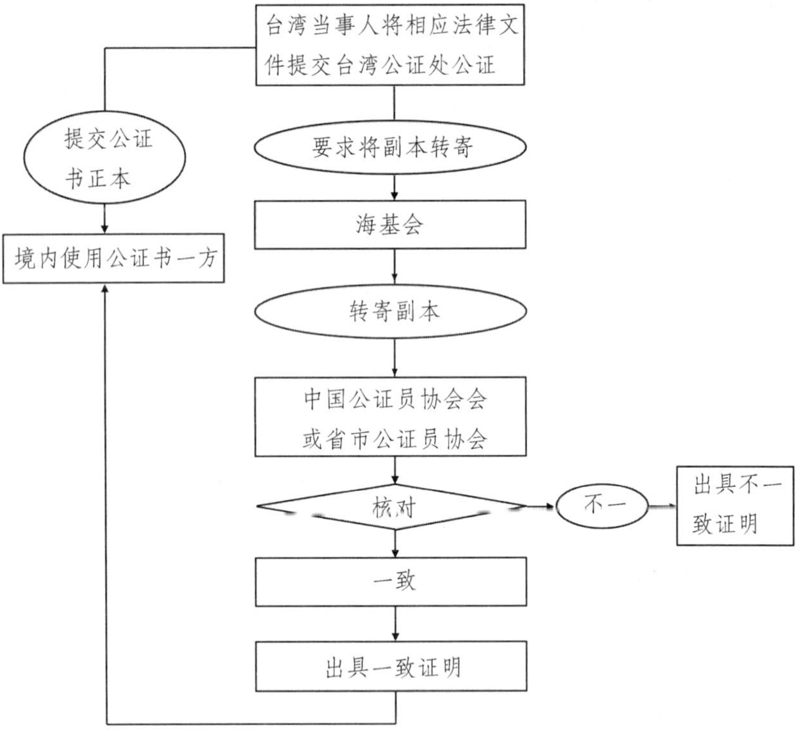

二、涉澳公证

2006年2月之前，由于司法部未在澳门建立委托公证人制度，对于发生在澳门地区的有法律意义的事件和文书的证明，经中国法律服务（澳门）有限公司和澳门司法事务室下属的四个民事登记局出具公证证明，即具有证明效力。根据司法部与澳门特别行政区政府就落实《内地与澳门关于建立更紧密经贸关系的安排》（以下称《安排》）之规定，2004年1月1日启用了中国法律服务（澳门）公司“澳门发往内地使用公证文书核验专用章”制度，澳门“服务提供者”提供的有关资料，需经过澳门政府公证部门或内地认可的公证人核证，并经中国法律服务（澳门）公司加盖核验章后，才可在内地使用，从而废止了原“澳门公共和私人实体办理发往内地法律文书转递专用章”制度。

为便于内地与澳门之间的民事、经贸往来，也为落实《安排》中有关“内地认可的公证人”之规定，2006年司法部建立了澳门委托公证人制度，并于2006年2月8日向5名澳门律师颁发了委托公证人证书，由委托公证人负责办理澳门当事人须在内地使用法律文件的公证，同时组建了中国法律服务（澳门）公司，负责转递委托公证人所公证的公证文书。《安排》及其附件明确规定，澳门服务提供者为享受《安排》待遇需提供的相关“声明、自然人身份证明的复印件，以及经济局认为需要作出核实证明的文件资料，应经澳门特别行政区政府公证部门或内地认可的公证人核证”。这一措施解决了同一国家内部不同地区、不同法域之间证明的往来使用问题，保障了证明的真实性和合法性。2006年2月以来，在澳门形成的证明材料，由司法部任命的委托公证人出具公证文书，并经中国法律服务（澳门）有限公司审核加章转递，确认使用。

澳门委托公证人制度的建立对于进一步服务内地与澳门特别行政区的经贸往来，为《安排》的实施提供了安全可靠的法律保障，促进了两地律师、公证界的交流与合作。委托公证人制度的建立是落实《安排》中有关“内地认可的公证人”规定的重要举措。

第十三章　提存公证事务

本章案例导读：

56

提存公证在保险金给付中的应用①

宋某，女，33岁，2001年4月26日在某保险公司为自己投保老来福终身寿险B款2份，10年缴费，保单约定被保险人在缴费期内因意外伤害身故保险公司赔付4万元，受益人指定为长子宋佳波（化名，1995年11月19日出生）和次子宋佳清（化名，1997年3月19日出生），受益方式为均分。2002年10月22日被保险人宋某因车祸死亡。经保险公司理赔人员现场查勘，结合事故发生地交警队出具的《道路交通事故责任认定书》认定的情况，事故情况属实，属保险责任。2003年1月被保险人宋某之母崔某向保险公司提出索赔申请，要求以保单受益人宋佳波、宋佳清监护人的身份领取4万元保险金，并提供了两个受益人的户籍身份证明。

保险公司在审核受益人身份证明时发现户籍上受益人的姓名与保险单指定受益人的姓名不符。经了解得知：被保险人宋某与胡某1993年结婚，婚后生有二子，长子名叫胡琪波、次子名叫胡琪清（均系化名）。1999年宋某与胡某离婚，两个儿子由宋某抚养。离婚后宋某将两个儿子的姓名由胡琪波、胡琪清改为宋佳波、宋佳清，但一直未到派出所户籍管理部门办理姓名变更。

---

① 参见夏晓东《提存公证在保险金给付中的应用》，载 http://www.3edu.net/lw/sflw/lw_90579.html。2015年1月7日最后访问。

宋某为自己投保老来福终身寿险时未考虑到孩子的户籍上姓名与保单上姓名不符这一问题。宋某死后,宋某之母崔某抚养了宋佳波和宋佳清,基于此,崔某要求以保单受益人的监护人身份受领其女儿4万元身故保险金。

根据保险法及宋某投保的老来福终身寿险条款规定,保险公司应当向保单的受益人宋佳波、宋佳清给付宋某意外伤害身故保险金4万元。根据我国《民法通则》规定:不满10周岁的未成年人是无民事行为能力人,由他的法定代理人代理民事活动,无民事行为能力、限制民事行为能力人的监护人是他的法定代理人,未成年人的父母是未成年的监护人。因宋佳波、宋佳清均为无民事行为能力人,故保险公司应向其法定监护人履行给付义务。根据《婚姻法》第36条的规定:父母与子女之间的关系不因父母离婚而消除。离婚后,子女无论由父方或母方抚养,仍是父母双方的子女。根据此项规定,保险公司理赔人员认定该笔保险金应由宋佳波、宋佳清的法定监护人胡某领取,于是告知崔某理赔申请人应为两个孩子的法定监护人胡某,领款人也应是胡某,同时告知崔某应到警方户籍管理部门办理胡琪波、胡琪清的姓名变更手续。

经保险公司调查,宋佳波、宋佳清之父胡某为商人,长年在外地生意,无法与之取得联系,但有证据表明崔某应该知道胡某的联系方法,向其索要,崔某拒不提供;崔某持胡琪波、胡琪清的户口本到警方户籍管理部门办理姓名变更手续时,被告知只能由其法定监护人来办理变更手续;宋某所入保险的投保人为自己,受益人指定为宋佳波、宋佳清,根据《保险法》和《老来福终身寿险条款》的有关规定,只有保险合同的当事人(即投保人)才有权对合同的内容提出变更,本案宋某是合同的当事人,由于其死亡,已无法对保险合同的相关内容提出变更申请,故保险公司对崔某提出的变更保单受益人宋佳波、宋佳清为胡琪波、胡琪清的申请也不好处理。

保险公司为避免保险金给付中出现的错误,陷入不必要的保险金给付的纠纷中去,根据《合同法》《提存公证规则》的有关规定,依法向当地公证部门申请了保险金提存公证,经公证处审查,认为此种情况符合提存公证条件,向保险公司出具了《提存公证书》,从公证书确认的提存日期起,保险公司的保险金给付义务解除。

人寿保险合同依法成立后,即在保险公司与投保方之间产生了债权债务关系,此种债在法律上被称为合同之债。保险事故发生前,投保人负有缴纳保险费的义务;保险事故发生后,保险公司负有给付保险金的义务。在给保险金时,保险公司对相关权利人的核实是极为重要的,错误的给付不仅不会导致债的消灭,保险公司还背负上了不当得利追偿的包袱。通过提存公证,给保险公司提供了一种处理类似问题的好方法。

57

提存公证巧妙破解跨境股权转让款支付难题[①]

2007 年 2 月 14 日香港居民张先生代表香港 A 公司在浙江省嘉兴市南湖区与香港 B 公司签订《股权转让协议》,约定:A 公司同意将其所持有的境内 C 公司的 100%股权转让给 B 公司;本协议适用中华人民共和国法律管辖。双方同时签订一份内容完全相同的《股权转让协议》,日期倒签为 2006 年 7 月 6 日。同日,张先生以 A 公司股东的身份与 B 公司签订三份补充协议书,作为《股权转让协议》的附件,对《股权转让协议》的履行方式、双方权利义务、违约责任等作了约定,包括:股权转让款在 2010 年 2 月 14 日之前分期支付,A 公司在境内的一家子公司为收款人等。

2007 年 9 月 18 日张先生的妻子、香港居民李女士向浙江省高级人民法院提起诉讼,称本人拥有 A 公司 49%股份,B 公司在明知或应知的情况下与张先生恶意串通,未经其同意擅自签订《股权转让协议》及三份补充协议书,侵犯其合法权益;同时,A 公司已于 2006 年 7 月 7 日被香港公司注册处从登记册剔除,公司宣告解散,《股权转让协议》签订时不具备民事权利能力和行为能力,《股权转让协议》因缔约主体不适格属无效合同,要求法院判令《股权转让协议》及其三份补充协议书无效。在法院开庭审理过程中,张先生对其妻李女士对事实部分的陈述无异议,但要求法庭确认《股权转让协议》及其三份补充协议书的效力。2009 年 8 月 19 日一审法院以李女士作为 A 公司股东对此股权转让事项不享有直接诉权,其起诉不符合法定条件为由驳回了李女士的起诉。李女士随后向最高人民法院提出上诉。

---

① 参见朱樾《提存公证巧妙破解跨境股权转让款支付难题》,载 http://www.legaldaily.com.cn/Notarization/content/2014-03/04/content_5331545.htm? node = 34334。2015 年 2 月 6 日最后访问。

根据《股权转让协议》及其三份补充协议书的规定，B公司必须于2010年2月14日前将最后一笔3990万元股权转让款汇入对方指定的银行账户，否则得承担“受让方提供其某商贸城2万平方米房产按每平方米3000元价格出售给出让方”（且所有房产交易税费均由B公司承担）的违约责任。2010年2月4日，张先生向B公司发来催款函，要求将款项改汇入其代理律师所在律师事务所账内。此时距《股权转让协议》规定的最后付款时间只有10天，而最高法院对此案作出最终裁决尚需时日。B公司陷于两难：若将3990万元汇入对方指定账户，一旦法院作出协议无效判决，那就意味着张先生的签约及收款行为均不能代表A公司，B公司支付的股权转让款就很难收回；若不在协议规定的最后期限汇款，李女士只要撤诉，违约就成事实，B公司仅承担2万平方米房产按每平方米3000元价格出售给对方的违约责任，损失就高达1.5亿元人民币！根据律师的提议，B公司向嘉兴市誉天公证处申请办理股权转让款提存公证。

办理本案主要思路：

首先，确定境内提存制度对境外法人间的股权纠纷是否适用。（1）虽然签订协议的双方都不是境内法人，但因签订地和履行地均在境内，并协议约定“本协议适用中华人民共和国法律管辖”，本协议无疑应适用中华人民共和国法律管辖。（2）最高人民法院《关于审理涉外民事或商事合同纠纷案件法律适用若干问题的规定》第8条第4项规定，在中华人民共和国领域内履行的外商独资企业股份转让合同适用中华人民共和国法律。因本协议适用中华人民共和国法律，提存制度作为我国法律制度的组成部分对本协议当然适用。

其次，确定A公司解散后的民事行为能力和权利能力适用何地法律，从而确定本案的提存受领人。

1.最高人民法院《关于贯彻执行〈中华人民共和国民法通则〉若干问题的意见（试行）》第184条，外国法人以其注册登记地国家的法律为基本国法。据此，A公司的民事行为能力和权利能力依据香港特别行政区法律确定。

2.香港特别行政区《公司条例》第292（1）条规定，凡有公司解散，在紧接其解散前归属公司或以信托形式代公司持有的所有财产及权利，须当作无主财物及据此而属政府所有，并须按其他归于政府的无主财物的归属方式而归属。

3.香港特别行政区《公司条例》291AB 条已撤销注册的公司恢复注册规定:(1)如处长由于他的错误以致某公司得以根据第 291AA 条撤销注册,则处长可在宪报刊登公告,宣布该公司的注册在公告刊登当日恢复,藉此将该公司的注册恢复。(2)如有下述情况,法院可命令处长根据第 291AA 条撤销注册的公司的注册恢复:a.因该项注册撤销而感到受屈的人在注册撤销后的 20 年内向法院提出恢复注册的申请;b.法院信纳将该公司的注册恢复是符合公正原则的。(3)如法院根据第(2)款作出命令,法院可:a.确认在公司的注册撤销至注册恢复期间所作出的任何事情;b.作出法院认为适当的任何其他命令。(4)在第(2)款所指的命令的正式文本交付处长登记时,处长必须在宪报刊登公告,表明有关公司的注册于该命令作出当日恢复。(5)根据第(1)或(2)款恢复注册的公司,须视为一直存在,犹如未曾撤销注册一样。

综上,依据香港特别行政区《公司条例》第 291AB 条和第 292(1)条之规定,本案的提存受领人是:在 A 公司注册撤销情况下,应为香港特别行政区政府;在 A 公司注册恢复情况下,则为 A 公司。

再次,以债权人不清为由,受理并承办本案。

虽然香港特别行政区注册处于 2006 年 7 月 7 日将 A 公司从公司登记册剔除,但考虑到香港《公司条例》设有公司恢复注册制度,公证员没有就此将香港特别行政区政府定为本案的债权人。公证员认为,有关 A 公司解散的证据材料是李女士为说明张先生与 B 公司所签《股权转让协议》无效而向一审法院提供的,由于香港法律有公司恢复注册制度,不能排除 A 公司根据这一法律制度已经或正在申请恢复注册的可能性;何况一审法院驳回李女士的起诉,其依据之一便是香港特别行政区《公司条例》第 292(1)条规定,李女士为取得直接诉权,必须想办法恢复 A 公司注册。因此,公证员认为本案债权人不明,符合司法部《提存公证规则》第 5 条规定。

提存公告的设计和发布①

中华人民共和国浙江省嘉兴市誉天公证处提存公告

(2010)嘉誉提公字第1号

A公司解散前各持股股东：

鉴于A公司与B公司签订的股权转让协议，同时因香港特别行政区注册处于2006年7月7日依据香港《公司条例》第291(6)条将A公司从公司登记册剔除，公司同日解散，顾及A公司有依《公司条例》291条恢复注册可能，股权受让方B公司已于2010年2月12日将尚未支付给A公司的共计人民币3590万元股权转让款(股权转让余款人民币3990万元，暂扣因股权纠纷发生的律师费等经济损失计人民币400万元)提存于本处，请你方见此公告后持如下材料速到我处办理领取手续：

一、香港当地法院出具的A公司恢复注册的法院裁决文书原件及公证书(须办理公证并经中国法律服务〈香港〉有限公司加章转递)；

二、刊登有A公司恢复公告的香港宪报原件及公证书(须办理公证并经中国法律服务〈香港〉有限公司加章转递)；

三、A公司恢复注册后的公司注册证书原件及公证书(须办理公证并经中国法律服务〈香港〉有限公司加章转递)；

四、法定代表人本人身份证明原件(护照、港澳通行证、身份证等)；

五、若非法定代表人本人亲自办理，领取人须持授权委托书(须办理公证并经中国法律服务〈香港〉有限公司加章转递)及本人身份证明原件(护照、港澳通行证、身份证等)到我处办理领取手续。

根据中华人民共和国司法部《提存公证规则》第二十一条规定，你方应在2010年2月12日起20年内领取此款项，否则我处将按照相关法律规定作出处理。

中华人民共和国浙江省嘉兴市誉天公证处

二〇一〇年二月十四日

① 详见《提存公证巧妙破解跨境股权转让款支付难题》，载 http://www.yxxsfj.com/html/gongzhengfuwu/20140110/1456.html，2014年12月5日最后访问。

提存公证书

(2010)××字第××号

当事人:B公司

法定代表人:×××

住所在:香港×××

委托代理人:×××

公证事项:股权转让款提存

当事人B公司于二〇一〇年二月六日向本处申请办理股权转让款提存公证,并提供以下证明材料:

1.经中国法律服务(香港)有限公司加章转递的香港中国委托公证人余玉莹律师出具的公证书,证明香港特别行政区公司注册处的B公司公司注册证书和其法定代表人身份及其委托书属实;2. B公司与A公司张先生于2007年2月14日签订的《股权转让协议》及其《补充协议书一》《补充协议书二》和《补充协议书三》;3.浙江省高级人民法院(2007)××字第×号民事裁定书;4. C公司变更投资人并更名后的部分财务凭证;5. 2010年2月4日张先生致B公司的催款函。

根据《中华人民共和国公证法》第十二条规定,本处于二〇一〇年二月八日受理此项公证申请;同时,根据《中华人民共和国公证法》第二十七条规定,本公证员向申请人告知本公证事项的法律意义和法律后果。申请人表示已明确告知的内容。

经本处审查,现查明与股权转让款提存相关事实如下:

1.A公司股东张先生代表A公司与B公司于2007年2月14日在浙江省嘉兴市南湖区签订《股权转让协议》及其《补充协议书一》《补充协议书二》和《补充协议书三》,约定:A公司同意将其所持有的境内C公司的100%股权计以4000万元人民币转让给B公司,于2010年2月14日之前分期支付;另由B公司负责补足C公司注册资本1307万美元和偿付C公司欠A公司的2000万元债务。

2.A公司于2001年2月28日在香港特别行政区注册成立,公司股东为张先生和李女士夫妻两人,均为董事,各占股份1份。

2006年7月7日,香港特别行政区注册处依据香港《公司条例》第291(6)条,将A公司从公司登记册剔除,该公司同日解散。

3.C公司于2003年8月19日由A公司在浙江省嘉兴市独资设立;于2007年2月15日变更投资人为B公司,同时补足了公司注册资本1307万美元;于2007年3月8日更名。

4.2007年3月10日,B公司向A公司指定的账户汇入10万元股权转让款和2000万元代为C公司偿付款。

根据上述事实,并依据最高人民法院《关于贯彻执行〈中华人民共和国民法通则〉若干问题的意见(试行)》第184条"外国法人以其注册登记地国家的法律为基本国法",A公司解散后其民事行为能力和权利能力应当依据香港特别行政区法律确定。根据香港特别行政区《公司条例》第292(1)条"凡有公司解散,在紧接其解散前归属公司或以信托形式代公司持有的所有财产及权利,须当作无主财物及据此而属政府所有"规定,A公司的所有财物、包括对B公司的股权转让款债权理应由香港特别行政区政府承继;但因香港特别行政区《公司条例》第291AB条已撤销注册的公司恢复注册条款,暂不能排除A公司根据该条款恢复注册的可能。

综上,根据司法部《提存公证规则》第五条规定,兹证明债务人(股权受让方)B公司因负有《股权转让协议》约定的向股权转让方A公司支付股权转让款的义务,且因股权转让方A公司于2006年7月7日被香港特别行政区公司注册处从公司登记册剔除和其后有恢复注册的可能,债权人不清,于2010年2月12日将债务标的人民币3590万元股权转让款(股权转让余款人民币3990万元暂扣因股权纠纷发生的律师费等经济损失计人民币400万元)提交于我处。从即日起,债务人(股权受让方)B公司所欠债权人(股权转让方)A公司的上述债务已经履行。

中华人民共和国浙江省嘉兴市誉天公证处
公证员
二〇一〇年二月十二日

1.虽然本案以债权人不明为条件受理,但从有利于问题的解决方向考虑,公证员将提存公告发布的对象主要指向A公司股东张先生和李女士。

2.根据香港特别行政区《公司条例》291条有关公司恢复注册制度的具体规定和我国法律、规章关于香港有关法律文件在内地使用的相关要求及《提存公证规则》第23条给付提存标的的条件,明确领取提存款的手续和证明材料。

3.根据《提存公证规则》第18条发布公告的要求,结合香港报刊的特点和制度,决定选择香港宪报作为发布提存公告的载体。

4.考虑到A公司股东张先生和李女士可能没有看宪报的习惯和他们生活、工作的流动性,在香港宪报发布提存公告的同时,将公告分别寄送到他们的住所、代理律师和A公司原住所地。

提存公告发出后的反应:

公告发出后,2010年3月16日公证处收到张先生发来《关于(2010)嘉誉提公字第1号〈提存公告〉的回复》,在回复中张先生提出A公司已经恢复,指责公证员对提存的原因和事实认定失实,公证员立即作出回复如下:

张先生:

《关于(2010)嘉誉提公字第1号〈提存公告〉的回复》收悉,你个人提出"A公司已经解散严重与客观事实不符,现A公司已经恢复",就此异议,特作如下回复:

浙江省高级人民法院(2007)浙民三初字第3号《民事裁决书载明:"2006年7月7日,香港特别行政区公司注册处依据香港《公司条例》第291(6)条,将A公司从公司登记册剔除,该公司同日予以解散",此系一审法院庭审中由李女士举证、你表示认可并经法庭查明的事实;鉴于A公司的解散的事实及事后有恢复注册的可能,而你又未提供A公司恢复注册的证据材料,B公司只能通过提存的方式履行《股权转让协议》支付股权转让款的义务。现你提出A公司业已恢复,请你按照(2010)嘉誉提公字第1号《中华人民共和国浙江省嘉兴市誉天公证处提存公告》的要求,提供证明A公司已恢复注册的证明材料并领取提存款。

自此,张先生和李女士均无音讯。

本案源于两家香港公司间的股权转让纠纷,涉及两地法律。A公司的股东为张先生和李女士夫妻俩,张先生在A公司解散后与B公司签订转让由A公司出资的C公司全部股权的协议,设置高额违约金;李女士在B公司对C公司已投入巨资并准备支付转让款之际,以不知情及A公司已解散为由,向法院起诉,要求判定此股权转让协议无效。面对张先生的付款要求和李女士的诉求,B公司深陷两难。根据B公司的申请,公证员仔细研读香港公司法,引用香港公司法中的公司解散与恢复注册制度，根据《提存公证规则》办理了股权转让款提存公证。

本案实践，使B公司免受重大经济损失，且体现出公证人员的职业精神和职业素养及公证活动在契约重大错误情况下避免和减少善意当事人经济损失的有别于司法裁判的独特功能，彰显我国公证制度维护社会正义、完善社会管理的作用和能力。

58

老汉如愿拿到房产证，提存公证助力①

65岁的李老汉怎么也没想到，自己辛苦了一辈子才买的房，却因为开发商被吊销营业执照而成了泡影。就在他四处奔走讨房无果，最终走上上访之路时，公证处为他办理的提存公证，让"讨房之路"终于画上圆满句号。

绍兴世界贸易中心有限公司（以下简称世贸公司）在绍兴县某处开发房产。根据合同约定，该房产于2004年5月31日前交房。后因消防设施无法通过验收，该公司延迟交房。2008年10月，因资金链断裂，导致股东下落不明、公司停止经营，世贸公司被吊销营业执照。后经当地政府部门多次协调，已全部付清房款的购房人可由地方税务局代开正式发票并凭此办理房产权证。但其中李老汉与其他61户购房人此前曾与开发商达成协议，在签订合同时先支付90%房款，剩余的10%在正式交房后付清。此时，世贸公司作为债权人已停止经营，致使债务人李老汉无法履行其债务。90%的房款拿不回来，10%的房款又没处去交。截至2010年，这62户购房人因房款尚未付清，无法办理房产权证，多次到当地县政府上访。

在绍兴县政府组织的一次协调会上，绍兴县公证处提出可以办理提存公证，让购房人将未付清部分房款提存到公证处，从而结清购房人对世贸公司的债务，便于办理房产证。绍兴县公证处建议：由房管部门根据购房人的申请，负责对有关情况进行初步审查，并出具相关意见；购房人向公证处申请办理提存公证，并承诺按法律规定处置提存公证的款项；税务部门发出税款催缴通知书并抄送公证处，并在公证处的提存账户中的提存标的物中直接划付应缴税款；税务部门收到税款后，按规定开具正式发票；购房人凭提存公证书

---

① 参见《老汉如愿拿到房产证，提存公证助力》，载http://epaper.shaoxing.com.cn/sxrb/html/2012-06/04/content_675277.htm。2015年2月24日最后访问。

和正式发票申办房产权证。

2011年8月,李老汉带着20万元来到公证处办理提存公证。公证书写道:"李××将债务标的剩余的购房款人民币贰拾万元整提交于我处。从即日起,债务人李××所欠债权人绍兴世界贸易中心有限公司的上述债务已经履行。"

最后,在绍兴县公证处的多次努力下,62户购房者终于如愿拿到了迟到多年的房产证。

59

房款提存保证交易安全①

乌拉圭籍华人王女士向上海某投资有限公司购买坐落于浦东的商品房若干套,房款1800万元,由于涉及金额较大,并且该房产还有抵押和查封,双方对合同能够完全履行均表示担忧。因此,在办理买卖合同公证时申请对房款进行提存,并将提存条款写入买卖合同。双方约定:在签订买卖合同后,经上海市公证处书面通知后的2个工作日内,王女士将购房款计人民币1800万元整汇入上海市公证处提存专户;在上海市公证处收到该款项后的2个工作日内,由公证处负责通知该房屋的抵押权人上海银行某支行办理解除抵押手续;由公证处将部分房款计人民币510万元以银行本票形式交于该支行保管,待银行解除了抵押并同时上海市房地产交易中心受理了以王女士的房地产交易过户手续后,该支行将上述本票解入。在上海市公证处收到该笔房款后的2个工作日内,公证处同时负责通知该房屋的司法查封申请人中国建设银行上海某支行办理撤销司法查封手续。公证处负责全程代办产权的过户登记手续,在上海市房地产交易中心出具了王女士名下的上海市房地产交易收件收据后,上海市公证处将购房款扣除出卖人所欠抵押权人上海银行某支行的款项以及相关税费后,将剩余部分全部汇至中国建设银行上海某支行的账户。王女士最后向公证处领取房地产权证。公证处的介入消除了买卖的顾虑,既保证了交易的顺畅,也保障了交易的安全。可以说,提存公证对保障买卖双方利益、促进房产交易、规范房地产市场、防止"一房二卖""骗买房产"等现象的发生发挥着重要作用。

---

① 参见贡桢《房款提存——保证交易安全》,载 http://www.lawyers.org.cn/info/3f6bb96ac0cd4db89ca74bf4898e1ed2。2014年12月30日最后访问。

第一节　提存公证事务概述

一、提存公证事务的概念、种类

依据我国《合同法》《担保法》《保险法》及《公证法》等法律之规定，提存是指提存人为履行清偿义务或者担保义务，按照一定条件，将提存标的(货币、有价证券、票据、提单、仓单权利证书或其他适合提存的物品等)交给提存机关保存的民事法律行为，提存分以清偿为目的和以担保为目的两种情形。

我国《担保法》中规定的提存事务属于担保提存，它一般基于提存人和债权人的双方约定而产生。交易双方在交易合同中约定将交易资金(标的物)提存至公证处，在合同约定的条件成就时，由公证处将提存标的物交付给提存领受人；当提存领受人无法按合同约定履行义务，则提存人可取回标的物；而当提存标的物领受人已按合同约定履行义务后提存人不配合其领取提存标的物的，则领受人可持已履行合同的凭据径行向公证处领取提存标的物，这非常有助于保障交易安全。

我国《合同法》规定的提存事务以清偿义务为目的，旨在保护债务人的权益不受损害。在债权人怠于或受领不能的情况下，债务人为规避自己因债权人原因不能按时履行交付义务而承担的违约责任，可以单方向公证机构申请提存合同标的物，提存标的物所有权的转移致使债务消灭，提存之债从提存之日起即宣告清偿。现实中时有债权人为了达到让债务人违约、解除合同等目的无故拒绝债务人履行债务，这种情形以承包、租赁合同居多。发包人或出租人为了将承包合同或租赁合同的标的物以更好的条件发包或出租给他人，故意拒收承包款或租金，制造承包人或租赁方违约事实，提前解除合同。公证处可通过为承包人或承租方办理承包款或租金的提存，让承包人或租赁方以提存的方式消除支付承包款或租金的债务，保障了债务人的权益不被侵犯，使债权人的恶意目的落空，从而充分保障债务人的合法权益。

提存公证事务是公证处依照法定条件和程序，对债务人或担保人为债权人的利益而交付的债之标的物或担保物(含担保物的替代物)进行寄托、保管，并在条件成就时交付债权人的活动。为履行清偿义务或担保义务而向公证处申请提存的人为提存人，提存之债的债权人为提存受领人。以清偿为目的的提存公证事务具有债的消灭和债之标的物风险责任转移的法律效力。以担保为目的的提存公证事务具有保证债务履行和替代其他担保形式的法律效力。

二、公证法中提存的性质

我国提存公证事务是由原来的提存公证转化而来的。1981 年 12 月制定的《中华人民共和国经济合同法》第 19 条第 4 款关于定作方受领迟延的规定，是我国立法上最早关于提存的规定，即“定作方超过领取期限六个月不领取定作物的，承揽方有权将定作物变卖，所得价款在扣除报酬、保管费用后，用定作方的名义存入银行”。1988 年最高人民法院《关于贯彻执行〈中华人民共和国民法通则〉若干问题的意见(试行)》第 104 条确立了清偿提存的原则性规定。1991 年 4 月 1 日施行的《公证程序规则(试行)》将提存公证作为特别程序之一作出明确规定。1995 年司法部制定的《提存公证规则》明确了提存公证含义，并将提存公证细化为以担保为目的的提存(具有保证债务履行和替代其他担保形式的法律效力)和以清偿为目的的提存(具有债的消灭和债之标的物风险责任转移的法律效力)，并严格规定了提存公证的受理条件、办证要求。1995 年《中华人民共和国担保法》第 49、69、70、77、78、80 条等条款对担保提存进行了规定。1999 年《中华人民共和国合同法》第 91、101—104、316、393 和 420 条，明确规定了“债务人依法将标的物提存”为合同权利义务终止的情形之一，并对提存的原因、风险责任、法律后果等问题作出明确规定，为提存公证法律事务提供了基本规范。2007 年颁布的《中华人民共和国物权法》第 174 条规定：“担保期间，担保财产毁损、灭失或者被征收等，担保物权人可以就获得的保险金、赔偿金或者补偿金等优先受偿。被担保债权的履行期未届满的，也可以提存该保险金、赔偿金或者补偿金等。”

2006 年施行的《公证法》第 12 条规定了提存属于公证事项之外的公证事务。同年施行的《公证程序规则》不再将提存作为特别规定内容，而仅在附则中作出原则性规定，该法则规定：“公证机构根据《公证法》第十二条规定受理的提存、登记、保管等事务，依照有关专门规定办理；没有专门规定的，参照本规则办理。”据此并结合公证机构接受提存人提存并在一定条件下向提存领受人给付提存标的物或担保物的行为分析，此项活动确实属于法律事务范畴。

第二节　提存公证事务程序

以清偿为目的的提存，债务清偿期限届至，有下列情况之一使债务人无法按时给付的，公证处可以根据债务人申请依法办理提存：(1)债权人无正当理由拒绝或延迟受领债之标的的；(2)债权人不在债务履行地又不能到履行地受领的；(3)债权人不清、地址不详，或失踪、死亡(消灭)其继承人不清，或无行为能力其法定代理人不清的。在以担保为目的的提存中，对下列情况之一的公证处可以根据当事人申请办理提存：(1)债的双方在合同(协议)中约定以提存方式给付的(此种情形下，当事人申请办理提存，必须列明提存物给付条件，公证处应按提存人所附条件给付提存标的物)；(2)为了保护债权人利益，保证人、抵押人或质权人请求将担保物(金)或其替代物提存的。

一、办理提存公证事务的程序

以清偿为目的的提存公证事务由债务履行地的公证处管辖；以担保为目的的提存公证事务或在债务履行地申办提存公证有困难的，可由担保人住所地或债务人住所地的公证处管辖。办理提存公证实务的主要程序如下：

(一)申请、受理

提存申请人应当填写公证申请表，并提供必要的证明材料，主要包括：申请人的身份证明；法人应提交法人资格证明和法定代表人身份证明，法定代理人应提交与被代理人关系的证明，委托代理人应提交授权委托书；申请要载明提存的原因、标的物、标的物受领人的基本情况等基本内容，以及合同(协议)、担保书、赠与书、司法文书、行政决定等据以履行义务的依据；提存受领人姓名(名称)、地址、邮编、联系电话等；提存标的物种类、质量、数量、价值的明细表。此外，债务人应提交有关债务证据，以证明提存申请载明的提存物确系所负债务的标的物，还应提交债务人迟延或者债务人无法向债权人清偿的相关证据。

承办人经初步审查，对申请人对提存领受人负有清查或担保义务、申请事由充分、申请材料齐全、属于本公证处管辖的申请应当受理。

(二)审查

提存公证事务受理后,公证员应按《公证程序规则》第 23 条和第 24 条的规定,对申请人制作谈话笔录,并对所提存事项进行实质性审查。审查内容主要为:证明材料是否齐全,文字是否准确,签名、印鉴是否齐全,内容是否属实;提存人的行为能力和清偿依据;申请提存标的物与债的标的是否相符,是否适宜提存;提存标的物是否需要采取特殊处理或保管措施等事项。

(三)债务人提交提存物,公证机关向债务人出具提存公证事务文书

1.债务人的提存请求经公证机关审查符合提存条件的,债务人应向公证机关或指定的保管人提交提存标的物,公证机关应予接受并妥善保管。一般可以提存的标的物有:货币;有价证券、票据、提单、权利证书;贵重物品;担保物(金)或其替代物;其他适宜提存的标的物。

2.公证机关应当验收提存标的物并登记存档。对不能提交的提标的物,还应当到现场实地验收。验收时,提存申请人(或其代理人)应当在场,公证员应制作验收笔录。验收笔录应当记录验收的时间、地点、方式、参加人员,物品的数量、种类、规格、价值以及存放地点、保管环境等内容。验收笔录应交提存人核对。公证员、提存人及其他参与人员应当在验收笔录上签名。经验收的提存标的物,公证机构应当采取封存、委托代管等必要保管措施。

对难以验收的提存标的物,公证处可予以证据保全,并在公证笔录和公证书中注明。对易腐易烂易燃易爆等物品,公证机关应当在保全证据后,由债务人拍卖或变卖,提存其价款。对提存的贵重物品、有价证券、不动产或其他物品的价值难以确定的,公证处可以聘请专业机构或人员进行估价。

3.公证机关应当在指定银行设立提存账户,并置备保管有价证券、贵重物品的专用设备或租用银行的保险箱。

公证机关办理提存应当自实施提存之日起三日内出具提存公证文书,提存之债自提存之日即告清偿。提存货币的,以现金、支票交付公证处的日期或提存款划入公证机关提存账户的日期为提存日期。提存的物品需要验收的,以公证机关验收合格的日期为提存日期。提存的有价证券、提单、权利证书或无需验收的物品,以实际交付公证机关的日期为提存日期。

(四)通知债权人受领提存物

公证机关在提存行为实施后,应将提存通知书送达债权人。我国《合同

法》第102条规定,标的物提存后,除债权人下落不明的以外,债务人应当及时通知债权人或者债权人的继承人、监护人。我国《提存公证规则》第18条规定,提存人应将提存事实及时通知提存受领人。以清偿为目的的提存或提存人通知有困难的,公证机关应自提存之日起7日内,以书面形式通知提存受领人,告知其领取提存物的时间、期限、地点、方法。提存受领人不清或下落不明、地址不详无法送达通知的,公证机关应自提存之日起60日内,以公告方式通知。公告应刊登在国家或债权人在国内住所地的法制报刊上,公告应在1个月内在同一报刊刊登3次。

(五)提存物的保存、取回与领取

公证机关有保管提存标的物的权利和义务。公证机关应当采取适当的方法妥善保管提存标的,以防毁损、变质或灭失。对不宜保存的、提存受领人到期不领取或超过保管期限的提存物品,公证机关可以拍卖,保存其价款。

对6个月的保管费用超过物品价值5%和不适于长期保管或长期保管将损害其价值的物品的保管期限为6个月。提存物在提存期间所产生的孳息归提存受领人所有。提存人取回提存物的,孳息归提存人所有。提存的存款单、有价证券、奖券需要领息、承兑、领奖的,公证处应当代为承兑或领取,所获得的本金和孳息在不改变用途的前提下,按不损害提存受领人利益的原则处理。无法按原用途使用的,应以货币形式存入提存账户。定期存款到期的,原则上按原来期限将本金和利息一并转存。股息红利除用于支付有关的费用外,剩余部分应当存入提存专用账户。提存的不动产或其他物品的收益,除用于维护费用外剩余部分应当存入提存账户。

提存人可以凭人民法院生效的判决、裁定或提存之债已经清偿的公证证明取回提存物。提存受领人以书面形式向公证处表示抛弃提存受领权的,提存人得取回提存物。提存人取回提存物的,视为未提存。因此产生的费用由提存人承担。提存人未支付提存费用前,公证处有权留置价值相当的提存标的。

公证处应当按照当事人约定或法定的条件给付提存标的。以对待给付为条件的提存,在提存受领人未为对待给付之前,公证处不得给付提存标的物。提存受领人领取提存标的物时,应提供身份证明、提存通知书或公告,以及有关债权的证明,并承担因提存所支出的费用。除当事人另有约定外,提存费用由提存受领人承担。提存费用包括:提存公证费、公告费、邮电费、保管费、评估鉴定费、代管费、拍卖变卖费、保险费,以及为保管、处理、运输提存标的物所支出的其他费用。提存受领人未支付提存费用前,公证处有权留置价值相当的提存标的物。

提存受领人负有对待给付义务的,应提供履行对待给付义务的证明。委托他人代领的,还应提供有效的授权委托书。由其继承人领取的,应当提交继承公证书或其他有效的法律文书。因债权的转让、抵销等原因需要由第三人领取提存标的物的,该第三人应当提供已取得提存之债债权的有效法律文书。

债权人领取提存物有一定时间限制,我国《合同法》第 104 条第 2 款规定:“债权人领取提存物的权利,自提存之日起五年内不行使而消灭,提存物扣除提存费用后归国家所有。”《公证程序规则》第 53 条第 3 款也规定:“从提存之日起,超过五年无人领取的提存标的物,视为无主财产,上交国库。”

(六)提存公证事务相关责任的划分

公证处不得挪用提存标的,公证处或公证人员挪用提存标的的,除应负相应的赔偿责任外,对直接责任人员要追究行政或刑事责任。公证处未按法定或当事人约定条件给付提存标的给当事人造成损失的,公证处负有连带赔偿责任。符合法定或当事人约定的给付条件,公证处拒绝给付的,由其主管的司法行政机关责令限期给付;给当事人造成损失的,公证处负有赔偿责任。根据人民法院、仲裁机构的裁决或司法行政机关决定给付的,由此产生的法律后果由作出决定的机构承担。

提存期间,提存物毁损灭失的风险责任由提存受领人负担;但因公证处过错造成毁损、灭失的,公证处负有赔偿责任。公民、法人以不正当手段骗取提存标的的,负有赔偿责任;构成犯罪的,依法追究刑事责任。

二、关于提存公证事务与其他部门类似提存性质业务的区分

当前一些非法律服务部门也开展起类似提存业务,如金融机构合同交易资金监管、房地产协会的房地产买卖资金监管正在不断取代以担保为目的的提存公证事务。公证机构是法定的提存机构,作为提存法律部门,公证的提存事务与其他部门类似提存性质的资金监管业务相比,其实前者具有后者不可替代的功能作用。一是后者不能办理以清偿为目的的提存,二是对合同交易资金监管中后者无法像公证法律部门一样审查条件复杂的资金领取条件。

第十四章　公证书制作

公证书是公证机构根据当事人的申请，按照规定程序和格式所出具的证明相关民事法律行为、有法律意义的事实和文书的真实性、合法性的证明文书。公证机构通过出具公证书来对民事法律行为、有法律意义的事实和文书的真实性、合法性进行评价、证明，从而为民商事活动的顺利进行提供保障。公证书出具是公证活动的最后一道程序，公证书要具有法定效力，不但其内容要真实、合法，而且须具备法定的形式要件。我国《公证法》第 32 条规定，公证书应当按照国务院司法行政部门规定的格式制作，由公证员签名或者加盖签名章并加盖公证机构印章。公证书自出具之日起生效。公证书应当使用全国通用的文字；在民族自治地方，根据当事人的要求，可以同时制作当地通用的民族文字文本。上述规定从格式、落款、出具时间、文字等方面规定了公证书应具备的形式要件。

第一节　公证书制作概述

一、公证书的格式类别

我国公证活动中使用的公证书格式分为定式公证书格式与要素式公证书格式两个基本类别。所谓定式公证书格式是由司法部颁布的以固定语言框架表述公证证词的公证书模式。所谓要素要素式公证书即公证书内容由规定的要素构成，文字、措词、语序、结构等则由公证人酌情撰写。公证书作为一种有特定证明效力的法律文书，其格式作为公证证明方式的具体承载，在我国公证制度中占有重要位置。在我国，公证文书的格式规范化一直受到充分的重视，早在20世纪50年代我国公证制度的初建时期，司法部即于1956年总结各地经验，第一次制定了统一的公证文书格式，当时有公证书格式和公证登记簿格式共13种。20世纪80年代公证制度恢复重建，陆续颁布的《中华人民共和国公证暂行条例》《公证程序规则》等都明确规定公证处须按照司法部规定或批准的格式制作公证书。司法部在1981年颁发了《公证书试行格式》，计有24式，后又陆续制定了提存、招投标、票据拒绝证书、强制执行等公证书格式。1992年下半年，司法部对公证书格式进行了大规模的修订，拟就了公证书格式共计59式106种。2000年后，为推进公证证明方式的改革，司法部又一次从公证书格式的规范、改革入手，陆续推出了现场监督、保全证据、合同(协议)、强制执行与继承等要素式公证书格式试行范本。2011年司法部对已有定式公证书格式进行了全面的清理和修订，形成新的定式公证书格式，并于2011年10月1日起在全国范围内推行。我国目前定式公证书格式共计35式，要素式公证书涉及6种公证事务。①

二、公证书的内容要素

依据《公证程序规则》第42条规定，公证书应包括以下内容：公证书编号、当事人及其代理人的基本情况、公证证词、承办公证员的签名(签名章)、公证处印章、出具日期。定式公证书格式与要素式公证书格式均设计了含有上述内容的基本结构，二者的不同主要在公证证词部分。定式公证书格式固定化，使用时主要对涉及的当事人名称、时间、地点及引用的相关法律条款进行填充，其他证词内容基本不做变化，信息容纳量小，较为适合简单或批量化公证事项的证明。要素式公证书格式则针对公证事项的不同法律特性规定了其公证证词应包含的各项必备要素与选择要素，具体内容则需公证员根据办证的实际情况充分撰写，能够比较充分地满足对复杂公证事项的证明需求。

---

① 每一式公证书的写作要求请参见本章后面的附件。

(一)关于公证书的签名或用印

凡公证机构履行公证职权,须由公证员和公证机构在公证书上签名或用印,否则其文书不产生公证效力。公证员签名章是公证员的职务印章,即公证员依法履行公证职务,制作公证文书所使用的本人名章,具有替代公证员签名的效用。1997 年 1 月 2 日司法部颁发了《司法部公证司关于进一步认真做好办理涉外业务公证处印章及公证员签名章备案工作的通知》,对公证员签名章形状、尺寸、制作管理、变更和注销进行了规范。公证员签名章为长方形,上刻公证员姓名,使用前须经主管司法行政机关备案,办理涉外公证业务的公证员签名章还须报司法部和外交部备案。公证机构印章是指公证机构的法定印章,即办理公证事务、行政事务和其他公务所使用的机构公章。在公证事务中公证机构使用法定印章须同时满足在公证书上与公证员签名章配套使用的形式要求。1980 年 1 月,司法部下发了《关于律师协会、法律顾问处、公证处印章制作的通知》,规定公证处印章所刊名称应为本机构的法定名称,并对其制作、形状、尺寸、字体及内容排列和印章的保管、更换、销毁作了明确规定。根据规定,公证处印章要报主管机关备案,办理涉外公证业务的公证处印章也必须报司法部和外交部备案。

(二)关于公证书的生效日期

公证书的出具标志着公证活动的完成,因此公证效力的产生始自公证书的出具之日。《公证程序规则》第 40 条、第 44 条、第 52 条对公证书的出具之日作了如下规定:1.除法律另有规定的外,公证书的出具均应经过审批程序,须经审批的公证书,审批人的批准日期即为出证日期。2.办理招投标、拍卖等现场监督类公证事项,公证员应在活动结束当场宣读公证词,公证证词的宣读之日即为该公证书的出具之日。3.主办公证员承办的不需审批的公证事项,主办公证员签发公证书稿的日期即为该类公证书的出具日期。2000 年 3 月,司法部下发了《关于进行主办公证员负责制试点的通知》,在全国范围内开展主办公证员负责制的试点工作,设定了实行公证处主任领导下的主办公证员负责制的各项要求,明确规定主办公证员在授权范围内可免除审批环节,独立办理公证事务,并承担相应责任。审批制与主办制共同构成了我国公证制度体系中的办证制度。

（三）关于公证书的使用文字、字体和纸张规格

1.公证书的使用文字

公证书是公证机构出具的有特定法律效力的司法文书，是公权行使的一种特定形式，使用何种文字，涉及国家的主权，须严格遵守国家关于公务用语用字的规定。在一般情况下，公证书应使用全国通用的文字。在民族自治地方，根据当事人的要求，可以同时制作当地通用的民族文字文本。两种文字的文本，具有同等效力。发往香港、澳门、台湾地区使用的公证书应当使用全国通用的文字。发往国外使用的公证书应当使用全国通用的文字。根据需要和当事人的要求，公证书可以附外文译文。

2.公证书的字体和纸张规格

（1）公证书标题只写“公证书”三个字，字体使用宋体，字号为二号，居中，字间距 2cm；公证书编号字体使用宋体，字号为四号；公证书证词正文、落款字体使用仿宋- GB2312，字号为三号。（2）纸张尺寸采用 A4 型纸张。

第二节　我国公证文书格式改革

公证文书格式与内容是公证程序的终端成果，能够正确和真实地反映我国公证制度的立法状况和司法实践的水平以及公证队伍的素质，也能反映出公证制度内在的理论导向。我国公证制度恢复重建后，公证书格式改革大致分为两个阶段：1981 年至 2000 年为定式公证书格式阶段，2000 年后，逐渐在某些公证实务中推行要素式公证格式，形成了定式与要素式公证书格式并行阶段。

一、定式公证书格式阶段（1981 年—2000 年）

1981 年司法部颁布《公证书试行格式》，共有公证书格式 24 种，并附代书格式 7 种。1992 年司法部对《公证书试行格式》进行大幅度修订后，颁布了《公证书格式（试行）》，共计公证书格式 59 式。包括合同、协议公证类 9 式，资格公证类 6 式，招标、拍卖、提存公证类 6 式，出生、死亡、生存公证类 3 式，姓名、住所、国籍公证类 5 式，学历、经历（职务）公证类 4 式；婚姻状况公证类

5 式，亲属关系公证类 1 式，未受刑事处分公证类 2 式，赠与公证类 3 式，强制执行公证类 3 式，保全证据公证类 1 式，证明印鉴、签名属实类 3 式，其他有法律意义的文书和事实公证类 8 式。1992 年之后，司法部先后以批复、通知等形式对某些格式进行了修改。总的来看，1981 年至 2000 年为定式公证书格式阶段。

二、要素式公证书与定式公证书格式并行阶段（2000 年迄今）

我国司法改革、民商法律制度和公证制度的发展，对公证书提出了更高的要求。1998 年 3 月司法部依照“将现行的定式化格式改为定式化格式与要素式格式相结合”的改革思路，有选择地进行了要素式公证书的试点工作。在国务院 2000 年 7 月 31 日批发的《关于深化公证工作改革的方案》中，也明确提出要大力推行要素式公证书。

要素式公证书的实行，一方面能够更好地满足社会多层次、多方面的公证法律服务需求，有助于进一步拓展公证服务领域，使公证工作更好地适应经济社会发展的需要；另一方面，更加符合法律规定的公证文书作为“认定事实的根据”和“强制执行的根据”的标准和要求，有助于进一步强化公证文书的法律效力，使公证文书和公证工作更好地取信于社会，便于人民法院把公证书直接作为独立的证据使用，与人民法院的民事审判制度改革相呼应。因为法律规定，只有依据合法程序取得的证据，才能作为法院认定的证据。以往旧式的公证书，内容过于简单，人民法院认为许多内容不规范，必须经调卷审查后才能决定是否采证，影响了审判效率。而要素式公证书则清楚表述了取证的程序和法律依据，与以往的公证书格式相比，公证书的权威性和严肃性大大增强。以往的公证书无法体现公证员所做的大量审查调查工作，给人的印象似乎只是证明签名印章属实之类表面工作。所以，推行要素式公证书格式，是深化公证工作改革的一项重要内容，对于进一步完善公证制度、增强公证公信力具有重要的推动作用。

要素式公证书必须根据不同公证事项的不同法律特征来确定公证书的真实性、合法性所需的不同基本要素，采用不同的方式予以查清证实，最终依照法律作出有可靠证据力的公证书证词，做到认定事实准确、适用法律得当。

这对公证员的法律专业知识和公证执业技能提出了新的更高的要求，特别是继承类、强制执行类要素式公证书和法律意见书，不仅相关公证事项的业务量大，而且涉及的法律关系复杂。

1999 年 3 月开始，司法部组织北京、天津、上海三地七家公证机构对合同协议类、保全证据类、现场监督类公证文书进行了要素式改革试点。2000 年 3 月，司法部下发的《关于保全证据等三类公证书试行要素式格式的通知》中规定在全国范围内对保全证据、现场监督、合同（协议）三类公证书试行要素式公证书格式。

2003 年 8 月，司法部在北京市、天津市、上海市等七个省、直辖市部分公证机构先行试行继承类、强制执行类两类要素式公证书格式，并倡导公证员就公证及非诉讼法律事务出具法律意见书。自 2004 年 1 月起，在北京、天津、吉林、上海、广东、四川等省（市）的部分公证处开展了继承类、强制执行类要素式公证书和法律意见书格式的试点工作。在对试点工作进行总结的基础上，自 2009 年 7 月 1 日起，司法部在全国范围内推行继承类、强制执行类要素式公证书和法律意见书格式。

在推进要素式公证书改革的同时，2011 年司法部在对以往的定式公证书格式作出梳理与修订，并在增加新的公证事项定式格式基础上，印发了《关于推行新的定式公证书格式的通知》。新的定式公证书格式，总结了我国公证文书制度的实践经验，并根据当前公证工作发展的新情况、新要求，从格式类别、内容要素到形式结构进行了全面修订。从基本结构看，所有证书均统称为“公证书”，取消公证书和证明书，同时不再直接标明具体的种类；从数量看，由 59 式减少为 35 式；从类别看，由 14 类减少为 3 类。按照《公证法》第 2 条“公证是公证机构根据自然人、法人或者其他组织的申请，依照法定程序对民事法律行为、有法律意义的事实和文书的真实性、合法性予以证明的活动”的定义规定，以“民事法律行为类”“有法律意义的事实类”“有法律意义的文书类”的三个分类为框架，将 35 式的公证事项分门别类依法纳入公证证明的这三种活动之中，使公证文书更加准确地对应公证实务，反映出公证活动的全过程；新格式增加了“注”的指引性内容。在新的定式公证书格式中，既有固定表述的内容，又有据实表述的内容。凡格式要求必须按照既定的固定内容加以表述的，在制作公证文书时要全面、完整地予以体现，不得擅自变更；对于格式要求据实表述的内容，应当按照“注”的具体指引，结合公证事项的具体情况，准确表述相关内容。新的定式公证书格式在相对固定的基本框架下增加了许多需要据实表述的内容，对公证员撰写公证书提出了新的更高的要求。这次公证书格式的改革，大大促进了公证文书的规范化，使得公证文书质量和社会公信力得到进一步提升，对我国公证事业的发展产生了积极的推动作用。

◈附录◈公证书格式

附录一　司法部保全证据等三类要素式公证书格式、参考格式

根据《司法部关于保全证据等三类公证书试行要素式格式的通知》(司发通〔2000〕035 号)的要求,《司法部律师公证工作指导司关于印发要素式公证书格式及参考格式的通知》(〔2000〕司律公字 010 号)制定了保全证据等三类要素式公证书格式、参考格式及使用说明。即附件一《要素式公证书格式的使用说明》、附件二《保全证据等三类要素式公证书格式(试行)》、附件三《参考格式》。

▶▶附件一　要素式公证书格式的使用说明

一、“公证事项”一栏,应简明地列明公证证明对象的名称或类别。

二、“必备要素”为公证书证词中必须具备的内容。

三、“选择要素”为根据公证证明的实际需要或当事人的要求,酌情在公证书证词中写明的内容。

四、“注”是对要素式格式中相关内容的说明或解释,是对格式内容的必要补充,是需要认真执行的内容。在使用格式时必须认真学习、领会。

五、“参考格式”是相应要素式公证书格式的实用范本,仅供公证人员学习参考之用,起示范作用;但不是标准格式,也不是要素式公证书的检验标准。

六、实践中,必须注意格式的适用范围。

▶▶附件二　保全证据等三类要素式公证书格式(试行)

一、保全证据公证书格式

(一)保全证人证言或当事人陈述[注1]

公 证 书

(　)××字第××号

申请人:甲(基本情况)[注2]

关系人:乙(基本情况)[注3]

公证事项:保全证人证言(当事人陈述)

证词内容

一、必备要素

1.申请人姓名或全称[注4]、申请日期及申请事项。

2.证人的基本情况及行为能力[注5]。

3.保全证人证言或当事人陈述的时间、地点。

4.保全的方式方法。包括:自书、他人代书、公证人员记录、录音、录像等方式,后四种方式的制作人等。

5.保全证据的关键过程:

(1)参与保全的人员。包括:承办公证人员及在场的见证人、翻译等的人数、姓名。

(2)告知证人(当事人)的权利和义务。

(3)公证人员保全过程中所做的主要工作。如就重要问题对何人进行了询问,对取得的证据履行了提示义务等。[注6]

(4)通过保全活动取得的证据数量、种类、形式。

(5)证人(当事人)对取得的证据予以确认的方式和过程。

6.公证员结论。应包括以下内容:

证人(当事人)的主体资格是否合法,意思表示是否真实,取得证据的数量、种类、日期,是否向证人宣读和经证人阅示,证人(当事人)在证据上的签名(或盖章或捺指印)是否属实等。

二、选择要素

1.申请保全证据的原因、用途。

2.办理该项公证的法律依据(公证法规或有关规章等)。

3.对所取得的证据的保全方式及存放地点。

4.公证书的正本和副本。

5.附件[注7]。

中华人民共和国××省××市(县)公证处

公证员(签名章或签名)

××××年×月×日[注8]

注:

1.本格式适用于证人或公证当事人就其所知道的事实在公证人员面前所作的陈述。

2.基本情况包括:(1)自然人应写明姓名、性别、出生日期、住址,外国人应写明国籍;(2)法人或非法人组织要写明全称、住所地,法定代表人或代理人的姓名、性别、出生日期。申请人有数人时,应一并列明。有代理人的应当写明代理人的基本情况。身份证号码或护照号码可酌情写。

3.没有关系人的可以不写。

4.自然人写姓名,有代理人的还要写代理人姓名;法人或非法人组织写全称,并要写法定代表人或代理人姓名。

5.证人的基本情况包括:自然人的数量、姓名、性别、出生日期、住址,外国人应写明国籍。行为能力指证人的智力、识别判断能力及精神健康状况。

6.一般性、事务性工作可记入谈话笔录,但不用写入公证书证词。

7.有附件时,附件的名称、顺序号应在公证证词中列明。

8.此日期为公证处出证日期。骑着该日期加盖公证处公章。

(二)保全物证、书证[注1]

公证书

( )××字第××号

申请人:甲(基本情况)[注2]

关系人:乙(基本情况)[注3]

公证事项:保全物证(书证)

证词内容

一、必备要素

1.申请人姓名或全称[注4]、申请日期及申请事项。

2.保全标的的基本状况。包括:物证的名称、数量、表状特征等。书证的数量、名称、页数、标题、形成时间等。[注5]

3.保全物证或书证的时间、地点。

4.保全的方式方法。包括:申请人提交、公证人员提取、公证人员记录、现场勘验、照相录像、技术鉴定等。

5.保全证据的关键过程:

(1)参与保全的人员。包括:承办公证人员及在场的相关人员的人数、姓名。[注6]

(2)公证人员保全过程中所做的主要工作。如对重要事实进行了现场勘验、询问,对取得的证据履行了提示义务等。[注7]

(3)物证(书证)取得的时间、方式,或物证的存在方式、地点、现状等。

(4)取得的证据数量、种类、形式、存放处所等。当事人对取得的证据予以确认的方式和过程。

6.公证员结论。应包括以下内容:

保全证据的方式、方法、程序是否真实、合法,用于作证的书面文件(如发票、产地证明等)要同时证明这些书证的真实性。取得证据的数量、种类、日期,取得证据的存放方式及存放地点。

二、选择要素

1.申请保全证据的原因、用途。

2.办理该项公证的法律依据(公证法规或有关规章等)。

3.有书证能够证明物的来源或存在的,应写明书证的名称。

4.保全拆迁房屋时,要写明与该房屋有关的所有权人或使用权人、代管人等。

5.物品难以长期保存的,在结论中应写明保存期限。已采取变通保存措施的,结论中也应一并写明。

6.公证书的正本和副本。

7.附件[注 8]。

中华人民共和国××省××市(县)公证处

公证员(签名章或签名)

××××年×月×日[注 9]

注:

1.本格式适用对客观存在的物品(包括文书)的保全。

2.基本情况包括:(1)自然人应写明姓名、性别、出生日期、住址,外国人应写明国籍;(2)法人或非法人组织要写明全称、住所地,法定代表人或代理人的姓名、性别、出生日期。申请人有数人时,应一并列明。有代理人的应当写明代理人的基本情况。身份证号码或护照号码可酌情写。

3.没有关系人的可以不写。

4.自然人写姓名,有代理人的还要写代理人姓名;法人或非法人组织写全称,并要写法定代表人或代理人姓名。

5.保全的物证为商品时,要注明商品的品牌、型号、生产厂家名称、售价等。保全的物证为房屋等不动产时,要注明位置、坐落、四至、面积、结构、附属物等。物证不在公证处的,应注明存放地点。

6.相关人员包括:申请人、关系人、代理人、见证人、勘验人、鉴定人以及照相、录像、绘图人员等。

7.一般性、事务性工作可记入谈话笔录,但不写入公证书证词。

8.有附件时,附件的名称、顺序号应在公证证词中列明。

9.此日期为公证处出证日期。骑着该日期加盖公证处公章。

(三)保全视听资料、软件[注1]

公 证 书

( )××字第××号

申请人:甲(基本情况)[注2]

关系人:乙(基本情况)[注3]

公证事项:保全视听资料(软件)

证词内容

一、必备要素

1.申请人姓名或全称[注4]、申请日期及申请事项。

2.保全标的的基本情况。包括:保全视听资料、软件的名称、数量、表状特征,所有人或使用人、经营人、传播者、实验者的名称,视听资料或软件的播放、销售、使用、制作、运行的地点等。[注5]

3.保全视听资料、软件的时间、地点。

4.保全的方式方法。包括:申请人提交、公证人员提取、现场实验记录、技术鉴定、录音、录像、复制、下载等其他能够固定并再现证据的方式。

5.保全证据的关键过程:

(1)参与保全的人员。包括:承办公证人员及在场的相关人员的人数、姓名。[注6]

(2)公证人员保全过程中所做的主要工作。如购买、拷贝、下载、复制、发送视听资料、软件的过程,对取得的证据履行了提示义务等。[注7]

(3)视听资料、软件取得的时间、方式、地点等。

(4)取得的证据数量、种类、形式、封存方式、存放处所等。当事人对取得的证据予以确认的方式和过程。

6.公证员结论。应包括以下内容:

保全证据的方式、方法、程序是否真实、合法,用于作证的书面文件(如发票、产地证明等)要同时证明这些书证的真实性。取得证据的数量、种类、日期,取得证据的存放方式及存放地点。

二、选择要素

1.申请保全证据的原因、用途或目的。

2.办理该项公证的法律依据(公证法规或有关规章等)。

3.有书证能够证明视听资料、软件的来源或存在的,应写明书证的名称。

4.重要的保全工作记录文书的名称。

5.公证书的正本和副本。

6.附件[注8]。

中华人民共和国××省××市(县)公证处

公证员(签名章或签名)

××××年×月×日[注9]

注:

1.本格式适用对录音、录像、光盘制品及计算机软件、计算机存储的数据资料、国际互联网络(网站)中公开传播的信息资料的保全。

2.基本情况包括:(1)自然人应写明姓名、性别、出生日期、住址,外国人应写明国籍;(2)法人或非法人组织要写明全称、住所地,法定代表人或代理人的姓名、性别、出生日期。申请人有数人时,应一并列明。有代理人的应当写明代理人的基本情况。身份证号码或护照号码可酌情写。

3.没有关系人的可以不写。

4.自然人写姓名,有代理人的还要写代理人姓名;法人或非法人组织写全称,并要写法定代表人或代理人姓名。

5.保全的标的为商品时,要注明商品的品牌、型号、生产厂家名称、售价等。保全的标的不在公证处的,应注明存放地点。运行中的软件要注明运行时间。

6.相关人员包括:申请人、关系人、代理人、见证人、鉴定人以及照相、录像、复制人员等。

7.一般性、事务性工作可记入谈话笔录,但不用写入公证书证词。

8.有附件时，附件的名称、顺序号应在公证证词中列明。

9.此日期为公证处出证日期。骑着该日期加盖公证处公章。

(四)保全行为[注1]

公证书

( )××字第××号

申请人：甲(基本情况)[注2]

关系人：乙(基本情况)[注3]

公证事项：保全行为

证词内容

一、必备要素

1.申请人姓名或全称[注4]、申请日期及申请事项。

2.保全标的的基本状况。包括：活动的名称、参与人的数量、姓名(名称)，活动的起止时间、地点及内容等。

3.保全的时间、地点。

4.保全的方式方法。包括：现场记录、照相录像等。

5.保全证据的关键过程：

(1)保全时的在场人员。包括：承办公证人员及在场的相关人员的人数、姓名。[注5]

(2)公证人员对行为时间、地点、方式、关键过程及行为结果客观记述。[注6]

(3)取得的证据数量、种类、形式、存放处所等。行为当事人对取得的证据予以确认的方式和过程。

6.公证员结论。应包括以下内容：

行为人的资格及行为能力，行为的内容和结果是否真实，取得证据的数量、种类、日期，取得证据的存放方式及存放地点，保全证据的方式、方法、程序是否真实、合法。

二、选择要素

1.申请保全证据的原因、用途及目的。

2.办理该项公证的法律依据(公证法规或有关规章等)。

3.行为的性质及法律意义。

4.有书证、物证能够证明行为根据的,应写明书证、物证的名称。

5.公证书的正本和副本。

6.附件[注7]。

中华人民共和国××省××市(县)公证处

公证员(签名章或签名)

××××年×月×日[注8]

注:

1.本格式适用对自然人或组织正在进行的活动及过程的保全。

2.基本情况包括:(1)自然人应写明姓名、性别、出生日期、住址,外国人应写明国籍;(2)法人或非法人组织要写明全称、住所地,法定代表人或代理人的姓名、性别、出生日期。申请人有数人时,应一并列明。有代理人的应当写明代理人的基本情况。身份证号码或护照号码可酌情写。

3.没有关系人的可以不写。

4.自然人写姓名,有代理人的还要写代理人姓名;法人或非法人组织写全称,并要写法定代表人或代理人姓名。

5.相关人员包括:申请人、关系人、行为相对人、代理人、见证人以及照相、录像人员等。

6.一般性、事务性工作可记入谈话笔录,但不用写入公证书证词。

7.有附件时,附件的名称、顺序号应在公证证词中列明。

8.此日期为公证处出证日期。骑着该日期加盖公证处公章。

二、现场监督类公证书格式

(一)拍卖公证书格式[注1]

公 证 书

( )××字第××号

申请人:甲(基本情况)[注2]

公证事项:××拍卖[注3]

证词内容

一、必备要素

1.申请人全称或姓名[注4]、申请日期及申请事项。

2.对委托人、拍卖人、拍卖师及竞买人资格的审查情况[注5]。

3.拍卖标的的基本情况及对其所有权或处分权的审查结果。

4.拍卖公告及拍卖标的的展示情况。

5.对拍卖规则内容的审查结果。

6.拍卖活动是否得到有关部门的批准或许可。[注6]

(1)与拍卖标的有关的主管部门(如文物管理机构、国有资产管理机构、房地产管理部门等);

(2)拍卖标的的监管机关(如海关、人民法院、破产清算小组等);

(3)其他权利人(如抵押权人、拍卖标的的共有人、委托人的股东会、董事会等)。

7.承办公证机构名称、承办公证人员姓名及公证的法律依据。[注7]

8.拍卖的时间、地点及拍卖过程(含拍卖方式、竞价形式)是否符合拍卖规则。[注8]

9.拍卖结果及公证结论。应包括以下内容:

(1)当事人的资格是否合法,意思表示是否真实。(2)拍卖程序是否真实、合法。(3)对拍卖结果的确认。包括:买受人姓名、拍卖成交价格、成交标的物名称、成交时间等。

二、选择要素

1.申请人提供的主要证据材料的真实性、合法性;

2.拍卖人对拍卖标的来源、瑕疵及相关责任的说明;

3.如有调查取证情节,可据查证时间对查证认定的事实在公证书中逐项列出。

4.拍卖活动有见证人的,应将其民事主体资格状况连同“见证人×××、×××在场见证”字样一并在公证书中加以描述。

5.公证员认为需要认定的其他事实或情节。[注9]

6.公证生效日期。[注10]

7.附件[注11]。

中华人民共和国××省××市(县)公证处

公证员(签名章或签名)

××××年×月×日

注:

1.本格式适用于公证机构对拍卖活动进行现场监督的公证。

拍卖现场公证词应根据现场情况参考本格式的证词要素撰写,语言要流畅,易于宣读,要与拍卖现场的气氛相吻合,并要有“对本次拍卖过程及拍卖结果的合法有效性,本公证处日后将以书面形式予以确认”的内容。

2.申请人通常为拍卖人或委托人。

基本情况包括:(1)法人或非法人组织要写明全称、住所地,法定代表人或代理人的姓名、性别、出生日期;(2)自然人应写明姓名、性别、出生日期、住址,外国人应写明国籍。申请人有数人时,应一并列明。有代理人的应当写明代理人的基本情况。身份证号码或营业执照编号可酌情写。

3.写拍卖活动的名称或类别。如文物拍卖、土地使用权拍卖、小型企业拍卖、罚没物资拍卖等。

4.法人或非法人组织写全称,并要写法定代表人或代理人姓名;自然人写姓名,有代理人的还要写代理人姓名。

5.委托人、拍卖人、拍卖师的资格应符合《中华人民共和国拍卖法》第三章的规定,竞买人的资格应符合拍卖公告的规定。

6.不需经批准或许可的拍卖活动,不写此内容。

7.法律依据是《中华人民共和国拍卖法》及有关法规、《公证暂行条例》、《公证程序规则》等。

8.拍卖方式指拍卖标的有无保留价,是往上拍还是往下拍;竞价形式指采用何种方式报价(如举牌报价、口头报价、电话报价、按键报价等),竞价单位和币种(如最低竞价单位为100元人民币或50美元等)。

9.一般性、事务性工作可记入谈话笔录,但不用写入公证书证词。

10.公证生效日期为公证员在拍卖现场宣读公证词的日期。

11.有附件时,附件的名称、顺序号应在公证证词中列明。

附件包括:成交确认书、中买通知书、拍卖现场获取的重要证据材料等。

(二)招标公证书格式[注1]

公 证 书

(　　)××字第××号

申请人:甲(基本情况)[注2]

公证事项:××招标[注3]

证词内容

一、必备要素

1.申请人全称[注4]、申请日期及申请事项。

2.对招标人、招标代理机构及投标人资格的审查情况[注5]。

3.招标项目名称、招标方式(公开或邀请)及是否得到有关部门的批准。[注6]

4.招标公告或投标邀请书、招标文件的发布及送达情况。

5.对招标文件的审查结果。

6.标箱密封、投标文件封存情况及投标截止时间收到的投标文件情况。[注7]

7.承办公证机构名称、承办公证人员姓名及公证的法律依据。[注8]

8.开标的时间、地点及对开标程序的监督结果,对投标文件有效性的审查结果。

9.对评标委员会资格的审查及评标程序的监督结果。[注9]

10.中标结果及公证结论。应包括以下内容:

(1)当事人的资格是否合法,意思表示是否真实。(2)招标投标程序是否真实、合法。(3)对中标结果的确认。包括:中标人名称、中标项目、中标价格、中标日期及地点等。

二、选择要素

1.申请人提供的主要证据材料的真实性、合法性。

2.招标人对招标文件、投标人对投标文件的澄清或说明。

3.对评标原则、标准和方法的审查结果。

4.对招标投标活动中形成的重要工作记录及视听资料真实性及封存情况的证明。

5.有调查取证情节,可据查证时间对查证认定的事实在公证书中逐项列出。

6.招标活动有见证人的,应将其民事主体资格状况连同“见证人×××、×××在场见证”字样一并在公证书中加以描述。

7.公证员认为需要认定的其他程序事项。[注10]

8.公证生效日期。[注11]

9.附件[注12]。

中华人民共和国××省××市(县)公证处

公证员(签名章或签名)

××××年×月×日

注:

1.本格式适用于公证机构对招标投标活动进行现场监督的公证。

招标现场公证词应根据现场情况参考本格式的证词要素撰写,语言要流畅,易于宣读,要与招标现场的气氛相吻合,并要有“对本次招标过程及招标结果的合法有效性,本公证处日后将以书面形式予以确认”的内容。

公证书及公证词可根据招标投标活动的实际情况,分阶段予以宣读和证明。

2.申请人通常为招标人或其委托的招标代理机构。基本情况包括:法人或非法人组织的全称、住所地,法定代表人或代理人的姓名、性别、出生日期,外国组织应写明国籍。申请人有数人时,应一并列明。有代理人的应当写明代理人的基本情况。营业执照编号可酌情写。

3.写招标项目的种类。如建设工程招标、政府采购招标、机电设备招标、世行贷款项目招标等。

4.法人或非法人组织写全称,并要写法定代表人或代理人姓名。

5.招标人、招标机构的资格应符合《中华人民共和国招标投标法》第二章的规定,投标人的资格应符合《中华人民共和国招标投标法》第三章及招标公告的规定。

6.不需经批准的招标活动,不写此内容。

7.根据查验的时间顺序表述。投标文件密封状况如系在开标时查验,可将其并入要素8中。

8.法律依据是《中华人民共和国招标投标法》及有关法规、《公证暂行条例》、《公证程序规则》等。

9.未参与评标过程的,不写对评标程序监督的内容。

10.一般性、事务性工作可记入谈话笔录,但不用写入公证书证词。

11.公证生效日期为公证员在招标现场宣读公证词的日期。

12.有附件时,附件的名称、顺序号应在公证证词中列明。

附件包括:中标通知书、招标现场获取的重要证据材料等。

(三)开奖公证书格式[注1]

公 证 书

( )××字第××号

申请人:甲(基本情况)[注2]

公证事项:××开奖[注3]

证词内容

一、必备要素

1.申请人全称[注4]、申请日期及申请事项。

2.对有奖活动主办单位资格的审查情况。

3.有奖活动名称、开奖方式及是否得到有关部门的批准。[注5]

4.对有奖活动规则(办法)的审查结果。

5.奖券发行总额、回收的有效奖券数额、未发出的奖券封存、销毁等情况。

6.开奖的时间、地点及对开奖器具的查验结果。

7.承办公证机构名称、承办公证人员姓名及公证的法律依据。[注6]

8.对有奖活动程序及开奖方式的监督结果。

9.开奖结果及公证结论。应包括以下内容:

(1)当事人的资格是否合法,意思表示是否真实。(2)有奖程序是否真实、合法。(3)对中奖结果的确认。包括:中奖号码、中奖等级、中奖人姓名、奖品名称等。

二、选择要素

1.申请人提供的主要证据材料的真实性、合法性。

2.有奖活动通知(公告)的发布情况,主办单位对有奖活动规则的澄清或说明。

3.需要进行评奖的,应写明对评奖人资格、评奖原则、标准、方法的审查结果,及对评标程序的监督结果。[注7]。

4.对开奖活动中形成的重要工作记录及视听资料真实性及封存情况的证明。

5.有调查取证情节,可据查证时间对查证认定的事实在公证书中逐项列出。

6.开奖活动有见证人的,应将其民事主体资格状况连同"见证人××、×××在场见证"字样一并在公证书中加以描述。

7.公证员认为需要认定的其他程序事项。[注8]

8.公证生效日期。[注9]

9.附件[注10]。

中华人民共和国××省××市(县)公证处

公证员(签名章或签名)

××××年×月×日

注:

1.本格式适用于对各类有奖活动进行现场监督的公证。

现场公证词应根据现场情况参考本格式的证词要素撰写,语言要流畅,易于宣读,要与开奖现场的气氛相吻合,并要有“对本次开奖过程及开奖结果的合法有效性,本公证处日后将以书面形式予以确认”的内容。

公证书及公证词可根据开奖活动的实际情况,分阶段予以宣读和证明。

2.申请人通常为有奖活动的主办单位。基本情况包括:法人或非法人组织的全称、住所地,法定代表人或代理人的姓名、性别、出生日期。申请人有数人时,应一并列明。有代理人的应当写明代理人的基本情况。营业执照编号可酌情写。

3.有奖活动的名称或类别。如体育彩票的开奖、某有奖销售活动等。

4.法人或非法人组织写全称,并要写法定代表人或代理人姓名。

5.有关部门指对有奖活动有审批权的国家机关。不需经批准的有奖活动,不写此内容。

6.法律依据是《中华人民共和国民法通则》及与有奖活动有关的法规、《公证暂行条例》、《公证程序规则》等。

7.未参与评奖过程的,不写对评奖程序监督的内容。

8.一般性、事务性工作可记入谈话笔录,但不用写入公证书证词。

9.公证生效日期为公证员在开奖现场宣读公证词的日期。

10.有附件时,附件的名称、顺序号应在公证证词中列明。

(四)股份公司创立大会公证书格式[注1]

公证书

( )××字第××号

申请人:甲(基本情况)[注2]

公证事项:股份公司创立大会

证词内容

一、必备要素

1.申请人全称[注3]、申请日期及申请事项。

2.对申请人及公司创立大会参加人资格的审查情况。[注4]

3.对创立公司的有关文件、依据的审查情况。

4.设立公司的有关批准文件及验资情况。

5.公司创立大会会议通知(公告)及有关议案的发布及送达情况。

6.会议及其议程是否符合《公司法》的要求。包括:股东代表产生办法是否公正、公平,与会股东所代表的股权数是否达到法定数额,议事规则及议案通过程序、表决方式等是否合法等。

7.承办公证机构名称、承办公证人员姓名及公证的法律依据。[注5]

8.与会股东及其代理人的资格情况。

9.监票人、检票人、计票人资格情况及监票、检票、计票过程的真实性、合法性。

10.各项议案的表决结果。[注6]

11.公证结论。应包括以下内容:

(1)当事人的资格是否合法,意思表示是否真实。(2)创立大会程序是否真实、合法。(3)对会议结果的确认。(4)会议记录的真实性。

二、选择要素

1.申请人提供的主要证据材料的真实性、合法性。

2.筹委会负责人委托他人主持会议的,证词中应写明委托代理的情况。

3.公司创立大会主持人对表决文件的澄清或说明。

4.对票箱或其他投票器具的查验结果。

5.议案涉及董事会、监事会成员的,要说明对其资格的认定情况。

6.对公司创立大会投标活动中形成的重要工作记录及视听资料真实性及封存情况的证明。

7.公司创立大会有见证人的,应将其民事主体资格状况连同“见证人×××、×××在场见证”字样一并在公证书中加以描述。

8.公证员认为需要认定的其他程序事项。[注 7]

9.公证生效日期。[注 8]

10.附件[注 9]。

中华人民共和国××省××市(县)公证处

公证员(签名章或签名)

××××年×月×日

注:

1.本格式适用于公证机构对公司创立大会进行现场监督的公证。公司股东年会、临时股东会议的公证可参照此格式。

投票活动需要现场宣读公证词的,应根据现场情况参考本格式的证词要素撰写。公证词语言要流畅,易于宣读,要与创立大会现场的气氛相吻合,并要有“对本次公司创立大会过程及公司创立大会结果的合法有效性,本公证处日后将以书面形式予以确认”的内容。

公证书及公证词可根据公司创立大会的实际情况,分阶段予以宣读和证明。

2.申请人通常为公司筹备委员会或公司发起人。基本情况包括:公司筹备委员会或公司发起人全称、住所地、批准成立文件(营业执照)的编号,筹备委员会负责人(发起人的法定代表人)或代理人的姓名、性别、出生日期。申请人有数人时,应一并列明。有代理人的应当写明代理人的基本情况。

3.法人或非法人组织写全称,并要写法定代表人或代理人姓名。

4.依据《中华人民共和国公司法》的规定进行审查。

5.法律依据是《中华人民共和国公司法》及有关法规、《公证暂行条例》、《公证程序规则》等。

6.大会通过的各项决议及表决结果应逐项列明。表决结果中应载明赞成、反对、弃权、无效的票数,及其所代表的股权数。

7.一般性、事务性工作可记入谈话笔录,但不用写入公证书证词。

8.公证生效日期为公证员在公司创立大会现场宣读公证词的日期。

9.会议中形成的文件、材料、记录如需与公证书一并使用,可作为公证书附件,但应将附件的名称、顺序号在公证证词中列明。

(五)股票认购证抽签公证书格式[注 1]

公 证 书

( )××字第××号

申请人:甲(基本情况)[注 2]

公证事项:股票认购证抽签

证词内容

一、必备要素

1.申请人、申请事项及申请日期。[注 3]

2.股票发行人、承销人(代销人)、抽签人的资格情况。

3.抽签活动是否得到有关主管机构批准或许可。

4.抽签规则(办法)是否科学、规范、公平、合法,文字表述是否清楚、准确。

5.抽签的方式和种类。

6.抽签活动公告及抽签规则的发布情况。

7.发出认购证的数量,未发出的认购证的封存、销毁情况。

8.承办公证机构名称、承办公证人员姓名及公证的法律依据。[注 4]

9.抽签的时间、地点及对抽签器具的查验结果。

10.对抽签程序及抽签方式的监督结果。

11.抽签结果及公证结论。应包括以下内容:

(1)当事人的资格是否合法,意思表示是否真实。(2)抽签程序是否真实、合法。(3)对抽签结果的确认。

二、选择要素

1.申请人所提供主要证明材料的真实性、合法性。

2.对抽签活动中形成的重要工作记录及视听资料真实性及封存情况的证明。

3.有调查取证情节,可据查证时间对查证认定的事实在公证书中逐项列出。

4.抽签活动有见证人的,应将其民事主体资格状况连同“见证人×××、×××在场见证”字样一并在公证书中加以描述。

5.公证员认为需要认定的其他程序事项。[注5]

6.公证生效日期。[注6]

7.附件[注7]。

中华人民共和国××省××市(县)公证处

公证员(签名章或签名)

××××年×月×日

注:

1.本格式适用于公证机构对股票认购证抽签进行现场监督的公证。其他抽签活动的公证可参照此格式。

抽签活动需要现场宣读公证词的,应根据现场情况参考本格式的证词要素撰写。公证词语言要流畅,易于宣读,要与抽签现场的气氛相吻合,并要有“对本次抽签程序及抽签结果的真实、合法、有效性,本公证处日后将以书面形式予以确认”的内容。

2.申请人通常为发行人或承销人。基本情况包括:申请人全称、住所地、营业执照编号,法定代表人或代理人的姓名、性别、出生日期。申请人有数人时,应一并列明。有代理人的应当写明代理人的基本情况。

3.法人或非法人组织写全称,并要写法定代表人或代理人姓名。

4.法律依据是《中华人民共和国民法通则》、《中华人民共和国公司法》及有关法规、《公证暂行条例》、《公证程序规则》等。

5.一般性、事务性工作可记入谈话笔录，但不用写入公证书证词。

6.公证生效日期为公证员在抽签现场宣读公证词的日期。

7.抽签活动中形成的文件、材料、记录如需与公证书一并使用，可作为公证书附件，但应将附件的名称、顺序号在公证证词中列明。

三、合同协议类公证书格式

(一)合同(协议)公证书通用格式[注1]

公 证 书

( )××字第××号

申请人：甲(基本情况)[注2]

乙(基本情况)

丙(基本情况)

公证事项：××合同(协议)[注3]

证词内容

一、必备要素

1.申请人全称或姓名[注4]、申请日期[注5]及申请事项。

2.公证处审查(查明)的事实。

包括：(1)当事人的身份、资格及签订合同的民事权利能力和行为能力；

(2)代理人的身份及代理权限；

(3)担保人的身份、资格及担保能力；

(4)当事人签订合同的意思表示是否真实，是否对合同的主要条款取得了一致意见；

(5)合同条款是否完备，内容是否明确、具体；[注6]

(6)是否履行了法律规定的批准或许可手续。[注7]

3.公证结论：

(1)当事人签订合同的日期、地点、方式等；

(2)当事人签订合同(协议)行为的合法性；[注8]

(3)合同(协议)内容的合法性;[注 9]

(4)当事人在合同(协议)上的签字、盖章的真实性。

二、选择要素

1.合同标的物的权属情况及相关权利人的意思表示。[注 10]

2.当事人对合同内容的重要解释或说明。

3.当事人是否了解了合同的全部内容。[注 11]

4.合同生效日及条件等。[注 12]

5.公证员认为需要说明的其他事实或情节。

6.附件[注 13]。

中华人民共和国××省××市(县)公证处

公证员(签名章或签名)

××××年×月×日

注:

1.本格式适用于对合同或协议的公证。

2.申请人为合同当事人。基本情况包括:(1)法人或非法人组织要写明全称、住所地,法定代表人或代理人的姓名、性别、出生日期;(2)自然人应写明姓名、性别、出生日期、住址,外国人应写明国籍。申请人有数人时,应一并列明。有代理人的应当写明代理人的基本情况。身份证号码或营业执照编号可酌情写。

3.写合同(协议)的名称或类别。如承包合同、租赁合同、借款合同等。

4.法人或非法人组织写全称,并要写法定代表人或代理人姓名;自然人写姓名,有代理人的还要写代理人姓名。

5.甲、乙双方先后、分别申请公证的,具体的申请日期可以不表述。

6.可简述合同的关键性内容。

7.不需经批准或许可的,不写此内容。

8.引用《中华人民共和国民法通则》第五十五条的规定。

9.引用《中华人民共和国合同法》或有关法律、法规的规定。

10.权属情况指所有权、使用权、担保物权、专有权、专用权等;相关权利人包括:与合同标的有关的共有权人、所有权人、使用权人、担保权人等。转让、承包或租赁合同标的物时，应按法律规定征得相关权利人的同意或认可。

11.在签订格式合同时，此点特别重要。

12.如法律规定合同需经登记或批准方能生效的，公证书中应予注明。

13.有附件时，附件的名称、顺序号应在公证证词中列明。

(二)土地使用权出让(转让)合同公证书格式[注1]

公 证 书

( )××字第××号

申请人：甲(基本情况)[注2]

乙(基本情况)

丙(基本情况)

公证事项：土地使用权出让(转让)合同

证词内容

一、必备要素

1.申请人全称或姓名[注3]、申请日期[注4]及申请事项。

2.公证处审查(查明)的事实。包括：

(1)甲方(出/转让方)的身份及签订合同的民事权利能力和行为能力；[注5]

(2)乙方(受让方)的身份及签订合同的民事权利能力和行为能力；

(3)丙方(担保人)的身份、资格及担保能力；

(4)已经履行了法律规定的批准手续；

(5)甲方拥有合法的土地出让/转让权利，具备了《中华人民共和国城市房地产管理法》规定的出让/转让条件；[注6]

(6)出让/转让土地的位置、面积、用途、年限、价金等；

(7)是否采用了法定的出让/转让方式(协议、招标或拍卖)；[注7]

(8)当事人签订合同的意思表示是否真实，是否对合同的主要条款取得了一致意见。

3.公证结论：

(1)当事人签订合同的日期、地点、方式等；

(2)当事人签订合同的行为符合《中华人民共和国民法通则》第五十五条的规定；

(3)合同(协议)内容的合法性。[注8]

(4)当事人在合同(协议)上的签字、盖章的真实性。

二、选择要素

1.当事人对合同内容的重要解释或说明。

2.甲方、乙方及担保人是否了解了合同的全部内容。

3.合同生效日及条件等。

4.公证员认为需要说明的其他事实或情节。

5.附件[注9]。

中华人民共和国××省××市(县)公证处

公证员(签名章或签名)

××××年×月×日

注：

1.本格式适用于对土地使用权出让或转让合同的公证。

2.申请人为合同当事人。基本情况包括：(1)法人或非法人组织要写明全称、住所地，法定代表人或代理人的姓名、性别、出生日期；(2)自然人应写明姓名、性别、出生日期、住址，外国人应写明国籍。申请人有数人时，应一并列明。有代理人的应当写明代理人的基本情况。身份证号码或营业执照编号可酌情写。

3.法人或非法人组织写全称，并要写法定代表人或代理人姓名；自然人写姓名，有代理人的还要写代理人姓名。

4.甲、乙双方先后、分别申请公证的，具体的申请日期可以不表述。

5.出让合同的出让方应为县级以上人民政府的土地管理部门。转让合同的转让方应为依法享有土地使用权的组织。

6.转让时应注明转让方已取得土地使用权证书及其编号，该土地使用权查无权利限制的记录。

以划拨方式取得土地使用权,在办理转让合同公证时,应注意《中华人民共和国城市房地产管理法》第三十九条的规定,查明土地使用权是否符合转让条件。

7.出让方式参见《中华人民共和国城市房地产管理法》第十二条。

8.引用《中华人民共和国房地产管理法》有关土地使用权出让/转让的有关规定。

9.有附件时,附件的名称、顺序号应在公证证词中列明。

(三)商品房买卖合同公证书格式[注1]

公 证 书

( )××字第××号

申请人:甲(基本情况)[注2]

乙(基本情况)

丙(基本情况)

公证事项:商品房××合同[注3]

证词内容

一、必备要素

1.申请人全称或姓名[注4]、申请日期[注5]及申请事项。

2.公证处审查(查明)的事实。包括:

(1)甲方(卖方)及其代理人的身份、资格及签订合同的民事权利能力和行为能力。

(2)乙方(买方)及其代理人的身份、资格及签订合同的民事权利能力和行为能力。

(3)担保人的身份、资格及担保能力。

(4)合同标的物的权属情况及相关权利人的意思表示。[注6]

(5)出售房产(期权)的基本情况。包括:房产的名称、坐落、房号、朝向、占地面积、建筑面积、使用面积、售价等;预售商品房要符合法律规定的条件;查无权利受限制的记录等。

(6)是否履行了法律规定的批准或许可手续。[注7]

(7)当事人签订合同的意思表示是否真实,是否对合同的主要条款取得了一致意见。

3.公证结论:

(1)当事人签订合同的日期、地点、方式等;

(2)当事人签订合同的行为符合《中华人民共和国民法通则》第五十五条的规定;

(3)合同内容的合法性;[注8]

(4)当事人在合同(协议)上的签字、盖章的真实性。

二、选择要素

1.当事人对合同内容的重要解释或说明。

2.当事人是否了解了合同的全部内容[注9]。

3.合同生效日及条件等。[注10]

4.公证员认为需要说明的其他事实或情节。

5.附件[注11]。

中华人民共和国××省××市(县)公证处

公证员(签名章或签名)

××××年×月×日

注:

1.本格式适用于对商品房预售、出售、买卖合同的公证。

2.申请人为合同当事人。基本情况包括:(1)法人或非法人组织要写明全称、住所地,法定代表人或代理人的姓名、性别、出生日期;(2)自然人应写明姓名、性别、出生日期、住址,外国人应写明国籍。申请人有数人时,应一并列明。有代理人的应当写明代理人的基本情况。身份证号码或营业执照编号可酌情写。

3.写合同的名称或类别。如商品房预售合同、商品房出售合同等。

4.法人或非法人组织写全称,并要写法定代表人或代理人姓名;自然人写姓名,有代理人的还要写代理人姓名。

5.甲、乙双方先后、分别申请公证的,具体的申请日期可以不表述。

6.预售合同应有预售许可证,现房买卖合同应有房产证。共有房产或已设定他项权利(如抵押权)的房产,应按法律规定征得相关权利人的同意或认可。

7.不需经批准或许可的,不写此内容。

8.引用《中华人民共和国合同法》及《中华人民共和国城市房地产管理法》的有关规定。

9.在签订格式合同时,此点特别重要。

10.如法律规定合同需经登记或批准方能生效的,公证书中应予注明。

11.有附件时,附件的名称、顺序号应在公证证词中列明。

附件三　参考格式

一、保全证据类公证书参考格式

(一)保全证人证言或当事人陈述

参考格式一:

公 证 书

(　)××字第××号

申请人:甲,男(或女),××××年××月××日出生,身份证号码:×××××,现住××省××市××街××号。

关系人:乙,男(或女),××××年××月××日出生,身份证号码:×××××,现住××省××市××街××号。

公证事项:保全乙的证人证言

申请人甲因与×××发生纠纷,准备向人民法院提起诉讼,于××××年××月××日向我处申请对证人乙的证言进行保全证据。

根据我国法律的有关规定,本公证员与公证员张××于××××年××月××日×时×分至×时×分,在××省××市××街××号对证人乙就××××××××一事进行了询问,并制作了《证人证言》一份共××页,同时对证人乙的上述证言进行了录音,得到录音磁带一盘,已由公证员张××当场封存,并由乙签名予以确认。

兹证明证人乙在上述谈话过程中意思表示真实。与本公证书相粘连的《证人证言》(共×页)的复印件与原件内容相符,乙阅读了原件全文，其在原件上的签名属实；现保存于我处的录音磁带一盘所记载的内容为乙亲口所述。

中华人民共和国××省××市（县）公证处

公证员（签名章或签名）

××××年×月×日

参考格式二：

公证书

（　）××字第××号

申请人：甲，男（或女），××××年××月××日出生，身份证号码：×××××，现住××省××市××街××号。

公证事项：保全甲的陈述

申请人甲因××××××××××需要，于××××年××月××日向我处申请对其本人有关×××××××一事的陈述进行保全证据。

根据《中华人民共和国公证暂行条例》的规定，本公证员与公证员王××、拍摄人员赵××（性别、出生日期、身份证号码）于××××年××月××日×时×分至×时×分，在××省××市××街××号对申请人甲的陈述进行了现场录像和记录，并制作了《谈话记录》一份共×页，得到录像磁带一盘，由本公证员当场封存，并由甲及拍摄人员赵××在封存处签名确认。

兹证明与本公证书相粘连的《谈话记录》（共×页）的复印件与原件内容相符，原件上所记载的内容为申请人甲亲口所述，并经其本人阅示，甲在该记录上的签名（或盖章或捺指印）属实。现保存于我处的录像磁带一盘为现场所拍摄。

附件：《谈话记录》复印件共×页

中华人民共和国××省××市（县）公证处

公证员（签名）

××××年×月×日

（二）保全书证、物证

参考格式一：

公 证 书

（　）××字第××号

申请人：甲，住所地：××省××市××街××号。

法定代表人：×××。

委托代理人：丙，男（或女），××××年××月××日出生，身份证号码：×××××，现住××省××市××街××号。

关系人：乙，男（或女），××××年××月××日出生，身份证号码：×××××，现住××省××市××街××号。

公证事项：保全待拆迁的房屋

申请人甲因建设需要，拟拆除坐落在××××（具体地址）的房屋。鉴于该房屋现由乙代管（或鉴于房屋有产权纠纷或鉴于该房屋设有抵押权），特委托代理人丙于××××年××月××日来到我处，申请对该房屋进行保全证据。

根据《中华人民共和国公证暂行条例》和《城市房屋拆迁管理条例》的规定，本公证员与公证人员张××于××××年××月××日，与乙、勘测人员周××（性别、工作单位、职务或职称）、拍摄人员徐××对上述房屋进行勘测，制作勘测文件×份，拍摄照片××张，公证人员张××现场制作了《工作记录》一份共3页。见证人×××、×××（性别、年龄、住址、身份证号码）在场。

兹证明与本公证书相粘连的《××勘测文件》《工作记录》的复印件与原件内容相符，原件上乙、周××、×××的签名属实；本公证书所附照片共××张为徐××现场拍摄，与房屋的实际情况相符，照片底片保存于我处。

附：1.……

2.……

中华人民共和国××省××市（县）公证处

公证员（签名）

××××年×月×日

参考格式二：

公 证 书

（　）××字第××号

申请人：甲，男（或女），××××年××月××日出生，身份证号码：×××××，现住××省××市××街××号。

公证事项：保全书证、物证

申请人甲称其在乘坐法国航空公司飞机赴巴西时，行李箱未到达且有丢失部分物品可能，为防止争议，向我处申请对其从机场取回行李箱的过程及箱中物品进行保全证据，并要求将箱中文件按类抽取一份附在公证书中。

根据《中华人民共和国公证暂行条例》的规定，本公证员与公证人员×××于××××年××月××日会同申请人甲来到首都国际机场，根据所附附件一至六的原件取回行李箱，并取得一份《不正常行李签收单》（见附件七）。将该箱运回我处开箱，清点后制作了《物品清单》一份共×页（见附件八）。

兹证明与本公证书相粘连的《物品清单》系本公证员和公证员×××根据清点情况制作，所附×份资料（见附件九）系从上述行李箱中取得。

附：1.……

2.……

……

9.《物品清单》

中华人民共和国××省××市（县）公证处

公证员（签名）

××××年×月×日

参考格式三：

公 证 书

( )××字第××号

申请人：甲公司，住所地：××省××市××街××号，法定代表人：×××。

委托代理人：丙，男(或女)，××××年××月××日出生，身份证号码：×××××，现住××省××市××街××号。

关系人：乙(或女)，××××年××月××日出生，身份证号码：×××××，现住××省××市××街××号。

公证事项：保全物证

申请人甲公司的委托代理人丙于××××年××月××日来到我处称其单位E座202房已售出，而此房间曾作为职工乙的宿舍，内有个人使用物品若干，因乙出国未归，需给业主清空此房，为此，特向我处申请对该房间物品进行保全证据。

根据《中华人民共和国公证暂行条例》的规定，本公证员与公证人员张××及甲公司现场清点人员周××、唐××，拍摄人员徐××于××××年××月××日来到上述房间，对该房间内的物品进行了清点、拍照，公证人员张××现场制作了《工作记录》一份共3页，《物品清单》一份共10页；徐××拍摄照片21张。

兹证明与本公证书相粘连的《工作记录》及《物品清单》的复印件与原件内容相符，原件上周××、唐××的签名属实；本公证书所附照片共21张为徐××现场拍摄；照片底片保存于我处；保全物品封存丁甲公司×××号房间。

附：1.……

2.……

中华人民共和国××省××市(县)公证处

公证员(签名)

××××年×月×日

参考格式四：

公 证 书

(　)××字第××号

申请人：甲，女，××××年××月××日出生，身份证号码：×××××，现住××省××市××街××号。

公证事项：保全××书证

申请人甲于××××年××月××日来到我处，申请对她将向上海大世界吉尼斯总部申请"表现声音最高最阔数据"以及"演唱《中国——你是我的主题歌》最高单数据"的世界之最记录进行保全证据。

根据《中华人民共和国公证暂行条例》的规定，本公证员与公证员王××于××××年××月××日来到×××文化中心，对中国科学院声学研究所程××、蔡××、金××在现场对甲的发声和演唱进行的测试过程所取得的证据实施了保全。数据测定结果由程××、蔡××宣布："自由表现的高音为 4400HZ、低音为 77.5HZ；演唱时的高音为 4150HZ、低音为 85.5HZ"，同时由金××宣布："与自由表现相应的高音为#C5、低音为 bE、音域为五个 8 度另加一个大 6 度(即 46 度)"。

本公证员与公证员王××在现场取得了由程××、蔡××、金××分别签署的《数据测定报告》《鉴定书》原件各　份，以及甲在现场演唱时所使用《××××》歌曲乐谱。现场所使用的仪器为高分辨率信号分析器(丹麦产，High Resolution Signal Analyzer & Kjar 品牌，Type2033 型)。公证员王××制作《现场工作记录》一份。

兹证明与本公证书相粘连的《鉴定书》《数据测定报告》《现场工作记录》的复印件与原件内容相符，原件已经制作人及在场人员阅读，原件上程××、蔡××、金××的签名均属实；《××××》歌曲乐谱与现场实际演唱的歌曲相符；《鉴定书》《数据测定报告》的原件及乐谱的复印件现在我处保存。

附：1.《鉴定书》

2.《数据测定报告》

3.《××××》歌曲乐谱

4.《现场工作记录》

5.……

中华人民共和国××省××市(县)公证处

公证员(签名)

××××年×月×日

(三)保全视听资料、软件

参考格式一:

公 证 书

(　)××××字第××号

申请人:甲公司,住所地:××省××市××街××号,法定代表人:×××。

委托代理人:丙,男(或女),××××,年××月××日出生,身份证号码:×××××,现住××省××市××街××号。

关系人:乙公司,住所地:××省××市××街××号,法定代表人:×××。

公证事项:保全软件

甲公司的委托代理人丙于××××年××月××日来到我处称乙公司未经申请人许可,将甲公司所开发的"kill98 认证版"正版软件安装到自己的网站上(网址:http://www.gl.col.com.cn),供 Internet 网络用户免费下载使用,为此向我处申请保全证据。

根据《中华人民共和国公证暂行条例》的规定,本公证员与公证员刘××根据甲公司的委托代理人丙的请求,于××××年××月××日×时×分至×时×分在我处,由该公司工作人员胡××操作计算机,进行了如下保全证据行为:

一、胡××打开计算机,通过拨号上网方式进入 Internet,点击 Internet Explorer 浏览器,进入东方网景网站(网址:http://www.east.

cn.net)主页,打印该页面,结果见实时打印第一页。

二、在地址栏输入乙公司的网址(http://www.gl.col.com.cn)后,进入乙公司的主页,打印该页面,结果见实时打印第二页。

三、点击该页面上的“软件特区”后,进入“软件特区”页面,打印此页面,结果见实时打印第三页。

四、点击“软件特区”页面中的“杀毒工具”后,进入“杀毒工具”页面,打印此页面,结果见实时打印第四页。

五、在“杀毒工具”页面上点击“国产杀毒工具”后,进入该页面。该页面上显示出“杀毒工具”页面。在“杀毒工具”页面可见“kill98 正式版,可用的喽,真正扶贫版……’99 年 1 月 6 日已下载 4421 次”字样,打印该页面,结果见实时打印第五页。

六、点击该页面上的“本地下载”,将“kill98 正式版”下载到本机硬盘,文件名:C:\windows\desktop。

七、将“kill98 正式版”下载到本机硬盘后,将“kill98n Zip”下载到本机硬盘。

八、使用“Win Zip7.0”打开“kill98n Zip”并解压至临时目录,结果见实时打印第六页,双击 Setup.exe 执行安装至安装完毕,重新启动计算机,程序组中出现图标,双击“kill98n”,可以运行“kill98 正式版”结果见实时打印第七页。

九、使用“Win RAR”,将“kill98n Zip”压缩至三张 3.5 寸软盘中保存,及一张“Win Zip7.0”和“Win RAR”压缩工具软盘,将上述四张软盘封存。

兹证明与本公证书相粘连的附件共七页均为申请人甲公司之委托代理人丙、电脑操作人员胡××及公证员×××、×××在现场操作过程中实时打印所得,与实际情况相符,上述操作过程中所得的四张软盘现存于我处。

附:……

中华人民共和国××省××市(县)公证处

公证员(签名)

××××年×月×日

参考格式二：

公 证 书

( )×××字第××号

申请人：甲，男(或女)，××××年××月××日出生，身份证号码：×××××，现住××省××市××街××号。

公证事项：保全视听资料

申请人甲为证明其学术观点的发表时间，于××××年××月××日向我处申请对其阐述学术观点的过程进行保全证据。

根据《中华人民共和国公证暂行条例》的规定，本公证员与公证人员李××于××××年××月××日上午×时×分到×时×分，在××××(地点)，对甲论述其学术观点的全过程进行了监督，同时对拍摄人员王××(性别，出生日期，身份证号码)、林××(性别，出生日期，身份证号码)现场拍摄所取得的录像带二盘进行了当场封存，并由王××、林××在封口处签名予以确认。兹证明现存于我处的第××号证物袋中保存的录像带二盘系王××、林××现场拍摄，该袋封口处此二人的签名属实。

中华人民共和国××省××市(县)公证处

公证员(签名)

××××年×月×日

(四)保全行为

参考格式一：

公 证 书

( )××字第××号

申请人：甲银行，住所地：××省××市××街××号，法定代表人：×××。

委托代理人：乙，男(或女)，××××年××月××日出生，身份证号码：×××××，现住××省××市××街××号。

公证事项:保全行为

申请人甲银行为保护其债权人的合法权益,特委托乙向我处申请对甲银行邮寄送达催款函的内容及过程进行保全证据。

根据《中华人民共和国公证暂行条例》的规定,本公证员与公证员高××以及申请人的委托代理人乙,于××××年××月××日来到北京市×××邮电支局,乙分别以挂号信方式向××××实业有限公司(地址;邮政编码)、××××汽车改装厂(地址;邮政编码)各寄送催款函一份(内容见附件一、附件二)并取得0124号、0125号中国邮政邮件收据两张(见附件三)。

兹证明与本公证书相粘连的催款函两件、信封两个、中国邮政邮件收据两件的复印件与原件内容相符。

附:…

中华人民共和国××省××市(县)公证处

公证员(签名)

××××年×月×日日

参考格式二:

公 证 书

(　)×××字第××号

申请人:甲公司,住所地:××省××市××街××号,法定代表人:×××。

委托代理人:乙,男(或女),××××年××月××日出生,身份证号码:×××××,现住××省××市××街××号。

公证事项:保全行为

申请人甲公司为诉讼之用,委托乙向我处申请对CIS实时金融系统与BC金融即时系统行情数据比较测定试验活动进行保全证据。

根据《中华人民共和国公证暂行条例》的规定,我处委派公证员吴××、刘××、李××、张××于××××年××月××日分别在甲公司(以下称主控地点)、××市××街××号(以下称测试地点),监督了CIS实时金融系统与BC金融即时系统行情数据比较测定试验的全过程。主控地点试验记录人员为侯××,录音人员为徐××,摄像人员为程××,公证员为李××、张××。公证员在主控地点取得了试验记录(一)一份共2页、录像带一盘、录音带一盘。测试地点的试验记录人员为田××,录音人员为尚××,摄像人员为常××,公证员为吴××、刘××,在测试地点公证中取得了试验记录(二)一份共3页,录音带、录像带各一盘。

兹证明与本公证书相粘连的试验记录(一)(二)的复印件与原件内容相符,原件上记录人员、公证员之签名均属实。现场所得的录像带二盘、录音带二盘经上述录音录像人员签名予以确认后,现保存于我处。

附:……

中华人民共和国××省××市(县)公证处

公证员(签名)

××××年×月×日

参考格式三:

公 证 书

( )×××字第××号

申请人:甲公司,住所地:××省××市××街××号,法定代表人:×××。

委托代理人:乙,男(或女),××××年××月××日出生,身份证号码:×××××,现住××省××市××街××号。

公证事项:保全行为

申请人甲公司因××××××××需要,于××××年××月××日向我处申请保全证据公证。

根据《中华人民共和国公证暂行条例》的规定,本公证员与公证员×××及申请人的委托代理人乙于××××年××月××日来到位于×

×省××市××街××号佳利电子工程公司，乙以普通消费者身份购买了微型电子计算机一套（包括主机、显示器、音箱三个包装箱），并从该公司当场取得《××市商业零售专用发票》一张。乙的购物过程由本公证员和公证员×××现场监督。购买行为结束后，本公证员对所购物品进行了封存。

兹证明，与本公证书相粘连的《××市商业零售专用发票》之复印件与申请人留存的原件相符。所购物品留存于申请人处。

附件：《××市商业零售专用发票》复印件一份1页

中华人民共和国××省××市（县）公证处
公证员（签名）
××××年×月×日

二、现场监督类公证书参考格式（略）

三、合同协议类公证书参考格式（略）

附录二　司法部继承要素式公证书格式、参考格式

根据《司法部关于推行继承类、强制执行类要素式公证书和法律意见书格式的通知》(司发通〔2008〕177号)的要求,司法部律师公证工作指导司(〔2008〕司律公字019号)印发了继承类、强制执行类要素式公证书和法律意见书格式:附件一《继承类要素式公证书通用格式》(附参考格式)、附件二《强制执行类通用格式》(附参考格式)、附件三《法律意见书通用格式》(附参考格式)。

▶▶附件一　继承类要素式公证书通用格式

公 证 书

(　　)××字第××号

申请人:基本情况[注1]

委托/法定代理人:基本情况[注2]

被继承人:基本情况[注3]

公证事项:继承权

证词内容

一、必备要素

(一)继承人姓名、申请日期、申请事项。

(二)当事人提供的证明材料[注4]。

(三)公证机构向当事人告知了继承权公证的法律意义和可能产生的法律后果。

(四)公证机构查明(审查核实)的事实,包括:

1.被继承人的死亡时间、地点。

2.继承人申请继承被继承人的遗产的情况[注5]。

3.经向所有继承人核实,被继承人生前是否立有遗嘱、遗赠扶养协议[注6]。

4.被继承人的全体继承人,有无死亡的继承人;继承人与被继承人的亲属关系[注7];代位继承情况及其他继承人[注8]。

5.继承人中有无丧失继承权的情况[注9]。

6.有无放弃继承权的情况[注10]。

(五)公证结论

1.法律事实、理由[注11]。

2.被继承人遗留的个人财产为合法财产。

3.被继承人的合法继承人[注12]。

4.被继承人的遗产由何人继承、如何继承[注13]。

二、选择要素

(一)被继承人的死亡原因。[注14]

(二)继承人提供的主要证据材料的真实性、合法性。

(三)适用遗嘱继承的,当事人是否了解遗嘱的内容。公证机构经向所有继承人核实,用于遗嘱继承的遗嘱为被继承人所立的最后一份有效遗嘱。[注15]

(四)对遗嘱见证人、执行人、遗产的使用人、保管人等事项的说明。

(五)根据遗嘱信托办理继承权公证的,应当根据遗嘱的内容,列明受托人应当承担的义务。

(六)根据《公司法》《保险法》《合伙企业法》《个人独资企业法》等有关继承的特别法的规定办理继承权公证的,写明特别法的具体适用。

(七)被继承人生前未缴纳的税款和债务情况,继承人对此所作的意思表示。

(八)公证员认为需要告知的有关继承的其他法律规定。

(九)公证员认为需要说明的其他事实或情节。

中华人民共和国××省××市××公证处
公证员(签名章或签名)
××××年×月×日

注：

1.申请人是指向公证机构提出继承权公证申请的人，包括继承人和继承人的委托代理人、法定代理人。没有向公证机构提出申请的继承人，不列为申请人。基本情况包括：姓名、性别、出生日期、身份证件名称和号码、住址，外国人应写明国籍。

2.委托/法定代理人指根据授权委托书或法律规定，代理继承人申请办理公证的人。

委托代理人需提交经公证的授权委托书；法定代理人需提交有代理权资格的证明。

3.被继承人基本情况包括：姓名、性别、出生日期、生前住址。

4.当事人提供的证明材料应详细列明。

5.公证机构只对继承人申请继承的被继承人的遗产的情况进行核实。核实的内容包括：个人合法财产及财产权利的种类、数量，是否与他人共有或者是夫妻共同财产，是否有典当、抵押、出质或其他权利受限制情况，现存放何处，由何人保管。

被继承人的遗产应详细列明，财产种类、数量较多的可制作成财产清单作为公证书附件。

6.公证机构必须向所有法定继承人进行核实，确认被继承人生前是否立有遗嘱或与他人订立遗赠扶养协议。有遗嘱的，按照遗嘱继承或者遗赠办理；有遗赠扶养协议的，按照协议办理。有遗嘱、遗赠扶养协议的必须审查其真实性、合法性，并应注意遗嘱、遗赠扶养协议是否包括被继承人全部的遗产。

7.首先核实被继承人第一顺序继承人，注明其身份，没有第一顺序继承人的应予以说明，其次再核实第二顺序继承人的身份。特别应注意《继承法》第十条、第十二条有关子女、父母、兄弟姐妹、丧偶儿媳、女婿的规定。符合《继承法》规定条件的继承人均予以列入。

8.主要查明继承人与被继承人死亡的先后时间，核实代位继承的代位继承人、其他继承人是否符合条件。

9.继承人丧失继承权的情况为《继承法》第七条规定的行为，未发生第七条规定情况的不写。

10.继承人放弃继承权的，公证员应进行询问，询问过程应写入询问笔录，或者提交经公证的放弃继承权声明书，但应注意继承人放弃继承权的行为是否致其不履行法定义务。继承人放弃继承权的，证词中应具体写明继承人放弃继承的遗产的范围。

11.注意正确引用《中华人民共和国继承法》《最高人民法院关于贯彻执行〈中华人民共和国继承法〉若干问题的意见》的具体条款。

12.所有合法继承人应全部列上。

13.情况复杂的，可以表述具体继承份额、有无代为保管遗产的人，等等。继承人之间就遗产分割达成协议的，如协议内容合法，可以作为分割遗产的依据。

14.申请人提供的证据材料能够说明被继承人死亡原因的，可以在证词中写明。死亡原因包括：因病、意外事件、被害、自杀、被法院宣告死亡等。如被害死亡，尤应审查是否继承人所为，是否导致继承人丧失继承权。

15.适用遗嘱继承的，此项为必备要素。公证机构必须向所有继承人核实用于办理继承权公证的遗嘱是否为被继承人生前所立的最后一份有效遗嘱，遗嘱是否已为缺乏劳动能力又没有生活来源的继承人保留必要的遗产份额等。

参考样式一：法定继承

公 证 书

（ ）××字第××号

申请人：甲，男（或女），××××年×月×日出生，身份证号码：××××，现住××省××市××街××号。

乙，男（或女），××××年×月×日出生，身份证号码：××××，现住××省××市××街××号。

丙，男（或女），××××年×月×日出生，身份证号码：××××，现住××省××市××街××号。

丁，男（或女），××××年×月×日出生，身份证号码：××××，现住××省××市××街××号。

委托/法定代理人：A，男（或女），××××年×月×日出生，身份证号码：××××，现住××省××市××街××号。

被继承人:戊,女(或男),××××年×月×日出生,生前住××省××市××街××号。

公证事项:继承权

申请人甲、乙、丙、丁/法定/委托代理人因继承被继承人戊的遗产,于××××年×月×日向本处申请办理继承权公证,并提供了以下证明材料:××××。

根据《中华人民共和国公证法》的规定,本处对申请人提交的权利证明及相关证据材料进行了审查核实,并对申请人及有关人员进行了询问,现查明如下事实:

一、被继承人戊于××××年×月×日因病在×××死亡。

二、继承人甲、乙、丙、丁/法定/委托代理人向本处申请继承被继承人戊遗留的财产(被继承人戊生前与其妻子甲的夫妻共同财产),包括:

(一)坐落在××××的房屋,《房屋产权证》编号:××××。

(二)存款:人民币(或美元等)××××元,现存××银行,存单号码:××××。

(三)其他财产/财产权利。

三、据被继承人戊的所有继承人甲、乙、丙、丁称,被继承人戊生前无遗嘱,亦未与他人签订遗赠扶养协议。继承人对被继承人生前无遗嘱及遗赠扶养协议无争议,截至本公证书出具之日亦未有他人向本处提出异议。

四、被继承人戊的配偶甲;戊的儿子乙;戊的父亲丙;戊的母亲丁。

五、现甲、乙均表示要求继承被继承人戊的遗产,丙、丁、A表示放弃对被继承人戊的遗产继承权。

根据上述事实并依据《中华人民共和国继承法》第三条的规定,被继承人戊死亡时遗留的上述个人合法财产为戊的遗产(或依据《中华人民共和国继承法》第三条、第二十六条的规定,上述夫妻财产的一半为死者戊的遗产)。根据《中华人民共和国继承法》第五条、第十条、第二十五条的规定,被继承人的遗产应由其配偶甲、儿子乙、父亲丙、母亲丁共同继承，因丙、丁表示放弃对被继承人戊的遗产继承权，因此，兹证明被继承人戊的遗产由甲、乙共同继承（或者根据继承人之间就分割遗产达成的协议，被继承人戊的遗产由×××、×××继承）。

中华人民共和国××省××市××公证处

公证员（签名章或签名）

××××年×月×日

参考样式二：代位继承1

公证书

（ ）××字第××号

申请人：甲，男（或女），××××年×月×日出生，身份证号码：××××，现住××省××市××街××号。

乙，男（或女），××年×月×日出生，身份证号码：××××，现住××省××市××街××号。

委托/法定代理人：B，男（或女），××年×月××日出生，身份证号码：××××，现住××省××市××街××号。

被继承人：A，女（或男），××××年×月×日出生，生前住××省××市××街××号。

公证事项：继承权

申请人甲、乙因继承被继承人A的遗产，于××××年×月×日向我处申请办理继承权公证，并提交了如下证明材料：

根据《中华人民共和国公证法》的规定，本处对申请人提交的权利证明及相关的证据材料进行了审查核实，并对申请人及有关人员进行了询问，现查明如下事实：

一、被继承人A于××××年×月×日因病在×××死亡。

二、申请人甲、乙向本处申请继承被继承人A遗留的财产（被继承人A生前与其妻子甲的夫妻共同财产），包括：

（一）坐落在××××的房屋，《房屋产权证》编号：×××××。

（二）存款：人民币（或美元等）××××元，现存××银行，存单号码：××××。

（三）其他财产/财产权利。

三、据被继承人A的继承人甲、乙、×××称，被继承人A生前无遗嘱，亦未与他人签订遗赠扶养协议。继承人对被继承人生前无遗嘱及遗赠扶养协议无争议，截至本公证书出具之日亦未有他人向本处提出异议。

四、被继承人A的配偶甲；A的子女共三人：长子乙、次子丙、三子B；A的父亲丁；A的母亲戊。

其中A的父亲丁、A的母亲戊已分别于××××年×月×日和××××年×月×日先于A死亡。次子丙于××××年×月×日先于被继承人A死亡。

次子丙现有一子一女：儿子C、女儿D。

五、现甲、乙均表示要求继承被继承人A的遗产。（或×××及关系人B表示放弃对被继承人A的遗产继承权）。

根据上述事实并依据《中华人民共和国继承法》第三条的规定，被继承人A死亡时遗留的上述个人合法财产为A的遗产（或依据《中华人民共和国继承法》第三条、第二十六条的规定，上述夫妻财产的一半为死者A的遗产）。根据《中华人民共和国继承法》第五条、第十条的规定，被继承人的遗产应由其配偶、子女、父母共同继承。因A的父亲丁、母亲戊均先于A死亡，关系人B放弃继承上述遗产，故被继承人A的遗产应由其配偶甲、长子乙、次子丙共同继承。又因被继承人A的次子丙已先于其死亡，并遗有子女各一人，根据《中华人民共和国继承法》第十一条的规定，次子丙应继承的份额由其儿子C、女儿D代位继承。

综上，兹证明被继承人A的遗产应由甲、乙、C、D共同继承。

中华人民共和国××省××市××公证处

公证员（签名章或签名）

××××年×月×日

参考样式三:代位继承2

公 证 书

( )××字第××号

申请人:甲,男(或女),××××年×月×日出生,身份证号码:××××,现住××省××市××街××号。

乙,男(或女),××××年×月×日出生,身份证号码:××××,现住××省××市××街××号。

委托/法定代理人:己,男(或女),××××年×月×日出生,身份证号码:××××,现住××省××市××街××号。

被继承人:A,女(或男),××××年×月×日出生,生前住××省××市××街××号。

公证事项:继承权

申请人甲、乙因继承被继承人A的遗产,于××××年×月×日向本处申请办理继承权公证,并提交了如下证明材料:

根据《中华人民共和国公证法》的规定,本处对申请人提交的权利证明及相关的证据材料进行了审查核实,并对申请人及有关人员进行了询问,现查明如下事实:

一、被继承人A于××××年×月×日因病在×××死亡。

二、申请人甲、乙向本处申请继承被继承人A遗留的财产(被继承人A生前与其妻子甲的夫妻共同财产),包括:

(一)坐落在××××的房屋,《房屋产权证》编号:××××。

(二)存款:人民币(或美元等)××××元,现存××银行,存单号码:××××。

(三)其他财产/财产权利。

三、据被继承人A的所有继承人甲、乙、×××称,被继承人A生前无遗嘱,亦未与他人签订遗赠扶养协议。继承人及关系人对被继承人生前无遗嘱及遗赠扶养协议无争议,截至本公证书出具之日亦未有他人向本处提出异议。

四、被继承人A的配偶甲;A的子女共三人:长子乙、次子丙、三子己;A 的父亲丁;A 的母亲戊。其中 A 的父亲丁、A 的母亲戊已分别于××××年×月×日和××××年×月×日先于 A 死亡。次子丙于××××年×月×日先于被继承人 A 死亡。次子丙现有一子一女:儿子 B、女儿 C。丙死后,丙的妻子 D 与其公婆 A、甲共同生活,并且 D 对其公婆尽了主要赡养义务。

五、现甲表示要求继承被继承人 A 的遗产,乙、已表示放弃对被继承人 A 的遗产继承权。

根据上述事实并依据《中华人民共和国继承法》第三条的规定,被继承人 A 死亡时遗留的上述个人合法财产为 A 的遗产(或依据《中华人民共和国继承法》第三条、第二十六条的规定,上述夫妻财产的一半为死者 A 的遗产)。根据《中华人民共和国继承法》第五条、第十条、第二十五条的规定,被继承人的遗产应由其配偶、子女、父母共同继承。因 A 的父亲丁、母亲戊均先于 A 死亡,乙、已表示放弃对被继承人 A 的遗产继承权,故被继承人 A 的遗产应由其配偶甲、次子丙共同继承。又因被继承人 A 的次子丙已先于其死亡,并遗有子女各一人,根据《中华人民共和国继承法》第十一条的规定,次子丙应继承的份额由其儿子 B、女儿 C 代位继承。但,丙死后,丙的妻子 D 与其公婆 A、甲共同生活,并且 D 对其公婆尽了主要赡养义务,根据《中华人民共和国继承法》第十二条的规定,D 应作为 A 的第一顺序继承人继承 A 的遗产。

综上,兹证明被继承人 A 的遗产应由甲、D、B、C 共同继承。

中华人民共和国××省××市××公证处

公证员(签名章或签名)

××××年×月×日

参考样式四:法定继承(转继承)

公 证 书

(　)××字第××号

申请人:甲,男(或女),××××年×月×日出生,身份证号码:×××

×,现住××省××市××街××号。

乙,男(或女),××××年×月×日出生,身份证号码:××××,现住××省××市××街××号。

丙,男(或女),××××年×月×日出生,身份证号码:××××,现住××省××市××街××号。

丁,男(或女),××××年×月×日出生,身份证号码:××××,现住××省××市××街××号。

委托/法定代理人:A,男(或女),××××年×月×日出生,身份证号码:××××,现住××省××市××街××号。

被继承人:戊,女(或男),××××年×月×日出生,生前住××省××市××街××号。

公证事项:继承权

申请人甲、乙、丙、丁因继承被继承人戊的遗产,于××××年×月×日向本处申请办理继承权公证,并提交了如下证明材料:

根据《中华人民共和国公证法》的规定,本处对申请人提交的权利证明及相关证据材料进行了审查核实,并对申请人及有关人员进行了询问,现查明如下事实:

一、被继承人戊于××××年×月×日因病在×××死亡。

二、继承人甲、乙、丙、丁向本处申请继承被继承人戊遗留的财产(被继承人戊生前与其妻子甲的夫妻共同财产),包括:

(一)坐落在××××的房屋,《房屋产权证》编号:××××。

(二)存款:人民币(或美元等)××××元,现存××银行,存单号码:××××。

(三)其他财产/财产权利。

三、据继承人戊的所有继承人甲、乙、丙、丁、×××称,被继承人戊生前无遗嘱,亦未与他人签订遗赠扶养协议。继承人及关系人对被继承人生前无遗嘱及遗赠扶养协议无争议,截至本公证书出具之日亦未有他人向本处提出异议。

四、被继承人戊的配偶甲;戊的儿子乙、A;戊的父亲丙;戊的母亲丁。

其中戊的儿子乙于××××年×月×日死亡。

五、现甲表示要求继承被继承人戊的遗产，A、丙、丁表示放弃对被继承人戊的遗产继承权。

根据上述事实并依据《中华人民共和国继承法》第三条的规定，被继承人戊死亡时遗留的上述个人合法财产为戊的遗产（或依据《中华人民共和国继承法》第三条、第二十六条的规定，上述夫妻财产的一半为死者戊的遗产）。根据《中华人民共和国继承法》第五条、第十条、第二十五条的规定，被继承人的遗产应由其配偶甲、儿子乙和A、父亲丙、母亲丁共同继承，因丙、丁、A表示放弃对被继承人戊的遗产继承权（或×××先于被继承人戊死亡），故被继承人戊的遗产由甲、乙共同继承（或×××一人继承）。又，因乙在尚未实际取得遗产时死亡，根据最高人民法院《关于贯彻执行〈中华人民共和国继承法〉若干问题的意见》第五十二条规定，其应继承遗产的权利转移给乙的合法继承人。

中华人民共和国××省××市××公证处

公证员（签名章或签名）

××××年×月×日

参考样式五：法定继承（有限责任公司股东资格继承）

公 证 书

（　）××字第××号

申请人：甲，男（或女），××××年×月×日出生，身份证号码：××××，现住××省××市××街××号。

乙，男（或女），××××年××月××日出生，身份证号码：××××，现住××省××市××街××号。

丙，男（或女），××××年×月×日出生，身份证号码：××××，现住××省××市××街××号。

丁，男（或女），××××年×月×日出生，身份证号码：××××，现住××省××市××街××号。

被继承人：戊，男（或女），××××年×月×日出生，生前住××省××市××街××号。

公证事项：继承权

继承人甲、乙、丙、丁因申请继承被继承人戊的遗产，于××××年×月×日向本处申请办理继承权公证，并提交了以下证明材料：

根据《中华人民共和国公证法》的规定，本处对申请人提交的权利证明及相关证明材料进行了审查核实，并对申请人及有关人员进行了询问，现查明如下事实：

一、被继承人戊于××××年×月×日因××在××市死亡。

二、根据继承人甲、乙、丙、丁提供的证明材料，被继承人戊生前为××××有限责任公司股东，死亡时遗有登记在其名下的××××有限责任公司×%的股权。

三、据继承人甲、乙、丙、丁称，被继承人戊生前无遗嘱，亦未与他人签订遗赠扶养协议。

四、被继承人戊的配偶为甲；被继承人戊的子女共三人，分别为乙、丙、丁。被继承人戊的父亲为A，被继承人戊的母亲为B。其中，被继承人戊的父亲A于××××年×月×日先于被继承人戊死亡；被继承人戊的母亲B于××××年×月×日先于被继承人戊死亡。

五、××××有限责任公司公司章程中没有关于公司自然人股东死亡后其合法继承人不得继承股东资格的规定。

六、现甲、丙、丁表示要求继承被继承人戊的上述遗产，乙表示放弃被继承人戊的上述遗产。

根据上述事实并依据《中华人民共和国继承法》第三条的规定，被继承人戊死亡时遗留的上述个人合法财产为戊的遗产（或根据《中华人民共和国继承法》第三条、第二十六条的规定，被继承人戊死亡时遗留的上述财产为被继承人戊与其配偶甲的夫妻共有财产，其中的一半为被继承人戊的遗产）。根据《中华人民共和国继承法》第五条、第十条、第二十五条和《中华人民共和国公司法》第七十五条的规定，被继承人戊死亡后，其股东资格应当由其配偶甲、父亲A、母亲B、儿子乙、丙、丁共同继承，因A、B先于被继承人戊死亡,乙放弃继承被继承人戊的上述遗产,兹证明被继承人戊死亡时遗有的上述××××有限责任公司股东资格由甲、丙、丁共同继承。

中华人民共和国××省××市××公证处

公证员(签名章或签名)

××××年×月×日

参考样式六:遗嘱继承

公 证 书

(　)××字第××号

申请人:甲,男(或女),××××年×月×日出生,身份证号码:××××,现住××省××市××街××号。

被继承人:A,女(或男),××××年×月×日出生,生前住××省××市××街××号。

公证事项:继承权

申请人甲因继承被继承人A的遗产,于××××年×月×日向本处申请办理继承权公证,并提交了如下证明材料:

根据《中华人民共和国公证法》的规定,本处对申请人提交的权利证明及相关的证据材料进行了审查核实,并对申请人及有关人员进行了询问,现查明如下事实:

一、被继承人A于××××年×月×日因病在×××死亡。

二、据被继承人A的所有继承人×××、×××称,被继承人A生前未与他人签订遗赠扶养协议。但A生前立有遗嘱,且该遗嘱为被继承人A生前所立的最后一份有效遗嘱。A的其他所有继承人对该遗嘱均予认可。

三、继承人甲向本处申请继承被继承人A遗留的财产(或与其妻子甲的夫妻共同财产):

(一)坐落在××××的房屋,《房屋产权证》编号:××××。

(二)存款:人民币(或美元等)××××元,现存××银行,存单号码:××××。

(三)其他财产/财产权利。

兹证明A生前所立遗嘱未违反《中华人民共和国继承法》的规定,真实、有效。根据A的遗嘱,A死亡时遗留的上述个人合法财产由甲继承。

中华人民共和国××省××市××公证处

公证员(签名章或签名)

××××年×月×日

参考样式七:遗赠公证书

公 证 书

(　)××字第××号

受遗赠人:甲,男(或女),××××年×月×日出生,身份证号码:××××,现住××省××市××街××号。

遗赠人:乙,女(或男),××××年×月×日出生,生前住××省××市××街××号。

公证事项:接受遗赠

受遗赠人甲因继承乙遗赠人的遗产,于××××年×月×日向本处申请办理接受遗赠公证。

根据《中华人民共和国公证法》的规定,本处对申请人提交的权利证明及相关的证据材料进行了审查核实,并对申请人及有关人员进行了询问,现查明如下事实:

一、遗赠人乙于××××年×月×日因病在×××死亡。其生前在本处(或在×××公证处)立有遗赠(公证书编号:[××××]××字第××号),表示将其下列遗产遗赠给申请人甲:

(一)坐落在××××的房屋,《房屋产权证》编号:××××。

(二)存款:人民币(或美元等)××××元,现存××银行,存单号码:××××。

(三)其他财产/财产权利。

二、申请人甲具有民事权利能力和民事行为能力，并表示愿意接受遗赠人遗赠的财产。

综上，兹证明遗赠人乙遗赠的上述财产，为受遗赠人甲所有。

中华人民共和国××省××市××公证处

公证员（签名章或签名）

××××年×月×日

附件二　强制执行类要素式公证书通用格式

一、具有强制执行效力的债权文书公证书通用格式［注1］

具有强制执行效力的债权文书公证书

（　）××字第××号

申请人：甲（基本情况）［注2］

乙（基本情况）

丙（基本情况）

公证事项：赋予××合同/协议强制执行效力［注3］

证词内容：

（一）必备要素

1.申请人名称或姓名、申请日期及申请公证事项。

2.公证机构查明的事实，包括：

（1）当事人的身份及签订债权文书的民事权利能力与民事行为能力；

（2）代理人的身份及代理权限；

（3）担保人的身份及民事权利能力和民事行为能力［注4］；

（4）债权文书所附担保合同标的物的权属情况及相关权利人的意思表示［注5］；

（5）债权文书主要条款是否完备，内容是否明确、具体［注6］；

（6）当事人签订债权文书的意思表示是否真实，是否对所有条款达成了一致意见；

（7）当事人是否了解、确认了债权文书的全部内容［注7］；

(8)是否履行了法律规定的批准、许可或登记手续[注8];

(9)公证机构对强制执行公证的法律意义和可能产生的法律后果的告知[注9];

(10)债权文书当事人对强制执行的约定及债务人/担保人自愿直接接受强制执行的意思表示[注10];

(11)债权文书当事人就《执行证书》出具前公证机构核查内容、方式达成的在先约定[注11]。

3.公证结论:

(1)当事人签订债权文书的日期、地点等;

(2)当事人签订债权文书行为的合法性;

(3)债权文书内容的合法性;

(4)当事人在债权文书上签字、盖章的真实性;

(5)赋予该债权文书强制执行效力[注12];

(6)债权文书生效日期、条件等[注13]。

(二)选择要素

1.双方当事人向公证机构提交的证据材料[注14];

2.当事人对债权文书的重要解释或说明;

3.公证员认为需要说明的其他情况;

4.附件[注15]。

中华人民共和国××省××市××公证处

公证员(签名章或签名)

××××年×月×日

注:

1.本格式适用于对债权文书赋予强制执行效力的公证,债权文书的种类包括借款合同、抵押贷款合同等,公证书的标题为《具有强制执行效力的债权文书公证书》。

2.申请人为债权文书各方当事人。

3."××合同/协议"指债权文书的名称或类别,如借款合同、抵押贷款合同、借用合同、租赁合同等。

4.此要素适用于债权文书附有担保内容(如《抵押贷款合同》等)的情形。

5.在债权文书附有担保内容的情况下,应写明此要素,主要指抵押物/质物等担保物的所有权权属情况,包括担保物是否属于共有财产、共有人对设立担保是否有异议,经向登记部门核查是否存在担保物权利受限制的记录等。

6.可概述债权文书的关键性内容。

7.债权文书为格式合同的,此点特别重要。

8.指法律规定债权文书订立前需经批准、许可或登记的情形,不需经许可、批准或登记即可订立债权文书的,不写此内容。

9.公证机构的告知内容包括:

(1)强制执行公证的法律意义和可能产生的法律后果;

(2)《中华人民共和国民事诉讼法》第二百三十九条有关申请执行期限的规定以及债权人未来申请《执行证书》时需要给予公证机构核查债权债务所需的合理时间;

(3)《最高人民法院关于当事人对具有强制执行效力的公证债权文书的内容有争议提起诉讼人民法院是否受理问题的批复》的规定。

上述告知内容应写入询问笔录,并应提请当事人确认。

10.写明债权文书中的强制执行条款及债务人/担保人自愿直接接受人民法院强制执行的意思表示。

11.写明债权文书当事人对于未来出具《执行证书》前公证机构核查的内容、方式已事先达成明确、具体的约定。

12.具体引用《中华人民共和国民事诉讼法》第二百三十八条、《中华人民共和国公证法》第三十七条等法律依据。

13.写明自债权文书生效及债权债务形成之日起,公证书具有强制执行效力。

14.可写明公证机构对该证据材料的查实结论。

15.有附件时,应在公证证词中列明附件的顺序号、名称。

二、执行证书通用格式

执行证书[注 1]

( )××证执字第××号

申请执行人:(基本情况)

被申请执行人:(基本情况)[注 2]

证词内容:

(一)必备要素

1.申请执行人和被申请执行人的名称或姓名、申请日期及申请事项。

2.申请执行人申请执行所提交的证据材料。

3.公证机构查明的事实,包括:

(1)申请执行人与被申请执行人订立债权文书经公证并赋予强制执行效力的情况[注 3];

(2)申请执行人履行、被申请执行人不履行或履行不适当的事实[注 4];

(3)申请执行人与被申请执行人在债权文书中就公证机构核查内容、方式所作的在先约定[注 5];

(4)公证机构签发本证书前进行核查的过程[注 6]。

4.公证结论:

(1)被执行人[注 7];

(2)具体执行标的(违约金、利息、滞纳金等可列入执行标的)[注 8];

(3)第三人对申请出具本证书是否提出过异议;

(4)申请执行的期限[注 9]。

(二)选择要素

1.抵押物/质物的登记情况[注 10];

2.可供执行标的物[注 11];

3.有管辖权的人民法院[注 12];

4.公证员认为需要说明的其他情况[注13]；

5.附件[注14]。

中华人民共和国××省××市××公证处

公证员(签名章或签名)

××××年×月×日

注：

1.本格式适用于在《具有强制执行效力的债权文书公证书》基础上签发的《执行证书》。

2.申请执行人、被申请执行人分别为《具有强制执行效力的债权文书公证书》中的债权人、债务人。

3.签订债权文书的主体、时间、地点、《具有强制执行效力的债权文书公证书》编号、债务人/担保人自愿直接接受强制执行的承诺等内容。

4.被执行人不履行或履行不适当的事实包括现欠款(物)的情况(名称、金额、数量等)。

5.具体引述《具有强制执行效力的债权文书公证书》中有关公证机构核查内容、方式的在先约定。

6.指公证机构按照办证规则及债权文书当事人在债权文书中事先约定的核查内容、方式，就债权债务所作的核查。

7.债权文书无担保的，被执行人为债务人；债权文书附担保内容的情形下(如《抵押贷款合同》等)，被执行人仍应为债务人，但同时可具体写明担保人(抵押人/出质人等)为债务的履行提供了某种担保。

8.指按法律规定和债权文书约定，债务人/担保人应偿还的债务总额。

9.引用《民事诉讼法》第二百三十九条的规定："申请执行的期间为二年。申请执行时效的中止、中断，适用法律有关诉讼时效中止、中断的规定。前款规定的期间，从法律文书规定履行期间的最后一日起计算；法律文书规定分期履行的，从规定的每次履行期间的最后一日起计算；法律文书未规定履行期间的，从法律文书生效之日起计算。"

10.指被申请执行人或担保人在债权文书中确认的抵押物/质物在登记机关所登记的权利记载内容。

11.指被执行人合法拥有的可供执行的财产，债权文书附有担保内容的（如《抵押贷款合同》等），可写此要素。

12.引用《民事诉讼法》第二百二十四的规定："发生法律效力的民事判决、裁定，以及刑事判决、裁定中的财产部分，由第一审人民法院或者与第一审人民法院同级的被执行的财产所在地人民法院执行。法律规定由人民法院执行的其他法律文书，由被执行人住所地或者被执行的财产所在地人民法院执行。"

13.公证员认为需要说明的其他情况，包括债权人、债务人主体发生变更的（如债权人、债务人更名或债权债务依法进行了转让）等。

14.有附件时，附件的顺序号、名称应在公证证词中列明。

参考样式一

具有强制执行效力的债权文书公证书

（××××）沪证经字第××××号

申请人：借款人：宋××，男，××××年×月×日出生，现住上海市××区××路××号，身份证号码：××××

贷款人：交通银行上海市××支行，地址：上海市××路××号

负责人：王××

代理人：李××

公证事项：赋予个人住房借款合同及其补充协议强制执行效力

申请人宋××（下称"甲方"）、交通银行上海市××支行（下称"乙方"）于××××年×月×日向本处申请对前面的《个人住房借款合同》及其《补充协议》（下称"该合同及补充协议"）进行公证并赋予该合同及补充协议强制执行效力。

甲方向本处提交了下述证明材料：一、甲方与其配偶毛××的身份证、居民户口簿、结婚证；二、商品房买卖合同；三、购房首付发票；四、个人职业及收入证明。乙方向本处提交了下述证明材料：一、注册号为企字××××号营业执照（副本）；二、编号为××××号金融机构营业许可证（副本）；三、负责人王××身份证；四、乙方委托李××为代理人的《授权委托书》；五、个人汽车消费（或住房）贷款担保方授信

额度审批表、个人住房贷款审查(审批)表。

经查,甲乙双方依法均具有签订该合同及补充协议、建立借贷法律关系的民事权利能力和民事行为能力。本公证员就该合同及补充协议的内容及甲乙双方提交的证明材料依法进行了审查,因甲方及其配偶毛××未就该合同及补充协议项下的房产作过夫妻财产约定,故本公证员要求甲方及其配偶共同确认该合同及补充协议的内容,并告知了强制执行公证的有关法律规定、法律意义和可能产生的法律后果。在此基础上,甲乙双方经协商,订立了本公证书前面的合同及其补充协议。双方在该合同及补充协议中明确约定了借款的币种、数额、还款期限、利率及其违约责任等条款;为保证债务的履行,甲方作出了自愿接受强制执行的意思表示,甲方配偶毛××在本公证员面前另行签署了对该合同及补充协议无异议的《确认书》并办理了公证(公证书编号:××××)。甲乙双方并就债务人违约时本处应债权人的申请出具《执行证书》前的核实内容、程序达成了明确、具体的约定。

依据上述事实,兹证明甲方宋××与乙方交通银行上海市××支行负责人的代理人李××于××××年×月×日在上海市,在本公证员面前签署了前面的《个人住房借款合同》及其《补充协议》,当事人的签约行为符合《中华人民共和国民法通则》第五十五条的规定,该合同及补充协议的内容符合《中华人民共和国合同法》的有关规定,合同、协议上双方当事人的签字、印章均属实。

根据《中华人民共和国民事诉讼法》第二百三十八条、《中华人民共和国公证法》第三十七条和《最高人民法院、司法部关于公证机关赋予强制执行效力的债权文书执行有关问题的联合通知》的有关规定,自前面的《个人住房借款合同》及其《补充协议》生效及债权债务形成之日起,本公证书具有强制执行效力。

中华人民共和国××市××公证处

公证员(签名章或签名)

××××年×月×日

参考样式二

执行证书

(××××)京证执字第××××号

申请执行人:××银行北京××支行(系贷款人、抵押权人)

住所:北京市××区××路××号

负责人:×××

被申请执行人:×××(系借款人、抵押人),男,××××年×月×日出生,身份证号码:××××

申请执行人××银行北京××支行于××××年×月×日向本处申请出具该支行与被申请执行人×××签订的具有强制执行效力的《个人住房抵押贷款合同》(下称"该合同")的执行证书。

经查,申请执行人于××××年×月×日与借款人(抵押人)×××签订了该合同。该合同经本处公证并赋予强制执行效力(公证书编号:××××)。根据该合同,借款人为购房向贷款人借款人民币××××元整,借款期限为××年。依该合同,借款人将其所购买的坐落于北京市××路××号××室的房产及相应占用的土地使用权抵押给贷款人,作为借款人按期归还所借款项人民币××××元整和支付利息、违约金、损害赔偿金及债权人实现抵押权的费用的担保。双方当事人在该合同中约定:自该合同生效之日起,债权人连续三个月或累计六个月未能按期如数还款的,即视为违约;合同中并特别约定:该合同经公证后具有强制执行效力,乙方可向有管辖权的人民法院申请强制执行,甲方自愿直接接受强制执行。

根据《公证程序规则》、有关办证规则的规定及债权债务双方当事人在该合同中事先约定的方式,本公证机构对本执行证书所涉及的债权债务进行了核查。现查实,该合同项下的抵押物已依法办理了房地产抵押登记,《房地产其他权利证明》编号为××××。申请执行人已按约如数放款给借款人(抵押人),借款人违反该合同约定,已累计××个月未如数归还贷款本息(借款人累计已还本金××××元整,利息××××元整),至××××年×月×日尚欠贷款本金人民币×××

×元整、利息××××元整、罚息××××元整。

现应申请执行人××银行北京××支行的申请,根据《中华人民共和国民事诉讼法》第二百三十八条和《中华人民共和国公证法》第三十七条的规定以及申请执行人与被申请执行人所作的约定,特出具本执行证书。申请执行人××银行北京××支行可持本证书向北京市有管辖权的人民法院申请强制执行。被申请执行人为×××,执行标的为:本金人民币××××元整、利息××××元整(截至××××年×月×日为止)、罚息××××元整以及申请执行人为实现抵押权所支付的费用。

根据《中华人民共和国民事诉讼法》第二百三十九条的规定,申请执行的期间为二年。申请执行时效的中止、中断,适用法律有关诉讼时效中止、中断的规定。前款规定的期间,从法律文书规定履行期间的最后一日起计算;法律文书规定分期履行的,从规定的每次履行期间的最后一日起计算;法律文书未规定履行期间的,从法律文书生效之日起计算。

中华人民共和国××市××公证处
公证员(签名章或签名)
××××年×月×日

▶▶附件三　法律意见书通用格式

一、法律意见书的结构

法律意见书(Legal Opinion)有可能涉及各种事项,因而具体内容可能各不相同,但法律意见书的基本内容至少应该包括以下几个方面:

(一)首部:标题、编号等。

(二)正文。具体包括:

1.委托人基本情况;

2.受托人(即法律意见书出具人)基本情况;

3.委托事项;

4.委托人提供的相关资料;

5.受托人独立调查获得的资料;

6.出具法律意见书所依据的现行有效的法律规定;

7.法律法理分析;

8.结论;

9.声明和提示条款。

(三)尾部。

1.出具人署名盖章及签发日期;

2.附件。

二、法律意见书内容的基本要求

(一)首部,即标题,实践中一般有两种写法,一是直接写"法律意见书";一是具体写明法律意见书的性质,例如:"关于××银行贷前审查的法律意见书"。此外还可以有法律意见书的编号。

(二)正文。

1.第1项和第2项主要是指法律意见书涉及的主体,即列举委托人和受托人的身份事项。委托人是指委托出具法律意见书的当事人;受托人是指法律意见书的出具人,包括律师和公证员。应将两者的身份事项列举清楚,根据一般法律文书对于身份事项的要求,至少应包括,如果委托人是自然人的话,依次应为姓名、性别、出生日期、住所以及身份证件号码;如果委托人是法人和其他组织,应当写明名称、法人代表或负责人、住所、证照号码。受托人应写明律师/公证员姓名、执业机构、执业证件号码。

2.第3项即委托事项,应当写明就何法律问题提供法律意见。

3.第4项和第5项分别为委托人提供的资料和受托人独立调查获得的资料。各类资料和相关事实应如实写明,如果有附件的应当另行注明。

需要注意的是,第5项内容有时在法律意见书中是空缺的,这是因为律师和公证员在出具某些法律意见书时没有义务去调查和获取其他资料。一般只有在律师和公证员有义务去调查和获取其他资料时,这部分内容才可能出现在法律意见书中,而这种义务有可能来自委托方的要求,也有可能源自法律的直接规定。

4.出具法律意见书所依据的法律规定不需要具体到条款,只需要说明法律、法规、司法解释的名称和颁发机关及施行日期即可。

5.法律分析部分:法律分析是法律意见书的主体,应当对于事实和法律规定作详细的分析,引用法律法规甚至司法解释的规定应完整具体。如有必要还应进行法理上的阐述。

6.结论:结论部分是实现法律意见书目的的载体,因而对于委托人和其他利害关系人具有重要意义,也是委托人和其他利害关系人作出决策的最为直接的依据。在措辞上应该严谨缜密、客观直接。

7.声明和提示条款:声明条款涉及法律意见书的责任问题,对于任何一方当事人来说都具有重要性,声明条款的内容包括责任限定条款,即出具人对于自己应该承担的责任予以限制和排除的条款;提示条款是出具人提示委托人和其他利害关系人应特别注意的条款,也关系到委托人可能承担的责任。

8.署名盖章和签发日期:在法律意见书的右下角法律意见书的出具人应署名盖章,也就是说,律师或公证员应在该位置手写署上姓名,出具法律意见书的律师事务所或公证处应加盖公章,盖章位置应能压住律师或公证员署名及签发日期。至于签发日期则是指法律意见书出具的时间,应采用汉字而不是阿拉伯数字表示日期。

9.附件:对法律意见书的结论可能产生影响的文件应附于法律意见书之后,附件较多的,应另行编制附件目录。

参考样式一

关于药品经销合同合法性论证的法律意见书

(1996)××证书字第××号

致:台湾Z药品工业有限公司

上海Y药品进出口公司

上海X药品经销公司

[关于《药品经销合同》合法性的几点意见]

本处接受台湾Z药品工业有限公司(以下简称"台湾Z公司")、上海Y药品进出口公司(以下简称"进口商")和上海X药品经销公司(以下简称"经销商")三方的申请,就三方当事人所签《药品经销合同》的真实性、合法性进行公证,并指派本公证员承办本案。现根据你们的申请,在办理该合同公证的同时,就合同的内容和条款在中国现行法律制度下的合法性问题出具公证法律意见书。

你们向本处提出如下问题:

一、台湾Z公司作为合同主体,应具有怎样的法律地位?

二、该公司的争议解决方式是否可以选择在日本商业仲裁协会进行仲裁?同时是否可以选择在中国国际经济贸易仲裁委员会进行仲裁?

三、该合同的订立是否以取得中华人民共和国卫生部门颁发的药品许可证为前提条件?

为出具本意见书,本公证员审阅了你们提交的以下法律文件:

一、台湾Z公司与进口商及经销商之间的《药品经销合同》(草案);

二、日本主管当局颁发的药品专利证书和药品商标注册证书;

三、台湾Z公司的《公司执照》《登记证》和《公司章程》;

四、台湾Z公司法定代表人的身份证明;

五、进口商和经销商各自的《营业执照》(副本)和《公司章程》;

六、进口商和经销商各自的法定代表人的身份证明;

七、进口商和经销商的药品进口和经销许可证。

对于上述文件,暂且假定:

一、所有文件的签字和盖章都是真实的;

二、所有文件均是真实的、完整的、有效的,无任何隐瞒、遗漏和虚假之处;

三、所有提交的副本、复印件与正本、原件一致;

四、文件中事实的陈述是正确的。

针对上述问题,本公证员提供以下法律意见:

一、台湾Z公司作为合同主体,应具有怎样的法律地位?

由于台湾地区当前所处的特殊地位,其社会制度、经济制度与大陆有较大的差别,为此国务院于1988年7月3日发布了《国务院关于鼓励台湾同胞投资的规定》(以下简称"《规定》"),赋予台湾同胞赴大陆投资进行经贸活动特殊的优惠待遇;根据1994年全国人大常委会通过的《中华人民共和国台湾同胞投资保护法》(以下简称"《投资保护法》")第二条的规定,台湾同胞包括台湾地区的公司、企业、其他经济组织或者个人。可见,《规定》适用于包括在台湾注册的公司在内的有关主体。

台湾Z公司是日商在台湾登记注册的法人即台湾法人,由于台湾是中国领土不可分割的组成部分,因此Z公司作为台湾法人也就自然成为中国法人。

但是,台湾地区的特殊性又使得在台湾登记注册公司的法律地位具有相应的特殊性。根据《规定》第五条的规定,台湾投资者在大陆投资,可以参照适用国家有关涉外经济法律、法规,享受相应的外商投资企业待遇。

因此,Z公司作为合同主体,应具有中国法人的地位,但其在大陆进行投资和进行其他经贸活动时,可以适用国家有关涉外经济法律、法规的规定,享受中国法律给予外商的优惠待遇。

二、该《药品经销合同》的争议解决方式是否可以选择在日本商业仲裁协会进行仲裁?同时是否可以选择在中国国际经济贸易仲裁委员会进行仲裁?

《规定》第二十条规定:包括台湾公司、企业和个人在内的"台湾投资者在大陆投资因履行合同发生的或者与合同有关的争议，当事人应当尽可能通过协商或者调解解决。当事人不愿协商、调解的，或者协商、调解不成的，可以依据合同中的仲裁条款或者事后达成的书面仲裁协议，提交大陆或者香港的仲裁机构仲裁”。

《投资保护法》第十四条规定："台湾同胞投资者与其他省、自治区和直辖市的公司、企业、其他经济组织或者个人之间发生的与投资有关的争议，当事人可以通过协商或者调解解决。当事人不愿协商、调解的，或者协商、调解不成的，可以依据合同中的仲裁条款或者事后达成的书面仲裁协议，提交仲裁机构仲裁。"

上述规定虽然主要针对投资问题而作出的，但却是中国目前为止对台商在中国大陆进行经济贸易活动最权威、最具体的规定，也是处理台商在大陆进行经济贸易活动的重要法律规范和主要依据。

由上述《规定》和《投资保护法》的规定可以看出，台商与大陆其他当事人因经贸关系而发生争议的，原则上应在大陆的仲裁机构进行仲裁，如果各方当事人同意，也可以在香港的仲裁机构进行仲裁。《药品销售合同》(草案)第三条约定："若此争议由出口商或者经销商开端，则在日本大阪进行仲裁，依日本商业仲裁协会的商业仲裁条例。"为确保上述《药品经销合同》仲裁条款的有效性，建议将仲裁地点由"日本大阪"改为"香港"。

因为，英国已加入1958年在纽约通过的《承认与执行外国仲裁裁决的公约》(以下简称"《纽约公约》")，使得《纽约公约》对香港同样适用。香港的仲裁机构作出的裁决，可以根据《纽约公约》的规定，在任何其他《纽约公约》的成员国得到承认和强制执行。

《药品经销合同》(草案)同时还约定："若由台湾Z公司开端，则在中华人民共和国国内进行仲裁，依照中国国际经济贸易仲裁委员会的法则。"那么这一规定是否可行呢？

依据《中国国际经济贸易仲裁委员会仲裁规则》(以下简称"《仲裁规则》")第二条的规定，中国国际经济贸易仲裁委员会以仲裁的方式，独立、公正地解决产生于国际或涉外的合同性或非合同性的经济贸易等争议，包括中国法人及/或自然人之间发生的上述争议，以保护当事人的正当权益，促进国内外经济贸易的发展。从《仲裁规则》可以看出，台湾Z公司作为中国法人与中国境内的其他法人之间的经济贸易争端，可以提交给中国国际经济贸易仲裁委员会仲裁。因此《药品经销合同》（草案）所规定的“若由台湾Z公司开端，则在中华人民共和国国内进行仲裁，依照中国国际经济贸易仲裁委员会的法则”在仲裁地的选择上是可行的。

但是本公证员在审阅《药品经销合同》（草案）过程中，发现《药品经销合同》（草案）对在中国国际经济贸易仲裁委员会进行仲裁的具体地点没有作出规定。根据上述《仲裁规则》第十二条的规定，双方当事人可以约定将其争议提交仲裁委员会在北京进行仲裁，或者约定将其争议提交仲裁委员会深圳分会在深圳进行仲裁，或者约定将其争议提交仲裁委员会上海分会在上海进行仲裁；如无此约定，则由申请人选择，由仲裁委员会在北京进行仲裁，或者由其深圳分会在深圳进行仲裁，或者由其上海分会在上海进行仲裁；作出选择时，以首先提出选择的为准；如有争议，应由仲裁委员会作出决定。为此，建议《药品经销合同》当事人对仲裁具体地点问题予以注意。

值得一提的是，中国已于1986年12月2日加入《纽约公约》，该公约已于1987年4月22日起对中国生效，所以中国国际经济贸易仲裁委员会作出的裁决，同样可以根据《纽约公约》的规定，在任何其他《纽约公约》的成员国得到承认和强制执行。

三、该《药品经销合同》的订立是否以取得药品许可证为前提条件？

由于该《药品经销合同》只涉及药品的进口和销售的原则性规定，而没有进口和销售事项的具体规定，而根据双方在《药品经销合同》第一条中的约定可知，“台湾Z公司”采购产品供应给进口商和经销商的前提是：

第一，有关供应产品的详细条件得到三方当事人同意；

第二，产品取得中华人民共和国卫生部门所颁发的药品许可证。

可见,该合同项下产品取得中华人民共和国卫生部门颁发的药品许可证只是台湾Z公司采购产品供应给进口商和经销商时,“有关供应产品的详细条件得到三方关系者同意”,即三方当事人还将进一步签署具体的产品进口协议或者产品经销协议。如果三方当事人不签署新的具体的药品进口协议和经销协议,就无法确定三方当事人在交易中的具体权利和义务。所以,签署新的具体的药品进口协议和经销协议,是本项交易完成的必要条件。

综上所述,产品取得中华人民共和国卫生局颁发的药品许可证只是台湾Z公司采购产品供应给进口商和经销商的前提,而不是签署该合同的前提。

本意见书仅仅限于出具之日中国有效的法律、法规、规章。

本意见书仅为《药品经销合同》办理公证事项而出具。

未经本公证员事先书面同意,本意见书不作其他用途。

中华人民共和国××省××市××公证处

公证员:××(签名)

一九九六年×月×日

参考样式二

关于银行以未竣工的建筑工程

为抵押物向开发商发放贷款问题的建议

(2002)××××证书字第××号

××银行上海分行风险管理部:

鉴于贵行下属某支行曾向本处申请以未竣工的建筑工程设定抵押及贷款的相关协议进行公证,虽然,以未竣工的建筑工程设定抵押并没有违反法律规定,但对于银行而言,该抵押权存在着诸多障碍,不应过分信赖此类抵押能够规避贷款风险,故建议在实践中应尽可能选择其他担保方式。理由如下:

一、以未竣工的建筑工程设定抵押的合法性

《中华人民共和国担保法》并没有规定未竣工的建筑工程是否

可以作为抵押物设定抵押，而《最高人民法院关于适用〈中华人民共和国担保法〉若干问题的解释》第四十七条明确规定："以依法获准尚未建造的或者正在建造中的房屋或者其他建筑物抵押的，当事人办理了抵押物登记，人民法院可以认定抵押有效。"因此，在未竣工的建筑工程上设定抵押是合法的。

二、以未竣工的建筑工程设定抵押的风险

以未竣工的建筑工程设定抵押担保物权的风险主要可以归纳如下：

（一）未竣工的建筑工程的价值能否维持和满足抵押的要求是不确定的。

由于未竣工的建筑工程的价值取决于工程的完成进度和工程质量，而建筑工程在何时竣工、是否延期和完成的质量状况如何都是不可预料的，银行也不会去关注一项工程本身的进展状况。一旦建筑工程未能如期竣工或者由于后续资金不足而陷于停工状态，不仅发展商可能会由于收不回投资而无法如期偿贷，而且开发项目本身的价值也会随之下降，银行在该项目上享有的抵押权并无充分的保障。甚至在某些情况下，建筑工程的价值可能会低于贷款的数额。

（二）设定抵押的房产的销售情况可能会因为法律上的障碍而不甚理想，进而影响开发商的还贷能力。

作为一般的购房者而言，对于购买在建筑工程上设定抵押的房屋总是比较谨慎，在多数情况下，会要求开发商提供没有任何权利瑕疵的房屋，所以，开发商必然会被要求注销存在于建筑工程上的抵押担保。《中华人民共和国担保法》第四十九条规定："抵押期间，抵押人转让已办理登记的抵押物的，应当通知抵押权人并告知受让人转让物已经抵押的情况；抵押人未通知抵押权人或者未告知受让人的，转让行为无效。转让抵押物的价款明显低于价值的，抵押权人可以要求抵押人提供相应的担保；抵押人不提供的，不得转让抵押物。抵押人转让抵押物所得的价款，应当向抵押权人提前清偿所担保的债权或者向与抵押权人约定的第三人提存。超过债权数额的部分,归抵押人所有,不足部分由债务人清偿。”可见,作为抵押人的开发商要对外售房的可能途径是:1.告知购房者房屋上存在抵押并获得其同意,而这种对购房者的产权缺乏保障的房产,购房者一般不愿购买。2.抵押人提供其他担保而注销存在于抵押物上的抵押权,将售房所得提前清偿所担保的债权或者向约定的第三人提存。而要求抵押人提供其他担保注销抵押权对于一开始就缺乏其他担保方式的抵押人来说可能是比较困难的。

因此,以建筑工程设定抵押的房产能否如期对外售出是令人怀疑的,并且,开发商能否获得预期的收益来归还贷款也是不可预计的。

(三)抵押权与留置权冲突时,抵押权的效力较低,从而有可能影响抵押权的物权担保价值。

《中华人民共和国合同法》第二百八十六条规定:“发包人未按照约定支付价款的,承包人可以催告发包人在合理期限内支付价款。发包人逾期不支付的,除按照建筑工程的性质不宜折价、拍卖的以外,承包人可以与发包人协议将该工程折价,也可以申请人民法院将该工程依法拍卖。建筑工程的价款就该工程折价或者拍卖的价款优先受偿。”按照一般的理解和实践中法院的做法,此条规定在于说明在发包人未能支付工程款项时,承包人对工程享有留置权。而《最高人民法院关于适用〈中华人民共和国担保法〉若干问题的解释》第七十九条规定:“同一财产法定登记的抵押权与质权并存时,抵押权人优先于质权人受偿。同一财产抵押权与留置权并存时,留置权人优先于抵押权人受偿。”因此,如果发包人也就是抵押人未能及时清偿工程款项,抵押人也未能及时地归还贷款,承办人和银行同时要求实现担保债权时,就拍卖工程所得的款项,必须先清偿承办人的工程款,第二顺序受偿的才是银行,银行的资金安全并未得到完全的保障,贷款风险也并未得到有效规避。最高人民法院的司法解释在法理上也是有依据的,抵押权属于约定担保物权,这样规定的理由在于防止抵押人通过故意虚设物上的抵押权去对抗法定的留置权,从而使留置权人利益受损。

综上所述,开发商以未竣工的建筑工程作为抵押向银行申请贷款,银行如果同意发放贷款,应尽量选择其他更为安全和有效的担保方式,以规避相应的风险,确保贷款的安全性。

本意见书仅供银行参考;未经本公证员同意,不得用于其他用途。

中华人民共和国××省××市××公证处

公证员:××(签名)

二〇〇二年×月×日

附录三 司法部定式公证书格式

根据司法部《关于推行新的定式公证书格式的通知》(司发通〔2011〕32号),修订后的《定式公证书格式》将定式公证书格式分为:

一、民事法律行为类。第一式,委托;第二式,声明;第三式,赠与;第四式,受赠;第五式,遗嘱;第六式,保证;第七式,公司章程;第八式,认领亲子。

二、有法律意义的事实类。第九式,出生;第十式,生存;第十一式,死亡;第十二式,身份:国籍、监护、户籍注销;第十三式,曾用名;第十四式,住所地(居住地);第十五式,学历;第十六式,学位;第十七式,经历:自然人经历、法人经历;第十八式,职务(职称);第十九式,资格:法人资格、非法人组织资格、职业资格;第二十式,无(有)犯罪记录:无犯罪记录、有犯罪记录;第二十一式,婚姻状况:未婚、离婚或者丧偶(未再婚)、已婚(初婚)、已婚(再婚);第二十二式,亲属关系:亲属关系、用于继承的亲属关系;第二十三式,收养关系:收养关系、事实收养;第二十四式,抚养事实;第二十五式,财产权:股权、知识产权、存款、不动产物权;第二十六式,收入状况;第二十七式,纳税状况;第二十八式,票据拒绝;第二十九式,选票;第三十式,指纹;第三十一式,不可抗力(意外事件);第三十二式,查无档案记载。

三、有法律意义的文书类。第三十三式,证书(执照);第三十四式,文书上的签名(印鉴);第三十五式,文本相符。

一、民事法律行为类

第一式 委托公证书格式[注1]

公 证 书

( )××字第××号

申请人:×××(基本情况[注2])

公证事项:委托

兹证明×××(申请人)于××××年×月×日来到我处[注3],在本公证员的面前,在前面的委托书[注4]上签名[注5],并表示知悉委托的法律意义和法律后果。

×××(申请人)的委托行为符合《中华人民共和国民法通则》第五十五条[注6]的规定。[注7]

中华人民共和国××省××市(县)××公证处

公证员(签名或签名章)

××××年×月×日

注:

1.本格式适用于证明单方委托行为。证明委托合同适用合同类要素式公证书格式。证明委托书上的签名(印鉴)属实适用证明文书上的签名(印鉴)公证书格式。

2.自然人的基本情况包括:姓名、性别、公民身份号码,可以根据公证的内容增加出生日期、住址、联系方式等情况,发往域外使用的公证书应当注明出生日期;申请人为外国人的,还应当写明国籍和护照号码。法人或者非法人组织的基本情况包括:组织名称、登记注册地址,另起一行注明法定代表人或者负责人的姓名、性别、公民身份号码。由代理人代办的公证事项,应当在申请人基本情况后另起一行注明代理人的姓名、性别、公民身份号码。以下各格式相同,不再另行加注。

3.在本公证机构以外的地点办证的,办证地点据实表述。以下各格式相同,不再另行加注。

4.引用文书的全名。

5.签署的形式应当据实表述:仅有签名的,表述为“签名”;签名、印鉴、指纹等几种形式同时存在的,一并予以表述;申办公证时提交了已签署的委托书,且未作修改,表述为“×××(申请人)在本公证员的面前确认,前面的委托书是其真实的意思表示,委托书上的签名(印鉴)是×××(申请人)本人所为”。

6.有新法或者专门规定的,表述作相应调整。

7.根据需要,可以另起一行注明公证书用途,如“本公证书用于办理继承×××在台湾的遗产手续”。以下各格式相同,不再另行加注。

第二式　声明公证书格式[注 1]

公 证 书

(　　)××字第××号

申请人:×××(基本情况)

公证事项:声明

兹证明×××(申请人)于××××年×月×日来到我处,在本公证员的面前,在前面的声明书[注 2]上签名[注 3],并表示知悉声明的法律意义和法律后果。

×××(申请人)的声明行为符合《中华人民共和国民法通则》第五十五条[注 4]的规定。

中华人民共和国××省××市(县)××公证处

公证员(签名或签名章)

××××年×月×日

注:

1.本格式适用于证明单方声明行为。证明单方放弃权利、承担义务的意思表示可以参照适用本格式,但表述要作相应调整。证明声明书上的签名(印鉴)属实适用证明文书上的签名(印鉴)公证书格式。

2.引用文书的全名。声明书中应当包含声明人对所声明的内容的真实性负责并愿意承担相应法律责任的意思表示。

3.签署的形式应当据实表述:仅有签名的,表述为“签名”;签名、印鉴、指纹等几种形式同时存在的,一并予以表述;申办公证时提交了已签署的声明书,且未作修改,表述为“×××(申请人)在本公证员的面前确认,前面的声明书是其真实的意思表示,声明书上的签名(印鉴)是×××(申请人)本人所为”。

4.有新法或者专门规定的,表述作相应调整。

第三式　赠与公证书格式[注 1]

公 证 书

(　)××字第××号

申请人:×××(基本情况)

公证事项:赠与

兹证明×××(申请人)于××××年×月×日来到我处,在本公证员的面前,在前面的赠与书[注 2]上签名[注 3],并表示知悉赠与的法律意义和法律后果,愿意将本人所有的××××(财产或者权利名称)[注 4]赠与×××(受赠人)。×××(申请人)的赠与行为符合《中华人民共和国民法通则》第五十五条[注 5]的规定。

中华人民共和国××省××市(县)××公证处

公证员(签名或签名章)

××××年×月×日

注:

1.本格式适用于证明单方赠与行为。证明赠与合同适用合同类要素式公证书格式。证明赠与书上的签名(印鉴)属实适用证明文书上的签名(印鉴)公证书格式。

2.引用文书的全名。

3.签署的形式应当据实表述:仅有签名的,表述为“签名”;签名、印鉴、指纹等几种形式同时存在的,一并予以表述;申办公证时提交了已签署的赠与书,且未作修改,表述为“×××(申请人)在本公证员的面前确认,前面的赠与书是其真实的意思表示,赠与书上的签名(印鉴)是×××(申请人)本人所为”。

4.赠与的财产为共有的,应当据实表述。

5.有新法或者专门规定的,表述作相应调整。

第四式　受赠公证书格式[注1]

公　证　书

(　　)××字第××号

申请人:×××(基本情况)

公证事项:受赠

兹证明×××(申请人)于××××年×月×日来到我处,在本公证员的面前,在前面的受赠书[注2]上签名[注3],并表示知悉受赠的法律意义和法律后果,愿意接受×××(赠与人)赠与的××××(财产或者权利名称)[注4]。

×××(申请人)的受赠行为符合《中华人民共和国民法通则》第五十五条[注5]的规定。

中华人民共和国××省××市(县)××公证处

公证员(签名或签名章)

××××年×月×日

注:

1.本格式适用于证明单方接受赠与行为。证明接受遗赠适用继承类要素式公证书格式。证明受赠书上的签名(印鉴)属实适用证明文书上的签名(印鉴)公证书格式。

2.引用文书的全名。

3.签署的形式应当据实表述:仅有签名的,表述为“签名”;签名、印鉴、指纹等几种形式同时存在的,一并予以表述;申办公证时提交了已签署的受赠书,且未作修改,表述为“×××(申请人)在本公证员的面前确认,前面的受赠书是其真实的意思表示,受赠书上的签名(印鉴)是×××(申请人)本人所为”。

4.赠与的财产为共有或者赠与附义务的,应当据实表述。

5.有新法或者专门规定的,表述作相应调整。

第五式　遗嘱公证书格式

公 证 书

(　　)××字第××号

申请人:×××(基本情况)[注1]

公证事项:遗嘱

兹证明×××(申请人)于××××年×月×日来到我处,在本公证员和本处公证员[注2]×××的面前,在前面的遗嘱[注3]上签名[注4],并表示知悉遗嘱的法律意义和法律后果。×××(申请人)的遗嘱行为符合《中华人民共和国民法通则》第五十五条和《中华人民共和国继承法》第十七条第一款[注5]的规定。

中华人民共和国××省××市(县)××公证处

公证员(签名或签名章)

××××年×月×日

注:

1 设立共同遗嘱的,立遗嘱人均应当列为申请人。

2.如果是公证机构的其他工作人员或者见证人,应当据实表述。

3.引用文书的全名。

4.签署的形式应当据实表述:仅有签名的,表述为"签名";签名、印鉴、指纹等几种形式同时存在的,一并予以表述;申办公证时提交了已签署的遗嘱书,且未作修改,表述为"×××(申请人)在本公证员的面前确认,前面的遗嘱是其真实的意思表示,遗嘱上的签名(印鉴)是×××(申请人)本人所为"。

5.有新法或者专门规定的,表述作相应调整。

第六式　保证公证书格式[注1]

公 证 书

(　　)××字第××号

申请人:×××(基本情况)

公证事项：保证

兹证明×××（申请人）于××××年×月×日来到我处，在本公证员的面前，在前面的保证书[注2]上签名[注3]，并表示知悉保证的法律意义和法律后果，自愿为×××（被保证人）提供保证担保[注4]，承担连带保证（或者一般保证）责任[注5]。×××（申请人）的保证行为符合《中华人民共和国民法通则》第五十五条和《中华人民共和国担保法》第××条[注6]的规定。

中华人民共和国××省××市（县）××公证处

公证员（签名或签名章）

××××年×月×日

注：

1.本格式适用于证明保证人单方作出的符合《担保法》规定的保证行为。证明其他保证可以参照适用本格式，但表述要作相应调整。证明保证书上的签名（印鉴）属实适用证明文书上的签名（印鉴）公证书格式。

2.引用文书的全名。

3.签署的形式应当据实表述：仅有签名的，表述为“签名”；签名、印鉴、指纹等几种形式同时存在的，一并予以表述；申办公证时提交了已签署的保证书，且未作修改，表述为“×××（申请人）在本公证员的面前确认，前面的保证书是其真实的意思表示，保证书上的签名（印鉴）是×××（申请人）本人所为”。

4.可以对保证所担保的项目、条件、范围等作详细表述。

5.发往域外使用的保证书、担保书、保函通常遵照国际法或者国际惯例，具体的保证责任可以不写，保证的依据也可以不引用《中华人民共和国担保法》。

6.有新法或者专门规定的，表述作相应调整。

第七式　公司章程公证书格式[注1]

公 证 书

(　　)××字第××号

申请人:×××(基本情况)

公证事项:公司章程[注2]

兹证明××××公司(全称)于××××年×月×日在××(地点)举行的公司股东大会(或者公司董事会、股份有限公司创立大会等),以投票方式表决通过了前面的《××××公司章程》。出席会议的股东及股东代理人共××人,代表×××股;赞成的××人,代表×××股;反对的××人,代表×××股;弃权的××人,代表×××股。该公司章程的内容及通过程序符合《中华人民共和国公司法》的规定,章程上×××、×××、×××、×××(股东姓名)的签名(印章)属实[注3]。该公司章程自××××年×月×日生效。

公证员(签名或签名章)

××××年×月×日

注:

1.本格式适用于证明订立公司章程的行为。证明经登记机关盖章确认的公司章程适用证书公证书格式。证明已生效的公司章程上的签名(印鉴)属实或者复印件与原件相符的,适用证明文书上的签名(印鉴)公证书格式或者文本相符公证书格式。证明社会团体章程、基金会章程、民办非企业单位章程、合伙章程等可参照适用本格式。

2.此处要具体注明何种章程。

3.不同的章程,适用的法律、生效形式、条件不同,本句要根据章程的不同作相应调。

第八式　认领亲子公证书格式[注1]

公 证 书

(　)××字第××号

申请人:×××(甲)[注2](基本情况)

×××(乙)[注3](基本情况)

关系人:×××(基本情况)

公证事项:认领亲子

兹证明×××(甲)、×××(乙)于××××年×月×日来到我处,在本公证员的面前确认,×××(关系人)是×××(甲)的儿子(女儿),×××(甲)是关系人的父亲。经××××(医学鉴定机构全称)于××××年×月×日作出的医学鉴定证实,×××(甲)与×××(关系人)存在血缘关系。×××(甲)愿意认领×××(关系人)作为自己亲生的儿子(女儿),并履行父亲的权利和义务,×××(乙)对此无疑义。[注4]

中华人民共和国××省××市(县)××公证处

公证员(签名或签名章)

××××年×月×日

注:

1.本格式适用于证明生父认领亲生子女的行为。证明生父母认领失散子女的行为,可以参照本格式出具,但表述要作相应调整。

2.第一申请人为关系人的生父。

3.第二申请人为关系人的生母。

4.申请人之间就抚养费问题达成一致的,可以增加以下表述:“申请人间商定,关系人由×××(乙)(或甲)负责抚养,×××(甲)(或乙)负担×××××(抚养费的数额及支付方式)”。

二、有法律意义的事实类

第九式　出生公证书格式[注1]

公　证　书

(　　)××字第××号

申请人:×××(基本情况)

公证事项:出生

兹证明×××(申请人)于××××年×月×日在××省××市(县)[注2]出生。×××(申请人)的父亲是×××(公民身份号码××××),×××(申请人)的母亲是×××(公民身份号码××××)[注3]。

中华人民共和国××省××市(县)××公证处

公证员(签名或签名章)

××××年×月×日

注:

1.本格式适用于证明自然人出生于我国境内的法律事实。

2.出生地应为我国行政区域内的省(自治区、直辖市)、市、县(区)现名称,现名称与出生时的名称不一致的,可以用括号加以注明。

3.申请人的父母一般应为生父、生母,生父或者生母不详的可予以注明。申请人要求注明其父母死亡情况,且能够提供相关证明的,可以在姓名后加括号注明“已故”。

第十式　生存公证书格式[注1]

公　证　书

(　　)××字第××号

申请人:×××(基本情况)

公证事项:生存

兹证明×××(申请人)至××××年×月×日[注2]尚健在,现住××

省××市(县)××路××号(或××县××乡(镇)××村,或××养老院)。[注3]

中华人民共和国××省××市(县)××公证处

公证员(签名或签名章)

××××年×月×日

注:

1.本格式适用于证明自然人在我国境内生存的有法律意义的事实。

2.此日期为公证员见到申请人之日。

3.可以根据需要加贴当事人近期照片。

第十一式　死亡公证书格式[注1]

公 证 书

(　)××字第××号

申请人:×××(基本情况)[注2]

公证事项:死亡

兹证明×××(死亡人)[注3],男(或者女),于××××年×月×日[注4]在××省××市(县)[注5]因××[注6]死亡。

中华人民共和国××省××市××公证处

公证员(签名或签名章)

××××年×月×日

注:

1.本格式适用于证明自然人在我国境内死亡的法律事实。

2.申请人与死亡人应当具有法律上的利害关系(如死者的亲属、生前所在单位等),在基本情况中加以注明。

3.此处应当用括号注明死者生前公民身份号码,如果死者没有公民身份号码或者因死亡时间久远无法提供的,可以不写。

4.死亡时间应当以有效的死亡证明(主要包括医院、公安机关出具的死亡证明,人民法院宣告死亡的生效判决)所确认的时间为准。死亡日期以人民法院判决书中认定的死亡日期为准的,可以加注判决书编号。

5.死亡地应为我国行政区域内的省(自治区、直辖市)、市(县)现名称,现名称与死亡时的名称不一致的,可以用括号加以注明。

6.此处为死亡原因。死亡原因可以分为正常死亡(如因病死亡)、非正常死亡(如因车祸死亡)、宣告死亡等三类,公证机构可以根据申请人的要求,视情况据实证明死亡原因。宣告死亡表述为“于××××年×月×日被××省××市××人民法院宣告死亡”。

第十二式　身份公证书格式

十二式之一:国籍公证书格式[注1][注2]

公　证　书

(　　)××字第××号

申请人:×××(基本情况)

公证事项:国籍

兹证明×××(申请人)现(或原)户籍所在地在中华人民共和国××省××市(县)××路××号,具有中华人民共和国国籍。

中华人民共和国××省××市(县)××公证处

公证员(签名或签名章)

××××年×月×日

注:

1.未入国籍公证可以参照适用本格式。

2.当事人举证困难但又确有实际需求时,可以指导当事人办理未入国籍声明公证,采用声明公证书格式。

十二式之二:监护公证书格式[注 1]

公 证 书

( )××字第××号

申请人[注 2]:×××(甲)(基本情况)

×××(乙)(基本情况)

关系人[注 3]:×××(基本情况)

公证事项:监护(身份)

兹证明×××(甲)是×××(关系人)的父亲,×××(乙)是关系人×××的母亲,根据《中华人民共和国民法通则》第十六条[注 4]规定,×××(甲)、×××(乙)是其未成年子女×××(关系人)的法定监护人。

中华人民共和国××省××市(县)××公证处

公证员(签名或签名章)

××××年×月×日

注:

1.本格式适用于法定监护。指定监护、委托监护可以参照适用本格式,但表述要作相应调整。

2.申请人为监护人。

3.关系人为被监护人。

4.对精神病人的监护适用《民法通则》第十七条的规定;有新法或者专门规定的,表述作相应调整。

十二式之三:户籍注销公证书格式

公 证 书

( )××字第××号

申请人:×××(基本情况)

公证事项:户籍注销

兹证明×××(申请人)于××××年×月×日注销户籍,前往我国台

湾地区定居[注 1],原户籍所在地在××省××市(县)××路××号。[注 2]

中华人民共和国××省××市(县)公证处

公证员(签名或签名章)

××××年×月×日

注:

1.前往其他国家或者地区定居办理户籍注销公证的,参照适用本格式。

2.发台湾地区使用的证明未进行户籍登记公证可以参照适用本格式,公证事项为“未做过户籍登记”,相关内容可以表述为申请人在中国大陆某地居住,居住期间未做过户籍登记。

第十三式　曾用名公证书格式[注 1]

公 证 书

(　)××字第××号

申请人:×××(基本情况)

公证事项:曾用名

兹证明×××(申请人)自××××年×月×日至××××年×月×日[注 2]曾用名为×××。[注 3]

中华人民共和国××省××市(县)××公证处

公证员(签名或签名章)

××××年×月×日

注:

1.证明又名、译名、别名等可以参照适用本格式。

2.当事人无法提供使用曾用名的确切时间的,可以不写明起止时间。

3.申请人无法提供有效证明或者提供的证明材料不充分的,可以采用证明知情人在声明书上签名属实的方式间接证明,适用证明文书上的签名(印鉴)公证书格式。

第十四式　住所地(居住地)公证书格式

公 证 书

(　　)××字第××号

申请人:×××(基本情况)

公证事项:住所地(居住地)

兹证明×××[注1]的住所地为中华人民共和国××省××市(县)××路××号,与户籍所在地一致。[注2]

中华人民共和国××省××市(县)××公证处

公证员(签名或签名章)

××××年×月×日

注:

1.公证申请人与当事人有时不一致,此处应当为当事人的名字,并用括号注明当事人的基本情况,同时注明申请人与当事人的关系。当事人为回国定居者,应当增加"原住××国,于××××年×月×日回国定居"的表述。

2.住所地一般为当事人的户籍所在地,以户口簿为准。居住地与户籍所在地不一致且申请人要求证明现住址的,如果能够提供有效居住证明的,证词应当表述为"现居住地(或经常住所地)为中华人民共和国××省××市(县)××路××号"。

第十五式　学历公证书格式[注1]

公 证 书

(　　)××字第××号

申请人:×××(基本情况)

公证事项:学历[注2]

兹证明×××(申请人)于××××年×月至××××年×月在××××××××[注3],于××××年×月毕业(结业、肄业)。[注4]

中华人民共和国××省××市(县)××公证处

公证员(签名或签名章)

××××年×月×日

注:

1.本格式适用于对学历进行实体证明。对学历证书进行形式证明,适用证明证书公证书格式。

2.可以注明何种学历。学历公证通常是证明申请人的最高学历,也可以根据申请人的要求证明其具有的特定学历。

3.此处注明学校全称、学历类别、所学专业、学制等,如大学本科学历可以表述为:"××大学(或学院)××系本科××专业学习,学制××年"。

4.学历证书注明授予学位的,可以一并证明。

第十六式　学位公证书格式[注1]

公　证　书

(　　)××字第××号

申请人:×××(基本情况)

公证事项:学位

兹证明×××(申请人)于××××年×月×日被××大学(或××科研机构)授予×学××学位[注2]。

中华人民共和国××省××市(县)××公证处

公证员(签名或签名章)

××××年×月×日

注:

1.本格式适用于对学位进行实体证明。对学位证书进行形式证明,适用证明证书公证书格式。

2.此处注明学位的具体种类,如法学学士,经济学博士等。

第十七式　经历公证书格式

十七式之一：自然人经历公证书格式

公 证 书

(　　)××字第××号

申请人：×××(基本情况)

公证事项：经历

兹证明×××(申请人)于××××年×月至××××年×月[注1]在××省(或市、县)××××(单位全称)从事××××工作。[注2]

中华人民共和国××省××市(县)××公证处

公证员(签名或签名章)

××××年×月×日

注：

1.可以根据当事人的要求，据实证明经历连续变迁的情况。

2.发往域外使用的经历公证书可以加贴当事人近期照片。

十七式之二：法人经历公证书格式

公 证 书

(　　)××字第××号

申请人：×××(基本情况)

公证事项：经历

兹证明×××(申请人)于××××年×月至××××年×月在××省××市(县)从事了××××活动(如承建了某项工程)。[注1]

中华人民共和国××省××市(县)××公证处

公证员(签名或签名章)

××××年×月×日

注：

1.可以根据当事人的要求据实证明经历的详细情况。经历中涉及的工程项目、科研项目或者重要活动获得重要奖项的，可以一并证明。

第十八式　职务（职称）公证书格式

公　证　书

（　）××字第××号

申请人：×××（基本情况）

公证事项：职务（职称）[注1]

兹证明×××（申请人）现任（或者××××年×月×日至×××年×月×日任）××××（单位名称）××××（职务或者专业技术职务名称）。

中华人民共和国××省××市（县）××公证处

公证员（签名或签名章）

××××年×月×日

注：

1.1986年职称改革后，职称统称为“专业技术职务”。

第十九式　资格公证书格式

十九式之一：法人资格公证书格式

公　证　书

（　）××字第××号

申请人：×××（基本情况）

公证事项：××法人资格[注1]

兹证明×××（申请人）于××××年×月×日经××××××（核准登记部门全称）核准登记[注2]，取得××××号《××××》[注3]，具有法人资格。法定代表人是×××（姓名），法人代码：××××××，法人住所在××××××[注4]。

中华人民共和国××省××市(县)××公证处

公证员(签名或签名章)

××××年×月×日

注:

1.根据我国法律、行政法规规定,法人分为企业法人、机关法人、事业单位法人、社会团体法人以及基金会法人、民办非企业单位法人。此处应当注明是何种法人。

2.机关法人、事业单位法人、社会团体法人、基金会法人、民办非企业单位法人为批准成立机关全称,“核准登记”改为“批准成立”。

3.法人证书编号和法人证书全称。机关法人改为“根据《中华人民共和国民法通则》规定”。

4.可以根据申请人的要求增加证明法人证书上的其他内容。

十九式之二:非法人组织资格公证书格式[注1]

公 证 书

(　)××字第××号

申请人:×××(基本情况)

公证事项:非法人组织资格

兹证明×××(申请人)于××××年×月×日经××××××(登记或者备案部门全称)核准登记[注2],取得××××号《××××》[注3],系×××××××[注4],不具有法人资格。

中华人民共和国××省××市(县)××公证处

公证员(签名或签名章)

××××年×月×日

注:

1.非法人组织又称为其他组织,主要包括非法人经济组织(如分公司、银行分行、合伙企业或者独资企业、事业单位、社会团体下设的领取营业执照的经营部门等)、非法人自治组织(如村委会、居委会、业主委员会等)、非法人社会组织(如社会团体分支机构或者代表机构、基金会分支机构或者代表机构、非法人民办非企业单位等)。未经登记或者备案的非法人组织资格一般不予公证。

2.备案的将"核准登记"改为"备案"。

3.登记证书编号和登记证书全称。备案的将"核准登记"改为"备案"。

4.非法人组织的具体属性:如系××××(组织全称)的分支机构;系×××(公民身份号码)、×××(公民身份号码)按照协议投资、共同经营、共负盈亏的合伙企业;系×××(公民身份号码)独资经营的企业;系××小区的业主自治组织等。

十九式之三:职业资格公证书格式[注1]

公 证 书

(　)××字第××号

申请人:×××(基本情况)

公证事项:职业资格

兹证明×××(申请人)于××××年×月×日通过××××(职业资格考试名称),[注2]取得××××资格[注3]。

中华人民共和国××省××市(县)××公证处

公证员(签名或签名章)

××××年×月×日

注:

1.本格式适用于通过考试取得相应职业资格的公证(如法律职业资格、注册会计师资格等)。

2.执业资格应当增加"并于××××年×月×日经××××(机构名称)批准(或核准)"的表述。

3.可以增加:"××××(组织全称)颁发的职业资格(或者考试合格)证书编号为××××"。

第二十式　无(有)犯罪记录公证书格式

二十式之一:无犯罪记录公证书格式

公 证 书

(　　)××字第××号

申请人:×××(基本情况)

公证事项:无犯罪记录

兹证明×××(申请人)[注1]从××××年×月×日[注2]至××××年×月×日[注3]在中华人民共和国居住期间[注4]无犯罪记录。

中华人民共和国××省××市(县)××公证处

公证员(签名或签名章)

××××年×月×日

注:

1.申请人未达法定刑事责任年龄的,可以增加"未达到中华人民共和国刑法规定的刑事责任年龄"的表述。

2.申请人离境之前一直在中国居住,可以不写起始日。

3.申请人已离境,此日期可为离境之日。

4.申请人是我国香港、澳门、台湾地区居民,此处可以表述为"在中国大陆(内地)居住期间";申请人是外国驻华使领馆工作人员又无外交豁免权的,此处可以表述为"在××国驻中华人民共和国大使馆(或××领事馆)工作期间"。

二十式之二:有犯罪记录公证书格式

公 证 书

(　　)××字第××号

申请人:×××(基本情况)

公证事项:有犯罪记录

兹证明×××(申请人)[注1]于××××年×月×日被××人民法院

[注2]判处犯有××罪,并处以××××、××××(主刑与附加刑)。

中华人民共和国××省××市(县)××公证处

公证员(签名或签名章)

××××年×月×日

注:

1.申请人是外国人或者已离境的中国人,此处可以增加“在中华人民共和国居住期间”的表述。

2.此处可以增加判决书编号。

第二十一式　婚姻状况公证书格式

二十一式之一:未婚公证书格式[注1]

公　证　书

(　　)××字第××号

申请人:×××(基本情况)

公证事项:未婚

兹证明×××(申请人)至××××年×月×日[注2]未曾在中华人民共和国[注3]民政部门登记结婚[注4]。[注5]

中华人民共和国××省××市(县)××公证处

公证员(签名或签名章)

××××年×月×日

注:

1.本格式适用于申请人从未结过婚的情况。

2.此日期一般为相关证明文件或者公证书出具之日;申请人在公证时已经离境,此日期为离境之日;申请人为曾在中国临时居住者,此处可以表述为“从××××年×月×日至××××年×月×日止在中华人民共和国居住期间”;申请人未达到法定结婚年龄者,此处可以表述为“至公证书出具之日”。

3.公证书使用地为我国香港、澳门、台湾地区的,此处应当表述为中国大

陆(内地)。

4.对2003年10月1日《婚姻登记条例》实施后的情况,可以采用“在中华人民共和国××省××市(县)××民政部门无婚姻登记记录”的表述方式。

5.发往泰国使用的,应当注明申请人父母,证词表述为“×××的父亲是×××,×××的母亲是×××”。

二十一式之二:离婚或者丧偶(未再婚)公证书格式[注1]

公 证 书

(　　)××字第××号

申请人:×××(基本情况)

公证事项:离婚或者丧偶(未再婚)

兹证明×××(申请人)于××××年×月×日离婚(或者丧偶)[注2],至××××年×月×日[注3]未再次在中华人民共和国[注4]民政部门登记结婚[注5]。[注6]

中华人民共和国××省××市(县)××公证处

公证员(签名或签名章)

××××年×月×日

注:

1.本格式适用于申请人曾经结过婚但因离婚或者丧偶而处于未再婚状况的情况。

2.申请人在此前有数次婚姻关系,可以连续一并予以表述;离婚方式也可以注明。

3.此日期一般为相关证明文件或者公证书出具之日;申请人在公证时已经离境,此日期为离境之日;申请人为曾在中国临时居住者,此处可以表述为“从××××年×月×日至××××年×月×日在中华人民共和国居住期间”。

4.公证书使用地为我国香港、澳门、台湾地区的,此处应当表述为中国大陆(内地)。

5.对2003年10月1日《婚姻登记条例》实施后的情况,可以采用“在中华人民共和国××省××市(县)××民政部门无再次结婚登记的记录”的表述方式。

6.发往泰国使用的,应当注明申请人父母,证词表述为“×××的父亲是×××,×××的母亲是×××”。

二十一式之三:已婚(初婚)公证书格式[注 1]

公 证 书

( )××字第××号

申请人:×××(基本情况)

关系人:×××(基本情况)[注 2]

公证事项:已婚(初婚)

兹证明×××(申请人)与×××(关系人)于××××年×月×日[注 3]在中华人民共和国××省××市(县)××部门[注 4]登记结婚[注 5]。[注 6]

中华人民共和国××省××市(县)××公证

公证员(签名或签名章)

××××年×月×日

注:

1.已婚分为初婚和再婚两种情况,本格式适用于申请人为初婚的情况。

2.夫妻双方共同申请的,均应列为申请人。

3.具体日期难以确定的,可以表述到年。

4.部门名称以结婚证书(夫妻关系证明书)上的印章为准。

5.1950 年 5 月 1 日《婚姻法》施行前结婚的,表述为“按照中国传统风俗习惯结婚”。

6.子女要求办理已死亡的父母的婚姻状况公证,申请人为其本人,关系人为其已死亡的父母,基本情况中表述已故事实;证词表述为:“兹证明×××(申请人)的父亲×××与母亲×××于××××年在中华人民共和国××省××市(县)××部门登记结婚(或者按照中国传统风俗习惯结婚),夫妻关系因×××死亡而终止”。

二十一式之四:已婚(再婚)公证书格式[注 1]

公 证 书

( )××字第××号

申请人:×××(基本情况)

关系人:×××(基本情况)[注 2]

公证事项:已婚(再婚)

兹证明×××(申请人)于××××年离婚(丧偶)[注 3],于××××年×月×日[注 4]与×××(关系人)在中华人民共和国××省××市(县)××部门[注 5]登记结婚[注 6]。[注 7]

中华人民共和国××省××市(县)××公证

公证员(签名或签名章)

××××年×月×日

注:

1.已婚分为初婚和再婚两种情况,本格式适用于申请人为再婚的情况。

2.夫妻双方共同申请的,均列为申请人;夫妻双方均系再婚的,可以分别表述原离婚方式。

3.申请人在此前有数次婚姻关系,可以连续一并表述;离婚方式也可以注明。

4.具体日期难以确定的,可以表述到年。

5.部门名称以结婚证书(夫妻关系证明书)上的印章为准。

6.1950 年 5 月 1 日《婚姻法》施行前结婚的,表述为"按照中国传统风俗习惯结婚"。

7.当事人要求办理已死亡的父母的结婚公证,申请人为其本人,关系人为其已死亡的父母,基本情况中表述已故的事实;证词表述为:"兹证明×××(申请人)的父亲×××与母亲×××于××××年在中华人民共和国××省××市(县)民政部门登记结婚(或者按照中国传统风俗习惯结婚),夫妻关系因×××死亡而终止"。

第二十二式　亲属关系公证书格式

二十二式之一：亲属关系公证书格式[注1]

公 证 书

(　　)××字第××号

申请人：×××(基本情况)

关系人：×××(基本情况)[注2]

公证事项：亲属关系

兹证明×××(申请人)是×××(关系人)的××(关系称谓)[注3]；×××(关系人)是×××(申请人)的××(关系称谓)[注4]。[注5]

中华人民共和国××省××市(县)××公证处

公证员(签名或签名章)

××××年×月×日

注：

1.本格式适用于除用于办理涉外、涉港澳台继承的亲属关系以外的亲属关系的公证。

2.申请人要求证明的亲属有两个以上的，应当逐一在关系人中列明，并在证词中表述清楚与申请人的关系。

3.亲属关系称谓应按我国法律规定统一称谓，习惯称谓可以用括号注明。

4.此处表述由公证员根据具体情况确定，如果关系人系申请人父母双方的，此处一般应表述为："×××(关系人)是×××(申请人)的父亲，×××(关系人)是×××(申请人)的母亲。"如非上述情况，此处可不再重复表述。

5.考虑使用国、地区(单位)的特殊规定和要求，可以根据需要增加适当的限定词，如用于旅居加拿大华侨唯一留在国内的超过21周岁的未婚子女赴加拿大定居的亲属关系公证书，证词可以表述为："兹证明×××(申请人)是×××、×××(关系人)夫妇尚在中华人民共和国国内的唯一超过二十一周岁的未婚儿子(女儿)，×××(关系人)是×××(申请人)的父亲，×××(关系人)是×××(申请人)的母亲"；又如用于向荷兰申领子女助学金，可以表述为："兹证明×

××(申请人)在中华人民共和国×省×市(县)××中学(或小学)×年级学习,是居住在荷兰的×××(关系人)的儿子(女儿),×××(关系人)是×××(申请人)的父亲(母亲)"。

二十二式之二:用于继承的亲属关系公证书格式[注1]

公 证 书

( )××字第××号

申请人[注2]:×××(基本情况)

关系人[注3]:×××(基本情况)

公证事项:亲属关系

兹证明×××(关系人)的××亲属[注4]共有以下×人:

配偶:×××,(基本情况[注5]);

父亲:×××,(基本情况);

母亲:×××,(基本情况);

儿子:×××,(基本情况);

女儿:×××,(基本情况)。

中华人民共和国××省××市(县)××公证处

公证员(签名或签名章)

××××年×月×日

注:

1.本格式适用于办理涉外、涉港澳台继承事务所需的亲属关系公证。

2.申请人应为证词所列的关系人的亲属之一。

3.关系人应为被继承人,其基本情况应有死亡的时间、地点等。关系人应仅列一人,有多名被继承人的(如父母双亡),应分别出具公证书。

4.此亲属仅限于本继承关系所适用的继承法所规定的继承人的范围,并应将属于此范围的亲属全部列入证词中;排列顺序按继承顺序。涉港澳台地区的,可以根据其相关继承规定列亲属。

5.所列亲属中有死亡的,死亡时间应在其基本情况中注明。

第二十三式　收养关系公证书格式

二十三式之一:收养关系公证书格式

公 证 书

(　　)××字第××号

申请人[注1]:×××(基本情况)

×××(基本情况)

关系人[注2]:×××(基本情况)

送养人:×××(基本情况)

×××(基本情况)

公证事项:收养关系

兹证明×××、×××(申请人)与×××、×××(送养人或者××福利院)于××××年×月×日达成收养协议,收养×××(关系人)为养子(女)[注3]。××××(民政部门)于××××年×月×日为其办理了收养登记,颁发了××××号中华人民共和国收养登记证[注4]。收养关系自××××年×月×日[注5]成立。[注6]

中华人民共和国××省××市(县)××公证处

公证员(签名或签名章)

××××年×月×日

注:

1.申请人为收养人,单身收养和继子女收养只需写一个申请人。

2.关系人为被收养人。

3.发往法国使用的,应当增加"收养人、送养人已自愿放弃《中华人民共和国收养法》第四章规定的请求解除收养关系的权利,保证不解除该收养关系"的表述,在"成立"之后增加"并不可撤销"的表述。

4.《收养法》实施以前成立的收养关系,经公证机构公证的,此句表述应作相应调整;未经公证的,可以不写。

5.经登记成立的,为登记机关确认的日期;经公证成立的,为公证机构确认的日期;其他情况的,为法律、生效判决或者协议确认的日期。

6.可以增加相互称谓和姓名更改的表述。

二十三式之二:事实收养公证书格式[注1]

公 证 书

( )××字第××号

申请人[注2]:×××(基本情况)

×××(基本情况)

关系人[注3]:×××(基本情况)

送养人:×××(基本情况)

×××(基本情况)

公证事项:事实收养

兹证明经×××、×××(送养人)同意[注4],×××、×××(申请人)于××××年×月收养×××(关系人)为养子(女),双方共同生活,以父母子女相称,并履行抚(扶)养义务,已形成事实收养关系。×××是×××的养父,×××是×××的养母。

中华人民共和国××省××市(县)××公证处

公证员(签名或签名章)

××××年×月×日

注:

1.本格式适用于1992年4月1日以前形成的事实收养关系的证明。

2.申请人为收养人,单身收养和继子女收养只需写一个申请人。

3.关系人为被收养人。

4.关系人为弃婴或孤儿的,删去"经×××、×××(送养人)同意"的表述。

第二十四式　抚养事实公证书格式[注1]

公 证 书

(　　)××字第××号

申请人[注2]:×××(基本情况)

×××(基本情况)

关系人[注3]:×××(基本情况)

公证事项:抚养事实

兹证明×××、×××(申请人)与×××于××××年×月起共同抚养弃婴(儿童)×××(关系人)[注4],共同生活至今,已形成抚养事实。[注5]

中华人民共和国××省××市(县)××公证处

公证员(签名或签名章)

××××年×月×日

注:

1.本格式适用司发通〔2000〕033号文规定的对抚养事实的公证。对其他扶养事实的公证可以参照适用本格式。

2.申请人为抚养人。

3.关系人为被抚养的弃婴或儿童。

4.抚养事实发生时为夫妻双方共同抚养,但因离婚或者丧偶变成单身抚养的,只需写一个申请人,在原第二申请人姓名后用括号注明其基本情况,并在此处增加"××××年×月×日申请人与×××离婚(或者×××去世),申请人继续抚养关系人"的表述。民发〔2008〕132号文件规定的单身男性抚养女婴的抚养事实公证即属于上述情况。

5.公证员可酌情在证词正文中另起一行,注明公证书用途,如"本公证书用于办理被抚养人落户手续"。

第二十五式　财产权公证书格式

二十五式之一:股权公证书格式

公 证 书

(　　)××字第××号

申请人:×××(基本情况)

公证事项:股权[注1]

兹证明×××(申请人)至××××年×月×日持有×××(公司全称)的×××(数量)股权,股权证编号[注2]为:×××××。[注3][注4]

中华人民共和国××省××市(县)××公证处

公证员(签名或签名章)

××××年×月×日

注:

1.证明基金、理财产品等可以参照适用本格式,但表述要作相应调整。

2.股权证书名称应当据实表述,如持有的是上市公司股票,可以表述为"××证券登记中心(公司)证明编号"。

3.在公司股权中所占份额也可以表述;持有数家公司的股权可以一并证明,逐一表述。

4.公证员可以酌情在证词正文中另起一行,注明公证书用途,如"本公证书仅证明申请人资信状况,不能作为股权转让、设立担保的凭证"。

二十五式之二:知识产权公证书格式

公 证 书

(　　)××字第×××号

申请人:×××(基本情况)

公证事项:××专利权(商标权、著作权)

兹证明×××(申请人)于××××年×月×日获得中国国家知识产权局专利局核准[注1],为××专利(商标、著作)的权利人[注2],专利

证书（商标登记证书）编号为：××××[注3]，专利权（商标权、著作权）期限××年。[注4][注5][注6]

中华人民共和国××省××市（县）××公证处

公证员（签名或签名章）

××××年×月×日

注：

1.对于商标权、著作权的取得方式，应当据实表述。

2.若为共有的，应当予以注明。

3.软件著作权已进行登记，取得《软件著作权登记证书》的，可以依此表述。其他著作权有书刊发行号的，可以注明书刊发行号，无证书也无书刊发行号的，此句不写。

4.商标权应增加“商标图案附后”的表述。

5.证明其他知识产权，可以参照适用本格式。

6.公证员可以酌情在证词正文中另起一行，注明公证书用途，如“本公证书仅证明申请人资信状况，不能作为商标权（或专利权、著作权）转让、设立担保的凭证”。

二十五式之三：存款公证书格式

公 证 书

（　）××字第×××号

申请人：×××（基本情况）

公证事项：存款

兹证明×××（申请人）在××银行存有×××（货币名称）×××元，存款期限从××××年×月×日至××××年×月×日[注1]。[注2][注3][注4]

中华人民共和国××省××市（县）××公证处

公证员（签名或签名章）

××××年×月×日

注:

1.活期存款一般不予证明。如果使用单位要求的,应当加括号注明存期为活期。

2.在同一银行有多笔存款或者在多家银行均有存款的,可以一并证明,但应逐一列明,可以增加存款合计的表述。

3.为了保护个人隐私,证词中不宜表述存款账号,但申请人有明确要求的除外。

4.公证员可以酌情在证词正文中另起一行,注明公证书用途,如"本公证书仅证明申请人资信状况,不能作为存款提取、质押的凭证"。

二十五式之四:不动产物权公证书格式

公 证 书

( )××字第×××号

申请人:×××(基本情况)

公证事项:房屋产权[注 1]

兹证明×××(申请人)对位于××省××市(县)××××[注 2]的房屋享有所有权[注 3],房屋的××面积为×××平方米[注 4],房屋权属证书编号为:××××××[注 5]。[注 6][注 7]

中华人民共和国××省××市(县)××公证处

公证员(签名或签名章)

××××年×月×日

注:

1.证明承包土地、宅基地、鱼塘、林地(木)等不动产物权,可以参照适用本格式。

2.房屋的具体地点。

3.房屋为共有或者仅有使用权的,应当表述清楚。

4.何种面积要表述清楚,如建筑面积、使用面积;可对房屋的类别、四至等具体情况进行表述。

5.没有权属证书的可以不表述。

6.有多处房产的,可以同时证明,但应当逐一表述清楚。

7.公证员可以酌情在证词正文中另起一行,注明公证书用途,如“本公证书仅证明申请人资信状况,不能作为房屋(或土地使用权等)转让、设定担保的凭证”。

第二十六式 收入状况公证书格式

公 证 书

( )××字第×××号

申请人:×××(基本情况)

公证事项:收入状况[注 1]

兹证明×××(申请人)自××××年 1 月 1 日至 12 月 31 日止的收入[注 2]合计为人民币[注 3]×××元。[注 4]

中华人民共和国××省××市(县)××公证处

公证员(签名或签名章)

××××年×月×日

注:

1.证明特定期间的收入或者偶然性大额收入(如中奖)可以参照适用本格式。

2.若为税后收入可以予注明。

3.发往域外使用的,可以使用其他币种。

4.可以增加收入明细或者主要构成的表述。如:“包括:工资收入×××元,房租收入×××元,其他收入××元”。

第二十七式　纳税状况公证书格式

公 证 书

(　　)××字第×××号

申请人:×××(基本情况)

公证事项:纳税状况[注 1]

兹证明×××(申请人)自××××年 1 月 1 日至 12 月 31 日止,个人所得税应纳税所得额为人民币[注 2]×××(大写),个人所得税应纳税额为人民币×××(大写),已于××××年×月×日交纳完毕。[注 3]

中华人民共和国××省××市(县)××公证处

公证员(签名或签名章)

××××年×月×日

注:

1.证明特定期间的纳税状况或者偶然性大额收入(如中奖)的纳税状况,可以参照适用本格式。

2.发往域外使用的,可以使用其他币种,或者注明纳税日所需换算币种的外汇兑换牌价。

3.对要求证明交纳多种税的可逐项列明,并可以增加纳税明细和纳税合计。

第二十八式　票据拒绝公证书格式

公 证 书

(　　)××字第×××号

申请人:×××(基本情况)

公证事项:票据拒绝

兹证明×××(申请人或者申请人的受托人)[注 1]持××××[注 2],在票据有效期内,于××××年×月×日在中华人民共和国××省×××× [注 3],向承兑人(付款人)×××提示承兑(付款)被拒绝,承兑人

(付款人)未依照《中华人民共和国票据法》规定[注4]出具拒绝证明(退票理由书)。

中华人民共和国××省××市(县)××公证处

公证员(签名或签名章)

××××年×月×日

注：

1.申请人为票据持有人。

2.票据名称。

3.请求承兑的具体地点。

4.有新法或专门规定的，表述作相应调整。

第二十九式　选票公证书格式[注1]

公 证 书

(　)××字第×××号

申请人：×××[注2](基本情况)

公证事项：选票

兹证明×××(申请人)于××××年×月×日来到我处，于×时在本公证员的面前，将选票装入信封，并将该装有选票的信封装入另一信封，封签完整。

中华人民共和国××省××市(县)××公证处

公证员(签名或签名章)

××××年×月×日

注：

1.本格式适用于在中国境内的外国公民参加本国大选投票的情况。

2.姓名用外文填写。

第三十式　指纹公证书格式[注1]

公　证　书

（　）××字第××号

申请人:×××(基本情况)

公证事项:指纹

兹证明×××(申请人)于××××年×月×日来到我处,在本公证员的面前,在前面的指纹卡上所按的指印[注2]属实。[注3]

中华人民共和国××省××市(县)××公证处

公证员(签名或签名章)

××××年×月×日

注:

1.本格式主要用于中国公民到国外定居、探亲、旅游、留学等情况。

2.可以具体表述所按指印的数量。

3.证明掌纹、脚纹可参照适用本格式,但表述应作相应调整。

附:

指纹卡片

申请人:　　　性别:　　　出生日期:

国籍:　　　　　公民身份号码(护照号码):

现住址:

时间:　　　　　地点:

<table>
<tr><td>1.右手拇指</td><td>2.右手食指</td><td colspan="2">3.右手中指</td><td>4.右手无名指</td><td>5.右手小指</td></tr>
<tr><td>6.左手拇指</td><td>7.左手食指</td><td colspan="2">8.左手中指</td><td>9.左手无名指</td><td>10.左手小指</td></tr>
<tr><td colspan="2">同时按下左手四指</td><td>左手拇指</td><td>右手拇指</td><td colspan="2">同时按下右手四指</td></tr>
</table>

第三十一式　不可抗力(意外事件)公证书格式

公 证 书

(　　)××字第×××号

申请人:×××(基本情况)

公证事项:不可抗力(意外事件)

兹证明××××年×月×日[注 1]在中华人民共和国××省××××××[注 2],发生了××××××[注 3],造成××××××[注 4]。[注 5]

中华人民共和国××省××市(县)××公证处

公证员(签名或签名章)

××××年×月×日

注:

1.瞬间事件可注明事件发生的具体时间,持续性事件可以注明起止时间。

2.事件发生的具体地点。

3.事件名称及灾害等级表述,如"里氏 7 级地震""玫瑰号台风,经过时风力达十二级"等。

4.损害后果状况描述,如造成"厂房倒塌"。

5.可以视情况摘录评估机构对损害结果的评估结论。

第三十二式　查无档案记载公证书格式

公 证 书

(　　)××字第××号

申请人:×××(基本情况)

公证事项:查无档案记载[注 1]

兹证明在中华人民共和国××省××市(县)地方档案馆[注 2]××××年×月×日至××××年×月×日的档案中,无×××(申请人)的××[注 3]的档案记载。

中华人民共和国××省××市(县)××公证处

公证员(签名或签名章)

××××年×月×日

注:

1.本格式适用于申请赴美国定居使用(作为次要证明)。必要时按要求还可以同时出具有两个证明人的声明书公证。

2.“地方档案馆”可以改为具体保管档案的单位。

3.具体事项,如出生、结婚、犯罪等。

三、有法律意义的文书类

第二十三式　证书(执照)公证书格式[注1]

公　证　书

(　　)××字第××号

申请人:×××(基本情况)

公证事项:×××证书(执照)

兹证明××××(单位全称)于××××年×月×日颁发(或者发给×××的)《××××》(证照名称)的原件与前面的复印件相符,原件属实。[注2][注3]

中华人民共和国××省××市(县)××公证处

公证员(签名或签名章)

××××年×月×日

注:

1.本格式适用于证明法定机构或者职权机构依法颁发的证书(执照)原件属实,复印件与原件相符。出证条件适用《公证程序规则》第三十七条的规定。

2.证明驾驶执照,应当加注准驾车型,证词表述为:“根据上述驾驶证,×××(申请人)从××××年×月×日(颁证日)至××××年×月×日(年检截止日)可以驾驶××车和××车”。

3.同时需要证明复印件所附的××文译本内容与××文原本相符的，可以在证词中增加表述："前面的复印件所附的××文译本内容与××文原本相符”。

第三十四式 文书上的签名(印鉴)公证书格式[注1]

公 证 书

( )××字第××号

申请人:×××(基本情况)

公证事项:签名(印鉴)

兹证明×××(申请人)[注2]于××××年×月×日来到我处，在本公证员的面前，在前面的××××(文件名称)上签名[注3]。

中华人民共和国××省××市(县)××公证处

公证员(签名或签名章)

××××年×月×日

注:

1.本格式的出证条件适用《公证程序规则》第三十八条的规定。

2.申请人为法人的，表述为“×××(申请人)的法定代表人或者委托代理人”。

3.签署形式应当如实表述:仅有盖章的，表述为“盖章”;既签名又盖章的，表述为“签名、盖章”;已经签署好的，表述为“在本公证员面前确认，前面的××××(文件名称)上签名(印鉴)是其本人所为”。

第三十五式 文本相符公证书格式[注1]

公 证 书

( )××字第××号

申请人:×××(基本情况)

兹证明前面的副本(影印本)与×××(申请人)出示给本公证员

的××××(文件名称)的原本相符。[注2]

中华人民共和国××省××市(县)××公证处

公证员(签名或签名章)

××××年×月×日

注:

1.本格式适用于文书的节本、译本等与原本相符公证,出证条件适用《公证程序规则》第三十八条的规定。

2.需要证明副本(影印本)所附的××文译本内容与××文原本相符,可以增加"前面的副本(影印本)所附的××文译本内容与×文原本内容相符"。